한국 교회의 종교사회학적 이해

한국 교회의 종교사회학적 이해

정재영 지음

열린출판사

열린출판사 목회사회학시리즈2

한국 교회의 종교사회학적 이해

지은이 / 정재영
펴낸이 / 김윤환
펴낸곳 / 열린출판사
1판 1쇄 펴낸 날 / 2012년 3월 2일

등록번호 / 제2-1802호
등록일자 / 1994년 8월 3일
주소 / 서울 중구 인현동2가 192-20 정암프라쟈 504호
전화 / (02)2275-3892 팩스/(02)2277-6235

ISBN 978-89-87548-98-2 03230

값 16,000원

■ 목차

■ 책 앞에

우리 사회에서 종교는 매우 중요한 의미를 갖고 있다. 종교학자들은 한국 사람들이 깊은 종교 심성을 가지고 있다고 말하고, 샤머니즘을 한국인이 가지고 있는 종교 심성의 원형으로 보기도 한다. 실제로 샤머니즘은 여러 다른 종교에 미친 영향이 작지 않다. 우리가 일상생활에서 사용하는 말에는 종교와 관련된 표현들이 많이 들어 있고, 우리 생활에서 종교 의례는 매우 중요한 부분을 차지하고 있다. 이렇게 우리나라 사람들은 종교에 흠뻑 젖어 살고 있는 듯이 보인다.

그러나 정말로 그러할까? 종교가 정말로 중요하다면 하나의 종교에 귀의한다는 것은 그 종교가 갖는 교리의 가르침에 따르고, 그에 따라서 자신의 가치관이나 세계관 그리고 삶의 방식이나 태도도 전면 수정되어야 함을 의미할 것이다. 그것이야말로 하나의 종교 신앙을 갖고 있다고 말할 만한 것이다. 그러나 우리 사회에서 종교는 그러한 힘이 있어 보이지 않는다. 사람들은 쉽게 이 종교에서 저 종교로 차를 갈아타듯이 옮기기도 하고, 종교의 가르침이 마음에 들지 않으면 쉽게 그 종교를 떠나버리기도 한다. 설령 그 종교를 가지고 있다고 하더라도 그 종교의 가르침과는 상관없이 본래의 자기 성향과 관심에 따라 삶을 영위하는 것이 우리네 종교 생활의 모습이다.

또한 하나의 제도나 조직으로서의 종교 역시 다른 사회 조직이나 단체와 큰 차이 없이 세속의 힘에 밀려서 종교 본래의 빛을 잃어가고 있는 듯이 보인다. 종교가 지나치게 큰 힘을 가지고 세를 과시하거나 영향력을 행사하려고 하는 것도 문제이지만, 종교가 세속의 영역과 구분 없이 힘을 잃거나 세속의 식민화가 되는 것도 바람직한 모습은 아니다. 그렇다면 우리 사회에서 종교는 어떻게 적절하게 위치 지을 수 있고 로버트 벨라의 표현대로 '창조적인 긴장 관계'를 유지하면서 우리 사회에 기여할 수 있을 것인가 하는 것이 중요한 물음이 될 것이다.

여기에 실린 글들은 이러한 한국 종교에 대한 관심 아래 종교사회학을 전공한 필자가 나름의 연구 결과로 얻은 내용들을 때로는 논문의 형태로 때로는 보고서의 형태로 발표한 내용들을 한 데 모은 것이다. 다만 필자가 기독교 신앙을 가지고 있고 신학교에서 일을 하다 보니 글의 내용은 대부분 기독교 사회학이나 교회 사회학의 범주에 속하는 것들로 이루어져 있다.

첫 번째 가름의 글들은 주로 우리 사회와 종교가 서로 엇물려 있는 데 대한 내용들로, 첫 번째 글인 "개종의 사회문화적 요인"은 2005년 인구주택 총조사 결과에 나온 종교인구 변동과 관련하여 필자가 속한 목회사회학 연구소가 개신교에서 천주교로 개종한 사람들을 심층 면접한 결과를 가지고 써서 2008년 「신학과 실천」에 게재한 논문이다.

그리고 "저출산의 원인과 대책"은 당시에 보건복지부 장관조차도 "누가 이 저출산 문제 좀 해결해 주면 좋겠다."고 말했다. 해답을 찾기 어려운 저출산 문제에 대해 단순히 정책상의 변화만으로는 해결이 어렵고 우리나라 사람들의 가치지향성이 바뀌어야 해결의 실마리를 찾을 수 있다는 취지로 써서 2008년 「복음과 실천신학」에 개재한 논문이다. 그리고 "21세기 대중문화와 기독교의 대응"은 2006년에 대전신학대학교 〈교회와 사회 연구원〉에서 주최한 21세기 문화의 시대와 문화선교 세미나에서 발제한 글이다.

다음에 있는 새터민에 대한 두 개의 글은 필자가 한국연구재단의 지원을 받은 연구과제에 공동연구원으로 참여하여 조사 연구한 내용을 가지고 쓴 글들이다. “새터민의 사회의식”은 설문조사한 내용을 중심으로 그 결과를 정리한 것이고, “새터민을 통해 본 통일 후 교회의 역할”은 설문조사 결과를 바탕으로 필자의 관심을 논문으로 발표한 것이다. 이 글들은 당시 연구과제의 결과물을 엮어 낸 책인 「통일, 사회통합, 하나님나라」(대한기독교서회)에 실려 있으나 이 책에 다시 옮겨 실었다.

두 번째 가름의 글들은 주로 교회 내부 문제와 관련된 글들로, 첫 번째 글인 “교회 직분에 대한 평신도의 의식”은 2011년 〈한국 교회 탐구 센터〉의 “평신도 리더십 포럼”의 기초 자료를 위해 필자가 조사 연구를 의뢰받아 진행된 조사 중 심층 면접 조사의 결과를 중심으로 정리한 글이다. “교회 회중에 대한 목회자의 의식”은 2009년에 실천신학대학원대학교 주최한 〈국제실천신학 심포지엄〉의 기초 자료를 위해 필자가 설문조사한 결과를 정리한 것이다. 다음으로 교회 헌금과 관련된 두 개의 글은 2009년에 〈바른교회아카데미〉가 주최한 헌금 세미나에서 발표한 글들이다. “교회 헌금에 대한 개신교인의 의식”은 설문조사한 결과를 정리한 것이고, “한국 사회에서 교회 헌금의 의미”는 설문조사를 바탕으로 교회 헌금의 의미를 분석하고 해설한 내용이다.

세 번째 가름의 글들은 필자의 주요 관심인 ‘세속화’와 관련하여 발표한 글들로, “통합 이론으로서의 세속화 이론”은 세속화 이론과 관련된 다양한 논쟁들을 정리하고 세속화론에 대한 반론을 단순히 반론으로 보지 않고 세속화 이론 안으로 큰 틀로의 통합을 시도하여 2008년 「사회과학연구」에 게재한 논문이다. 그리고 “근대화와 한국 개신교”는 세속화 이론을 근대화 이론의 관점에서 보고 한국 개신교와 관련된 현상들을 이러한 관점에서 분석하여 2008년에

〈동양사회사상학회〉에서 발표하여 「동양사회사상」에 게재한 논문이다. 마지막으로 공공성과 관련된 두 글은 세속화와 교회의 공공성이라는 두 주제를 연결하여 교회의 역할에 대하여 쓴 글들인데, "세속화와 교회의 공공성"은 2007년에 〈기독교윤리실천운동〉이 주최한 공공신학 세미나에서 필자가 발제한 글로 당시 세미나에서 발표한 글들을 묶어 낸 책인 「공공신학」(예영)에 실려 있으나 이 책에 옮겨 실었다. 그리고 "한국 교회의 공공성을 위한 실천 방안"은 2009년 '교회의 공적 책임'을 주제로 열린 〈바른교회아카데미〉 연구위원 세미나에서 필자가 발제한 글이다.

출판을 위해 다시 읽어보니 미흡한 부분들이 많고, 따로 발표한 글들을 한 데 모으니 일부 중복되는 부분들이 있어서 조금 수정하고 보완하였으나 여전히 부족하기 이를 데 없는 글들이라는 생각에 부끄럽기 그지없다. 그러나 나름대로 연구하여 발표한 글들을 그대로 묵히기가 아쉽고, 또 부족하나마 한국 교회에 대하여 고민하여 연구한 결과물이니 관심 있는 독자들과 문제의식을 함께 나누고 대안을 찾아가기를 바라는 마음으로 출판을 하게 되었다. 어려운 출판 여건에서도 출판을 결정해 주신 〈열린 출판사〉 김윤환 목사님께 감사드리고, 특히 〈목회사회학 시리즈〉로 출판되어 한국 교계에 종교사회학과 목회사회학이라는 학문이 작은 밑거름이 될 수 있는 기회를 얻게 되어 매우 기쁘고 감사한 마음이다.

2012년 3월 1일

정 재 영

제1부

한국 교회와 사회

제1장 개종의 사회 문화적 요인

1. 들어가는 말

통계청이 2005년에 실시하여 발표한 인구주택 총조사 내용 중에서 종교에 대한 부분을 보면, 우리나라 3대 종교 중에서 불교는 3.9% 증가했고, 천주교가 74.4% 증가한 반면에 기독교는 1.6% 감소한 것으로 드러났다.[1] 물론 실제 기독교 인구가 줄어들었는지에 대해서는 논란이 있으나, 이번 조사가 전수 조사라는 점에서 다른 어떤 조사보다도 신뢰도가 높은 조사임은 분명하다.[2] 이러한 천주교 인구의 증가에 대하여 개신교로부터의 개종이 일정 부분을 차지한다는 주장이 나오기도 한다. 정확한 통계는 없으나, 신부들에 따르면 천주교 각 성당에서 신입 교인에게 천주교 신앙을 갖게 된 동기를 물어보면 대개 10~15% 정도가 개신교에서 왔다고 응답을 한다고 한다.

이에 이 글에서는 개신교에서 천주교로 개종한 사람들을 통해 그들의 개종의 동기를 살펴보고 개종에 미치는 사회 문화적 요인을 종교사회학의 관점에서 접근하여 파악하고자 한다. 자신의 본래 종교를 바꾸는 것은 당연히 종교적인 행위이지만, 개종은 여러 사회 문화 요인에 의해 영향을 받는다. 다시 말하면 개종에는 교리상의 문제로

---

1) 통계청, “2005 인구주택총조사 전수(인구부문) 집계 결과 보도자료” 2006.
2) 이에 대하여는 3절에서 자세하게 설명할 것이다.

인한 개인의 심리적 갈등이 영향을 주기도 하지만, 때로는 사회관계에서 오는 영향이 결정적인 요인이 될 수도 있다는 것이다.

여기서 개신교에서 천주교로 옮긴 것을 개종으로 보는 것에 대해서는 이견이 있을 수 있다. 그러나 천주교 기관에서 조사한 내용에 따르면, 천주교인의 개신교 교리에 대한 호의도는 긍정적인 반응이 10.3%인데 반해 부정적인 반응이 51%로 나타나 불교나 유교에 대한 호의도보다 낮게 나타났다.[3] 그리고 개신교 내 교단 간에는 뚜렷한 의식 차이가 나타나지 않는데 반해, 천주교로 옮겨간 사람들 스스로 개신교에 대해서는 강한 거부감을 보임으로써 뚜렷이 구분되는 집단 정체성을 나타내고 있으므로 이 연구에서는 개신교에서 천주교로 옮긴 것을 개종으로 간주하여 연구하고자 한다.

이 연구는 개종의 이유나 동기에 대한 일반화를 목적으로 하지 않는다. 심층 면접 방법을 통하여, 개종한 모든 사람의 이야기는 아니지만 개종자들 중 일부가 개종 과정에서 경험한 사회 문화적인 요인의 영향을 드러내고자 하는 것이다. 종교 지도자들은 이런저런 의도를 가지고 평신도들을 교육하며 이끌어가지만, 그것을 수용하는 평신도들이 실제로 받아들이고 이해하고 있는 내용은 종교 지도자들의 의도와 사뭇 다를 수 있다. 이 연구에서는 종교지도자들의 의도나 법규화되어 나타나는 종교 교리가 아니라 일반 신도들이 그들의 삶에서 실제로 구성하는 의미세계를 밝혀보고자 하는 것이다. 이 연구는 이와 같이 매우 제한된 연구이지만, 국내에서는 이제까지 개종에 대한 실제 조사와 연구가 거의 전무한 상황이므로 개종에 대한 학문적인 연구를 위한 첫 걸음을 시작한다는 데 의의를 두고자 한다.

---

3) 우리신학연구소, 「가톨릭 신자의 종교 의식과 신앙생활」(서울: 가톨릭신문사, 2000), 194.

2. 선행 연구 검토

개종에 대한 사회학계의 연구는 그리 많지 않다. 특히 국내의 연구는 종교 간의 이동이라는 측면의 '개종' 보다는 기독교의 관점에서 신자로서 정체성을 갖게 되는 '회심' 에 대한 연구가 대부분이다.[4] 따라서 개종에 대한 연구는 외국의 연구에 일정 부분 의존할 수밖에 없는 형편이다. 외국의 경우, 초기에는 개종의 문제가 다루어져도 주요 주제로 중심적인 위치를 차지하지 못하고, 일반 사회이론과 사회변동을 설명하기 위한 부분적인 언급에 그쳤다. 브라이언 테일러는 종교사회학자들이 개종을 말할 때, 개종을 설명하려는 목적보다 사회 문화적 배경의 다양성을 보기 위해 개종 현상을 하나의 수단으로 채택한다고 지적한 바 있다.[5]

1960년대 이래 개종에 대한 사회학 연구는 주로 신흥 종교에 대한 개인의 개종 과정에 초점이 맞춰져왔다.[6] 사회학자들이 신흥 종교에 관심을 가진 이유는 1960년대부터 폭발적으로 생겨난 크고 작은 종교의 열기가 바로 세속화 이론에서 예견했던 종교의 쇠퇴와 크게 어긋났기 때문이다. 그중에서 가장 영향력 있는 로플랜드와 스타크의

---

4) 보기로, 오경환, "개종의 과정에 대한 고찰," 「사목」 73호(1981년 1월)와 반신환, "개신교 민간신앙의 연구: 할렐루야 기도원의 개종의 과정을 중심으로," 「종교연구」 21호(2000년 가을)를 볼 것.

5) Bryan Taylor, "Conversion and Cognition: An Area for Empirical Study in the Microsociology of Religious Knowledge," *Social Compass*, 23(1976), 16.

6) 보기로, J. Lofland and R. Stark, "Becoming a world-saver. A theory of conversion to a deviant perspective," *American Sociological Review* 30(1965): 862-75, A. Greil and D. R. Rudy, "What have we learned from process models of conversion?: An examination of ten case studies," *Sociological Focus* 17(1984): 305-23, D. A. Snow and R. Machalek, "The sociology of conversion," *Annual Review of Sociology* 10(1984): 167-90, B. Kilbourne and J. T. Richardson, "Paradigm conflict, types of conversion and conversion theories," *Sociological Analysis* 50(1989): 1-21을 볼 것.

모델은 오로지 개인 수준의 종교적 변화 과정에만 초점을 맞추었다. 주로 개인의 심리적 측면을 중시한 이들의 연구는 개인의 특성에 기초하여 개종을 연구하였다. 따라서 어떠한 부류의 사람들이 개종을 하고, 어떤 과정을 통해서 사람들이 모집되는지에 초점이 맞춰졌다. 따라서 이들의 연구는 보다 넓은 사회 문화 수준의 요인을 고려하지 않았다는 한계를 안고 있다.7)

이렇게 주변적이고 일탈적인 종교로의 개종에 초점을 맞추던 초기 연구들을 비판하면서, 최근의 연구들은 개신교, 천주교 또는 유대교와 같은 주요 종교로의 개종에 관심을 가져왔다.8) 이 즈음에 미국 성인의 3분의 1 정도가 일생에 한번 이상 종교를 바꿨다는 연구 결과도 나왔다.9) 그리고 당시 연구들의 가장 큰 성과는 개종은 많은 결정요인들을 가진 복합적인 현상이라는 점이다. 많이 인용되는 요인들 중 하나는 종교 신앙에 대한 사회화인데, 젊었을 때 종교 활동에 적극적이었던 사람들은 종교를 바꿀 가능성이 낮다는 것이다.10)

이 무렵부터 사회학에서는 개종 연구에서 개인 심리뿐 아니라 사

---

7) 당시 스타크와 글락은 개종은 신학적으로 보수적인 교단으로부터 진보적인 교단으로 이동하는 경향이 있다는 연구 결과를 내놓기도 했다. 이에 대하여는 R. Stark and C. Glock, *American piety: The nature of religious commitment*(Berkeley, CA: University of California Press, 1968)을 볼 것.

8) 보기로, L. Davidman, *Tradition in a rootless world: Women turn to orthodox Judaism*(Berkeley: University of California Press, 1991), D. R. Kaufman, *Rachel's daughters: Newly orthodox Jewish women*(New Brunswick, NJ: Rutgers University Press, 1991), M. C. Suchman, "Analyzing the determinants of everyday conversion," *Sociological Analysis* 53(1992): 15-33, L. Davidman and A. Greil, "Gender and the experience of conversion: The case of "returnees" to modem orthodox Judaism," *Sociology of Religion* 54(1993): 83-100을 볼 것.

9) W. C. Roof, "Multiple religious switching: A research note," *Journal for the Scientific Study of Religion* 28(1989): 530-535.

10) D. P. Sullins, "Switching close to home: Volatility or coherence in Protestant affiliation patterns," *Social Forces* 72(1993): 399-421, C. K. Hadaway and P. L. Marler, "All in the family: Religious mobility in America," *Review of Religious Research* 35(1993): 97-116..

회 문화적인 요인을 중시하기 시작하였다. 셔커트와 윌슨은 부모의 종교적 신념과 실천의 성공적인 전달은 개종 가능성을 결정하는 데 중요한 역할을 한다는 연구결과를 내놓았다. 왜냐하면 어렸을 때 약한 신앙을 가졌던 사람은 종교적 연대를 깨는 경향이 있기 때문이다.[11] 그러나 셔커트가 어렸을 때 주일학교 출석이나 다른 공식적인 종교 훈련이 개종의 가능성을 줄여줄 것이라는 가설을 검증한 결과는 그 관련성이 약한 것으로 나타났다.[12] 따라서 어린 시절 사회화와 개종과의 관계에 대해서는 더 많은 논의가 필요하다. 셔커트는 또한 중요한 교단들 사이의 개종에 대하여 출신 교단, 종교적 수행의 기간, 지리적 이동성을 연구하였는데, 엄격한 종교는 덜 엄격한 종교에 비해서 개종율이 더 낮은 것으로 나타났다. 그리고 오랜 기간 종교적인 수행을 한 사람은 다른 종교를 알게 될 기회가 많지 않으며, 지리적인 이동은 이전 신앙과의 연대를 깨고 새로운 종교와 연대할 상황을 만든다는 가설을 입증하였다.

스타크와 핑크는 새로운 종교로 개종하는 사람들은 그 종교의 구성원에 대한 대인 밀착도가 비구성원에 대한 밀착도보다 큰 사람들이라는 연구 결과를 내놓았다.[13] 다시 말하면 사람들은 새로운 사회적 연결망을 발전시킴에 따라서 새로운 준거 집단의 의견을 중시하는 경향을 띄게 된다는 것이다. 이것은 그 사람의 친구들의 대다수가 새로운 종교 집단에 속해 있을 때에는 특히 더 그렇다. 이 밖에 사회학에서 연구한 개종의 결정요인과 관련하여, 여성보다는 남성들이, 그리고 교육 수준이 높은 사람들이 개종 가능성이 높다는 연구

---

11) D. E. Sherkat and J. Wilson, "Preferences, constraints, and choices in religious markets: An examination of religious switching and apostasy," *Social Forces* 73(1995): 993-1026.

12) D. E. Sherkat, "Leaving the faith: Testing theories of religious switching," *Social Science Research* 20(1991): 171-87.

13) R. Stark and R. Finke, *Acts of faith.*(Berkeley, CA: University of California Press, 2000), 117.

결과가 있다.[14)]

3. 한국의 종교와 개종 인구

앞서 인용한 2005년 인구주택 총조사에 따르면, 2005년 11월 1일 현재 종교를 가지고 있는 인구는 24,971천명으로 전체 인구의 53.1%이다. 이것은 1995년에 비해 2.4%가 증가한 수치이다. 종교유형별 분포를 보면, 총인구 중 불교 인구가 22.8%로 가장 많고, 개신교 18.3%, 천주교 10.9% 순으로 나타났다. 이것을 1995년 자료와 비교하여 보면, 개신교는 144천명이 줄어 1.6% 감소하고 천주교는 2,195천명이 증가하여 무려 74.4% 증가했음을 알 수 있다. 이러한 조사 결과는 매우 의외로 받아들여졌는데, 기존의 조사에서는 이러한 종교 인구의 증감이 드러나지 않았기 때문이다. 보기를 들어, 2004년에 한국 갤럽이 조사한 종교 인구에서는 불교인 24.4%, 개신교인 21.4%, 천주교인 6.7%로 나타나 97년의 조사 때와 비슷한 것으로 조사되었다.[15)] 그러나 한국 갤럽이나 여타 설문 조사 기관이 조사한 통계는 표본조사이고 통계청이 실시한 인구 조사는 전수 조사이기 때문에 통계청 조사의 신뢰도가 더 높다고 보아야 한다.

이러한 조사 결과에 대해 각 종교계에서는 다양한 반응이 나왔다. 유일하게 종교 인구가 감소한 것으로 나타난 개신교 측에서는 조사 결과를 신뢰하기 어렵다는 반응에서부터 이미 예상한 결과였다는 반응까지 엇갈린 반응이 나오기도 했다. 조사 결과를 부정적으로 받아

14) S. Sandomirsky and J. Wilson, "Processes of disaffiliation: Religious mobility among men and women," *Social Forces* 68(1990): 1211-29와 W. C. Roof, 윗글.

15) 한국갤럽, 「한국인의 종교와 종교의식(3차 비교조사)」(서울: 한국갤럽, 1998), 18.

들이는 입장에서는, 각 교단에서 집계한 자료에 근거하여 볼 때 개신교 인구가 정체하긴 했지만 감소하지는 않았다고 주장한다. 그러나 교단 통계가 매우 부정확하다는 것은 공공연한 사실이다. 한번 교적에 오른 사람은 교회를 옮기더라도 교적에서 제하는 경우가 드물기 때문에 한 사람이 여러 교회의 교적에 중복해서 등록돼 있는 경우가 많아 실제보다 부풀려지기 일쑤이다.

이에 반해, 종교 인구가 대폭 증가한 것으로 나타난 천주교에서는 자체 자료를 근거하여 오히려 그렇게 큰 증가가 일어나지 않았다는 입장을 나타냈다. 한국천주교 주교회의 산하 한국사목연구소 소장 배영호 신부의 명의로 2006년 6월 12일에 설명서가 발표되었는데, 이 설명서에서는 한국 천주교 신자가 그렇게 많이 증가하지 않았으며, 통계청의 수치는 부풀려진 것이라는 입장을 나타내었다. 그 근거로 한국천주교중앙협의회에서 발표한 〈2005년 한국 천주교회 통계〉를 들었는데, 이에 따르면, 2005년 12월 31일 현재 천주교 신자 수가 4,667,283명(총인구 대비 9,5%)인 것으로 나타났다. 이것은 통계청 발표보다 약 48만 명이 적은 수치이다.[16)]

이러한 통계 수치의 차이는 천주교와 인구조사에서 종교 인구를 집계하는 방식의 차이에서 오는 것이다 천주교의 통계는 각 성당에 있는 자료를 수집하고 영세를 받고 교적에 등재되어 있는 사람을 신자로 집계하기 때문에 성당에 나가지만 아직 영세를 받지 않은 경우에는 신자로 집계되지 않는다. 이에 반해, 통계청의 인구 조사는 응답자의 자기 확인 방식에 따라 응답을 집계한 것이다. 다시 말해서, 영세 여부에 상관없이 자신이 스스로 종교를 '천주교' 라고 응답한 사람은 천주교인으로 집계되는 것이다. 따라서 천주교의 통계가 훨씬 엄격하고 어떤 면에서는 더 정확하다고도 할 수도 있다. 그러나 비

16) 오경환, "가톨릭 신자의 괄목할 만한 증가와 그 요인," 조성돈·정재영 엮음, 그들은 왜 가톨릭 교회로 갔을까? (서울: 예영, 2007), 26-27.

록 영세를 받지 않았다고 하더라도 스스로 '천주교인'에 동일시한다면 우리는 그 사람을 천주교인으로 인정해야 한다. 일 년에 한 번만 절에 가더라도 스스로 불자라고 한다면 불교도로 인정하는 것과 같은 논리이다.

이러한 상황에서 개신교에서는 사람들이 개신교를 떠나는 이유에 대하여 관심을 갖기 시작하였다. 특히 개신교에서 천주교로 개종하는 사람들이 상당수 있는 것으로 추측하고 있다. 그러나 개종자에 대한 통계는 구체적으로 조사된 바가 없고, 한국인의 종교 관련 조사에서 그 특징을 일부 파악할 수 있을 뿐이다. 한국 갤럽이 97년에 조사한 "한국인의 종교와 종교의식"에 따르면, 전체 종교인 중 16.2%가 개종 경험이 있다고 응답하였다. 종교별로 보면, 3대 종교 중에 천주교인의 25.1%, 불교인의 17.4%, 개신교인의 9.8%가 개종 경험이 있었다. 이것을 84년과 89년에 조사한 자료와 비교해 보면, 개신교와 불교에서는 다른 종교를 믿다가 현재의 종교를 믿게 된 경우가 차지하는 비율이 감소한 반면에, 천주교에서는 증가한 것으로 나타났다. 또한 개종 이전에 가졌던 종교에 대해서는 개신교가 58.4%로 월등히 많고, 불교 32.8%, 천주교 9.6%로 나타나 개신교에서 다른 종교로 개종하는 경우가 다른 종교에서 개종하는 경우보다 훨씬 많았다. 뿐만 아니라, 84년과 89년 자료와 비교하면 계속 증가하고 있는 것으로 나타났다.[17)]

또한 한국 교회 미래를 준비하는 모임(아래에서 '한미준'으로 줄여 씀)과 한국갤럽이 2005년에 공동으로 조사한 결과에 따르면, 개신교로 개종한 경우 대부분이 불교에서, 불교의 경우

17) 한국갤럽, 윗글, 한편, 2004년의 조사에서는 개신교에서 개종한 사람의 비율이 45.5%로 감소한 것으로 나타났으나, 이것은 97년 조사까지는 과거에 믿었던 종교에 대하여 중복 응답을 허용하였으나, 04년 조사에서는 현재의 종교를 믿기 전의 종교만을 대상으로 단수 응답을 받은 데서 오는 차이로 보인다. 한국갤럽, 「한국인의 종교와 종교의식(4차 비교조사)」(서울: 한국갤럽, 2004), 59.

대부분이 개신교에서 개종하여 개신교와 불교 두 종교 간의 개종 비율이 매우 높은 것으로 나타났다. 반면, 천주교의 경우는 개신교와 불교에서 개종한 비율이 비슷하게 나누어지나 개신교에서의 전환이 약간 더 높으며, 비종교인의 경우 과거 개신교를 믿었던 비율이 높아 개신교도의 이탈율이 상대적으로 높은 것으로 조사되었다. 정리해 보면, 다른 종교를 가지고 있다가 천주교로 개종하는 비율은 높지만, 다른 종교에서 개신교로 개종하는 비율은 가장 낮다는 것을 보여주는 것이다. 따라서 개신교는 가장 인기가 없고 호감을 주지 못하는 반면에, 천주교는 가장 인기가 있고 호감을 주는 종교라고 할 수 있을 것이다.

4. 개종의 사회문화적 요인

이 연구에서는 이러한 개종 현상에 대하여 종교사회학의 관점에서 접근하고자 한다. 개종은 한 종교에서 다른 종교로 이동하는 것으로 여기에서는 이전 종교와 새로운 종교 사이의 관계가 중요하다. 사람들은 본래 가지고 있던 종교에 대한 불만 때문에 종교를 바꾸려고 하지만, 또한 선택하고자 하는 종교의 매력에 이끌린 결과로 개종이 이루어지는 것이다.[18] 따라서 이 연구에서는 개신교에서 천주교로 개종하는 과정을 '개신교가 밀어내는 요인'과 '천주교가 끌어당기는 요인'으로 구분하여 살펴보고자 한다. 여러 가지 밀어내고 끌어당기는 요인들이 작용하는 가운데 결정적인 계기가 마련됨으로써 개종이라는 행위의 결단이 이루어지는 것으로 이해하고자 하는 것이다.

18) 로플랜드는 이전 종교를 "origin religion", 새로운 종교를 "destination religion"이라고 표현하였다. J. Lofland, *The doomsday cult*(New York: Irvington Publishers, 1977).

그리고 이 촉발 요인은 주로 사회문화적인 차원의 문제에서 발생하는 것임을 밝혀보고자 한다.

본 연구에서는 심층면접을 연구방법으로 택했는데, 그 이유는 첫째로 현실상 개종자를 수백 명 찾아서 설문조사를 한다는 것이 여의치 않기 때문이다. 특히 통계적 일반화를 위해서는 전국 규모의 설문조사를 해야 하지만, 전국에 있는 개종자를 모집단으로 하여 체계적인 표본 추출을 하기는 여간 어려운 일이 아니다. 그리고 더 중요한 두 번째 이유는, 몇 가지 질문을 피상적으로 던지는 설문 조사를 통해서는 한 사람이 개종하는 과정에서 겪게 되는 복잡한 심경 변화와 그들의 의미 세계를 깊이 있게 파악하기 어렵다는 것이다.

이에 따라 본 연구에서는 2006년 9월 29에 서울에 있는 한 성당의 도움을 받아 10명의 개종자를 소집단 대화법 형식으로 면접했으며, 이중 4명을 따로 만나서 일대일로 심층면접을 실시했다. 그리고 4명을 추가로 심층 면접하여 총 14명을 면접 조사하였다. 면접 내용은 모두 녹취하여 자료로 이용하였다. 그러나 면접 대상자 모두가 여성이었다는 점은 본 연구의 한계로 남는다. 성당에서 주선해 준 개종자가 모두 여성이어서 추후에 다른 성당과 개별 접촉을 통해서 남성 개종자를 면접하려고 했으나 면접에 응해 주지 않았다. 한 명의 남성 개종자가 서면으로 응답을 해왔으나 서면이라는 제한 때문에 깊이 있는 면접이 이루어지지 못했다.

다음에서는 개종 과정에서 작용하는 이전 종교가 밀어내는 요인과 새로운 종교가 끌어당기는 요인을 살펴보고,[19] 이 요인들의 사회문화적 차원에 대하여 논의하도록 하겠다.

1) 개신교가 밀어내는 요인

19) 자세한 내용은 정재영·이승훈, "개종자를 통해 본 한국인의 종교성," 조성돈·정재영 엮음, 윗글을 볼 것.

면접 대상자들은 모두 이전 종교인 개신교에 대한 불만들을 얘기하였다. 개종자들이 말하는 개신교가 밀어내는 요인은 다음과 같이 몇 가지로 정리된다. 첫째 요인은, 개신교가 전체적으로 감정을 중시하는 경향이 강하다는 것이다. 그래서 한 사람은 개신교를 '표현의 종교' 라고 말하였다. 천주교는 묵상을 강조하는 데 반해서 개신교는 자신의 영적인 상태를 밖으로 표출하는 데 더 몰두한다는 것이다. 자신의 내면의 모습을 성찰하고 성경의 가르침을 묵상하기보다는 빠른 박자의 찬양을 부르며 자신의 신앙을 표출하기에 애쓴다는 것이다.

그리고 설교나 성경에 대한 가르침에 대해서도 깊이 숙고하기 보다는 '덮어놓고 믿는 식' 이라며, 목사님 말씀에는 "할렐루야" "아멘" 하고 외치라고 하고, 하지 않으면 왜 아멘이라고 하지 않느냐며 다그친다는 것이다. 이런 분위기는 천주교에서는 성당에 출석을 하더라도 일정 기간 동안 교리 교육을 받고 영세를 받아야 정식 교인으로 인정하는 데 반해, 출석한 지 한 달도 되지 않아 교육을 제대로 하지도 않고 등록을 하라고 강권하는 교회가 많다는 말에서도 나타난다. 심지어 한 개종자가 출석했던 어떤 교회는 처음 출석하던 날에 등록을 하라고 요구해서 무척 부담스러웠다고 말한다.

개신교가 밀어내는 둘째 요인은, 교회가 지나치게 외형에 치중하고 있다는 것이다. 교회 이미지와 관련된 설문 조사에서 흔히 나타나는 헌금에 대한 강요나 교세 확장에 대한 몰두와 같은 내용이[20] 개종의 원인이 되었다는 이야기를 들을 수 있었고, 또한 지나치게 직분에 연연해하는 교인들의 모습에도 크게 실망을 했다는 말을 했다. 유아세례를 받고 30대까지 교회 생활을 하다가 개종한 한 여성은 교회에서 헌금 그래프를 그려놓으며 헌금을 많이 내도록 강요했고, 헌금을 많

20) 한미준·한국갤럽, 한국교회 미래리포트 (서울: 두란노, 2005), 232-35.

이 한 어떤 교인이 교회에 출석한 지가 얼마 되지 않았음에도 금세 집사가 되는 것을 보고 크게 실망을 해 교회를 떠나게 되었다고 말한다.

또 다른 사람은 개신교는 '주일 성수'와 같은 외형으로 나타나는 종교성을 강조하고, 그 주일 성수도 반드시 자기 교회에 가야만 하는 것으로 생각하는 것이 매우 배타적으로 여겨졌다고 말한다. 특히 "교회에 가면 사람들이 매우 친절하게 인사하며 반갑게 맞아주지만, 한 주 결석이라도 하면 무서운 눈초리로 쳐다보며 큰 죄인인양 대하는 모습을 보며 자신을 교세 확장의 수단으로 여기는 느낌이 들어 불쾌했다."고 한다. 그래서 "다른 교회에 가 봐도 어떻게 하면 우리 교인으로 끌어들일까 하는 눈빛으로 보는 것 같아 매우 가식적으로 여겨졌다."는 것이다.

유명 교회에서 집사로 구역장을 지내다가 권사 후보에 오른 후에 성당으로 옮긴 한 개종자는 "자기 교회와 같은 좋은 교회에 다니지 않는 사람들을 무시하면서 쓸데없는 자부심을 가지고 있고, 하나님보다는 목사님을 하나님 같이 섬기며 장로나 권사가 되려고 선거 운동하는 모습에 질렸다."고 말한다. 또 다른 사람은, "성당에서는 얼마나 봉사를 열심히 하느냐에 따라 직분을 받고 그것도 임기제로 이루어지만, 교회에서는 봉사 정도보다도 헌금 정도에 따라 직분을 받는 것 같이 보였고 안수를 받아 평생 누리게 되는 직분을 얻으려고 너무나 애를 쓴다."며 안타까워했다. 심지어는 "교회 지도자인 목회자마저도 돈이 많거나 사회에서의 지위가 높은 사람을 선호하는 것 같은 강한 인상을 받았다."고 한다.

개신교가 밀어내는 세 번째 요인은 가족 같은 분위기의 이중성이다. 개종자들은 교회에서 사람들은 가족같이 너무 복잡대고 부대끼며 서로 상처를 많이 주고받는다고 말한다. 개신교회 구성원들은 서로 간에 매우 친밀한 관계를 형성하며 가족과 같은 분위기에서 신앙생활을 하는

데, 이것은 친근감을 준다는 좋은 점도 있지만 사생활의 영역이 침범당한다는 느낌을 주어 불편하게 하기도 한다. 특히 중보기도회와 같은 자리에서 은밀하게 나눈 기도 제목조차 다른 사람들에게 공개되어 전혀 예상하지 못한 사람이 다가와서 "내가 기도하고 있다"는 말을 들을 때면 고맙다기보다는 뒤통수를 얻어맞은 기분이라는 것이다.

심지어 신의가 지켜져야 할 목회자와의 상담 과정에서 나눈 얘기조차도 다른 사람에게 누설되는 매우 불쾌한 경험을 했다는 얘기도 듣게 되었다. 부부 사이에 어려운 문제로 고민하던 남편이 목사님과 상담을 했는데 이 이야기를 전해들은 목사님의 사모님이 자신에게 그 이야기를 전하더라는 것이었다. '고해성사'라는 제도를 위해 훈련을 받는 천주교 신부와 달리 상담에 대한 특별한 교육이나 훈련을 받지 못한 개신교 목회자들은 신도와의 상담에 대한 신의를 지키지 못하는 경우가 실제로 적지 않은 것으로 알려져 있다.

또한 개인의 의사를 존중하며 사생활을 침해하지 않으려는 천주교에 비해, 개신교에서는 처음 교회에 온 사람에게도 친근감을 표시하며 교회 활동에 적극 참여하도록 권유를 하고서는 자신의 의사와 상관없이 이런 저런 봉사 활동을 강요하다시피 한다고 말한다. 이런 교회에 대해 이 개종자는 교회를 '시댁'과 같은 곳이라고 표현했다. 교회 여전도회장의 요구로 주방 봉사를 하게 되었는데, 인문학박사인 자신은 교육 분야에서 봉사하고 싶었지만, 이런 일에 대해 사전에 동의나 양해를 구하지 않고 무턱대고 나와서 밥을 하라고 하더라는 것이다. 그런데 그마저도 서로 돕고 배려하는 분위기가 아니라 서로 경쟁하며 다른 사람보다 더 인정받으려고 하는 분위기였다고 한다. 그 후부터는 교회에서 행사가 있을 때마다 밥을 하라고 불러서 결국 '밥댁'이 되었다는 것이다. 결국 교회와 목회자와 목회자 부인에게 크게 실망한 이 사람은 "사모님 없는 교회, 밥 안 먹는 교회"를 찾았는데, 그게 바로 성당이었다고 한다.

2) 천주교가 끌어들이는 요인

다음으로 개신교에 실망하고 떠난 교인들이 천주교를 선택하게 된 요인은 무엇인지 보고자 한다. 교회에 대한 실망이 다른 교회로의 이동이 아닌, 천주교로의 개종이란 형태로 나타나는 원인은 천주교에서 호감을 느꼈기 때문이다. 아래에서는 개종의 경험이 있는 사람들이 직접 말하고 있는 천주교가 당기는 요인을 정리하고 있다.

첫째 요인은 성당의 성스러운 이미지이다. 면접 조사에서 천주교회의 가장 큰 특징이자 장점으로 많은 사람들이 지적한 것은 '천주교는 성스럽다' 는 것이었다. 이들은 천주교의 '성스러움' 을 개신교의 '세속성' 과 대비시켜 이야기를 하고 있다. 이들이 말하는 '성스러움' 의 내용이 무엇인지 좀 더 자세히 살펴보면, 무엇보다도 먼저 성당의 성스럽고 엄숙한 분위기를 지적한다. 이러한 성당의 엄숙한 분위기는 개신교의 "화려하고 활기차지만 시끄럽고, 가벼운" 교회 분위기와 대비된다. "이러한 천주교의 엄숙한 분위기에 있다 보면, 내가 죄인이라는 사실을 깨닫고, 더 나아가 용서받는 것 같은 감동을 느낄 수 있다." 는 것이다.

성직자들과 성도들의 생활 모습 역시 천주교의 '성스러움' 의 이미지를 강화하고 있다. "개신교의 목사님들은 일반 성도들과 같이 가정을 이루고 자식도 낳고, 그래서 돈의 문제로부터 자유롭지 못하기 때문에 아무래도 세속적일 수밖에 없다." 는 것이다. 반면 결혼을 하지 않고, 그만큼 경제 문제로부터 자유로운 신부나 수녀님들은 훨씬 더 성스러운 생활을 하고 존경할 수 있다고 말한다.[21] 성도들의 교회 생활도 많이 비교되는 부분 중 하나이다. 개신교에서는 집사,

---

21) 이에 반해 신부나 수녀는 결혼 생활을 하지 않기 때문에 일반 신도들의 생활 문제를 깊이 있게 다뤄주지 못한다는 의견도 소수 있었다.

권사, 장로 등의 직분을 둘러싸고 갈등이나 경쟁이 극심할 뿐 아니라, 돈 있는 사람과 없는 사람의 차별이 심하다는 것이다. 반면 천주교에서는 직분이 임기제이기 때문에 깨끗하고, 그것을 둘러싼 암투도 없다고 말한다.

두 번째 요인은 성당의 자유로운 분위기이다. 개신교에 대한 이미지는 한 마디로 '피곤하다' 는 것이었다. 이것은 비단 천주교로 개종한 인터뷰 대상자들뿐만 아니라, 대부분의 일반 사람들이 가지고 있는 개신교 이미지이기도 하다. 그것은 다른 종교를 가진 사람들에 대한 지나친 전도 행위, 나아가 다른 교회 사람들에게까지 자기 교회로 끌어들이려는 노력 등을 곱게 보지 않기 때문이다. 따라서 면접을 한 많은 사람들은 교회에 나갔을 때, 교인들이 자신들에게 보이는 친절이 진정성에 바탕을 둔 것이 아니라, 단순히 신자들 끌어들이기 위한 가식처럼 느껴진다고 말하였다. 그에 비하여 천주교는 "미온적이고, '너는 너, 나는 나' 로 깊이 사생활 침해는 안하려고 노력한다." 고 말한다. 물론 천주교도 개신교처럼 조직이야 구역으로 다 나누어져 있지만, 활동이 그렇게 많지 않고, 그래서 구역활동을 특별히 하지 않으면, 자유롭게 다닐 수 있다는 것이다.

세 번째 요인은 성당이 융통성이 있어 보인다는 것이다. 면접 대상자들이 지적하는 내용은 술과 담배에 대한 규제가 없다는 것, 제사를 허용하고 있다는 점, 다른 종교에 대해 관용적인 태도 등을 지적하고 있다. 이것은 다원주의적인 현대 사회에서 폐쇄적인 개신교에 비해, 천주교는 개방적이고 융통성이 있다는 이미지를 갖게 하였다.

융통성 있는 천주교의 이미지는 한 개종자의 사례에서 흥미롭게 관찰할 수 있다. 개신교회에 다녔던 응답자는 불교도인 시어머니로부터 불교로 개종할 것을 권유받았다고 한다. 자신이 교회를 다니는 줄 알지 못했던 시어머니의 계속된 권유에 고민하다가, 결국 오랫동안 가져온 신앙을 포기할 수 없어서 천주교로 개종했다고 한다. 그녀가 천주교로 개종한 이유는 어른들의 생각에 개신교는 절대 안 되지만, 천주교는 불교와 비슷하게 여기고 있었기 때문이었다는 것이다. 그 이유는, 개신교는 독선적이고 배타적이며 사람만 보면 전도하려고 들어 피곤하게 하지만, 천주교는 불교와 마찬가지로 포용력이 있고 사람을 자기 종교로 끌어들이려는 부담을 별로 주지 않는다는 것이 그 이유였다.

3) 개종을 촉발하는 사회문화적 요인

앞에서 언급한 개신교가 밀어내는 요인이나 천주교가 끌어들이는 요인은 엄밀히 말하면 종교내부의 본질적인 요인이라기보다는 사회문화적인 요인이라고 할 수 있다. 종교인 개인이 특정 종교의 세계질서에 대한 이해나 구원에 대한 교리와 같은 종교적 상징체계와 관련된 인지부조화로 인한 갈등보다는, 특정의 종교 전통이나 종교적 상징이 자신의 사회관계 속에서 또는 종교 집단 안에서의 사회적 상호작용 중에 갈등을 일으키는 과정에서 어떤 결정적인 계기가 마련되었을 때 개종을 결심하게 되는 것이기 때문이다.

그러한 계기를 낳는 요소들 중에 하나는 결혼이다. 면접 대상자들 중에 개신교에 대한 불만이나 천주교에 대한 호감 때문에 스스로 성당을 찾아간 사람은 소수에 불과했다. 반면에 절반 정도는 결혼 때문에 개종을 했다고 말한다. 물론 10여명의 사례를 조사한 결과를 근거로 개종 현상에 대하여 일반화를 할 수는 없으나, 결혼 후에 종교를 바꾸는 사람들을 주위에서 쉽게 발견할 수 있음을 고려할 때 결혼이 개종의 중요한 변수가 될 수 있다고 추정할 수 있을 것이다. 여기서는 결혼과 관련하여 어떠한 사회문화적 요인이 개종에 영향을 미치는지 논의하도록 하겠다.

(1) 종교생활의 가족주의

면접 대상자 중에, 스스로 생각해 볼 때 지금도 자신이 천주교 신자가 되었다는 확신이 없다고 말한 한 30대 여성은, 결혼 상대자의 가족이 천주교 신자였는데 "시어머니 되실 분이 다른 것은 다 양보해도 다 같이 성당에 나가야 한다는 것은 양보할 수 없다," 며 결혼을 할 경우 천주교로 개종할 것을 요구했다는 것이다. 그 이유는 "가족은 모두 한 종교를 가져야 한다." 는 생각 때문이었다.

그러나 자신이 생각하기에 시어머니가 그리 독실한 천주교 신자라는 느낌이 들지는 않았다고 한다. 50대 후반에 성당에 다니기 시작한 시어머니는 천주교 신자로서 정체성이 없이 하나의 취미 생활을 하듯이 신앙생활을 하는 것처럼 보였다고 한다. 교회의 집사나 권사처럼 신앙생활을 열심히 하고, 문제가 있으면 신앙으로 해결을 하고, 가정예배도 드리고 그랬다면 아마 자신도 확실한 천주교 신자가 되었을지 모르지만, 시어머니는 그런 열심이나 확실한 신앙관이 없어 보였다는 것이다. 그럼에도 그 시어머니는 가족은 하나의 종교를 가져야 한다며 천주교로 가정할 것을 요구했다고 한다.

기존의 연구에서도 결혼은 개종의 중요한 결정요인 중 하나로 나타난다.[22] 종교적 족외혼(religious exogamy) 곧 출신 종교 밖에 있는 사람과 결혼을 한 사람은 개종할 가능성이 높은 것으로 여겨진다. 헤더웨이와 말러는 족외혼을 한 사람은 결혼생활에 화목을 이루기 위해 개종을 한다는 것을 이론화하였다.[23] 이것은 앞서, 사람들은 새로운 사회적 연결망을 발전시킴에 따라서 새로운 준거 집단의 의견을 중시하는 경향을 띄게 된다는 스타크와 핑크의 연구결과와도 일맥상통하는 것이다.[24]

---

22) M. Musick and J. Wilson, "Religious switching for marriage reason," *Sociology of Religion* 56(1995): 257-79와 Roof, 윗글, Sherkat, 윗글.

23) Hadaway and Marker, 윗글.

24) Stark and Finke, 윗글.

결혼을 해서 이루는 부부와 각 배우자의 가족들은 새로운 사회적 연결망이 되고, 그 안에서 형성되는 새로운 준거 집단을 이루게 되기 때문이다.

천주교로 개종하는 문제에 대하여 개신교 목회자들에게 조언을 구해보았다는 한 사람은, 한 목회자만 제외하고는 모두 "가족 화목이 우선이니 일단 시댁의 의견을 따르라." 고 했다고 한다. 가족의 화목을 중시하는 것은 개신교 목회자들 역시 유교식 가족주의 전통을 벗어나고 있지 못한 증거라고 볼 수 있다. 종교는 단순히 의례에 참여하는 행위가 아니라 사고방식과 삶의 양식을 포괄하고 있는 것인데, 가족의 평화를 위해서 개종을 한다는 것은 종교 본연의 성질과 관련된 것이 아니라 새로운 준거집단의 규범을 받아들이는 것을 의미하는 것이다.

여기서 우리는 종교생활의 가족주의를 보게 된다. 가족주의란 자신의 의사보다는 가족의 의사를 중시하고 자신의 이익이나 발전보다는 가족의 이익이나 발전을 더 우선시하는 태도를 말한다.[25] 유교에 바탕을 둔 우리 사회의 가족주의는 서구의 개인본위의 가족주의에 비하여, 가족의 집단적인 필요에 개인의 생활을 전적으로 얽어매는 것으로 이해되고 있다. 부부가 다른 종교를 갖는 경우도 적지 않고, 일요일이 되면 같은 개신교라도 서로 다른 교파에 속한 교회에 따로따로 출석하는 일도 종종 있는 서양에 비해, 가족이라면 당연히 하나의 종교를 가져야 한다고 생각하는 것은 우리 사회에서는 어느 종교에서나 공통으로 볼 수 있는 사실이다. 특히 개신교에서는 자식이 멀리 떨어져 있더라도 부모가 다니는 교회에 나오도록 강요하는 경우도 적지 않다. 개인의 의사나 권리보다는 가족의 의사가 우선시되는 것이다.

---

25) 가족주의 개념에 대한 글로 박영신·정재영, 「현대 한국사회와 기독교: 변화하는 한국사회에서의 교회 역할」(서울: 한들, 2006)의 1부 2장을 볼 것.

여기에서 주목할 점은 개신교에서 천주교로의 개종이 옳은 것이냐, 그른 것이냐 하는 가치 판단의 문제가 아니다. 오히려 종교의 결정이 교리상의 옳고 그름의 문제나 개인 신앙의 양심 차원에서 논의되는 것이 아니라, '가족이 가장 중요하다' 는 차원에서 이뤄지고 있다는 점이 중요한 것이다. 이러한 현상은 우리 사회의 '가족주의' 라는 뿌리 깊은 문화적 토대가 개종의 문제에도 깊이 개입되어 있음을 보여주는 것이다.

(2) 종교의 사회적 이미지

결혼과 관련하여 개종을 결정하는 데에서는 이전 종교보다는 새로운 종교에 의해 더 많은 영향을 받는다. 그것은 개종의 동기가 배우자가 가지고 있는 종교와 같은 종교로 옮기고 싶어하기 때문이다.[26] 특히 우리사회와 같은 남성 중심의 사회에서 남편과 시댁의 종교로 옮기기 쉬운 경우에 개신교에 불만을 가지고 있거나 천주교에 매력을 느끼는 사람은 결혼을 통해 자연스럽게 개종을 하게 되는 것으로 볼 수 있다.

천주교에 대하여 갖는 호감 중의 하나는 앞에서 언급한 바 있는 성스러운 이미지이다. 계산적이고 치열한 현대 사회에서 현대인들은 누구나가 정서적이고 성스러운 분위기에서의 안식을 원한다. 천주교가 가지는 성스러운 이미지는 현대인들의 이러한 욕구를 충족시키고 있다. 반면 개신교회 내에서는 경쟁적인 사회생활이 교회 안에서조차 반복되고 있다고 느끼며, 그만큼 세상으로부터 거룩하게 분리되어 있다는 이미지를 갖고 있

26) Musick and Wilson, 윗글. 이들에 따르면, 자유주의 교단의 개신교인들은 결혼을 이유로 교단을 옮길 때 보수 교단으로 옮길 가능성이 높다. 천주교 신자들은 결혼을 이유로 개종하면 배우자의 개신교 신앙으로 개종하기보다 아예 종교를 갖지 않는 경향이 있다. 천주교회는 족외혼을 권장하지 않기 때문에 결혼 시장에서 월등한 흡인력을 가질 것으로 추측된다.

지 못하다. 따라서 경쟁, 출세, 돈 등 일상으로부터 벗어나고자 하는 현대인들에게 천주교의 성스러운 이미지는 호소력을 가질 수 있는 것이다.

이와 관련하여 특이한 종교 교단에서 자란 사람은 주류 교단에서 성장한 사람보다 개종할 가능성이 더 적다는 연구 결과가 있다. 루프와 헤더웨이에 따르면, 특이한 교단들은 문화적으로나 양식적으로 주류교단과 구별된다. 이러한 특이한 사회 상황에서 자란 사람들은 출신 교단 밖에서는 만족하기 어려운 종교 기호를 가지고 있기 때문에 개종할 가능성이 낮다는 것이다.[27] 천주교는 주류 종교이지만 그 양식에서는 개신교 문화와 구별되는 특징을 가지고 있다. 이러한 특징 중 하나는 천주교 신부의 독신주의이다. 모리스는 이러한 천주교의 특이성은 신부가 성화되고 신성한 성직자라고 여기는 것이라고 말한다. 이렇게 신부를 평신도 위에 있는 중개자로 이해하는 것이 천주교가 주류 개신교 문화와 구분되는 특징이다.[28]

기독교가 처음 이 땅에 들어왔을 때에는 신종교로서 기독교로의 개종에 대하여 국가와 사회로부터의 박해가 있었기 때문에, 기독교로 개종한다는 것은 매우 심각한 결단을 요구하는 것이었다. 그러나 기독교가 전래된 지 100년(천주교 기준으로는 200년)이 지난 오늘에는 기독교 신앙을 갖는다는 것이 그렇게 강한 실존적인 결단을 요구하지 않는다. 또한 지식정보화 사회 또는 포스트모던 사회가 되면 많은 사람들이 제도 종교의 의례, 가르침, 계율을 중시하지 않으면서 개인주의적인 종교 생활을 하는 경향이 있다. 그리하여 현대 사회에

---

27) W. C. Roof and C. K. Hadaway, "Denominational switching in the seventies: Going beyond Stark and Glock," *Journal for the Scientific Study of Religion* 18(1979): 363-77.

28) C. R. Morris, *American Catholic: The saints and sinners who built America's most powerful church*(New York: Random House, 1977), 407.

서 종교는 하나의 취미와 같이 여겨지기도 하며, 다소 과장되게 표현한다면 하나의 장신구처럼 가볍게 다뤄지기도 한다. 이런 상황에서 사람들이 종교에 대하여 선택 기준으로 삼는 것은 자신의 기호에 맞는 종교의 사회적 이미지인 것이다.

(3) 종교 자본으로서의 종교 지식

합리적 선택이론의 옹호자인 아이아나콘은 종교적인 기호를 공유하는 부부는 종교 자본을 생산하기 쉽기 때문에 족외혼을 한 사람은 배우자의 종교로 개종할 가능성이 높다고 설명한다.[29] 여기서 종교 자본이란 한 사람의 종교적 지식, 기술, 감수성의 축적을 말한다. 따라서 부부가 서로 다른 종교를 가지고 있을 경우에는 종교 자본이 분산되지만, 부부가 단일한 종교를 가지고 있을 때에는 종교 자본을 공유하게 되고 그에 따라 종교 생활에도 적극성을 띄게 되는 것이다. 그런데 이러한 종교 자본은 하나의 종교 단체에 가입함으로써 자동으로 얻어지게 되는 것이 아니다. 그 종교의 교리와 같은 종교 전통이 자신에게 의미가 있을 때 실제적인 지식이 되는 것이다.

앞에서 언급한 바와 같이 천주교로 옮긴 사람들은 개신교의 합리적이지 못하고 지나치게 감성적인 분위기에 불만을 나타내었다. 개신교에서는 교리에 대하여 질문을 해도 납득할만한 해답을 얻지 못하

---

29) L. R. Iannaccone, "Religious practice: A human capital approach," *Journal for the Scientific Study of Religion* 29(1990): 279-314. 그는 종교에 대한 합리적 선택 접근 방식을 잘 정리하고 있는데, 그는 먼저 합리적 선택 접근 방식의 핵심을 "가차 없이 그리고 단호하게 사용되는 최대화하는 행위, 시장 평형, 그리고 안정적인 기호라는 가정들의 결합"으로 특징지은 게리 베커의 주장을 정리하고, 비슷한 가정들이 종교의 공급 측면에 적용된다고 주장한다. 곧 종교의 "생산자" 역시—회원들, 순수 자원, 정부 지원 또는 제도적 성공의 다른 기본적인 결정 요인들을 최대화하는—최적화자로 여겨지고, 교회와 성직자들의 행위는 이렇게 종교 시장에서 발견되는 강압과 기회에 대한 합리적인 반응으로서 모델이 만들어진다. L. R. Iannaccone, "Framework for the Scientific Study of Religion," Lawrence A. Young, *Rational Choice Theory and Religion: Summary and Assessment.*(New York: Routledge, 1997), 32.

였다. 보기를 들면, 죽음 이후의 세계에 대하여 개신교에서는 설명을 해주지 않았지만 천주교로 옮겨보니 연옥의 개념을 가지고 충분히 설명을 해주었다는 것이다. 특히 아버지가 기독교인으로서 구원의 확신이 없이 돌아가신 후 장례를 치르게 된 40대 여성은 성당에서 와서 밤새도록 돌아가신 아버지의 구원을 위해 기도해 주는 것에 깊은 감명을 받았다고 한다. 개신교에서라면 불가능한 일을 경험한 것이다.

마찬가지로 천주교에서는 제사에 대해서도 개방적인 태도를 가지고 있다.[30] 많은 한국 사람들이 유교적 사고방식으로 제사에 대한 의무감을 가지고 있는데, 개신교에서는 우상숭배로 여겨 제사를 수용하지 않지만 천주교에서는 이를 용인하기 때문에 부담이 없는 것이다. 남성의 경우에는 술 담배 문제로 갈등을 하는 경우가 많은데, 천주교에서는 이에 대해서도 관대하기 때문에 남성들이 천주교를 선호하는 경향이 있다. 이러한 천주교의 교리가 개종 문제로 고민하는 개인들에게는 훨씬 더 의미 있는 종교적 지식으로 받아들여지게 되는 것이다. 특히 결혼으로 인해 개종에 대한 압력을 받는 사람들은 천주교의 개방적인 태도에 끌려 큰 어려움 없이 개종에 대한 결정을 하게 되는 것으로 이해된다.

여기서 한 가지 흥미로운 사실이 있다. 앞에서 언급한 술 담배나 제사 문제에 대해서는 천주교가 개방적이지만, 피임이나 낙태 문제에 대해서는 천주교가 개신교보다 훨씬 엄격한 기준을 가지고 있음에도 이것이 크게 영향을 미치지 않는다고 하는 사실이다. 이것은 술, 담배와 제사는 가족이나 친척 또는 일반 사회관계에서 쉽게 갈등을 일으키는 문제인데 반해, 피임이나 낙태는 이와 달리 매우 사사로운 영역의 문제이기 때문에 자신에게 의미 있는 종교 자본이 되지 않는 것으로 이해된다. 로버트 우스노우(Robert Wuthnow)는 이런 의미에

---

30) 오경환, 윗글, 41-43.

서 현대 사회를 D.I.Y. 종교의 시대라고 말하였다. 현대인들은 기존의 전통적인 종교 교리를 그대로 받아들이기보다는 자신의 입장에서 취사선택을 하여 자기 자신의 종교를 만든다는 것이다.

이와 같이 개종이 이루어지는 과정에서는 종교 본연의 특징을 이루는 세계관이나 구원에 대한 메커니즘에 대한 교리가 아니라 사회생활과 직접 관련을 맺고 영향을 미치는 종교적 지식이나 생활태도에 대한 입장이 더 강한 요인으로 작용하고 있는 것이다.

5. 나가는 말

이 연구에서는 최근에 나타난 한국의 종교 인구 변화와 관련하여 개신교에서 천주교로 개종한 사람들을 심층 면접 조사한 결과를 토대로 개종 과정에서 작용하는 사회문화적 요인에 대하여 논의하였다. 앞에서 이미 지적한 바와 같이, 이 연구는 적은 수의 사례에 기초하고 있기 때문에 개종 현상 일반에 대한 설명으로는 많은 한계를 갖는다. 그러나 개종이 일어나는 동기와 과정에 대하여 통계 조사를 통해 얻을 수 있는 것보다 훨씬 실제적인 내용을 포함하고 있고, 우리 사회에서 사회문화적인 요인에 의해 개종을 결정하는 사례에 대한 하나의 원형을 제공해 준다는 점에 의의가 있다고 하겠다.

심층 면접 자료를 토대로 한 이 연구에서는 개신교의 밀어내는 요인과 천주교의 끌어들이는 요인 중에서도 사회 문화적 요인이 개종의 결정적 계기를 마련한다는 측면에서 개종 과정에 대한 종교사회학적인 설명을 시도하였다. 개종의 사회 문화적 요인으로는 우리 사회에 뿌리 깊은 가족주의의 요소, 여기에 목표 종교(destination religion)인 천주교가 우리 사회에서 가지고 있는 사회적 이미지, 그리고 결혼을 통해 새롭게 형성되는 사회적 연결망에서 종교 자본으로서의 종교 지식을 거론하여 설명하였다. 개종에 대한 학술적인 연구가 매우 부족한 국내 현실에서 이 연구가 작은 기초가 되어 많은 후속 연구가 전개되길 기대한다.

마지막으로 이 연구가 시사하는 바에 대하여 간단하게 적고자 한다. 현대 사회에서 종교는 과거와 같이 사회 수준에서 중요성을 갖지 못하고 있으며 개인들에게 실존적인 결단을 요구하지도 않는다. 단지 개인의 수준에서 자신의 이해관계에 따라 입신출세의 수단이 되기도 하고 자신의 취향에 따라 종교를 선택하거나 옮기기도 한다. 현대인들의 낮은 종교 정체성은 바로 이러한 현대 사회 특성을 반영하는 것으로 볼 수 있다. 또한 현대 사회에서는 상품의 기호나 이미지를 소비하듯이 종교적인 성스러움도 '소비' 의 대상이 된다. 천주교의 성스러운 이미지는 성직자나 성당 건물이 표출하는 이미지일 뿐, 종교인 스스로 세상으로부터 구별된 성스러운 삶을 사는 것은 별개의 문제로 여겨진다.

따라서 개신교가 현대인들에게 설득력을 갖기 위해서 개신교가 잃어버린 성스러움을 회복해야 한다면, 그 성스러움은 단순히 이미지의 성스러움이 아니라 실제 개신교 신자 한 사람, 한 사람이 자신의 생활에서 성스러움을 회복해야 한다는 의미로 이해해야 할 것이다. 이것은 이 세상과 엄격히 분리된 '수도원식의 영성' 을 뜻하는 것이 아니라 로버트 벨라가 말한 바, 종교의 본질인 '초월성' 을 견지하면서도 현대 사회에서 적실성을 갖는 실천적인 성스러움의 회복을 의미하는 것이다.[31] 그럴 때에야 개신교 신앙은 본인에게도 실존적 의미를 갖게 되고 사회에 대한 기여도 가능하게 될 것이다.

---

31) 이와 관련된 '창조적 긴장'의 개념에 대해서는 로버트 벨라, 사회변동의 상징구조 (박영신 옮김)(서울: 삼영사, 1981), 185를 볼 것.

■ 도움 받은 글

"개종자 심층면접조사 녹취록", 2006.
로버트 벨라. 1981.「사회변동의 상징구조」, 박영신 옮김, 서울: 삼영사.
박영신·정재영. 2006.「현대 한국사회와 기독교: 변화하는 한국사회에서의 교회 역할」, 서울: 한들.
반신환. 2000. "개신교 민간신앙의 연구: 할렐루야 기도원의 개종의 과정을 중심으로," 「종교연구」 21호, 가을.
오경환. 1981. "개종의 과정에 대한 고찰," 「사목」 73호. 1월.
오경환. 2007. "가톨릭 신자의 괄목할 만한 증가와 그 요인," 조성돈·정재영 엮음, 「그들은 왜 가톨릭 교회로 갔을까?」, 서울: 예영.
우리신학연구소. 2000.「가톨릭 신자의 종교 의식과 신앙생활」, 서울: 가톨릭신문사.
정재영·이승훈. 2007. "개종자를 통해 본 한국인의 종교성," 조성돈·정재영 엮음,「그들은 왜 가톨릭 교회로 갔을까?」, 서울: 예영.
통계청. 2006. "2005 인구주택총조사 전수(인구부문) 집계 결과 보도자료".
한미준·한국갤럽. 2005.「한국교회 미래리포트」, 서울: 두란노.
한국갤럽. 1998.「한국인의 종교와 종교의식(3차 비교조사)」, 서울: 한국갤럽.
한국갤럽. 2004.「한국인의 종교와 종교의식(4차 비교조사)」, 서울: 한국갤럽.

Davidman, L. 1991. *Tradition in a rootless world: Women turn to orthodox Judaism.* Berkeley: University of California Press.
Davidman, L. and A. Greil. 1993. Gender and the experience of conversion: The case of "returnees" to modem orthodox Judaism. *Sociology of Religion* 54:83-100.
Greil, A. and D. R. Rudy. 1984. What have we learned from process models of conversion?: An examination of ten case studies. *Sociological Focus* 17:305-23.
Hadaway, C. K. and P. L. Marler. 1993. All in the family: Religious mobility in America. *Review of Religious Research* 35: 97-116.
Iannaccone, L. R. 1990. Religious practice: A human capital approach, *Journal for the Scientific Study of Religion* 29: 279-314.
Iannaccone, L. R. 1997. Framework for the Scientific Study of Religion. Lawrence A. Young, *Rational Choice Theory and Religion: Summary and Assessment.* New York: Routledge.
Kaufman, D. R. 1991. *Rachel's daughters: Newly orthodox Jewish women.* New Brunswick, NJ: Rutgers University Press.
Kilbourne, B. and J. T. Richardson. 1989. Paradigm conflict, types of conversion, and conversion theories. *Sociological Analysis* 50:1-21.
Lofland, J. and R. Stark. 1965. Becoming a world-saver. A theory of conversion to a deviant perspective. *American Sociological Review* 30:862-75.
Lofland, J. 1977. The doomsday cult. New York: Irvington Publishers.
Morris, C. R. 1977. *American Catholic: The saints and sinners who built*

America's most powerful church. New York: Random House.

Musick, M. and J. Wilson, 1995. Religious switching for marriage reason, *Sociology of Religion* 56: 257-79.

Newport, F. 1979. The religious switcher in the United States. *American Sociological Review* 44: 528-52.

Roof, W. C. 1989. Multiple religious switching: A research note. *Journal for the Scientific Study of Religion* 28: 530-535.

Roof, W. C. and C. K. Hadaway. 1979. Denominational switching in the seventies: Going beyond Stark and Glock. *Journal for the Scientific Study of Religion* 18: 363-77.

Roof, W. C. and W. McKinney. 1987. *American mainline religion: Its changing shape and future.* New Brunswick, NJ: Rutgers University Press.

Sandomirsky, S. and J. Wilson. 1990. Processes of disaffiliation: Religious mobility among men and women. *Social Forces* 68: 1211-29.

Sherkat, D. E. 1991. Leaving the faith: Testing theories of religious switching. *Social Science Research* 20: 171-87.

Sherkat, D. E. and J. Wilson. 1995. Preferences, constraints, and choices in religious markets: An examination of religious switching and apostasy. *Social Forces* 73: 993-1026.

Snow, D. A. and R. Machalek. 1984. The sociology of conversion. *Annual Review of Sociology* 10:167-90.

Stark, R. and C. Glock. 1968. *American piety: The nature of religious commitment.* Berkeley, CA: University of California Press.

Stark, R. and R. Finke. 2000. *Acts of faith.* Berkeley, CA: University of California Press.

Suchman, M. C. 1992. Analyzing the determinants of everyday conversion. *Sociological Analysis* 53: 15-33.

Sullins, D. P. 1993. Switching close to home: Volatility or coherence in Protestant affiliation patterns. *Social Forces* 72:399-421.

Taylor, Bryan. 1976. "Conversion and Cognition: An Area for Empirical Study in the Microsociology of Religious Knowledge," *Social Compass*, 23.

제2장 저출산의 원인과 대책

1. 들어가는 말

2007년에 통계청에서 "한국의 출산율은 1.16명으로 OECD 회원국 중에서 3년째 최저"라는 발표를 한 이후에 우리 사회에서는 저출산 문제를 놓고 다양한 해석과 대책을 내놓았다. 그러나 2008년 발표에서는 출산율이 1.08로 오히려 더 떨어졌다. 과거 합계출산율이 1960년에는 6.0명, 1970년 4.5명, 1980년 2.8명, 1990년 1.5명이었음을 감안하면 지난 40년간 한국의 출산율은 그야말로 급격한 하락을 경험하였다.[32] 2006년 5월에 발표한 2005년 인구주택 총조사 결과에서도 2005년 4세 이하 유아의 인구 구성 비율은 5.1%로 2000년 대비 23.9%가 감소한 것으로 나타났다. 이와 같은 출산율 하락이 지속될 경우 2021년부터 인구가 줄 것이라던 정부의 당초 예상보다 인구감소가 훨씬 앞당겨지게 될 것이라는 분석도 나왔다. 이에 따라 우리 정부는 '저출산 · 고령사회기본법'을 제정 · 시행하고, 대통령 직속의 '저출산고령사회위원회'를 운영하고 있다.

이러한 상황에 대해 기독교계 일부에서는 출산율 저하로 기독교 인구가 줄게 되면 선교 역량이 감소하기 때문에 출산율을 높여서 기

32) 출산율은 합계출산율로 15~49세의 가임여성 한 사람이 평생 동안 낳는 평균 자녀수를 말한다.

독교 인구의 자연 증가율을 높여야 한다는 주장이 나오기도 한다. 그러나 이러한 주장은 설득력이 약하다. 기독교 가정에서 아이를 출산한다고 해서 그 아이가 자동으로 기독교인이 된다는 보장은 없기 때문이다. 설령 부모의 압력이나 강권으로 기독교를 받아들이게 된다고 하더라도 종교 선택의 자유라고 하는 개인의 권리가 침해될 뿐만 아니라 종교의 가치 자체도 존중되지 못하는 것이다. 다시 말해서 종교가 독립변수로서 사회의 다른 영역에 긍정적인 영향을 미치는 것이 아니라 종교 외적인 요인에 의해 종교가 결정되는 종교의 종속화의 문제가 제기될 수 있는 것이다.

이 글에서는 우리 사회에서 일어나고 있는 저출산 문제의 원인에 대하여 살펴보고, 종교사회학의 관점에서 한국의 기독교가 어떠한 대응을 하고 저출산을 극복하기 위해서 어떠한 노력이 필요한지에 대하여 논의하고자 한다.

2. 저출산의 원인

1) 거시 차원

저출산은 왜 나타나는가? 저출산이 비록 자연스러운 현상은 아니나 경제 수준이 높은 이른바 선진국에서는 일반적으로 나타나는 현상으로 알려져 있다. 또한 한 국가 안에서도 교육 수준이 높을수록 대개 출산율은 하락하는 특징을 보인다. 경제수준과 교육수준이 대체로 낮은 개발도상국에서는 출산율이 높은데, 의학기술이 발달하지 않아서 사망률도 동시에 높기 때문에 인구 피라미드는[33] 피라미드형을 나타낸다. 개발도상국에서 출산율이 높은 것은 의학기술이 발달하지

33) 인구 피라미드는 연령별 남여인구를 절대 수나 백분율로 나타낸 것으로 인구 구조를 전체적으로 가장 알기 쉽게 볼 수 있게 한 것이다.

않아서 영아사망율이 높기 때문에 출산율을 높임으로써 이를 상쇄하기 위한 노력이기도 하고, 많은 노동력을 필요로 하는 개발도상국의 특성상 자녀수가 곧 경제력을 의미하기 때문이기도 하다. 반면에 선진국에서는 출산율도 낮고 사망률도 낮으므로 인구 피라미드는 항아리형 또는 종형을 나타낸다.[34] 선진국에서는 자녀수 자체가 경제력도 아닐뿐더러 개인의 권리를 중시하는 사회 분위기로 아이에게 얽매이지 않으려는 경향이 강하기 때문이다. 또한 소득 수준이 증가할수록 자녀를 적게 갖고 자녀에 대한 질적 투자에 집중하는 경향이 있어서 고소득층의 경우 오히려 출산율이 감소한다는 이론도 있다.

다른 요인으로는 결혼연령의 전반적인 상승을 들 수 있다. 현대산업사회에서는 대부분의 직업이 장기간의 교육을 요한다. 특히 오늘날과 같이 첨단 과학기술과 전문화된 직종이 발달한 사회에서는 필요로 하는 교육 기간이 더욱 늘어나게 되는데, 교육을 받는 동안에는 경제력이 약하기 때문에 결혼 연령이 상승하게 되는 것이다. 우리나라 여성들의 초혼 연령을 살펴보면, 1992년에는 25세이던 것이 그 후 완만하게 증가하여 2002년에는 27세를 기록하였다. 남성들의 초혼 연령도 1992년에 28.1세이던 것이 2002년에는 29.8세로 증가하였다. 출산 시 평균 연령의 증가현상은 상당히 심하다. 1988년 24.9세에서 2002년 28.3세로 꾸준히 증가하고 있다. 35세 이상에서 출산한 경우는 1984년에 2.3%이던 것이, 1992년에는 4.3%, 1996년에는 5.3%로 지속적으로 증가하여 2003년에는 전체 임신부의 8.5%로 급증하는 추세이다.

이러한 관점에서 본다면 저출산이라고 하는 것은 단순히 변화하는 사회 현실을 반영한 것으로 이해될 수도 있다. 다시 말하면 우리 사회가 선진 산업 사회 대열에 들어서게 되면서 자연히 출산율이 떨어

---

34) 2005년 인구주택 총조사 결과를 보면, 우리나라의 인구 피라미드도 종형을 나타내고 있다.

진 것으로 볼 수 있다는 것이다.[35] 그러나 저출산의 문제를 이렇게 일률적으로 볼 수 없게 하는 요인이 있다. 세계 저출산 국가들에는 공통점이 있는데, 그것은 남성중심사회일수록 저출산 문제가 심각하다는 것이다. 여성의 직업 활동이 결혼 및 출산과 병행하기 어려운 상황일수록 출산 수준은 낮아진다.

우리나라 여성 교육 수준의 급속한 향상과 함께, 젊은 세대 여성들은 직업에 대한 높은 헌신도를 보이고 있어 이들이 과거 세대처럼 결혼이나 출산을 위해서 직업 활동을 포기할 것을 기대하기는 어렵다. 많은 학자들은 우리 사회가 저출산 사회로 급격히 전환된 데에는 경제 요인과 성불평등 요인이 복합적으로 작용하여 일어났다고 진단한다. 한국 여성들의 성불평등에 대한 인식 수준과 사회 전반의 고학력 여성들에 대한 기대 수준과의 불일치와 경제 요인이 복합적으로 작용한 결과라는 것이다. 이와 같은 변화 양상은 여성의 취업에 대한 조사 결과에서 잘 드러난다. 1988년에 가성과 관계없이 취업할 수 있다는 견해를 가지고 있는 여성은 16.7%에 불과했지만, 2002년에는 40.2%로 무려 23.5% 증가하였다. 가정과 관계없이 여성이 취업할 수 있다고 생각하는 남성의 비율도 1988년 8.4%에서 2002년 30.2%로 급격히 증가하였다.[36]

자녀 양육과 관련하여 여성이 지불해야 하는 비용은 자녀 양육으로 말미암아 여성이 포기해야 하는 경제적, 사회적 활동과 관련된 비

35) 한때 우리 사회에서는 투표율 하락이라는 현상을 놓고 선진국 진입에 대한 근거라는 논쟁이 있었다. 선진국에서는 대개 정치에 대한 관심이 감소하여 투표율이 낮다는 연구 결과가 있는데, 우리 사회에서 투표율이 하락했다는 것은 우리 사회도 선진국이 되었다는 근거라는 주장이 있었다. 마찬가지로 저출산 현상이 우리 사회가 선진국 대열에 들어갔다는 증거가 될 수 있다는 것이다. 그러나 이것은 논리의 비약이다. 선진국은 대개 출산율이 낮은 특성을 보인다는 것과 출산율이 낮다는 것이 선진국이라는 증거라는 말은 전혀 다른 의미이기 때문이다. 우리 사회의 출산율이 OECD 가입국 중에서도 가장 낮은데, 그렇다고 해서 우리나라가 가장 선진국이라고는 할 수 없는 것이다.

36) 통계청, 「한국의 사회지표」(2002).

용이다. 여성의 교육 수준이 향상되고 여성 취업이 증가하면서 여성에게 자녀 양육은 기회비용의 증가를 의미하고 있다. 여성들의 취업에 대한 견해가 남성과 여성 모두 크게 변화했음에도 불구하고 여성들이 일과 가정을 병행하기 어려운 이유는 여전히 지속되고 있다. 뿐만 아니라 여성이 경제 활동에 참여할 때 가사일이나 자녀 양육과 관련된 변화가 수반되어야 하지만 가족 내 가사 책임은 여성에게 전담되어 있는 실정이다.

1999년 가구의 성별 가사분담 시간을 보면, 부부간 유급노동시간과 무급노동시간을 합한 총노동시간이, 홑벌이 부부는 99.8%의 행위 비율로 여성이 가사 노동을 담당하고 있었으며 노동시간은 총 6시간 43분이었다. 맞벌이 부부인 경우 역시 부인의 가사 노동 행위 비율이 높아서 99%에 이르렀으며 총 가사노동 시간은 3시간 45분이었다. 남성의 경우 가사노동 행위 비율이 39.5%, 맞벌이 부부인 경우는 43.3%로 맞벌이 남성인 경우가 3.8% 정도 더 가사 노동에 참여하는 비율이 높았다.[37] 생애주기별로 보더라도 모든 생애주기에서 여성의 총노동시간이 남성에 비해 월등히 높아 한국 가족의 성 형평성은 거의 전무하다고 할 수 있을 정도이다.[38] 가족 내 가사 부담이나 양육이 전통적인 형태를 유지하는 상황에서 여성의 직업의식 증가와 경제활동 증가는 여성에게 이중, 삼중 부담을 의미하고 이는 여성들의 저출산 선택으로 이어질 수밖에 없는 것이다.

이렇게 사회 구조의 관점에서 현상을 바라보는 거시적인 설명은 어떤 현상에 대한 전체적인 그림은 보여줄 수 있으나, 그러한 구조의 영향을 받으면서 행위하는 각 개인들의 행위의 동기나 의도는 알기 어렵다. 구조라고 하는 것도 '주어진' 상수로 보기보다는 결국 각각의 행위자들이 처한 상황에서 나름대로의 합리로운 판단과 결정을

37) 통계청, 「생활시간조사」(1999).
38) 박수미, "가족내 젠더구조와 저출산: 생애주기별 접근," 「젠더리뷰」(2005년 겨울호).

한 결과로 만들어지는 것으로 봐야 하기 때문이다. 뿐만 아니라 구조를 지나치게 강조하다보면, 각 사회 안에서 부단히 애쓰며 삶을 살아가는 한사람, 한사람의 존재를 가볍게 여기게 될 수도 있다. 따라서 우리는 보다 추상의 수준을 낮춰서 구체적인 삶의 영역에서 우리 사회의 개인 행위자들이 어떻게 의미 세계를 구성하며 삶을 영위하고 있는지를 살펴볼 필요가 있다.

2) 미시 차원

미시적인 관점으로 접근한다면, 저출산이라고 하는 구조적인 결과는 우리 사회 각각의 개인들이 자신들이 처한 상황을 나름대로의 관점에서 정의하여 판단하고 선택한 행위의 결과로 이해할 수 있게 된다. 다시 말하면, 저출산은 우리 사회 구성원들의 적극적인 행동의 의도된 결과라는 것이다. 그렇다면 그것은 어떤 의도의 결과인가?

보건복지부가 동덕여대 한국여성연구소에 의뢰한 '출산의욕 고취를 위한 사회적 대처방안' 에 따르면, 남성보다 여성이 자녀 없는 가정을 선호하는 태도를 나타냈는데, 무자녀를 선호하는 이유로 '경제적인 부담' 을 말한 사람이 조사대상 성인 2,767명 중 51%로 가장 많은 비중을 차지했다.[39] 다시 말해서 아이를 키우는 데 돈이 너무 많이 든다는 것이다. 이러한 양육비 중에서도 가장 많은 비중을 차지하는 것은 교육비이다. 흔히 한국은 교육열이 높다고 하지만, 엄밀히 말하면 공부하는 당사자 '학생의 교육열' 이 아니라 공부를 시키는 '부모의 교육열' 이 높다는 특징을 보인다. 이와 같이 한국의 부모들은 자녀에 대한 높은 교육열을 나타내지만 전체 가구 소비 규모 중에서 50% 이상을

39) 한국보건사회연구원이 18~39세 미혼남녀들을 대상으로 조사한 결과에서도 조사대상의 24%가 현재 결혼을 하고 있지 않은 이유로 '경제적 기반이 없어서' 라고 답했다. 남자는 그 비율이 34%에 달했다.

자녀의 (사)교육비로 쓰이는 상황에서 결코 아이를 많이 낳으려 하지 않는 것이다. 여성의 교육수준이 높아지고 사회참여가 늘어나고 있는 변화와 맞물려서 자녀에 대한 비용 증대는 자녀 출산에 부정적으로 작용하여 저출산을 지속할 수밖에 없는 주요 원인이 되고 있다.

심층면접을 실시한 한 조사 결과에서도, 저출산의 원인으로 가장 자주 등장하는 요인으로 지적된 것은 역시 경제적인 이유인 것으로 나타났다. 결혼 초기에는 경제적 기반을 마련하기 위해 맞벌이를 하고, 집 장만 등 경제적인 문제를 해결하기 위해 노력하다 보면 한 명 이상의 아이를 낳기가 힘들었다는 것이다. 이들에게는 자녀 양육에 들어가는 시간과 비용을 감당하기 어려웠다는 것이 저출산의 가장 큰 이유였다. 특히 신혼부부들의 경우에는 결혼 비용을 쓰고 나서 집 장만하는 데 힘들었을 뿐만 아니라 아이를 임신하고 출산하고 기르는 데 많은 고통과 비용이 수반하기 때문에 자녀의 출산을 미루고 있었다. 과거에는 아이를 낳게 되면 여성은 직장을 포기하거나 자녀를 위해 자신의 일을 희생해야 하는 경우도 적지 않았다. 하지만 요즘에는 경제적 이유와 결부되어 일을 계속하기 위해 결혼을 늦추기도 하고 출산 계획을 보류하는 사례들이 상당수 있다는 사실이 심층 면접 결과 확인된 것이다.[40]

저출산은 우리 사회의 가치관 변화에도 원인이 있다. 서구에 비해 전통적으로 가족을 중시하는 가족주의 가치관이 강한 우리 사회이지만, 최근의 조사결과에서는 가족관계 중에서도 부부관계를 가장 중시하는 경향을 나타냈다. 한국의 가족주의와 관련된 연구조사에서 결혼생활에서 가장 중시해야 할 것이 무엇인지를 물어보았는데, 조사 결

40) 손승영, "한국사회 저출산 원인과 가족친화적 정책대안," 「가족과 문화」 17집 2호.

과 “부부관계” 라고 응답한 사람이 55.6%로 가장 많은 것으로 나타났다. 다음이 “자녀” 라고 응답한 사람으로 20.4%, 그리고 “나 자신” 이라고 응답한 사람 15.3%, “부모” 라고 응답한 사람은 8.7%로 가장 낮게 나타났다.[41] 또 다른 조사에서는 “결혼 후에 반드시 자녀를 가져야 한다” 고 보고한 비율은 1991년에 90.3%에서 2000년에 58.1%로 급격히 감소하였다. 반면에 ‘반드시 자녀를 가질 필요가 없다’ 고 응답한 기혼 여성의 비율은 1991년 8.5%에서 2000년 41.5%로 크게 증가하였다. 이 역시 전통적인 자녀 중심의 가치관에서 부부 중심의 가치관으로 변화하고 있음을 보여주는 것이다.

또한 과거와 같이 일정한 나이에 이르면 당연히 결혼을 해야 한다는 사회 인식도 바뀌었을 뿐만 아니라 반드시 결혼을 해야 한다는 생각 자체도 약해져서 독신으로 사는 남성과 여성이 늘게 되었고, 이 역시 출산율 감소에 영향을 미친 것으로 판단된다. 2005년 인구주택총조사 결과를 보면, 미혼자 비중은 2000년과 비교하여 26~30세는 14.9%, 31~35세는 10.7%, 그리고 36~40세도 5.5% 증가하여 뚜렷한 만혼과 독신의 경향을 볼 수 있다. 또한 결혼과 가정에 대한 개념이 달라져 결혼을 ‘필수’ 가 아닌 ‘선택’ 으로 여기고 결혼을 하더라도 아예 아이를 갖지 않겠다는 부부도 늘고 있다. 출산을 기피하기는 여성들 뿐 아니라 남성들도 마찬가지다. 개인의 행복과 삶의 질을 중시하는 쪽으로 가치관이 바뀌고 있기 때문이다.[42] 또한 자녀를 기르더라도 질을 중시해 한 명만 낳아 경쟁사회에서 뒤지지 않게 키워야겠다는 욕구가 높아져 갈수록 출산율 저하는 가속화되고 있다.

---

41) 정재영, “사회태도에 미치는 가족주의의 영향,” 「사회이론」(2003).

42) 앞의 동덕여대 한국여성연구소의 조사 결과에서는 자녀를 갖지 않는 이유에 대해 “경제적 부담” 다음으로 37.4%가 “부부만의 애정으로 충분하기 때문에” 라고 응답했고, 그 밖에 “아이에게 얽매어 지내고 싶지 않다”, “희생은 싫다”는 응답도 나왔다.

3. 저출산에 대한 대책

1) 경제주의식 사고의 전환

문제에 대한 대책을 세우기 위해서는 문제에 대한 올바른 인식이 우선된다. 그렇다면 우리 사회에서 저출산이 왜 문제가 되고 있는가를 생각해봐야 한다. 우리 사회에서 저출산이 문제로 제기되는 이유는 한마디로 국가 경쟁력 약화 때문이다. 출산율이 떨어지게 되면 경제 인구가 줄어들게 되어 노동력이 감소하게 된다는 것이다. 출산율은 떨어지는 반면에 의학 기술의 발달로 평균 수명이 연장되어서 인구 고령화 현상이 나타나게 되고, 그렇게 되면 노인 부양에 대한 사회적 부담이 증가하여 결국 국가 경쟁력이 약화된다는 것이다. 이와 같은 저출산 현상이 지속되면 생산 활동을 담당하는 젊은 세대가 줄어들어 경제 활동이 위축된다는 것이 이러한 입장에서 제기하는 문제이다. 인구 고령화 현상으로 인해 평균 노동 연령이 상승할 뿐만 아니라 저축·소비·투자 등의 전반적인 위축으로 국가의 경제 활동이 저하되고, 이 역시 성장률 하락과 국가 경쟁력을 약화시킨다는 것이다.

이에 대한 대안으로, 일자리 창출과 고용 안정이 출산 기피 현상을 해소하는 데 중요한 역할을 한다며 경제 활성화가 제시된다. 또한 자녀 양육의 부담을 줄여주기 위한 사회적 지원도 얘기된다. 심지어는 자녀를 셋 이상 낳는 가정에 대해서는 여러 가지 인센티브를 주겠다고 하기도 한다. 물론 자녀 양육에 대한 사회적 지원은 매우 필요한 부분이다. 그러나 저출산 문제 자체를 돈으로 해결하겠다고 하는 것은 적절한 방법이 아니다. 흔히 저출산 문제를 해결하고 있다고 평가되는 프랑스와 같이 우리나라는 대대적인 정부의 지원을 기대하기도 어려운 형편이다. 게다가 경제적인 인센티브를 제시하면 사람을 쉽게 움직일 수 있고, 출산율도 높일 수 있다고 생각하는 것은 인간에 이해가 매우 천박하다고 하지 않을 수 없다. 인간은 단순한 경제 동물이 아니라 오히려 문화적인 존재로 이해해야 하며, 문화적 존재로서의 인간의 자신의 삶과 모든 일에 의미를 추구하며 살아간다는 것을 인식해야 한다.

저출산의 근본적인 문제는 자녀의 출산이라고 하는 신성한 일이 국가경쟁력을 높이기 위해 도구화된다는 데에 있다. 과거 권위주의 정권 시절의 산아제한정책은, 아기를 많이 낳는 것이 경제 발전에 장애가 된다고 하며 강요하다시피 정부가 나서서 주도하여 세계에서 유래를 찾아보기 힘들 정도로 큰 성과를 본 것으로 평가받았다. 당시에는 "아들 딸 구별 말고 둘만 낳아 잘 기르자" 와 같은 다양한 표어들이 만들어져 유포되었고, 정부 기관원들이 집집마다 방문하여 정관 수술과 피임 도구 사용을 권장하는 등 정부 주도로 가족계획 정책이 시행되었던 것이다. 그러나 이제 와서 또다시 정부나 국가 기관에 의해 출산을 강요한다면 개인의 권리를 심각하게 침해하는 결과를 초래할 것이다.

문제는 보다 근원적인 우리의 의식과 우리가 지향하는 가치에 있다. 여기서 우리 사회에 만연해 있는 경제주의식 사고방식의 문제를 지적하지 않을 수 없다.[43] 우리 사회에서는 많은 문제를 지나치게 돈 문제로 귀결시키는 경향이 짙다. 사회 구성원을 재생산하는 중대한 사안을 문제시하는 것도 국가 경쟁력 약화라는 경제주의식 사고이고, 출산을 기피하는 이유도 경제주의식 발상이다. 국가나 개인이나 모두 돈 문제에 급급하며 살고 있고, 다른 무엇보다도 돈이 중요한 판단의 기준이 되고 있는 것이다. 물론 먹고 사는 문제는 중요한 문제이다. 할 수만 있다면 모두 다 같이 잘 먹고 잘 사는 것이 좋을 것이다. 그러나

---

43) 경제주의는 "경제라는 안경을 끼고 사물을 바라다보고, 경제라는 잣대를 갖다 대어 모든 것을 평가하고, 일상생활을 경제적으로 파악하고, 경제로 자족해 하는 것"으로, 박영신 교수는 박정희 정권 이후 사회가 온통 경제주의에 빠져 있는 상태에서 국민들의 의식이 경제화되었다고 주장한다. 박영신, "경제주의와 기독교," 정 훈택 외, 「오늘의 기독교 어떻게 거듭나야 하는가」(서울: 대장간, 1991), 92쪽.

사회 약자들에 대한 배려와 같은 시민 의식이 없이 서로 자기 밥그릇 챙기기에 혈안이 돼 있는 모습을 보노라면, 반공의식이 뿌리 깊게 자리 잡고 있는 우리 사회이지만 역설적으로 "사람의 의식이 그의 존재를 결정하는 것이 아니라 사람의 사회적 존재가 그 의식을 결정한다"는 칼 맑스의 주장이 옳지 않은가 하는 생각이 들 정도이다.

우리 사회에서는 경제적 생산이나 부의 축적이라는 대명제 앞에서, 모든 활동은 마땅히 능률과 효율의 경제 원리에 지향되어야 하고, 이를 위해 다른 모든 것은 수단시된다. 이것은 교육과 학문도 그리고 심지어는 종교도 마찬가지이다. 우리 사회에서 교육은 경쟁에서 이겨서 사회에서 인정받는 높은 자리에 오르기 위한 사사로운 욕구 실현의 도구로 인식되고 있다. 이런 상황에서 가장 중요하게 여겨지는 교육은 입시 교육이고 대학 교육도 취업을 위한 수단이 된 지 오래이다. 인격의 수양이 아니라 사회에서 성공하게 하기 위한 수단으로 교육을 하는 것이다. 흔히 교육을 인적 자원의 개발로 보는 것은 지식을 수단으로 삼는 사고방식의 표현이며 "아는 것이 힘이다"라는 구호는 교육을 통해서 권력과 부를 축적하려는 욕구를 표현한 것에 다름 아니다. 이렇게 도구화된 교육의 결과는 일에 대한 평가도 과정보다 결과를 중시하는 풍토를 낳는다. 최근에 국립대의 생명공학 분야에서 벌어진 문제의 비윤리성이 하나의 보기이다. 인간의 생명과 관련된 연구를 하는 유명 국립대 교수조차도 일의 성과를 부풀려 드러내려는 욕심으로 중대한 윤리 문제를 도외시한 나머지 온 국민을 공황 상태로 몰고 가는 심각한 사태를 일으키고 만 것이다.

그렇다면 종교는 어떠한가? 종교의 의미와 그 힘은 무엇보다도 현실에 대한 초월의 가능성에 있다. 다시 말해서 종교는 종교 본연의 가치에 터하여 현존의 가치와 질서를 넘어서는 초월성을 바탕으로 사회에 문제를 제기하고 비판을 가할 수 있어야 한다는 것이다. 하지만 우리 사회에서 종교는 그러한 힘을 잃어버린 지 오래다. 입시철이 되면 자녀의 성공을 위한 기도와 헌금을 바치려는 사람들로 북적이는 것은 한국의 모든 종교에서 공통으로 보이는 현상이다. 시험 당일에는 굳게 닫힌 시험장 철문 앞에서 저마다의 종교에 기대어 자녀의 성공을 기원하는 모습은 우리 사회에서 더 이상 낯설지 않다. 뿐만 아니라 종교 활동 자체도 기업을 평가하듯이 수나 양의 측면에서의 성장을 성공으로 여긴다. 종교의 가르침조차 세속적인 경제주의의 힘에 침몰되어 종교 조직의 운영이 재화 획득과 축적이라는 경제적 욕구를 만족시켜가는 기업체의 생리를 따라가고 있는 것이다. 안타깝게도 기독교 역시 이 범주를 벗어나지 못하고 있다.

일찍이 막스 베버가 산업화 시기의 유럽에 대하여 설파한 바와 마찬가지로, 오늘 우리에게 보다 근본을 이루는 문제는 좁은 뜻에서의 경제 문제나 정치 문제가 아니라 넓은 뜻에서의 종교적인 문제라고 할 수 있다. 우리 사회의 경제 중심의 도구적 체제가 오늘을 사는 한국인들에게 의미 있는 삶의 틀을 제공해주지 못하고 있다는 점에서 오늘의 사회 상황을 종교적 위기라고 볼 수 있고, 종교적인 문제 상황이라고 할 수 있다는 것이다. 요즘은 경제적인 이유로 자살을 하는 사람이 증가하고 있다고 하지만, 그것은 엄밀한 의미에서 경제적인 이유가 아니라 종교적인 이유라고 해야 마땅하다. 왜냐하면 경제적인 이유로 자살했다는 사람들이 먹고 살 게 없어서 굶어죽느니 차라리 스스로 목숨을 끊는 게 낫다고 하여 자살하는 것이 아니기 때문이다. 사실은 자신에게 일어난 경제적 신분의 변화에 절망하여 더 이상의 삶의 의미를 찾지 못하고 자살을 택한 것이다. 어떠한 절망적인 상황에서도 삶을 포기하지 말아야 한다는 규범을 갖지 못했다는 사실이 불행한 결말을 맞게 한 것이다. 삶의 의미를 제공하는 것은 마땅히 종교가 해야 할 역할이므로 이에 대한 종교의 책임이 크다고 할 것이다.[44]

---

44) 이 내용은 정재영, "경제주의식 양극화 문제의 극복과 교회의 책임," 「목회와 신학」, 2006년 5월호를 볼 것.

우리는 이제 경제 중심의 사고에서 눈을 돌려야 한다. 사사롭고 이기심으로 가득 찬 경제주의식 사고에서 보다 넓은 '우리 모두' 에 대한 공평과 공공의 영역으로 옮겨가야 한다. 출산의 문제는 노동력 확보라든가 국가 경쟁력 제고라는 경제적인 잣대로 평가할 성질의 것이 아니다. 사회구성원의 재생산은 사회를 유지하고 존속하기 위한 가장 원초적인 의무이다. 우리 사회를 구성하는 한 사람, 한 사람이 당장의 눈앞에 경제적인 어려움을 이유로 출산을 기피한다면 결국 우리 사회의 존속 자체가 어렵게 될 것이다. 특히 기독교인들에게 출산은 창조의 섭리를 경험하게 하는 하나님의 축복이자, 공동체의 신앙과 도덕적 가치를 세대에서 세대로 전승하게 하는 신성한 책무이다. 기독교인들은 세속의 가치에 매몰되지 말고 성서의 원리에 따라 기독교인으로서의 책임과 의무를 다해야 할 것이다.

2) 출산과 양육의 탈사사화

현대 사회에서는 산업화 과정의 결과로 가정과 직장이 분리되면서 직장이 중시되고 가정은 소비의 공간으로 인식하게 되었다. 출산과 육아는 개인의 일이며 중요하시 않은 일로 인식해 왔고, 특히 출산 후 집에 머물게 되는 여성에게 모든 책임이 전가돼 왔다. 가족이 함께 모여 살아 여러 식구가 같이 아이를 돌보았던 과거와 달리, 현대에는 친족이나 윗세대와 고립되어 살기 때문에 자녀 양육을 여성들이 홀로 떠맡고 있는 실정이다. 한 마디로 출산과 양육이 '사사화' 되었다는 것이다.[45)]

사실은 대부분 현대 산업 사회의 경제는 가사 노동이 떠받치고 있

45) '사사화'(私事化)는 주로 '종교의 사사화'에 쓰이는 표현으로 현대 사회에서 종교가 개인의 사사로운 영역에서만 의미를 갖고 사회 공공의 영역에서 갖는 의미는 약화되었다는 의미로 사용되는 개념인데, 여기에서는 말 그대로 출산이 '개인의 일이 되어버렸다'는 의미로 사용해 보았다.

기 때문에 우리 사회에서 매우 중요한 역할을 하고 있다. 가사노동을 파출부에게 맡긴다면 상당한 지출을 해야 하고 그 비용에 대한 부담은 엄청나게 될 것이다. 또한 가사노동을 평가절하 하는 이유는 그것이 생산 활동이 아니라 소비 활동으로 여겨지기 때문이다. 그러나 가사노동은 가족구성원을 재생산하고 가계를 계승함으로써 사회 자체를 유지, 존속시키는 매우 중대한 의미를 지니는 것이다. 이러한 출산과 육아 및 가사는 사회구성원 개인이 스스로 해결해야할 문제가 아니라 사회 공동체가 공동으로 책임져야 할 문제로 인식해야 하는 것이다.

이것은 교회 안에서도 마찬가지이다. 자녀 양육에 대하여 교회가 공동의 책임 의식을 가져야 한다. 자녀 양육에 대해 전체 교회가 관심을 가지고 자녀를 양육하는 젊은 부부들이 어려움을 겪지 않도록 지원을 아끼지 말아야 한다. 출산을 하여 자녀 양육에 전념하다보면, 교회 활동에는 자연히 소홀하게 되기 쉽다. 이런 경우에 신앙의 부족을 비난하기보다는 오히려 교회 차원에서 이들을 배려해줘야 한다. 자녀와 함께 예배에 참여할 수 있는 유아실 뿐만 아니라 아이를 맡기고 교회 활동에 참여할 수 있도록 탁아방 운영을 도입하여 시행해야 한다. 이와 같이 육아를 부모의 책임으로만 여기지 않고 신앙공동체 모두에게 주어진 신성한 책임으로 여긴다면 출산 기피는 줄이는 데 도움이 될 수 있을 것이다.

이를 위해 필요한 것이 성불평등 구조의 개선이다. 앞에서도 살펴보았듯이, 성불평등이 심한 남성 중심의 사회일수록 출산율이 낮은 것으로 나타났다. 우리 사회에서 아버지는 조국 근대화의 역군으로 언제나 직장 일에 　 기며 가정을 소홀히 해왔다. 또한 전통적으로 남자는 밖에 나가서 큰일을 해야 하고 집안일과 같은 사소한 것은 아녀자가 한다는 식의 생각은 가정을 소홀히 하는 것이 크게 문제가 되지 않는다고 생각하도록 조장하기도 했다. 그리하여 우리 사회에서는 남성은 직장노동을 여성은 가사노동을 담당하도록 구조화되어왔다. 그리고 대부분의 사람들에게 가사노동은 여성의 당연한 몫으로 여겨지면서도 집에서 놀며 하는 일로 낮게 평가된다. 그리하여 가사노동은 보이지 않는 노동, 지불되지 않는 노동, 그림자 노동으로 표현되기도 한다. 뿐만 아니라 직업 활동에서도 남성은 지배적이고 주도적인 일을 주로 하는 반면에 여성은 보조 업무나 지원 업무를 담당한다.

이것은 교회 안에서도 크게 다르지 않다. 교회 행정 담당자는 목회자와 목회자를 보좌하는 장로들로 성직자 중심이며 여성의 지도능력이 제도적으로 차별되는 가부장제식의 남성 지배 체제이다.[46] 대부분의 한국 교회들에서 여성들은 당회나 기획위원회와 같은 최고 의결기관에 참여할 기회가 제한되어 있고, 여러 주요 위원회의 책임 있는 자리는 남성교인의 몫이다. 여성들은 주방에서 일하거나 교회 행사에 동원되는 일 등 교회봉사의 책임이 주로 맡겨진다. 이것을 가정에서의 역할 분담을 반영하는 것으로 기능상 합리로운 분업이라고 할 수 있는가? 사회에서는 고용주에서 여성이 차지하는 비중이 사상 처음으로 20%를 넘었고, 직업별로 전문·기술·행정 관리직에서 여성들이 차지하는 비중도 35%를 넘어서 여성들의 힘이 사회 각계로 확산되고 있다는 보도가 나오고 있는 상황에 교회가 일반 사회보다도 뒤쳐진다는 인상을 지우기 어렵다. 이에 따라 교회에 열심히 다니는 사람일수록 남성중심의 사고방식이 강하다는 말이 나오기도 한다.

남성과 여성은 물론 다르다. 하나님께서는 남자와 여자를 다르게 창조하셨다. 그러나 외형의 차이가 역할의 차이를 가져오는 것은 아니다. 전통적으로 남성 중심의 사회에서 남성은 신체의 힘과 경제 능력 등으로 여성을 억압하거나 차별해왔다. 남성 중심의 질서와 규범을 통해 성차별 체계를 유지하려고 한 것이다. 여성을 지배하고 통제하려는 남성 중심의 사회 체계가 남성과 여성의 '차이'를 '차별'로 바꾼

46) 김병서, "한국 교회의 종교성과 계층성," 「한국 사회와 개신교」(서울: 한울, 1995).

것이다. 그러나 이제 사회는 양성 평등을 지향해 나가고 있다. 남성과 여성이 서로의 차이를 인정하면서 서로를 존중하고, 서로의 단점을 보완해 줄 수 있는 협력자의 관계가 되어야 한다. 교회 안에서도 더 이상 남성과 여성을 주와 종의 관점으로 보지 않고 은사의 차이로 보며 서로를 존중할 수 있어야 한다. 이때에야 교회는 진정한 의미의 신앙공동체가 될 것이고 출산과 육아도 여성 개인이나 기껏해야 아이의 부모 책임이 아닌 신앙공동체 전체의 책임으로 인식되고 '탈(脫)사사화' 될 수 있을 것이다.

4. 나오는 말

저출산의 문제는 '위기' 라고 말할 만큼 우리 사회에 큰 문제로 여겨지고 있다. 사회에서는 주로 경제의 관점에서 이 문제를 접근하여 이런 저런 대책을 내놓기도 한다. 그러나 교회는 이 문제를 다른 관점에서 보아야 한다. 성서에서 우리에게 가르치고 있는 성서의 원리로 보아야 하는 것이다. 오늘날 교회는 세속 가치에 침식되어 교회 본연의 모습을 잃어가고 있다는 비판을 받고 있다. 교회가 교회답기 위해서는 현존하는 세속 가치관에 매몰되지 않고 사회에 대하여 성서의 가르침을 외치고 이를 실천하는 예언자로서의 역할을 다해야 한다. 예언자는 대세를 따르는 자가 아니다. 대세를 따르기만 하면 된다면 예언자는 필요 없을 것이다. 우리는 비판 없이 대세를 따르기보다 어떤 것이 성경의 정신을 따르는 것인가 깊이 숙고할 필요가 있다. 이를 위해서 우리는 끊임없이 성서를 연구하고 오늘날의 상황에 적절히 적용할 수 있도록 제시할 수 있어야 한다.

저출산을 해결하기 위해서는 다양한 정부의 지원도 필요하지만, 그 이전에 출산에 대한 기독교인들의 의식이 먼저 바뀌어야 한다. 출산이라고 하는 것이 기독교의 관점에서 어떤 의미를 갖는지 분명하게 인식시킬 필요가 있다. 그것은 과거와 같이 노동력을 확보하기 위한 것도 아니고, 단순히 가문을 계승하기 위한 것도 아니며, 국가 경쟁력을 높이기 위한 것도 아니다. 기독교인들에게 출산은 신앙공동체를 존속시키고, 하나님께서 부여하신 소명을 감당하기 위한 신성한 책임이자 의무이다. 따라서 교회에서는 자녀를 낳고 기르는 일이 얼마나 복되고 소중한 일인지를 깨닫게 하고 부모로서의 긍지와 책임감을 가질 수 있도록 가르쳐야 한다.

또한 출산을 의미 있게 여기게 하기 위해서는 이제까지 지나치게 경제주의식으로 사물을 바라보는 태도도 바뀌어야 하고, 지나치게 남성 중심으로 살아온 삶의 태도도 바뀌어야 한다. 은연중에 퍼져 있는 교회 안의 경제주의식 사고와 여성을 차별하는 교회 제도, 그리고 출산과 양육을 사소하게 여기는 남성중심의 삶의 태도는 분명히 바뀌어야 한다. 이렇게 한 사람, 한 사람의 사고방식과 삶의 태도가 바뀌어 나갈 때 점진적으로 우리 사회의 구조도 바뀌어가기 시작할 것이고, 그럴 때에 한국 교회는 우리 사회가 하나님의 창조 원리를 회복하는데 크게 기여하게 될 것이다.

■ 도움 받은 글

통계청. 2002.「한국의 사회지표」.

통계청. 1999.「생활시간조사」.

김병서. 1995. "한국 교회의 종교성과 계층성,"「한국 사회와 개신교」. 서울: 한울.

박수미. 2005. "가족내 젠더구조와 저출산: 생애주기별 접근," 「젠더리뷰」.겨울호.

박영신. 1991. "경제주의와 기독교," 정훈택 외,「오늘의 기독교 어떻게 거듭나야 하는가」. 서울: 대장간.

손승영, 2005. "한국사회 저출산 원인과 가족친화적 정책대안," 「가족과 문화」. 17집 2호.

정재영. 2003. "사회태도에 미치는 가족주의의 영향," 「사회이론」.

정재영. 2006. "경제주의식 양극화 문제의 극복과 교회의 책임,"「목회와신학」.5월호.

제3장 21세기 대중문화와 기독교의 대응

1. 문화의 개념

1) 문화란 무엇인가?

80년대만 해도 문화에 대해 얘기한다는 것이 사치스럽게 여겨졌었지만, 90년대 이후 절차상 민주화를 이룬 후에 문화에 대한 관심이 고조되기 시작하였다. 특히 헐리우드 영화의 세계적 성공이 자동차 수십만대를 판매한 것과 맞먹는 이윤을 창출하면서 문화 산업에 대한 관심이 집중됨으로써 "이제는 문화다" 라는 말이 화두가 되었다. 그러나 이것은 주로 좁은 의미의 문화 영역들, 보기를 들면, 신세대 문화라고 말할 때와 같이 현상적으로 드러난 문화의 모습들이나 신촌 문화와 같이 어느 공간에 한정된 것, 또는 대중 매체의 문화면 속에 축소·분류되는 사회의 한 하위 영역으로서의 문화 예술에 대한 관심일 뿐이다. 심지어 음주 문화, 운전 문화, 비디오 문화 등 어디에든 가져다 붙이기만 하면 다 문화가 되는 문화 범람의 시기 달리 말해서 문화 남용의 시기에 우리는 살고 있다.[47)]

문화라는 것이 수세식 화장실과 싱크대 등을 갖춘 집을 문화주택이라 한다거나 깨끗한 양복을 차려입고 양식당에서 포크와 칼질을 순서에 맞추어 식사를 할 수 있는 사람을 문화인이라고 하는 것 또는 문화 행사,

---

47) 다양한 문화의 개념을 다루고 있는 글로, 정갑영, "문화 르네상스 시대에 문화의 의미,"「현상과인식」(1994년 여름호)를 볼 것.

문화생활이라고 하는 식의 단순한 행위나 사물을 지칭하는 개념은 아니다. 이 때 문화라는 말은 예술, 편안함, 세련됨, 교양 등과 같은 의미이다. 그러나 문화는 인간의 복잡한 삶 자체를 내포하는 개념이다. 17세기 조선에서 효종이 죽은 후 효종의 계모 조대비가 어떤 상복을 입을 것인가 하는 문제로 선비들 사이에 피비린내 나는 싸움이 벌어졌다는 사실은 조선의 문화에 대하여 제대로 알지 못하면 그저 한심한 선비들의 탐욕스런 권력 투쟁으로 보일 것이다. 2차 세계대전 당시 미국은 일본 문화를 제대로 이해하지 않고서는 일본을 완전히 항복시키기 힘들다고 생각하여 베네딕트에게 일본 문화에 대한 문화인류학적인 연구를 의뢰하여 「국화와 칼」이 쓰인 것을 우리는 잘 알고 있다.

오늘날 사회과학 분야에서 광범위하게 받아들여지고 있는 문화의 개념 정의를 가장 먼저 제시한 사람은 영국의 인류학자인 에드워드 테일러이다. 그는 1871년에 출간된 자신의 저서 「원시 문화」에서 문화를 "지식, 신앙, 예술, 도덕, 법률, 관습 및 사회의 한 성원으로서의 인간에 의하여 획득된 기타 모든 능력과 습관들을 포함하는 복합적인 총체" 라고 정의하였다. 이 말은 곧 인간의 생활양식 자체를 가리키는 것이다. 오늘날 대부분의 사회학자들은 문화를 "한 사회의 성원이 사회적으로 학습하고 공유하는 모든 것을 포함하는 개념" 으로 사용한다. 이것은 문화를 갖지 않는 사회는 없다는 것을 암시하는 것이다. 고도로 발달한 문명사회뿐만 아니라 아주 단순한 미개 사회도 고유의 문화 곧 나름대로의 특유한 생활양식을 갖고 있다는 것이다. 다시 말해서 인간 사회는 문화 없이 존재할 수 없고, 또한 문화는 사회를 떠나서 생각할 수 없는 것이다.

이와 같이 하나의 문화 현상은 그 문화 주체들의 생활양식 또는 사고 방식의 결과로서 드러난 것으로 이해해야 한다. 문화는 삶의 밑뿌리에 이어져 있으면서 행위의 의미 세계를 가리키는 것으로 파악해야 한다는 것이다. 그것이 종교 영역이든, 경제 영역이든, 정치 영역이든 구별 없이 이러한 의미의 문제가 침투해 있고 이러한 의미의 문제에서 벗어날 수 없는 그러한 차원이 문화인 것이다. 이러한 문화의 인식 위에서 깊은 수준에서 문화 전통을 이야기하고 인간의 행위를 말하고 현대 사회의 궁핍화를 따지고 나아가 오늘의 문화에 대한 논의와 인식의 관심 내용을 따져 볼 수 있는 것이다.

2) 기본 개념

문화와 관련된 기본 개념으로는 먼저 민족 중심주의 또는 자문화 중심주의를 들 수 있다. 이것은 한 집단이나 사회 성원들이 자기 문화가 옳은 것이며 가장 우수하다고 믿는 태도를 가리키는 말로, 여기서 '민족' 이라는 말은 넓은 뜻에서 자기소속감을 갖는 집단들을 통용해서 쓰는 것이다. 민족 중심주의는 일종의 편견이지만 여러 사회에서 매우 보편적으로 관찰되는 사회적 편견이라고 할 수 있다. 그리고 집단의 결속과 유지를 위해서 어느 정도 필요하기도 한 것이다. 집단의 정체감, 일체감, 자부심 같은 정상적인 의식은 민족 중심주의에 의해 강화되는 것이다.

그러나 극단적인 민족 중심주의는 사회 분열을 조장하고 폐쇄적인 태도를 야기할 수 있다. 민족주의나 나찌주의를 보기로 들 수 있다. 가장 극단적인 형태는 문화 제국주의이다. 이것은 한 집단이 그들의 문화를 다른 집단에게 강조하는 것을 말한다. 고대 그리스나 로마는 자신의 종교와 경제 제도를 다른 사회에 강요했고, 근대 유럽의 식민주의는 모국의 문화 이식을 감행했다. 이런 작업은 흔히 미개 사회를 문명화시킨다는 허울로 장식된 민족중심주의에 기초한다.

이와 관련하여 오리엔탈리즘이라는 용어가 있다. 오리엔탈리즘은 문학이나 예술에서 동방 취향의 풍조를 가리키는 말이나, 사회 과학에서는 다소 다르게 사용되고 있다. 에드워드 사이드는 그의 「오리엔탈리즘

」이라는 책을 통하여 이 단어를 동양에 대한 서양의 사고방식이나 지배 방식이라는 의미로 사용한다. 그는 자신의 책에서 그리스 로마 이래 현대 미국에 이르기까지 서양 문화에서 동양이 어떻게 무시되어 왔는가를 밝히고 있다.

이와 대비되는 개념으로 문화 상대주의는 한 사회의 문화 행위나 가치는 그 문화의 맥락 속에서 판단해야 한다는 신념이다. 거의 대부분의 문화 관습은 그것이 속해 있는 맥락에서 벗어나면 매우 괴상하고 어리석게 보인다. 열대지방의 부족사회에서 산후 성 금지 기간을 2년 이상 두고 있다고 한다. 우리의 관점에서 본다면 부부 사이에 사사로운 행위를 어떻게 부족 사회에서 규제할 수 있나 하면서 미개하다고 생각할 수도 있다. 하지만 아프리카 사람들은 단백질 섭취가 어려운 환경에서 사는데, 만일 유아가 젖을 떼기 전에 또 다른 아이를 갖게 되면 그 아이는 단백질 결핍에서 기인하는 병에 걸릴 확률이 매우 높기 때문에 산후 성 금지 기간을 둠으로써 부족 사회의 존속을 가능하게 한다는 것을 생각하면 특정한 상황에서 나름대로 합리로운 결정이라는 것을 알 수 있게 된다.

이와 같이 한 사회의 관습이나 가치는 그 자체만을 떼어서 옳고 그르다거나 좋고 나쁘다고 말할 수 없는 것이다. 기독교의 경우, 해외 선교를 할 때 현지 문화에 대한 이해가 우선이 되어야 하며, 선교사들이 현지인들의 역사적, 문화적 배경을 알지 못하고 접근했을 때 선교사들의 외치는 메시지가 무의미하며 공허해 질 수도 있다. 특히 우리 문화가 더 우월하다고 생각하여 현지인에게 우리 문화가 옳다고 주장하거나 우리 식의 기독교 문화를 강요하는 우를 범하지 말아야 할 것이다.[48)]

48) 이런 면에서 인류학적 연구와 접근 방식은 선교사들에게 도움이 되며 타문화권에서 사역하는 선교사들에게 필수적인 지식과 통찰력을 제공할 수도 있을 것이다. 이에 대하여는 폴 히버트, 「선교와 문화인류학」(김동화 등 옮김)(서울: 죠이선교회, 1996)을 볼 것.

2. 대중문화

1) 대중문화의 개념

대중문화를 한 마디로 정의하기는 매우 어렵다. 대중문화는 보는 관점과 시각에 따라 다양한 의미를 가지기 때문이다. 대중문화를 고급문화의 상대 개념으로 본다면 대중문화는 저급한 싸구려 문화가 될 것이고, 민중문화의 상대 개념으로 본다면, 대중을 마취시키는 지배의 도구로 이해될 수 있다. 또한 민족문화의 상대 개념으로 이해한다면, 문화제국주의의 산물이라고 볼 수도 있는 것이다.[49]

모든 것이 돈으로 환산되는 현대 자본주의 사회에서는 문화의 산물도 대량생산되고 수요와 공급이라는 경제 논리에 의해 구매된다. 이러한 자본주의의 상품 논리에 의해 대량 생산되어 주로 매스미디어를 통해 대중들에게 수용되는 것이 대중문화인 것이다. 다시 말해서 자본주의 사회가 대중사회이고, 자본주의 사회의 지배적인 문화가 대중문화라고 할 수 있다. 따라서 대중문화는 대중 출현 이후의 문화로서, 기술의 발전에 따라 대량 생산과 대량 소비가 가능해지고 문화가 이윤 추구를 위해 생산과 소비 구조를 갖추게 되면서 생겨난 새로운 양상의 문화이며, 대중매체에 의해 대량으로 복제되고 양산되는 문화라고 정의할 수 있다.

그러나 대중문화를 보편성을 지닌 하나의 덩어리로 보기는 어렵다. 엄밀히 말하면 하나의 대중문화는 존재하지 않고 수많은 복수의 '문화들' 이 존재하는 것으로 봐야 한다. TV에서는 〈뮤직뱅크〉와 같은 10대 취향의 음악 프로그램과 〈열린 음악회〉〈전국 노래자랑〉과 같은 프로그램이 공존한다. 그리고 〈뮤직뱅크〉를 좋아하는 집단과 〈전국 노래자랑〉을 좋아하는 집단 사이에는 문화적 차이가 존재한다. 그 차이는 단순한 취향의 차이일 뿐 아니라 그것을 좋아하는 사람들의 정체성의 차이를

49) 김창남, 「대중문화의 이해」(서울: 한울아카데미, 2003),

드러내는 것이다. 이들은 서로 다른 정체성을 가지고 있으며 이들은 대중문화라는 장에서 서로 갈등하며 대립한다.

똑같은 문화 산물을 두고도 서로 다른 집단이 서로 다른 의미를 부여함으로써 갈등을 빚기도 한다. 90년대에 '서태지와 아이들'이 레게파마를 했다는 이유로 TV 출연을 못하게 되었던 일이 있었다. TV 출연을 막아야 한다는 사람들에게는 그들의 헤어스타일이 한국인의 정체성을 부정하는 몹시 불손하고 퇴폐스러운 행위로 인식되었을 것이다. 그러나 똑같은 머리 모양을 두고 새로운 멋과 스타일로 받아들이는 사람들도 있다. 70년대 장발과 미니스커트가 단속 대상이었고 가수들의 예명을 모조리 한국 이름으로 바꾸어야 했던 일도 있었다. 대중문화가 단순히 정체성 갈등의 장일 뿐 아니라 그런 갈등 자체가 일종의 권력 투쟁임을 보여 주는 것이다.[50)]

우리 사회에서 대중문화가 정체성 갈등의 장이며 권력투쟁의 영역임이 가장 잘 드러나는 경우는 세대 간의 문화 차이와 관련해서와 계층 간의 차이이지만, 종교 역시 중요한 갈등 요인이 된다. 〈예수의 마지막 유혹〉이나 〈다빈치 코드〉를 둘러싸고 벌어진 논쟁이 대표적인 보기라고 할 수 있다.

2) 대중문화의 정치 경제

현대의 대중문화가 과거의 문화와 다른 점 가운데 가장 근본이 되는 것은 생산주체와 소비주체의 분리이다. 전통 시대 일반인의 일상에 존재하던 문화는 대부분 생산자와 소비자가 구별되지 않았다. 민요를 생각해보면 전통 시대의 민요는 특정한 개인의 창작물이 아니었다. 당시 사람들의 일상생활과 노동 과정에서 자연스럽게 생겨나 입에서 입으로 구전되면서 풍부한 표현을 얻었다. 누구나 노래를 지어 부를 수 있었고

50) 윗글,

기존의 노래를 자신의 삶에 비추어 변형시킬 수 있었다. 그런 의미에서 전통시대의 민중은 모두 작곡가이며 작사가였던 셈이다. 그러다가 사회가 분화하고 삶의 양식이 변화하면서 전문적으로 노래를 짓고 부르는 예술인들이 생겨나게 되었다.

오늘날과 같이 생산자와 소비자가 명확하게 구분되는 것은 자본주의의 성립과 밀접한 관련이 있다. 자본주의 사회에서는 모든 것이 상품화되고 상품을 만들어 파는 자와 그것을 돈 주고 사서 소비하는 자가 뚜렷이 구분된다. 여가와 오락이나 문화 예술도 마찬가지이다. 삶 속에서 자연스럽게 만들고 향유하던 노래와 이야기 대신 매스미디어에 의해 대량 생산되고 상품으로 유통되는 대중문화가 그 자리를 대신한다. 상품화된 문화는 다른 공산품들과 같이 경제 원리에 의해 지배받게 되는데, 문화 상품은 단순한 상품 이상의 것이다. 문화 상품은 물질적 필요가 아니라 정신적 욕구를 충족시켜주는 상품이기 때문이다. 사람들은 문화 상품을 구매하고 소비하는 가운데 그 속에 담긴 정신적인 내용에 의해 어떤 형태로든 영향을 받지 않을 수 없다. 소비 대상이 불특정 다수이기 때문에 그 영향력 또한 대단하다.

대중문화는 과학기술의 발달로 가능해졌다. 과학기술의 발달로 대중문화가 대량으로 생산되고 보급됨에 따라 대중이 문화의 절대 빈곤으로부터 벗어나게 되고 지배층만이 누리던 고급문화도 향유할 수 있게 되는 등 문화의 민주화가 이루어졌다는 것은 긍정적으로 볼 수 있는 부분이다. 그러나 현대의 대중문화는 수많은 사람들을 누군지 알지도 못할 타인에 의해 생산된 문화의 단순한 소비자로 전락시켰다는 비판을 면하기 어렵다. 문화의 수용자는 수동적이기만 한 소비자에 불과한 것이고, 대중매체는 대중을 분열시킨다. 뿐만 아니라 현대 자본주의 사회에서는 거대 독점기업과 다국적 기업이 방송과 텔레비전 등 모든 영역에서 제작·배급·출판을 지배한다. 잡지, 신문, 텔레비전이 교육과 문화에 공헌하기 위해서가 아니라 광고수입을 끌어들이는 수단으로 만들어진다.

결국 기업주의 이윤을 높이고 지배적 위치를 유지하기 위한 목적으로 대중문화를 이용한다고 할 수 있는 것이다. 따라서 진정한 의미에서의 대중문화 곧 대중의 생활을 바탕으로 대중에 의해 생산되고 향유되는 문화가 존재하는 것이 아니라 '대중문화의 신화' 만 존재한다는 비판이 제기되는 것이다.

현대 대중문화의 양상에서 정보통신기술과 문화는 불가분의 관계를 보이고 있다. 매스미디어에 의해 대대적으로 중계되는 각종 미디어 이벤트들은 동시 위성중계의 발달을 통해 가능해졌다. 월드컵과 올림픽 게임, 아카데미 시상식, CNN 뉴스는 현대인의 눈과 귀를 사로잡는다. 또한 소비사회의 대표적인 문화 형식으로서의 광고를 살펴보자. 본래 상품을 더 팔기 위한 부차적인 수단에 불과하던 광고가 요즘에는 독자적인 문화를 형성하고 있다. 광고가 노리는 것은 수용자 개개인의 감성 구조를 변화시켜 제품을 구매하도록 하는 것이지만, 그것은 점점 사회 이데올로기와 문화 지향을 변화시킴으로써 그 영역을 확고히 하고 있다.[51]

과거의 광고는 허위적임에도 불구하고 상품의 효용성과 기능성을 강조했지만, 이제는 상품과 관련된 이미지만을 강조한다. 상품을 소비하는 것이 아니라 기호(이미지)를 소비하는 것이다. 이미지와 실물이 뒤바뀌었고, 문화가 경제의 자리를 차지하게 되었다. 실제 현실보다 미디어를 통해 지각하는 현실에 의존하게 되고 매체들이 산출해내는 문화 이미지들이 우리의 시공간 감각에 변화를 일으키고 있는 것이다. 매체 이론가인 맥루한은 한 시대의 문화는 그 시대에 어떤 커뮤니케이션 매체가 중심을 이루고 있느냐에 따라 결정된다고 하면서, 촉각만을 발달케 하는 하이테크 시대의 미디어를 마사지로 규정하기도 한다.[52] 다음에서는 현대 대중문화에서 가장 중요한 부분을 차지하고 있는 매스 미디어에 대하여 살펴보고자 한다.

---

51) 현실문화연구, 「광고의 신화, 욕망, 이미지」(서울: 현실문화연구, 1999), 6쪽.
52) 마샬맥루한·꽹땡피오르, 「미디어는 맛사지다」(김진홍 옮김)(서울: 커뮤니케이션북스, 2001).

3. 매스 미디어

1) 주요 미디어 이론

(1) 위르겐 하버마스: 공공 영역

프랑크푸르트 학파는 맑스에게 영향을 받았지만, 맑스의 견해가 근본적인 수정이 필요하다고 생각하는 학자들을 말한다. 맑스는 현대 자본주의 사회에서 문화의 영향에 대해서 많은 관심을 기울이지 않았다고 보는 것이다. 프랑크푸르트 학파는 영화, TV, 대중음악 등 문화 산업에 대해 집중적으로 연구하면서, 쉽고 표준화된 상품으로 문화 산업이 확산되는 것이 개인들의 비판적이고 독립적인 사고 능력을 약화시킨다고 주장한다. 모차르트의 대히트곡과 같이 상업주의 공세에 물들어 예술은 사라지고 있다는 것이다.

이 중에 하버마스는 18세기부터 현재까지 공공 영역의 등장과 쇠퇴를 추적하면서 매체의 발달을 분석하였다. 공공 영역은 일반적인 관심사가 논의되고 여론이 형성되는 공론의 장을 가리키는 말이다. 공공 영역은 런던, 파리와 같은 유럽 도시의 살롱과 커피숍에서 최초로 발전했다. 사람들은 살롱에서 만나 신문을 논쟁의 수단으로 사용하여 그 당시 쟁점들에 대해 토론하였고, 살롱은 초기 민주주의 발달에 중요한 역할을 한 것으로 여겨진다. 정치 문제를 공공의 토론을 통해 해결한다는 생각을 도입했기 때문이다. 공중의 개방과 사회적 교제의 평등성이란 측면에서 보면 살롱보다는 커피하우스가 공공 영역의 이상에 더 근접한 것이었다. 18세기 처음 10년간에 이미 런던에 3천 개 이상이 생겼다는 커피숍은 어느 누구도 출입 허가를 받을 필요가 없는 열린 공간이었으며, 그 안에서는 누구나 동등한 자격으로 토론과 사교 활동에 자유로이 차여할 수 있었다.[53]

---

53) 루이스 코저, 「살롱·카페·아카데미」(이광주 옮김)(서울: 지평문화사, 1993),

그러나 현대 사회에서 민주적인 논쟁은 문화 산업의 등장으로 질식되었다. 대중 매체와 대중 오락의 발달이 공공 영역을 거짓이 되도록 만든다. 정치는 의회와 매체 속에서 연출되고 상업적 이해가 공공의 이해를 압도하고 있다. 여론은 공개적이고 합리로운 토론을 통해서 형성되는 것이 아니라 광고와 같이 조작과 통제를 통해 만들어지고 있다. 결국 문화를 토론하던 공중은 문화를 소비하는 대중으로 바뀌고, 문예적 공공 영역은 그 정치적 성격을 상실하고 문화소비의 사이비 공론 세계 또는 가짜 사적 세계에 의해 대체된다. 하버마스는 공중은 비공공적으로 논의하는 소수 전문가들과 공적으로 수용하는 소비대중으로 분열되며 이로써 공중의 특유한 의사소통 형식이 상실되었다고 말한다.[54]

(2) 장 보드리야르: 초현실의 세계

보드리야르는 현대의 가장 영향력 있는 매체 이론가로, 현대 매스 미디어의 영향을 다른 기술과 아주 다르고 보다 심대한 것으로 생각한다. TV와 같은 전파 매체와 대중 매체의 도래는 우리 삶의 성격 자체를 변화시킨다는 것이다. TV는 우리에게 단순히 세계를 드러내는 것이 아니라 우리가 살고 있는 세계 자체를 정의한다. 그 보기로, O. J. 심슨의 재판은 TV로 중계되어서 여러 나라에서 시청하였다. 재판은 재판정에서만 일어난 것이 아니고 수백만 명의 시청자와 논평자를 미디어로 연결시킨 TV로 볼 수 있는 사건이 되었다.

이러한 의미에서 더 이상 실제 자체는 없고, 재판을 전세계적인 사건으로 정의하는 TV 화면상의 이미지가 실제가 된 것이다. 1991년 걸프전쟁 발발 직전, 보드리야르는 "걸프전은 일어날 수 없다" 고 신문에 썼다. 전쟁이 끝난 후에 보드리야르는 "걸프전은 일어나지 않았다" 는 두 번째 글을 썼다. 이것은 그가 걸프전은 과거 역사에 일어난 전쟁과

33-53쪽.

54) 위르겐 하버마스, 「공론장의 구조변동: 부르주아 사회의 한 범주에 관한 연구」(한승완 옮김)(서울: 나남, 2001), 285쪽.

는 다른 전쟁으로 보았기 때문이다. 곧 CNN을 통한 매체 시대의 전쟁이고 텔레비전 장면으로 생중계되는 전쟁이라는 것이다.

대중매체가 어디에나 있는 시대에 새로운 실체인 초실체가 만들어지며 초실체는 사람들의 행위와 미디어 이미지가 뒤섞여서 구성된다. 초실제의 세계는 이미지의 의미가 다른 이미지로부터 얻어지는 환영으로 구성되어서 '외부의 실제'에 뿌리를 두고 있지 않다. TV에 나오는 휴대폰 광고는 휴대폰 자체를 언급하지 않고 일련의 시리즈에서 나타난 이전의 광고를 언급하면서 휴대폰을 연상시킨다. 오늘날에는 TV에 지속적으로 나타나지 않는 정치인은 선거에서 이길 수 없다. 지도자의 TV 이미지가 대부분의 시청자가 알고 있는 '사람'이다.

보드리야르는 시뮬라시옹과 시뮬라크르에 대하여 말한다. 시뮬라시옹(시뮬레이션)은 시뮬라크르(simulacre)라는 말의 동사적 의미다. 시뮬라크르는 원래 흉내라는 뜻과 환상이라는 뜻을 가지고 있는데, 보드리야르는 후자의 의미로 쓴다. 흉내라면 무엇에 대한 흉내일 것이므로 원래의 그 무엇(원본)이 있을 테지만, 환상이라면 원본이 반드시 필요하지 않다. 보드리야르가 말하는 시뮬라크르란 바로 이 환상, 즉 실제로는 존재하지 않는 대상을 존재하는 것처럼 만들어놓은 인공물을 가리키는 것이다.

원본이 존재하지 않으므로 시뮬라크르는 '흉내낼 대상이 없는 이미지'인 셈이다. 따라서 시뮬라크르는 그 자체로 존재할 수 있는 이미지가 된다. 그렇다면 현실세계와 시뮬라크르의 세계는 서로 양립 가능한, 대등한 의미의 세계다. 하지만 보드리야르는 이렇게 현실과 이미지를 대등한 관계로 설정하는 데 만족하지 않고, 더욱 과감한 주장으로 넘어간다. 현대사회에서는 시뮬라크르, 그 원본 없는 이미지가 그 자체로 현실을 대체하고 현실은 오히려 그 이미지에 의해 지배당하게 된다는 것이다. 이 경우 이미지는 현실보다 더 현실적인 것이 된다. 이미지는 현실에 종속되어 있으며 적자든 사생아든 현실이 낳은 자식이라는 전통적인 믿음에 비하면, 보드리야르의 주장은 가히 혁명적인 것이라 할 수 있다.

시뮬라크르는 나아가 기왕에 실재하고 있는 것과는 독립하여 독자적인 하나의 현실을 이룬다. 보드리야르에 따르면 지금까지 우리가 실재라고 생각했던 것들은 바로 이 비현실이라고 여겼던 시뮬라크르로부터 나오는 것이다. 현대는 이미지가 실제 대상을 복제하는 것이 아니라 오히려 실제 대상이 가장된 이미지를 따라야 하는 전도된 상황에 놓여 있다는 것이 보드리야르 사상의 요지이다.[55)]

2) 매스 미디어: 신문과 텔레비전, 그리고 인터넷

현대적 형태의 신문은 1700년대에 인쇄, 배부되었던 팜플렛 및 종이 쪽지에서 유래한다. 신문이 일간지로 되면서 수천 수만의 독자를 가지게 된 것은 19세기 말 이후이다. 여러 나라에서 신문 소유는 특정 개인이나 집안 또는 소수의 거대 기업이 소유하고 있다. 우리나라에서는 흔히 '조중동' 으로 대표되는 보수 언론과 그 맞은편에 자리한 진보 언론이 논조에서 큰 차이를 보이고 있다. 이들 언론은 사회를 보는 관점이 매우 상이하다. 하나의 신문을 선택해서 구독하는 것은 매우 신중을 요하는 행위이다. 칼 바르트가 "한 손에는 성경을, 한 손에는 신문을" 라고 한 말은 매우 잘 알려져 있다. 시대의 흐름에 민감하라는 경구로 알려져 있지만, 어떤 신문을 통해서 어떻게 시대를 읽을 것이냐 하는 것은 또 다른 문제이다. 하나의 관점을 고집하기보다는 여러 관점에서 다양한 시각으로 현실을 바라볼 필요가 있다.

인터넷 등장 다음 가는 것으로, 증가 일로의 텔레비전의 영향력은 지난 40여년간 전개된 미디어 발전의 가장 중요한 요인일 것이다. TV 시청이 지금과 같은 추세로 지속된다면, 오늘날 태어난 어린이가 평균 18세가 될 때에는 잠자는 시간을 제외하고 텔레비전 시청에 가장 많은 시간을 보내게 될 것이라고 한다. 흔히 텔레비전을 '바보상자' 라고 말

55) 장 보드리야르, 「시뮬라시옹」(하태완 옮김)(서울: 민음사, 2001).

하지만, TV는 빠른 속도로 진화하고 있다. 최근에 등장한 디지털 TV는 고화질의 화면뿐만 아니라 쌍방향 데이터 전송으로 일방적으로 정보를 강요하는 수준을 넘어섰다. 앞으로 TV와 인터넷이 결합한 새로운 형태의 TV가 상용화 된다면 '바보상자' 라는 말은 옛날 말이 되어버릴 것이다. TV에 지나치게 몰두하는 것도 문제이지만, TV를 지나치게 금기시하여 시대의 흐름에 무감각해지는 것도 현대의 문화 상황에 적절한 대응을 저해하는 것으로 이해해야 할 것이다. 칼 바르트의 명언은 신문에만 한정된 것이 아니기 때문이다.

놀라운 기술 변화의 미래는 어떻게 될지 아무도 모르나 변화의 핵심은 미디어 기술의 발달이다. 인터넷이 새로운 전지구적 질서를 예시한다. 인터넷 사용자들은 사이버 공간에서 산다. 사이버 공간은 인터넷을 구성하는 전지구적 컴퓨터 네트워크에 의해 만들어진 상호 작용의 공간이다. 보드리야르가 말하는 것처럼 사이버 공간 속에서 우리는 더 이상 사람이 아니라 다른 사람의 스크린 속의 메시지에 불과한 것이다. 인터넷에서는 누가 누구인지 알 수 없기 때문이다. 인터넷에 관한 한 만화에서는 컴퓨터 앞에 개가 앉아 있으나 누구도 상대가 개라는 점을 모르더라는 것이다. 모두 다 스크린에 나타나는 메시지에만 집중할 뿐 스크린 속의 메시지의 출처에 대해서는 관심이 없기 때문이다.

우리는 이러한 사이버 공간에서 자신의 정체성을 잃게 될 것인가? 컴퓨터화된 기술이 우리를 지배할 것인가? 전자 미디어가 책과 같은 다른 통신 미디어를 파괴할 것인가? 많은 사회학자들은 그렇지 않다고 본다. 사람들은 일상적인 방식으로 다른 사람들과 만날 수 있다면 화상 회의를 하지 않는다. 그 증거로 기업 경영자들의 대면 비즈니스 회의 숫자는 더 증가하고 있다는 점을 들 수 있다. 개인으로서 우리는 기술 변화를 통제할 수 없으나 연결된 세계는 반대로 탈중심화와 개인주의를 촉진할 것이다. 결론적으로 사이버 공간의 접촉이 피와 살을 가진 사람들의 상호작용을 대체하지는 않을 것이다.

어떤 신학자가 슈퍼컴퓨터에게 "신이 있는가?" 하고 물었다고 한다. 컴퓨터는 처리 능력이 부족하다고 대답했다. 세상의 다른 모든 슈퍼컴퓨터에 연결해도 능력이 부족해서 대답할 수 없다고 했다. 그래서 세상에 있는 모든 메인 프레임과 PC, 자동차 VCR, 전자시계 등에도 연결하고 다시 "신이 존재하는가?" 하고 질문하자, "신은 바로 여기에 있다." 고 대답했다고 한다. 흔히 기술이 인간을 지배한다고 하지만, 엄밀히 말하면, 인간이 의도와 동기를 가지고 만들어낸 기계가 인간을 지배하는 것이다. 단순히 기계에 책임을 떠넘기는 것은 책임 회피일 뿐이다. 인터넷에 대한 많은 논쟁이 있지만 무엇보다도 인터넷을 통해 상행위를 하고 경제적 이익을 보려고 하는 사람들이 인터넷을 지배한다는 점에 주목해야 한다. 기계 자체를 상수로 보고 심지어는 하나의 종교로 여기는 것은 과학기술 만능주의이다. 보다 근원을 이루는 삶의 문제에 대한 인식이 절실히 요구된다.[56)]

4. 문화의 재인식과 기독교의 대응

1) 문화에 대한 인식의 개선

80년대까지 우리 사회 지적인 토론 공간을 지배해왔던 물적 토대에 대한 주의주장이 시들고 그렇게 경시하던 문화에 대하여 주목을 끄는 이유는 무엇인가? 그동안 거의 획일에 가까운 사회 과학의 경제주의화 과정에서는 문화의 문제가 완전히 제외되어 왔고, 문화는 본질의 반영물로서, 물적 토대에 의해 결정되는 결과로서, 그리하여 상부 구조로 치부되어 왔고, 단지 문화의 상대적 자율성 정도를 인정하는 경향이 강했음을 생각한다면 매우 의아하게 여겨질 수도 있다.

그러나 문화란 사회 과학이 사회라는 개념과 사회에 관한 이론을 추

---

56) 박영신, "인터넷과 지배문화," 「사회이론」(2001년).

구하면서 인식된 존재가 아니고 오히려 사회 과학의 연구 대상이 사회에 관한 이론으로 축소되면서, 또 사회에 관한 법칙적 이론 추구를 통해 문화의 개념과 영역을 규정하면서 문화의 고유한 의미와 영역이 변해 버렸다. 문화적 존재로서의 인간은 의미를 만들어 내는 능력이 있고, 의미를 추구하는 존재를 의미한다. 최근에 수많은 논의를 일으키는 문화에 대한 관심들이 지나치게 좁은 영역에 한정되어 있고, 때로는 그나마 감각적이거나 피상적으로 깊이 없이 진행되는 인상이 짙기 때문에, 그 논의의 깊이를 더할 필요가 있다. 누구나 쉽게 한 마디 할 수 있는 차원에서의 문화에 대한 논의보다는 역사와 사회를 관통하는 통찰력을 가진 학자들의 논의를 깊이 있게 따져 보고, 그들의 이론적 통찰력이 우리 역사와 우리 사회에서는 어떤 의미를 갖는지를 배움으로써 가능한 더 깊이 있는 논의가 필요하다. 대중문화의 겉으로 드러난 현상에만 관심을 가질 것이 아니라, 그들의 삶과 사고방식, 문화 주체자로서의 가능성 등에 대하여 우리 사회에서 어떤 독특한 특성을 가지는 것인지, 또한 한국의 이전까지의 기성 문화와는 어떻게 다른지에 대하여 더 깊이 있는 이론적 틀을 세워 타당하고 설명력 있는 논의가 되어야 한다.

2) 기독교의 대응

(1) 문화 선교에 대한 재이해

이제까지 살펴본 대로 문화는 단순한 오락거리로 치부할 수 있는 성격의 것이 아니다. 하나의 문화 현상은 그 문화 주체들의 생활양식 또는 사고방식의 결과로서 드러난 것으로 봐야 한다. 따라서 기독교와 관련된 문화 상품이나 문화 예술 행사를 도입하는 것만을 문화 선교로 보는 것은 너무나 폭이 좁은 이해이다. 문화 선교를 위해서는 현대인들의 생활양식과 사고방식을 제대로 이해하는 것이 우선되어야 한다. 흔히 요즘 세대는 정치에 무관심하고 흥미 위주의 사고방식에 진지함을 결여하고 있다 생각한다. 이것은 이들의 문화를 제대로 이해하지 못한 데서 오는 오해이다.

요즘 세대는 영상을 통해 세상과 교신하며 온라인을 타고 들며 즉각적 감흥과 교류하면서 자아를 형성해온 세대이다. '멀티태스킹' 이 안 되는 386 컴퓨터와 같이 실생활에서도 멀티태스킹이 안 되는 386 이전 세대와 달리 이들은 실생활에서도 멀티태스킹을 자유자재로 하는 세대이다. 이들은 인터넷을 통해 풍자 패러디 작품을 만들면서 정치인들을 꼬집기도 하고 현실을 비판하기도 한다. 도서관 앞에 붙은 대자보를 읽으면서 의사소통하던 세대와는 전혀 다른 방식으로 자신을 표현하는 것이다.

이러한 상황에서 거룩할 뿐 감동을 주지 못하는 종교지도자는 이들에게 설득력을 얻지 못한다. 흔히 말하듯 기성세대는 거시 담론과 종교 앞에서 경건해지지만, 젊은 세대에게 감동 없는 경건함은 존재하지 않는다. 그렇다고 요즘 세대에게 종교적 영성이 부족하다고 단언하기는 어렵다. 그들은 기성세대가 이해하지 못하는 또 다른 방법으로 스스로 진리를 찾아 순례하고 있을 것이다. 교회는 각각의 세대가 필요로 하는 것과 그것의 적절한 매개 방식을 찾아서 각 세대와 의사소통하며 그들을 도울 방법을 마련해야 할 것이다.

(2) 현대 문화에 대한 비판 능력

보수적인 기독교에서는 여전히 이원론식의 세계관으로 일반 문화에 대하여는 무조건 비기독교적이라고 하여 비판하고 죄악시하는 경향을 보이기도 한다. 이러한 이분법식 사고는 기독교인으로서의 사회생활에 올바른 의미를 부여하지 못하여 기독교인들을 분리주의자 또는 배타주의자로 만들어 버린다. 그러나 하나님께서 우리에게 허락한 이 사회는 비록 죄악이 넘쳐난다고 해도 포기하고 방치되어야 할 곳이 아니라, 똑같이 하나님의 영광이 구현되어야 할 공간이다. 하나님은 교회뿐만 아니라 이 세상 만물의 주님이시기 때문이다. 따라서 교회 안에서의 삶에만 높은 가치를 부여할 것이 아니라 교회 안에서 요구되는 엄격한 윤리 기준을 모든 기독교인들의 사회생활에도 확대하여 적용해야만 한다. 하나의 의례행위로서 예배에 참여하는 것으로 그칠 것이 아니라 실천 윤리의 행동 지향성이 삶의 무대인 사회생활에서 표출되어 나타나야 하는 것이다. 교회에서는 세속 사회의 모든 활동에 대하여 기독교의 가치를 부여하고 기독교인들이 따라야 하는 윤리적인 지침을 마련해 줄 수 있어야 한다.

여기서 요구되는 것은 현대 문화에 대한 적절한 비판능력이다. 현대 사회를 자본주의 사회라고 하여 자본주의를 '대세'라고 본다든가 '주어진 것'으로 여겨서 "우리는 어차피 자본주의 사회인데"라고 전제하고, 자본주의 문화를 무비판적으로 수용하는 것은 결국 패배주의식 발상이다. 한편으로, 문화 사역을 하는 사람들은 기독교 문화 상품을 많이 만들어서 이 세상을 기독교 문화로 뒤덮고자 하는 의도를 드러내기도 한다. 그러나 이것은 자칫 패권주의로 보일 수 있다. 패권주의식 사고는 현대와 같은 다원주의 사회에서 적절치 않은 태도이다. 현대 사회는 다양한 가치와 신념을 가진 사람들이 어울려 살고 있다. 이런 상황에서 차이와 다양성을 인정하지 않고 나와 같은 입장을 가진 사람들끼리 모여서 힘으로 밀어붙이려고 하는 것은 옳지 않다. 따라서 이와 같은 이원론식 사고방식을 지양하고 현대 문화를 제대로 이해하고 또한 비판할 수 있는 능력을 키우는 것이 매우 중요하다.

그러나 여기서 주의할 것은 목회자의 가르침이 기독교인의 사회생활에 대한 정답표가 되어서는 안 될 것이라고 하는 점이다. 현대인의 삶은 매우 복잡하고 다양하여 목회자가 모든 사례에 대한 정답을 제시할 수는 없다. 목회자는 성경의 원리와 성경의 정신에 따른 일반 원칙을 제공할 뿐이며 매일매일의 삶에서 부딪치는 각각의 문제에 대해서는 결국 기독교인 개인이 기독교의 정신에 벗어나지 않는 범위 안에서 스스로 판단하고 행동해야 하는 것이다. 문화에 대해서도 목회자는 구체적인 해답을 제시하기보다 성경의 원리에 비추어서 평신도 스스로 판단할 수 있는 능력을 키워주는 것이 더 중요할 뿐만 아니라 근원적이 해결책이 된다고 본다.

(3) 문화의 소비자에서 문화의 주체자로

이제까지 대중문화 논의에서는 대중문화의 산물, 곧 생산 과정과 생산품 자체에 집중되어왔으나, 최근에는 수용과 소비에 대한 관심이 높아졌다. 생산하는 미디어나 문화산업 자본뿐 아니라 문화를 자신의 삶 속에서 소비하고 실천하는 주체로서 대중에 대한 관심이 대두한 것이다. 대중이 어떤 영화를 보고 어떤 노래를 부를 때 그것은 자신의 욕망과 정체성을 담은 일종의 표현 행위라고 할 수 있다. 따라서 대중의 다양한 문화 소비행위에 나타나는 대중의 자기표현 방식과 대중의 욕망을 파악하는 것은 현대 대중문화를 이해하는 중요한 열쇠가 된다.

우리는 기독교의 관점에서 현대 문화를 생산자와 수용자의 측면을 구분해서 생각해야 한다. 수용자의 관점에서 보면 현대인은 단순히 문화의 소비자가 된다. 특히 자본주의 사회에서 일반 대중은 대상화, 객체화 되고, 문화 소비자가 됨으로써 정체성을 상실할 우려가 있다. 이렇게 현대문화에서 소외가 된다면 결국 삶의 의미를 찾지 못하게 될 것이다. 이를 해결하기 위해서 우리는 문화 상품을 선택하는 데에서 끊임없이 "왜?"라는 질문을 던져야 한다. 이것이 어떠한 관점에서 필요한 것이고 나의 어떤 욕구를 충족시켜 주는 것인가, 이것이 기독교인으로서의 전인적인 발전에 반드시 필요한 것인가에 대해 질문해야 한다는 것이다.

다음으로 생산자의 관점에서는 기독교의 정신과 가치를 담은 문화 요소들을 개발할 필요가 있다. "막연한 청교도적 청빈과 절약"이 아니라 "현실에 대한 적실성을 갖는 구체적인 담론"이 필요한 것이다. 요즘 문화 사역에 대한 얘기를 많이 하지만, 기독교 내용이 나오면 "기독교적 문화", 그렇지 않으면 "비기독교적 문화"로 구분 짓는 단순한 이분법 논리를 따르는 사람들이 많다. 이것은 지나치게 단순한 생각이다. 기독교식으로 포장되어 있다고 하더라도 깊이 따지고 들어가면 사실은 아주 비기독교적인 문화 상품들도 많이 있다. 마찬가지로 기독교의 이름을 걸고 하는 활동이나 단체에 주의할 필요가 있다. 기독교의 이름을 걸고 하느냐 않느냐가 중요한 것이 아니라 얼마나 기독교의 가치를 잘 담아내고 있고 기독교의 정신을 제대로 구현하느냐가 중요한 것이다. 따라서 우리는 문화를 기독교 문화와 비기독교문화의 구도로 보기보다 오히려 단순하게 좋은 문화와 나쁜 문화의 구도로 보는 것이 더 바람직할 수 있는 것이다.

2005년 통계청의 인구조사 결과, 개신교의 인구가 감소했다는 보고에 대해 기독교의 이미지를 개선해야 한다는 주장이 나오기도 한다. 앞에서 논의했듯이 이미지는 곧 문화와 관련된 것이다. 그렇다면 우리는 어떤 문화 활동을 통해서 기독교의 이미지를 개선할 수 있는지 깊이 숙고해야 한다. 각각의 영역에서 최선을 다하는 것도 중요하지만, 필요하다면 연합 활동을 통해서 현대인들에게 설득력을 가질 수 있는 기독교의 통합 이미지를 구성할 필요도 있다. 오늘날과 같이 문화가 홍수를 이루는 시대에 감각 없는 자와 같이 되지 않고, 오히려 감각의 날을 세워 이 시대의 지식인이자 예언자로서 살아가는 모습이 절실히 요구된다.

■ 도움 받은 글

김창남, 「대중문화의 이해」. 서울: 한울아카데미, 2003.
맥루한, 마샬 · 꽹땡피오르. 「미디어는 맛사지다」. 김진홍 옮김. 서울: 커뮤니케이션북스, 2001.
박영신. "인터넷과 지배문화" . 「사회이론」. 2001년.
보드리야르, 장. 「시뮬라시옹」. 하태완 옮김. 서울: 민음사, 2001.
정갑영. "문화 르네상스 시대에 문화의 의미" . 「현상과인식」. 1994년 여름호.
코저, 루이스. 「살롱 · 카페 · 아카데미」. 이광주 옮김. 서울: 지평문화사, 1993.
하버마스, 위르겐 . 「공론장의 구조변동: 부르주아 사회의 한 범주에 관한 연구」. 한승완 옮김. 서울: 나남, 2001,
현실문화연구, 「광고의 신화, 욕망, 이미지」. 서울: 현실문화연구, 1999,
히버트, 폴. 「선교와 문화인류학」. 김동화 등 옮김. 서울: 죠이선교회, 1996.

제4장 통일과 교회의 역할을 중심으로 본 새터민의 사회의식

1. 조사의 목적

통일은 남과 북, 양 사회의 깨짐을 의미한다. 그것은 그 사회 속에 속한 사람들에게 급격한 삶의 변화를 요구하게 될 것이고, 또한 다른 한편으로는 새로운 해석과 준거의 틀을 요구하게 될 것이다. 이러한 의미에서 사람들에게는 재사회화의 과정이 필요하게 되는 것인데, 여기서 재사회화는 새로운 준거집단의 소속을 통하여 손쉽게 이루어지도 한다. 바로 이런 의미에서 교회는 공동체를 마련해 줌으로써 재사회화의 과정을 돕는 역할을 감당할 수 있을 것이다. 이러한 목적으로 장차 통일의 한 축이 될 북한 주민들이 가지고 있는 사회적 의식을 측정하여 통일 후 겪게 될 수도 있는 사회 통합과정에서 발생할 다양한 갈등 및 의식의 충돌 등을 연구할 필요가 있다.

여기서 먼저 '새터민' 이라는 단어에 대하여 일부 새터민들은 거부감을 드러내기도 한다는 점을 언급할 필요가 있다. 이들이 새터민이라는 단어에 거부감을 갖는 이유는 첫째로, 새터민이라는 단어가 자신들이 원하여 사용하는 단어가 아니라 외부자들이 자신들을 지칭하여 쓰는 말이기 때문이고, 둘째로는 남한에 정착하여 10년 이상을 살아도 여전히 새터민이라는 딱지가 붙어있어 차별을 받을 뿐만 아니라 결국 죽을 때까지 새터민으로 남아 있게 되는 것은 문제라는 것이다. 이에 따라 어떤 이들은 '자유인' 이라는 단어를 사용하기도 하고, 어떤 이들은 '자아 실현가' 라는 표현을 하기도 한다. 그러나 현재 우리 사회에서 새터민이라는 단어가 통용되고 있고 마땅한 대안이 없으므로 이 글에서는 새터민이라는 단어를 사용하고자 한다.[57]

국내 거주 새터민의 규모가 증가하면서 이들의 사회 적응 문제는 우리 사회의 중요한 사회 문제로 부상하고 있다. 또한 정부로서도 이들 새터민들의 안정적인 남한 생활 적응 유도가 심각하고도 중요한 과제가 된다. 선행 연구들에 따르면 새터민들 대부분은 남한 사회에 적응해 가는 과정 속에서 물질적인 측면과 정신적인 측면에서의 어려움을 동시에 겪는 것으로 나타나고 있다. 이들 중 정상적으로 적응하지 못한 경우에는 남한 사회 내에서의 일탈, 범죄 행위로 종종 표출되기도 한다.[58] 이러한 탈북자에 대한 정책은 비단 현재의 새터민에만 한정되어서는 안 되며 통일 이후 남북한 사회의 사회 심리적 통합까지 겨냥한 장기적인 것이 되어야 한다. 통일 후 남북한 사회통합 과정에서는 북한(출신) 주민들의 자발적인 참여와 능동성이 보장되어야 하기 때문이다. 특히 새터민들은 통일 후 남북한 주민간의 사회문화적 통합을 이끌 통일역군이기 때문에 이들의 경험과 역량을 활용할 수 있는 방안을 적극적으로 모색해야 한다는 주장이 나오고 있다.

이러한 관점에서 장차 통일의 한 축이 될 북한 주민들이 가지고 있는 사회적 의식을 측정하여 통일 후 겪게 될 수도 있는 사회 통합 과정에서 발생할 다양한 갈등 및 의식의 충돌 등을 연구할 필요성이 제기된다. 하지만 여기서 하나의 어려움이 파생한다. 그것은 북한 주민이 지닌 사회의식에 대한 직접적인 조사는 작금 한반도 정치적 환경에서는 원천적으로 불가능하기 때문이다. 하지만 북한주민이었다가

57) 일부에서는 탈북자라는 표현도 좋아하지 않는데, 그 이유는 '자'(者)자가 '놈자'자이기 때문에 비하하는 느낌이 들어서 싫다고 한다.

58) 현재 구치소에 수감되어 있는 새터민은 3백명 정도로 추산되고 있다.

탈출하여 대한민국에 정착 중인 탈북자들의 경우는 어느 정도 접촉이 가능한 상황이다. 이에 따라 본 연구에서는 북한사회를 직접 경험하고 남한 사회에서 단절된 삶 속에서 재사회화를 경험하고 있는 새터민들을 대상으로 그들의 의식을 조사하였다.

우리는 새터민들의 경험이 통일 이후 북한 주민들이 겪게 될 경험의 예비 실험적 성격을 포함하고 있다고 보고 이들의 사회의식 및 의미 체계 변화 과정을 심층적으로 조사 분석하고자 한다. 이를 통해 피상적인 새터민에 대한 이해가 아닌 그들이 실제로 느끼고 있는 현장의 갈등을 구체적으로 드러내고자 한다. 그리고 새터민들이 현재 느끼고 있는 재사회화 과정에 대한 실증적인 분석 결과는 통일이 현실화 되었을 때 각개 사회 구성원들의 재사회화 유도를 위한 좋은 정보와 자료가 될 것이다.

보다 구체적으로 조사의 목적을 제시하자면 첫째로, 새터민을 대상으로 참여 단체 및 종교활동 현황 그리고 북한 생활/현재 생활 사안에 대한 동의도 현황을 파악하는데 목적이 있다. 둘째로, 본 조사 결과를 바탕으로 새터민의 남한 내 적응에 대한 효과성 제고에 기여하고자 하는 것이다. 셋째로, 조사 결과를 토대로 통일 이후 사회 통합을 위한 교회의 역할을 모색하기 위한 것이다.

2. 자료의 성격

1) 조사 방법

조사 자료의 통계적 엄밀성을 위해서는 체계적인 표본 추출 방법을 사용해야 하나, 표본의 특성상 체계적인 표본 추출이 여의치 않았다. 새터민들의 수는 2만 명이 넘는 것으로 알려져 있으나 전국에 분포되어 있어 정확한 모집단을 파악하기가 어렵다. 따라서 체계적으로 표본 추출을 하여, 일일이 찾아가 설문 조사하는 것이 사실상 불가능 하다. 또한 새터민들이 반드시 거치게 되는 새터민 정착지원 기관인 '하나원'에서는 공식으로 외부인의 조사를 허가하지 않고 있다. 따라서 현실적으로는 새터민 관련 단체를 통하여 협조를 구하여 설문 조사를 실시할 수밖에 없는 형편이다.

이번 조사에서는 새터민 관련 단체 목록을 작성하여 일일이 전화로 조사 협조를 구하여 협조에 응한 단체를 중심으로 설문 조사를 실시하였다. 조사 기간은 2008년 4월 1일부터 5월 9일까지 40일간이며, 총 600부를 배포하여 새터민 청년 단체인 '비전NK청년연합'에서 195부, '한국기독교탈북민정착지원협의회'에서 65부, 탈북청소년 대상 대안학교인 '여명학교'에서 43부, 새터민 선교단체인 '두리하나선교회'에서 45부, 사랑의 교회 새터민 모임에서 24부, 탈북자종합회관에서 11부, 그리고 탈북자종합회관을 통해 알게 된 새터민을 통해 51부 등 총 444부를 회수하였다. 그리고 이 설문지를 여론조사 전문기관인 '글로벌 리서치'에 자료 입력 및 통계 처리를 의뢰하여 조사 결과를 도출하였다. 새터민들을 대상으로 하여 실시된 설문조사들의 표본이 대개 200명 안팎인 것을 감안하면, 이번 조사는 상당히 큰 표본을 대상으로 한 조사라고 할 수 있고 그만큼 신뢰도가 높은 조사라고 할 수 있을 것이다.

2) 설문 문항 구성

본 설문조사를 위한 설문 문항의 내용을 소개하면 아래와 같다.

참여단체 활동 현황	■남한 사회 적응 과정에서 가장 큰 도움을 받은 단체 ■현재 참여하고 있는 단체 및 가장 많이 참여하는 단체 ■단체 참여 빈도
종교 활동 현황	■종교 현황 ■종교 단체 참여 빈도 ■종교를 처음 갖게 된 시기 및 이유 ■종교로부터의 수혜 요소 ■종교를 갖지 않는 이유
사안에 대한 동의 정도	■북한 생활 시 사안에 대한 동의 정도 ■현 남한 생활 시 사안에 대한 동의 정도

3. 조사 결과

(1) 응답자 특성

응답자 총 444명 중 36%(160명)는 남성이었고, 63.3%(281명)은 여성이었다. 연령대는 20대가 32.2%로 가장 많았고, 30대가 29.7%, 40대가 16.7%, 50대가 7.7%, 10대가 6.8%, 60대 이상이 6.3% 순이었다.

종교는 개신교가 66%로 가장 많았다. 연령별로 보면, 10대에서 개신교인이 53.3%로 가장 낮았고, 40대가 62.2%, 30대가 63.6%로 평균보다 낮았다. 성별로는 여성 중에 69.4%, 남성 중에 59.4%가 개신교였다. 개신교 다음으로는 종교가 없다는 응답이 27.5%로 가장 높았고, 연령별로는 10대 중 46.7%가 종교가 없다고 응답하였다.

응답자들의 탈북연도는 1999년 이전(31.8%)을 제외하면, 2003~2005년이 25.5%로 가장 많았고, 2006년 이후는 18.7%로 다소 적었다. 새터민들이 대개 탈북 이후 얼마간 주변국에서 보내다가 남한으로 들어오기 때문인 것으로 보인다. 이것은 탈북자들이 애초부터 남한 입국을 목적으로 하지 않은 경우도 있고, 남한 입국을 목적으로 했더라도 여건상 바로 입국하지 못하기 때문이다. 남한 입국 시기는 2007년 이후가 33.8%로 가장 많은 것으로 나타나, 최근에 남한 입국자가 많은 현실을 반영하였다.

■ **표1_응답자 특성** (단위:%)

		사례수	%
전 체		444	100.0
성별	남성	160	36.0
	여성	281	63.3
	무응답	3	0.7
연령대	10대	30	6.8
	20대	143	32.2
	30대	132	29.7
	40대	74	16.7
	50대	34	7.7
	60세 이상	28	6.3
	무응답	3	0.7
종교	개신교	293	66.0
	천주교	16	3.6
	불교	13	2.9
	없음	122	27.5
탈북연도	1999년 이전	141	31.8
	2000~2002년	94	21.2
	2003~2005년	113	25.5
	2006년 이후	83	18.7
	무응답	13	2.9
남한입국시기	2002년 이전	67	15.1
	2003년	35	7.9
	2004년	51	11.5
	2005년	63	14.2
	2006년	66	14.9
	2007년 이후	150	33.8
	무응답	12	2.7

(2) 종교 활동 현황

종 교

(n=444, 단위: %)

종교단체 참여빈도

(Base : 종교가 있는 자, 단위: %)

	일주일에 한 번 이상	한 달에 두 세 번	한 달에 한 번 정도	몇 달에 한 번 정도	일 년에 한 두 번
전체 (n=322)	61.5	19.9	10.2	2.5	3.1
개신교 (n=293)	66.2	19.1	8.2	2.0	2.7
천주교 (n=16)	18.8	43.8	25.0	6.3	0.0
불교 (n=13)	7.7	7.7	38.5	7.7	15.4

앞에서 살펴본 대로, 새터민들의 종교 현황은 개신교가 가장 많았는데, 종교단체 참여빈도를 보면, 전체적으로 "일주일에 한 번 이상" (61.5%)이 가장 높았다. 이를 종교별로 살펴보면, 개신교는 "일주일에 한 번 이상" (66.2%), 천주교는 "한 달에 두세 번" (43.8%), 불교는 "한 달에 한 번 정도" (38.5%)의 비율이 상대적으로 높게 나타났다.

종교를 처음 갖게 된 시기는 "북한 탈출 이후 주변국 시절" (48.4%)이 가장 많았는데, 개신교는 "북한 탈출 이후 주변국 시절" (51.5%), 불교는 "남한의 하나원에서" (46.2%), 천주교는 "하나원 나온 이후" (50.0%)가 상대적으로 높은 비율을 보였다. 이것은 북한 주변국에 있는 교회들이 탈북자 지원 활동을 많이 하기 때문인 것으로 보인다. 흥미로운 것은 "북한에서" 라고 답한 사람도 6명 있었는데, 5명은 개신교인이었고, 1명은 불교인이었다. 매우 제한적이긴 하지만 북한에서도 종교 생활이 가능하다는 것을 보여준다.

종교를 처음 갖게 된 이유에 대한 서술형 질문에는 "마음의 안정을 찾기 위해" (9.6%)가 가장 많았고, "가족들 안전을 바라는 마음으로" (6.8%), "살기 힘들어서" (6.5%), "도움을 받기 위해" (6.5%), "주위 권유" (5.9%) 순으로 나타났는데, 개신교인 새터민들도 같은 순위의 응답률을 보였다. 특이한 것은 연령이 60대 이상인 한 남성은 "모태신앙이라서" 라고 응답하여 어려운 환경에서도 모태신앙을 지켜온 사람들이 있음을 알 수 있었다.

종교로부터 받은 가장 큰 도움에 대한 질문에는 "정신적인 의지" (56.8%)가 가장 높았고, "인간관계" (22.7%), "도덕적인 가르침" (14.3%), "경제적인 도움" (13.0%) 순으로 나타났다. 개신교인의 경우에도 비슷하게 나타났으나, "경제적인 도움" (13.7%)이 "도덕적인 가르침" (13.3%)보다 약간 높게 나타났다.

심층 면접 내용에 따르면, 탈북자들 중 많은 수가 남한에 입국하기 전 중국이나 제3국에서 처음으로 종교를 접하게 되고 특히 탈북이나 남한 이주 과정에서 선교단체의 도움을 받는 경우가 많기 때문에 자연스럽게 기독교를 접하게 되고, 피난처에서 갖는 어려움과 상대적으로 많은 시간적 여유로 본격적인 성경공부를 하는 경우도 많다고 한다. 그리고 일부는 인간적인 의리로 교회를 다니기도 하는데, 특별히 신앙을 가지고 있는 것은 아니지만, 탈북이나 남한 입국 과정에서 도움을 받은 선교 단체나 교회 관계자에 대한 인간적 의리 때문에 교회를 다닌다고 하는 것이다.

이런 상황 때문에 남한 입국 초기에는 열에 아홉은 개신교인이 된다고 한다. 그런데 이번 조사에서 개신교인이 66%로 나온 것은 개신교인이 된 새터민들 중 이탈자가 많다는 것을 보여주는 것이다. 특히 이번 조사가 주로 개신교 단체를 통해서 진행되었기 때문에 개신교인이 상대적으로 많이 표집된 것을 감안하면

이탈률은 더 크다고 할 수 있다. 따라서 교회 안으로 들어온 새터민들이 교회를 떠나지 않고 잘 정착할 수 있도록 여러 가지 방안을 강구할 필요가 있다.

■ 표2_종교로부터 받은 가장 큰 도움 (단위:%)

		사례수	정신적 의지	인간관계	도적적 가르침	경제적 도움	진리를 깨달아서
전체		(322)	56.8	22.7	14.3	13.0	0.6
종교별	개신교	(293)	58.0	23.2	13.3	13.7	0.7
	천주교	(16)	50.0	25.0	6.3	12.5	0.0
	불교	(13)	38.5	7.7	46.2	0.0	0.0

종교를 갖지 않는 이유에 대해서는 "눈에 보이지 않는 종교에 확신을 갖기 어려움" (31.1%)이 가장 많았고, 특히 10대 중 50%가 이렇게 답하였다. 다음으로 "북한에 종교가 없기 때문에 종교에 익숙하지 않음" (17.2%), "남한 종교인들의 모습에 실망" (14.8%), "종교 교육이 북한 사상학습과 같아서 거부감이 있음" (10.7%) 순으로 나타났다. 심층 면접에서도 북한 사람들은 사회주의 체제 안에서 종교 자체가 익숙하지 않으며, 교회에서의 활동이 북한에서 생활총화를 하는 것과 유사해서 거부감을 느낀다고 한다. 특히 자아비판이나 주입식 교육과 같은 것이 연상되어 기피하게 된다는 것이다.

북한 생활에서 절망적인 상황에서 의지한 것을 질문하였는데, "본인 자신" (27.0%)이 가장 많았고, 다음으로 "가족" (23.2%), "점/미신" (6.3%), "당" (5.2%)으로 나타나, 심층면접에서 새터민들로부터 들은 "북한에 점쟁이들이 생각보다 많이 있다" 는 얘기를 입증하여 주었다. 또한 "하나님" 이라는 응답도 3.6%(16명) 있었으며, "하늘" (1.8%), "신" (1.6%)이라는 응답도 있었다. 이들이 말하는 하나님이 기독교의 하나님이라고 보기는 어려우나 종교가 없다고 하는 북한에서도 초월적인 존재에 대한 기대가 있다는 것을 알 수 있다. 이것은 북한 생활 당시에 "종교는 없었지만, 하느님이나 신과 같은 초월적인 존재가 있을 것이라고 생각했다" 는 진술에 43.7%가 긍정한 것으로 나타난 이번 조사 결과에 의해서도 뒷받침되는 것이다.

3) 참여 단체 활동 현황

새터민들이 현재 참여하는 단체로는 "선교단체" (29.3%)의 비율이 가장 높았으며, 다음으로 "탈북자 자치단체" (16.7%), "시민단체" (7.4%), "대북지원단체" (1.6%) 순이었다. 이것은 새터민들 중에 개신교인이 많기 때문에 북한 선교에 대한 꿈을 키우고 있는 사람들이 적지 않은 것으로 풀이된다. 그러나 "없다" 고 응답한 비율도 42.8%로 매우 높았으며, 10대(70.0%)를 제외하고는 30대(47.7%), 20대(43.3%)에서 높게 나타나 남한 사회 적응이나 사회 활동을 위해 사회단체에 대한 참여를 독려할 필요가 있다고 판단된다.

참여 단체에 대한 참여 빈도는 "일주일에 한 번 이상" 참여자가 47.9%로 가장 높았고, 다음이 "한 달에 두세 번" (26.5%), "한 달에 한 번 정도" (15.8%) 순이었는데, 선교단체에 참여하는 사람들 중에 "일주일에 한 번 이상" 이라고 응답한 사람이 63.8%로 가장 높았다.

■ 표3_참여하는 단체 현황 (단위:%)

		사례수	선교단체	시민단체	탈북자 자치단체	대북지원단체	기독교 새터민 대안학교	정치단체	계
전체		(39)	35.9	28.2	23.1	5.1	5.1	2.6	100.0
성별	남성	(15)	40.0	33.3	20.0	0.0	0.0	6.7	100.0
	여성	(24)	33.3	25.0	25.0	8.3	8.3	0.0	100.0
연령별	10대	(1)	0.0	0.0	0.0	0.0	100.0	0.0	100.0
	20대	(13)	23.1	46.2	15.4	7.7	7.7	0.0	100.0
	30대	(16)	56.3	12.5	31.3	0.0	0.0	0.0	100.0
	40대	(3)	0.0	66.7	33.3	0.0	0.0	0.0	100.0
	50대	(4)	50.0	25.0	25.0	0.0	0.0	0.0	100.0
	60대이상	(2)	0.0	0.0	0.0	50.0	0.0	50.0	100.0

남한 사회 적응 시 가장 큰 도움을 받은 단체에 대해서는 "정부단체"(39.6%)와 "종교단체"(39.0)가 비슷하게 많았고, 다음으로 "주변 이웃"(6.1%), "시민단체"(5.2%) 순이었다. 종교별로 보면, 개신교인과 천주교인은 각각 51.9%와 62.5%가 "종교단체"라고 응답한 반면, 불교인 중 "종교단체"라고 응답한 사람은 한 사람도 없었다. 종교가 없는 사람의 경우에는 "정부단체"(58.2%)가 가장 많았고, 다음이 "주변의 이웃"(12.3%)이었으며, "종교단체"라고 응답한 사람은 9.0%에 불과했다. 이에 대하여 종교가 없기 때문에 종교단체의 도움을 받지 못했다고 볼 수도 있으나, 종교단체가 단체 외부에 있는 새터민에게까지 도움을 손길을 뻗치지 못했다고 볼 수도 있으므로 보다 폭넓은 지원이 필요한 것으로 여겨진다.

이와 관련하여, 응답자 전체에게 "남한 사회에 적응하는 데 교회의 도움을 받았다"에 대한 동의 정도를 질문한 데 대해 49.1%만이 긍정의 대답을 하였으며, 5점 척도에 대한 평균도 3.23으로 낮게 나타났다. 남성의 긍정률은 41.3%으로 여성(53.0%)에 비해 10% 이상 낮았고, 평균 역시 3.03으로 여성보다 낮았다. 또한 불교인과 종교가 없는 사람은 각각 23.1%와 15.6%만이 동의를 하였고, 평균 역시 1.92와 2.11로 매우 낮았다. 불교인은 차치하더라도 종교가 없는 사람들에게조차 교회가 거의 도움이 되지 않았다는 조사 결과이다.

특히 일부 교회에서는 교회 출석률에 따라 새터민들에게 현금을 지급하는 경우가 있는데, 이는 지나치게 전시적이고 자기 교회 중심적인 방법으로 새터민의 사회 적응에도 도움이 되지 않는다는 비판이 교계로부터 나오고 있다. 뿐만 아니라 이에 대하여 상처를 받는 새터민들도 적지 않은 것으로 심층 면접을 통해 알 수 있었다. 새터민 지원활동이 생색내기용이 아니라 새터민들에게 실제로 도우미 되는 방식으로 이루어질 수 있도록 전면적인 수정 및 보완이 필요하리라 생각된다.

■ 표4_남한 사회 적응 시 교회의 도움에 대한 동의 정도 (단위:%)

		사례수	부정(1+2)	보통(3)	긍정(4+5)	모름/무응답	5점 평균(점)	계
전체		(444)	30.9	16.7	49.1	3.4	3.23	100.0
성별	남성	(160)	35.0	20.0	41.3	3.8	3.03	100.0
	여성	(281)	28.8	14.9	53.0	3.2	3.32	100.0
연령별	10대	(30)	26.7	33.3	30.0	10.0	3.07	100.0
	20대	(143)	30.8	18.9	49.7	0.7	3.21	100.0
	30대	(132)	34.8	14.4	48.5	2.3	3.16	100.0
	40대	(74)	33.8	13.5	45.9	6.8	3.14	100.0
	50대	(34)	20.6	17.6	61.8	0.0	3.56	100.0
	60대이상	(28)	21.4	7.1	60.7	10.7	3.56	100.0
종교별	개신교	(293)	17.4	16.0	64.2	2.4	3.75	100.0
	천주교	(16)	37.5	6.3	50.0	6.3	3.00	100.0
	불교	(13)	76.9	0.0	23.1	0.0	1.92	100.0
	무교	(122)	57.4	21.3	15.6	5.7	2.11	100.0

4) 북한 사회에 대한 의식

이번 조사에서는 북한 생활에 대하여 여러 가지 질문을 하였는데, 이 질문들은 북한의 생활상과 관련하여 북한 사람들의 가치관 및 사회의식을 알아보고 이것이 통일과 상관관계가 있는지를 파악하기 위한 것이었다. 먼저 "일상생활에서 관심은 오로지 '먹는 문제' 뿐이었다" 에 대해서 "매우 그렇다" (42.3%)와 "조금 그렇다" (20.9)를 합하여 63.2%의 긍정률을 보였으며, 5점 척도에 대한 평균은 3.81이었다. 이것은 전우택 교수가 2002년에 하나원 입소자 163명을 대상으로 조사했을 때의 긍정률 74.6%("매우 그렇다" 54.6%, "조금 그렇다" 20.2%)와 비교하면 10% 정도 낮은 수치이다.[59]

59) 전우택, "탈북자를 통하여 본 북한주민 의식 조사," 「사람의 통일, 땅의 통일」

■ 표5_일상생활에서 먹는 문제에 대한 동의도 (단위:%)

		사례수	부정 (①+②)	그저 그렇다 (③)	긍정 (④+⑤)	모름/ 무응답	계	5점 평균
전체		(444)	19.8	14.6	63.3	2.3	100.0	3.81
성별	남자	(160)	20.6	18.1	59.4	1.9	100.0	3.71
	여자	(281)	19.6	12.5	65.5	2.5	100.0	3.85
연령	10대	(30)	33.3	23.3	43.3	0.0	100.0	3.13
	20대	(143)	24.5	21.0	53.8	0.7	100.0	3.51
	30대	(132)	18.9	8.3	72.0	0.8	100.0	3.95
	40대	(74)	16.2	16.2	62.2	5.4	100.0	3.94
	50대	(34)	8.8	8.8	82.4	0.0	100.0	4.38
	60대이상	(28)	10.7	3.6	71.4	14.3	100.0	4.33
종교	개신교	(293)	21.2	16.0	60.4	2.4	100.0	3.74
	천주교	(16)	6.3	6.3	81.3	6.3	100.0	4.27
	불교	(13)	7.7	23.1	69.2	0.0	100.0	4.08
	없음	(122)	19.7	11.5	67.2	1.6	100.0	3.87
탈북연도	1999년도이전	(141)	22.0	13.5	63.8	0.7	100.0	3.80
	2000~2002년	(94)	14.9	12.8	71.3	1.1	100.0	3.98
	2003~2005년	(113)	19.5	16.8	59.3	4.4	100.0	3.75
	2006년이후	(83)	24.1	13.3	59.0	3.6	100.0	3.68
	무응답	(13)	7.7	30.8	61.5	0.0	100.0	3.92

이를 연령별로 보면, "매우 그렇다"는 강한 긍정은 30대와 40대에서는 각각 47.0%,와 45.9%, 50대와 60대 이상에서는 각각 73.5%와 60.7%로 높게 나타난 데 반해, 10대와 20대에서 각각 23.3%와 28.7%로 매우 낮게 나타나 연령에 따른 의식의 차이를 나타내었다. 특히 탈북시기와 관련해서 1999년 이전 탈북자 중 63.%, 2000~2002년 탈북자의 71.3%가 긍정의 응답을 한 반면에, 2003~2005년 탈북자의 59.3%, 2006년 이후 탈북자의 59.0%만이 긍정의 응답을 하여 "최근에는 북한 사회가 어느 정도 안정이 되어 이제는 먹고 살기 힘든 시기는 지났다"는 새터

(서울: 연세대학교 출판부, 2007), 152쪽. 이번 조사에서는 전우택 교수의 연구와 비교하기 위한 목적으로 똑같은 문장을 제시하였다.

민들의 말을 뒷받침해 주는 결과로 이해된다.

이와 관련하여 "돈만 있으면 북한도 살만한 곳이라고 생각했다"에 대하여도 "매우 그렇다"(41.7%)와 "조금 그렇다"(27.0)를 합하여 68.7%의 비교적 높은 긍정률을 보였고, 평균은 3.9였다. 새터민들의 증언에 의하면, 북한에 식량과 물자가 부족하지만 돈이 있으면 크게 부족하지 않게 구할 수 있다고 한다. 특히 북한 사회는 공직자들의 부패가 심하여 돈만 있으면 웬만한 법률도 어겨가며 자신의 편의를 취할 수 있고, 심지어는 살인을 하더라도 돈이 있으면 바로 풀려나올 정도라고 한다. 따라서 돈만 있으면 굳이 북한을 떠나지 않고도 남부럽지 않게 살 수 있다고 생각하는 것이다.[60)]

그러나 이것은 물신주의나 경제주의적인 사고의 일면을 드러내는 것으로 이해된다. 특히, 남한 생활과 관련하여 "할 수만 있다면 모든 수단을 동원해서 돈을 많이 벌고 싶다"는 진술에 대해 "매우 그렇다"(52.0%)와 "조금 그렇다"(23.6)를 합하여 75.7%의 높은 긍정률을 보였고, 평균 역시 4.2로 높게 나타났다. 이들 중 일부는 돈을 많이 벌려는 목적이 북한에 있는 가족들을 위한 것일 거라는 점을 감안하더라도, 자칫 황금만능주의적인 사고를 갖고 있는 것은 아닌지 우려를 갖게 한다. 다만 개신교의 경우, 긍정률과 평균에서 상대적으로 낮은 동의도를 나타내고 있어 교회를 통한 가치관 교육이 어느 정도 효과를 보고 있는 것으로 해석된다.

다음으로 가족에 대한 생각에 관한 진술들을 제시하였다. 흔히 우리 사회의 중요한 습속 가운데 하나로 '가족주의'가 얘기되는데, 북한 사람들에게도 이러한 가족주의가 강하게 작용하는지가 연구의 관심 중 하나였다. 먼저 핵심 진술로 "누구보다도 우리 가족이 잘 돼야 한다고 생각했다"를 제시하였는데, "매우 그렇다"(69.8%)와

---

60) 최근 한 조사에서는 돈이 곧 성공이라는 진술에 대해 세계적으로 한국 국민들의 동의도가 가장 높다는 결과가 나왔다.

"조금 그렇다" (20.9)를 합하여 90.8%의 매우 높은 긍정률을 보였고, 평균 역시 4.6으로 모든 동의도 질문 중에 가장 높았으며 모든 연령대에서 고르게 동의하였다.

반면에 "나라의 발전을 위해서라면 우리 가족의 희생은 감수할 수 있다고 생각했다" 에 대해서는 26.4%의 긍정률에 53.6%의 부정률을 보였고, 평균 역시 2.54로 북한 생활에 대한 질문 중 가장 낮은 동의도를 나타내었다. 이것은 물론 북한 정부에 대한 불신의 표시이기도 하겠지만, 그만큼 가족을 중시하는 사고를 드러낸 결과라고 볼 수 있다. 또한 "가족이 잘 된다면 나의 희생은 감수할 수 있다고 생각했다" 에 대해서는 "매우 그렇다" (50.5%)와 "조금 그렇다" (28.4%)를 합하여 78.8%의 높은 긍정률을 보였고, 평균 역시 4.2로 높게 나왔다.

이러한 내용에서 볼 때, 남한 사회에서 작용하는 가족주의의 습속이 체제가 다른 북한 사회에서도 동일하게 강하게 작용하고 있는 것으로 보인다. 특히 가족주의와 관련된 전국조사(n=1,000)에서 "나는 평소에 가족의 발전이 나의 발전보다 중요하다고 생각한다" 는 진술에 대해 한국인들이 "매우 그렇다" (37.8%)와 "조금 그렇다" (31.3%)를 합하여 69.1%의 긍정률을 보였고, 평균은 3.97로 나온 것에 비하면, 새터민들(또는 북한 주민들)의 가족주의 성향이 더 강하다고 볼 수 있다.[61] 한국 사회에 대한 연구에서는 이러한 가족주의 성향이 집단 이기주의와 높은 상관관계를 갖고 있는 것으로 나타났는데,[62] 새터민들의 가족주의 성향 역시 집단 이기주의로 변질되지 않도록 많은 관심이 필요하다고 여겨진다.

---

61) 이 조사에서 가족주의 척도 중 '가족우선성'에 대한 한국인들의 평균값은 3.60이었다. 이에 대하여는 정재영, "사회태도에 미치는 가족주의의 영향," 「사회이론」(2002), 368쪽.

62) 이에 대하여는 윗글, 380쪽을 볼 것.

■ 표6_가족 우선성에 대한 동의도 (단위:%)

		사례수	부정(1+2)	보통(3)	긍정(4+5)	모름/무응답	5점 평균(점)	계
전체		(444)	2.9	4.3	90.8	2.0	4.60	100.0
성별	남성	(160)	3.8	5.0	90.0	1.3	4.54	100.0
	여성	(281)	2.5	3.9	91.1	2.5	4.64	100.0
연령별	10대	(30)	13.3	10.0	73.3	3.3	4.10	100.0
	20대	(143)	1.4	4.2	93.0	1.4	4.57	100.0
	30대	(132)	3.8	3.0	91.7	1.5	4.62	100.0
	40대	(74)	1.4	6.8	90.5	1.4	4.67	100.0
	50대	(34)	0.0	2.9	97.1	0.0	4.79	100.0
	60대이상	(28)	3.6	0.0	85.7	10.7	4.72	100.0

다음으로 새터민들의 사회주의 사상에 대한 동의도에 대하여 질문하였다. 먼저 북한에서 사회통합의 상징적 표현으로 사용하는 '공산주의 미풍' 과 관련하여 "다른 사람들과 경쟁하려고 하기보다는 다른 사람을 배려하는 것이 '공산주의 미풍' 이라고 생각했다" 는 진술을 제시하였다. 이에 대하여 "매우 그렇다" (26.1%)와 "조금 그렇다" (26.4)를 합하여 52.5%의 높지 않은 긍정률을 보였고, 평균 역시 3.5로 그다지 높지 않았다.[63] 그러나 여성들(58.0%, 평균 3.7)은 남성들에 비해 높은 동의도를 나타냈고, 연령이 높을수록 동의도가 높아져서 60대 이상에서는 평균이 4.1로 나타났다. 이것은 북한에서 여성들에게 '공산주의 미풍' 을 강조하는 경향과 관련이 있고, 나이가 많을수록 이러한 가치관이 강하게 내면화되었기 때문인 것으로 해석된다.

---

63) 북한 사회에서는 당의 혁명목적을 달성하는 것이 최우선시 되고 있다. 따라서 개인의 자유, 권리, 그리고 기회와 이익 등은 억제되고, 무엇보다 집단주의 원칙과 가치가 사회통합의 기본원리가 되고 있다. 집단주의는 오늘날 북한사회의 속성을 대변하는 상징적인 용어로도 많이 통용되고 있는데, 그중 하나가 '공산주의적 미풍'이라는 단어이다. 북한 각지에서 활발히 진행되고 있는 협동농장 지원을 위한 군인·여성들의 집단 자원진출을 비롯해 '영예군인'(상이군인)과의 결혼과 고아입양 등에 대하여 북한에서는 '공산주의 미풍'이라고 표현하고 있다.

■ 표7_공산주의 미풍에 대한 동의도 (단위:%)

		사례수	부정(1+2)	보통(3)	긍정(4+5)	모름/무응답	5점 평균(점)	계
전체		(444)	22.5	23.2	52.5	1.8	3.49	100.0
성별	남성	(160)	31.9	24.4	42.5	1.3	3.18	100.0
	여성	(281)	17.1	22.8	58.0	2.1	3.67	100.0
연령별	10대	(30)	26.7	43.3	30.0	0.0	3.07	100.0
	20대	(143)	20.3	28.7	51.0	0.0	3.43	100.0
	30대	(132)	29.5	15.9	53.8	0.8	3.48	100.0
	40대	(74)	17.6	27.0	52.7	2.7	3.58	100.0
	50대	(34)	17.6	17.6	61.8	2.9	3.61	100.0
	60대이상	(28)	14.3	3.6	67.9	14.3	4.08	100.0

다음으로, 사회주의에서 강조하는 '협업' 과 관련하여 "나 혼자 노력하는 것보다 주위 사람들과 함께 노력하는 것이 더 좋은 방법이라고 생각했다" 는 진술을 제시하였다. 이에 대해 "매우 그렇다" (30.0%)와 "조금 그렇다" (30.0)를 합하여 60.0%의 긍정률을 보였고, 평균은 3.7로 보통 수준의 동의도를 나타났다. 그러나 보다 구체적인 실천을 나타내는 "나 혼자 잘 살려고 하기보다는 이웃들과 함께 잘 살기 위해 노력했다" 에 대해서는 "매우 그렇다" (12.6%)와 "조금 그렇다" (24.5)를 합하여 37.2%의 매우 낮은 긍정률을 보였고, 평균 역시 3.1로 낮게 나타났다. 따라서 사회주의에서 강조하는 협업이 북한 사회에서는 잘 수행되지 않은 것으로 여겨진다.

또한 북한에서는 직업에 대하여 모든 직업을 신성하게 여겨 교과서에도 "직업은 그 좋고 나쁨이 없이 모든 직업이 신성하고 영예로운 것인데 이것은 어떤 직업이든 사회와 인민 전체를 위해 존재하기 때문이다." (고등중학교 공산주의 도덕 6, '직업 영예')라고 말하고 있다.[64] 이와 관련하여 "직업에는 귀천이 없으며 어떤 일을 하든지 사회에 도움이 되면 된다고 생각했다" 는 진술을 제시하였다. 이에

64) 박 윤식, "북한의 직업 및 직업관: 직업에는 좋고 나쁨이 있을 수 없다," 「통일한국」(2004년 10월), 84쪽.

대하여 "매우 그렇다"(26.1%)와 "조금 그렇다"(21.6%)를 합하여 47.7%의 낮은 긍정률을 보였고, 평균 역시 3.3으로 낮게 나타났다. 특히 남성의 긍정률은 40.6%로 여성 52.0%에 10% 이상 낮았고, 젊을수록 낮아 20대에서는 긍정률 41.3%에 평균 3.15, 10대에서는 긍정률 26.7%에 평균 2.89로 매우 낮게 나타났다.

■ 표8_북한의 직업관에 대한 동의도 (단위:%)

		사례수	부정(1+2)	보통(3)	긍정(4+5)	모름/무응답	5점 평균(점)	계
전체		(444)	29.1	21.2	47.7	2.0	3.32	100.0
성별	남성	(160)	35.6	21.9	40.6	1.9	3.08	100.0
	여성	(281)	25.3	20.6	52.0	2.1	3.46	100.0
연령별	10대	(30)	33.3	30.0	26.7	10.0	2.89	100.0
	20대	(143)	31.5	25.9	41.3	1.4	3.15	100.0
	30대	(132)	26.5	21.2	52.3	0.0	3.41	100.0
	40대	(74)	31.1	12.2	55.4	1.4	3.41	100.0
	50대	(34)	35.3	11.8	52.9	0.0	3.41	100.0
	60대이상	(28)	10.7	21.4	57.1	10.7	3.96	100.0

그러나 "돈이나 배경을 통해 성공하기보다는 열심히 일해서 성공하는 것이 바람직하다고 생각했다"에 대해서는 "매우 그렇다"(39.2%)와 "조금 그렇다"(22.5%)를 합하여 61.7%의 긍정률을 보였고, 평균 역시 3.75로 나타나 노동 자체를 중시하는 의식을 드러냈다. 이것은 남한 생활에 대한 질문에서 "육체노동은 매우 가치있는 일이라고 생각한다"에 대하여 "매우 그렇다"(30.9%)와 "조금 그렇다"(30.6%)를 합하여 61.5%의 긍정률을 보였고, 평균 역시 3.79로 낮지 않게 나타난 것에 의해서도 뒷받침되고 있어 노동을 중시하는 사회주의 가치관이 어느 정도 내면화되어 있는 것으로 파악된다.

또한 "나보다 약하거나 형편이 어려운 사람을 도와주어야 한다고 생각했다"에 대해서는 "매우 그렇다"(37.6%)와 "조금 그렇다"(32.2%)를 합하여 69.8%의 긍정률을 보였고, 평균 역시 3.95로 나타나 남을 배려하는 공동체 의식이 북한 사람들에게 낮지 않음을 드러냈다. 특히 "살기는 어렵지만, 이웃 간의 정은 많이 남아 있었다"에 대하여 "매우 그렇다"(41.9%)와 "조금 그렇다"(30.0%)를 합하여 71.8%의 비교적 높은 긍정률을 보였고, 평균 역시 4.07로 높게 나타났다. 연령이 높을수록 긍정률이 높게 나타났으나 낮은 연령대에서도 부정률에 비해 대체로 높은 긍정률을 나타내어 정감 있는 공동체 생활을 긍정적으로 생각하는 것으로 이해된다.

사회주의 사상에 대한 평가로 제시한 "사회주의 사상에 장점은 별로 없다고 생각한다"에 대해 "매우 그렇다"(22.7%)와 "조금 그렇다"(26.1%)를 합하여 48.9%의 낮은 긍정률을 보였고, 평균 역시 3.48로 낮게 나타났다. 이에 대하여 부정의 응답을 한 210명에게 사회주의 사상의 장점이 무엇인지 서술형 질문을 하였는데, "평등해서"가 15.7%로 가장 높게 나왔고, 다음으로 "공동체주의"(9.0%), "무료 의무 교육"(7.6%), "무상 진료"(6.7%), "인정"(3.8%), "배려"(2.9%) 순이었다. 그러나 "북한 사회에도 남북통일이 된 국가에 도움이 될 만한 좋은 전통, 사상, 제도 등이 있다"에 대해서는 긍정률 45.7%와 평균 3.27로 낮은 동의도를 나타내 이런 것이 통일 국가에 도움이 된다고는 생각하지 않는 것으로 보인다.

5) 남한 사회에 대한 인식

먼저 남북한 사람들에 대한 인식에 대하여 "남한 사람들에게 동질감보다는 이질감을 느낀다"에 대하여 44.4%의 긍정률을 보였고, "북한 사람들이 남한 사람들보다 인정이 많다"에 대하여 47.3%의 긍정률을 보였다. 각각의 부정률 25.2%와 14.0%에 비해서는 상대적으로 높으나 강한 동의도를 나타내지는 않았다. 또한 "남한 사회가 모든 면에서 북한 사회보다 우월하다"에 대해서는 "매우 그렇다"(48.9%)와 "조금 그렇다"(28.6%)를 합하여 77.5%의 비교적 높은 긍정률을 보였고, 평균 역시 4.20으로 높게 나타났다. 이에 따라 새터민들은 남한 사람이나 남한 사회에 대해서는 대체로 긍정적으로 인식하고 있다고 볼 수 있다. 한편, 이 문항에 대하여 부정의 응답을 한 85명에게 그 이유를 질문하였는데, 16.5%가 "남한 사회의 개인 이기주의 팽배"를 말하였고, 10.5%는 "남한 사회 자본주의의 병폐"를 지적하여 일부 새터민들은 남한 사회의 문제에 대하여도 분명한 인식을 갖고 있는 것으로 나타났다.

이와 관련하여, 남한 생활에 대하여 제시한 "남한 사회의 치열한 경쟁이 매우 힘겹다"에 대해 "매우 그렇다"(48.6%)와 "조금 그렇다"(31.8%)를 합하여 80.4%의 높은 긍정률을 보였고, 평균 역시 4.27로 높게 나타났다. 연령으로는 50대가 긍정률 88.2%와 평균 4.47로 가장 높게 나왔다. 종교별로는 개신교가 긍정률 79.2%와 평균 4.22로 다른 종교에 비해 다소 낮게 나왔는데, 불교는 표본수가 13명으로 적긴 하지만 긍정률 100.0% 평균 4.69로 가장 높게 나왔다. 탈북 연도로 보면, 1999년 이전에 탈북한 사람들이 긍정률 87.9%, 평균 4.34로 가장 높게 나왔고, 남한 입국 시기로 보면, 입국한 지 3년 이상 된 사람들이 입국한 지 2년 이하인 사람들에 비해 크게는 10% 이상 높은 동의도를 나타냈다.

그러나 "남한 사회에서 고생하기보다는 차라리 북한에서 살았을 때가 좋았다고 생각한다"에 대해서는 "매우 그렇다"(6.1%)와 "조금 그렇다"(12.2%)를 합하여 18.2%의 매우 낮은 긍정률을 보였고, 평균 역시 2.39로 매우 낮게 나타났다.

■ 표9_남한 사회의 치열한 경쟁에 대한 동의도 (단위:%)

		사례수	부정 (①+②)	그저 그렇다(③)	긍정 (④+⑤)	모름/ 무응답	계	5점 평균
전체		(444)	4.5	12.2	80.4	2.9	100.0	4.27
성별	남자	(160)	3.8	13.8	79.4	3.1	100.0	4.23
	여자	(281)	5.0	11.0	81.1	2.8	100.0	4.29
연령	10대	(30)	3.3	16.7	73.3	6.7	100.0	4.04
	20대	(143)	4.2	12.6	81.8	1.4	100.0	4.24
	30대	(132)	4.5	9.8	84.1	1.5	100.0	4.36
	40대	(74)	4.1	13.5	78.4	4.1	100.0	4.25
	50대	(34)	2.9	8.8	88.2	0.0	100.0	4.47
	60대 이상	(28)	10.7	14.3	60.7	14.3	100.0	4.00
종교	개신교	(293)	5.1	13.7	79.2	2.0	100.0	4.22
	천주교	(16)	0.0	12.5	81.3	6.3	100.0	4.53
	불교	(13)	0.0	0.0	100.0	0.0	100.0	4.69
	없음	(122)	4.1	9.8	81.1	4.9	100.0	4.32
탈북 시기	1999년도 이전	(141)	3.5	7.8	87.9	0.7	100.0	4.34
	2000~2002년	(94)	6.4	9.6	79.8	4.3	100.0	4.28
	2003~2005년	(113)	4.4	15.9	77.9	1.8	100.0	4.23
	2006년도 이후	(83)	4.8	18.1	72.3	4.8	100.0	4.16
	무응답	(13)	0.0	7.7	76.9	15.4	100.0	4.45
남한 입국 시기	2002년도 이전	(67)	4.5	11.9	82.1	1.5	100.0	4.24
	2003년도	(35)	5.7	5.7	85.7	2.9	100.0	4.41
	2004년도	(51)	3.9	9.8	82.4	3.9	100.0	4.39
	2005년도	(63)	3.2	7.9	85.7	3.2	100.0	4.31
	2006년도	(66)	4.5	19.7	75.8	0.0	100.0	4.18
	2007년도 이후	(150)	4.7	13.3	78.7	3.3	100.0	4.24
	무응답	(12)	8.3	8.3	66.7	16.7	100.0	4.10

연령별로 보면, 50대와 60대에서 긍정률이 각각 5.9%와 10.7%로 대단히 낮았고, 평균 역시 각각 1.91, 2.00으로 매우 낮았다. 그러나 10대에서는 긍정률 26.7%, 평균 2.87로 상대적으로 높게 나왔다. 종교별로 보면, 불교와 무종교에서 긍정률이 각각 23.1%와 23.8%, 평균이 각각 2.92와 2.81로 개신교, 천주교와는 뚜렷한 차이를 나타냈다. 이것은 앞에서 남한 사회 적응과 관련된 문항에서 나타난 차이와도 일맥상통하는 것으로 교회에서 무종교인에 대해서뿐만 아니라

불교인을 포함한 타종교인에 대해서도 인도주의적인 차원에서 지원을 해줄 필요가 있는 것으로 보인다.

■ 표10_북한 사회의 동경에 대한 동의도 (단위:%)

		사례수	부정(1+2)	보통(3)	긍정(4+5)	모름/무응답	5점 평균(점)	계
전체		(444)	54.5	24.3	18.2	2.9	2.39	100.0
성별	남성	(160)	56.9	24.4	16.3	2.5	2.36	100.0
	여성	(281)	53.4	24.2	19.6	2.8	2.42	100.0
연령별	10대	(30)	40.0	33.3	26.7	0.0	2.87	100.0
	20대	(143)	57.3	23.8	18.9	0.0	2.41	100.0
	30대	(132)	52.3	24.2	19.7	3.8	2.45	100.0
	40대	(74)	52.7	23.0	20.3	4.1	2.42	100.0
	50대	(34)	70.6	20.6	5.9	2.9	1.91	100.0
	60대 이상	(28)	53.6	21.4	10.7	14.3	2.00	100.0
종교별	개신교	(293)	62.5	19.1	15.7	2.7	2.21	100.0
	천주교	(16)	56.3	18.8	18.8	6.3	2.20	100.0
	불교	(13)	23.1	46.2	23.1	7.7	2.92	100.0
	무교	(122)	38.5	35.2	23.8	2.5	2.81	100.0

6) 교회와 통일에 대한 인식

먼저 "기독교가 말하는 '예수님의 사랑' 이라는 것이 정말로 실재한다고 생각한다" 에 대하여 53.8%로 높지 않은 긍정률을 보였고, 평균 역시 3.63을로 높지 않게 나타났다. 그러나 개신교인들만의 응답을 보면, "매우 그렇다" (43.3%)와 "조금 그렇다" (29.7%)를 합하여 73.0%의 높은 긍정률을 보였고, 평균 역시 4.12로 높게 나타났다.

그리고 "기독교는 미국 종교일 뿐이므로 별로 호감이 없다" 에 대하여[65] "매우 그렇다" (5.0%)와 "조금 그렇다" (7.7%)를 합하여

12.6%로 이번 조사 중 가장 낮은 긍정률을 보였고, 평균 역시 2.26으로 가장 낮게 나타났다. 종교별로 보면, 개신교에서는 긍정률 8.9%와 평균 1.98로 더욱 낮게 나왔으나 천주교에서는 긍정률 12.5%, 평균 2.62로 개신교보다 다소 높게 나왔다. 또한 불교에서는 긍정률 38.5%와 평균 3.25로 평균을 훨씬 웃돌았으며, 유일하게 긍정률이 부정률(23.1%)보다 높았다. 무종교인 역시 긍정률 18.9%, 평균 2.81로 상대적으로 높게 나타났다.

또한 "남한의 교회들은 자본주의화 되어 있다" 에 대해서는 "매우 그렇다" (15.3%)와 "조금 그렇다" (22.5%)를 합하여 37.8%로 비교적 낮은 긍정률을 보였고, 평균 역시 3.20으로 낮게 나타나, 남한 기독교계에서 일고 있는 교회의 물량주의화에 대해서는 비판 의식이 높지 않은 것으로 조사되었다. 그러나 개신교를 포함하여 모든 종교인들이 부정률에 비해서는 높은 긍정률을 보였다.

그리고 "교회들이 남한 사회에서 좋은 역할을 하고 있다" 에 대해서는 "매우 그렇다" (38.3%)와 "조금 그렇다" (29.1%)를 합하여 67.3%로 보통 수준의은 긍정률을 보였고, 평균은 3.98로 나타났다. 종교별로 보면, 개신교는 긍정률 79.2%, 평균 4.24로 높게 나타났으나, 천주교는 다소 낮게 나타났고, 불교와 무종교인은 각각 긍정률 38.5%와 35.2%, 평균 3.23, 3.43으로 매우 낮게 나타났다.

"남한의 교회들이 통일 과정과 통일 이후에 큰 역할을 할 것이다" 에 대해서는 "매우 그렇다" (41.2%)와 "조금 그렇다" (26.8%)를 합하여 68.0%로 보통 수준의 긍정률을 보였고, 평균은 4.02로 나타났다. 이에 대해서도 뚜렷한 종교간 의식차이를 나타냈는데, 개신교는 긍정률 77.1%, 평균 4.26으로 높은 동의도를 나타냈으나 천주교는 다소 낮게 나타났고, 불교와 무종교인은 각각 긍정률 30.8%와 50.8%,

65) 이 문항은 북한 도덕 교과서에 '미제 승냥이'라는 제목으로 기독교를 미국의 헛된 사상으로 묘사한 것을 고려하여 제시한 것이다.

평균 3.00과 3.54로 낮게 나타났다. 이 문항에 대하여 부정의 응답을 한 132명에게 그 이유를 물어봤는데, 6.8%는 "한국교회가 현재도 역할을 못하고 있기 때문에", 4.5%는 "한국교회가 이익만 추구해서", 3.8%는 "한국교회가 변해서", 3.0%는 "한국교회에 실망해서"라고 응답했다.

전체적으로 볼 때, 남한 개신교 교회에 대해서는 같은 개신교인 새터민들에게는 호감을 받고 있으나, 불교인이나 무종교인에 대해서는 그 역할을 인정받지 못하고 있는 것으로 조사되었다. 따라서 새터민들에 대하여 보다 폭넓은 선교 및 봉사 활동이 요청된다고 하겠다.

■ 표11_기독교 비호감에 대한 동의도 (단위:%)

		사례수	부정(1+2)	보통(3)	긍정(4+5)	모름/무응답	5점 평균(점)	계
전체		(444)	56.1	27.0	12.6	4.3	2.26	100.0
성별	남성	(160)	58.8	25.6	11.9	3.8	2.29	100.0
	여성	(281)	54.8	28.1	12.8	4.3	2.24	100.0
연령별	10대	(30)	60.0	16.7	16.7	6.7	2.25	100.0
	20대	(143)	57.3	28.7	13.3	0.7	2.32	100.0
	30대	(132)	57.6	28.0	10.6	3.8	2.20	100.0
	40대	(74)	54.1	29.7	10.8	5.4	2.24	100.0
	50대	(34)	55.9	23.5	14.7	5.9	2.28	100.0
	60대이상	(28)	42.9	25.0	14.3	17.9	2.35	100.0
종교별	개신교	(293)	69.3	18.4	8.9	3.4	1.98	100.0
	천주교	(16)	37.5	31.3	12.5	18.8	2.62	100.0
	불교	(13)	23.1	30.8	38.5	7.7	3.25	100.0
	무교	(122)	30.3	46.7	18.9	4.1	2.81	100.0

마지막으로 "통일이 되었을 때 북한을 돕기 위한 활동을 할 것이다"에 대해 "매우 그렇다"(49.8%)와 "조금 그렇다"(22.5%)를 합하여 72.3%로 다소 높은 긍정률을 보였고, 평균도 4.10으로 다소 높게 나타났다. 연령별로는 10대가 긍정률 83.3%, 평균 4.13으로 가장 높은 동의도를 보였다. 종교별로는 개신교가 긍정률 79.2, 평균 4.33으로 가장 높게 나타났고, 무종교인이 긍정률 58.2%, 평균 3.62

로 가장 낮게 나타났다. 이것은 개신교의 북한 선교에 대한 열정이 반영된 것으로 해석되며, 종교가 없는 사람들은 개인을 넘어서 전체 사회를 바라볼 수 있는 전망을 제공받지 못하고 있는 것을 보인다.

긍정의 응답을 한 366명에게 구체적으로 어떤 활동을 하고 싶은지에 대하여 질문하였는데, 가장 많은 22.7%가 "선교 사업"을 말하였고, 15.0%는 "이웃에 대한 도움", 13.7%는 "경제적인 도움", 7.1%는 "교육에 대한 도움", 4.6%는 "남한에 대해 알리고 싶다"고 응답하였다.

■ 표12_통일 이후 북한 지원 활동에 대한 동의도 (단위:%)

		사례수	부정 (1+2)	보통 (3)	긍정 (4+5)	모름/무응답	5점 평균(점)	계
전체		(444)	14.0	10.1	72.3	3.6	4.10	100.0
성별	남성	(160)	14.4	11.3	71.3	3.1	4.06	100.0
	여성	(281)	13.9	9.6	72.6	3.9	4.11	100.0
연령별	10대	(30)	13.3	3.3	83.3	0.0	4.13	100.0
	20대	(143)	11.9	14.0	74.1	0.0	4.13	100.0
	30대	(132)	18.9	6.8	69.7	4.5	4.06	100.0
	40대	(74)	9.5	12.2	73.0	5.4	4.11	100.0
	50대	(34)	11.8	8.8	76.5	2.9	4.18	100.0
	60대이상	(28)	17.9	7.1	57.1	17.9	3.91	100.0
종교별	개신교	(293)	7.5	9.9	79.2	3.4	4.33	100.0
	천주교	(16)	18.8	12.5	62.5	6.3	3.73	100.0
	불교	(13)	15.4	15.4	61.5	7.7	4.00	100.0
	무교	(122)	28.7	9.8	58.2	3.3	3.62	100.0

전체적으로 볼 때, 남한 개신교 교회에 대해서는 같은 개신교인 새터민들에게는 호감을 받고 있으나, 불교인이나 무종교인에 대해서는 그 역할을 인정받지 못하고 있는 것으로 조사되었다. 따라서 새터민들에 대하여 보다 폭넓은 선교 및 봉사 활동이 요청된다고 하겠다.

마지막으로 "통일이 되었을 때 북한을 돕기 위한 활동을 할 것이다"에 대해 "매우 그렇다"(49.8%)와 "조금 그렇다"(22.5%)를 합하여 72.3%로 다소 높은 긍정률을 보였고, 평균도 4.10으로 다소 높게 나타났다. 연령별로는 10대가 긍정률 83.3%, 평균 4.13으로 가장 높은 동의도를 보였다. 종교별로는 개신교가 긍정률 79.2, 평균 4.33으로 가장 높게 나타났고, 무종교인이 긍정률 58.2%, 평균 3.62로 가장 낮게 나타났다. 이것은 개신교의 북한 선교에 대한 열정이 반영된 것으로 해석되며, 종교가 없는 사람들은 개인을 넘어서 전체 사회를 바라볼 수 있는 전망을 제공받지 못하고 있는 것을 보인다.

긍정의 응답을 한 366명에게 구체적으로 어떤 활동을 하고 싶은지에 대하여 질문하였는데, 가장 많은 22.7%가 "선교 사업"을 말하였고, 15.0%는 "이웃에 대한 도움", 13.7%는 "경제적인 도움", 7.1%는 "교육에 대한 도움", 4.6%는 "남한에 대해 알리고 싶다"고 응답하였다.

4. 결론 및 제언

이번 조사에서 새터민들을 통해 본 북한 주민들의 의식은 사회주의 사상에서 강조하는 가치관이 깊이 내면화되어 있기 보다는, 오히려 우리 민족 특유의 가족주의 성향이나 공동체 의식이 강한 것으로 드러났다. 이것은 90년대 중반 '고난의 행군' 시절을 거치면서, 사회주의 사상에 기대보다는 힘겨운 현실을 이겨내기 위한 처절한 싸움에서 현실적인 생존 전략을 모색한 결과로 여겨진다. 특히 당시에 '당성'이 강한 사람들은 당에서 뭔가 대책을 세워 조치를 취해줄 것을 끝까지 믿고 기다리다가 결국 굶주림에 사망한 사람들이 많다는 사실에 의해서도 알 수 있다. 이에 대해 북한 사람들은 "토끼는 다 죽고, 사슴은 도망가고 이제 승냥이와 여우만 남았다."고 표현한다. 이와 같이 북한 주민들의 습속이 남한 사람들과 크게 다르지 않다는 점에서 통합의 가능성을 내재하고 있다고 볼 수도 있지만, 이러한 습속이 남한 사회에서 부정적으로 기능하는 현실을 고려할 때 남북한 공히 이것을 극복할 수 있는 새로운 가치의 모색이 요청된다.

또한, 이번 조사에서 새터민들은 남한 사회에 대하여 대체로 호감을 가지고 있고 긍정적으로 평가하고 있는 것으로 나타났다. 남한 사람들에 대하여 크게 이질감을 느끼지 않으며, 북한 사회에 비해 남한 사회가 전체적으로 우월한 것으로 보고 있다. 반면에 남한 생활 자체는 매우 고달프며 자신들이 바라는 대로 사회에서 성공하기도 쉽지 않다. 사회학자인 로버트 머튼은 자본주의 사회에서 일반적으로 높게 받아들여지는 물질적인 성공이 자신의 능력으로 성취하기 힘들 때 비합법적인 수단을 동원해서라도 목적을 달성하려고 하는 아노미적 범죄가 일어나기 쉽다고 말한 바 있다.

새터민들은 새로 정착하는 남한 사회에서 가치와 규범의 혼란 상태에 빠지기 쉽다. 특히 지나치게 물질적인 성공만을 바라는 물질 만능주의 또는 경제주의적인 태도로 빠지기 쉽다. 실제로, 주위에서는 남한 사람보다 더 '자본주의화' 되어서 모든 것을 돈으로 따지려고 하는 새터민들을 보게 되기도 한다.[66] 사회구성원들에게 삶의 의미와 규범을 제공하는 것이 종교의 중요한 역할이므로 이에 대한 교회의 역할이 매우 중요하다고 판단된다.

다행스럽게도, 교회에 대한 새터민들의 인식은 대체로 좋은 편으로 조사되었다. 그러나 조사 결과에 나타난 대로, 이러한 인식은 개신교인 새터민들에게만 한정될 뿐 종교가 없는 새터민들은 교회에 대하여 그리 호의적이지 않다. 심층 면접에서 만난 새터민들 중에는 교회에 상처받고 등을 돌린 사람들도 적지 않았다. 새터민들에 대한 교회의 지원활동은 성과주의나 전시 위주가 아니라 새터민들이 실제적인 도움을 받을 수 있도록 이루어져야 한다.

그리고 이러한 지원은 교회 울타리 안에 들어온 새터민들 뿐만 아니라 교회 밖에 있는 많은 새터민들에게까지 미칠 수 있어야 한다. 특히 새터민 거주 지역을 중심으로 지역조직 사업을 하거나 새터민이 주체

---

66) 실제로 본 설문 조사를 하는 과정에서는 "내가 가지고 있는 정보가 필요하다면 돈을 지급해라. 모든 것이 돈으로 계산되는 것이 자본주의 사회 아니냐?"하는 반응을 듣기도 하였다.

가 되는 지역 공동체 운동을 벌이는 것이 의미 있게 여겨지며 일부 교회에서 하고 있는 것과 같이 새터민 지원을 위한 사회적 기업을 세우는 것 역시 새터민들에게 큰 도움이 될 것이다.

또한 이러한 지원은 물질적인 것뿐만 아니라 이들이 올바른 가치관과 규범을 가지고 사회생활을 영위하며 나아가 한반도 통일과 그 이후의 과정에서 역할을 할 수 있도록 뒷받침할 수 있어야 한다. 이들을 성심으로 도와 통일 국가의 어엿한 주체의 한 축이 될 수 있도록 하는 것이 교회가 선교의 책임을 다할 수 있는 좋은 방법이 될 것이다.

이번 조사 결과를 토대로, 교회는 통일 후 남북한 사회구성원들의 사회 통합에 기여할 수 있는 새로운 규범 및 가치체계를 모색하여야 한다. 현재의 현실 자본주의 및 사회주의는 두 체제 사회구성원 모두가 하나님의 형상을 회복하지 못한 채 왜곡되고 억압된 삶을 살도록 강요하고 있다. 북한 사회는 물론이거니와 남한 사회 역시 성서에서 제시하는 바람직한 사회의 모습과는 거리가 멀어 보인다. 지나치게 물질을 중시하는 경제주의식 사고, 자기 가족과 자기 소속 집단 중심의 삶의 태도, 그리고 약육강식의 무한 경쟁 체제는 우리 사회 구성원들의 삶을 더욱 피폐하게 만들고 있다. 이러한 현존의 가치를 초월하여 성서가 제시하고 있는 본래의 기독교 정신을 실천할 수 있는 새로운 가치 및 규범이 통일된 국가의 가치 체계로 자리 잡을 수 있어야 한다. 이를 위한 교회의 노력이 절실히 요구되고 있는 시점이다.

■ 도움 받은 글

박윤식. 2004. "북한의 직업 및 직업관: 직업에는 좋고 나쁨이 있을 수 없다," 「통일한국」. 10월.

이기영, 2006. "북한이탈주민의 입국추세와 정착상황," 「북한이탈주민의 사회통합을 위한 지역복지실천의 모색」. 서울: 집문당.

전우택. 2007. "탈북자를 통하여 본 북한주민 의식 조사," 「사람의 통일, 땅의 통일」. 서울: 연세대학교 출판부.

정재영. 2002. "사회태도에 미치는 가족주의의 영향," 「사회이론」.

제5장 새터민을 통해 본 통일 후 교회의 역할

1. 들어가는 말

통일은 두 사회의 통합이지만 사회 구성원들에게는 전혀 새로운 사회 환경에서 살아야 하는 새로운 삶의 시작을 의미한다. 오랫동안 동일한 환경에서 살았던 사람들이 두 체제가 통합된 사회에 살게 될 때에는 이전에 삶을 지탱해 주던 규범들이 지속적으로 역할을 하기 어렵기 때문이다. 이것은 일찍이 뒤르케임이 서구 근대화 과정에서 목격했던 서구 사회의 아노미(무규범) 상태와 같은 것이다. 뒤르케임이 사회 구조가 변한 현대의 상황을, 옛 가치와 규범과 제도가 내몰린 그 자리에 아직 새 가치와 규범과 제도를 채 들여다 놓지 못한 도덕적 진공 상태가 가지는 도덕적 문제로 본 것 같이, 통일된 이후의 사회는 새로운 가치와 규범과 제도가 자리 잡지 못한 상태에서 심각한 도덕적 위기 상황을 맞을 수 있다는 것이다.[67]

따라서 새로운 사회 환경에서는 새로운 사회를 지탱해 줄 수 있는 새로운 규범이나 가치 체계를 필요로 한다. 우리에게도 언젠가 독일처럼 '정치적 통일'이 이루어진다면, 이러한 사회 통합은 우리들에게 해결해야할 커다란 과제로 다가올 것이다. 이 연구가 '통일 후' 전개되어야할 재사회화를 통한 사회통합에 관심을 기울이고자 하는 이유가 바로 여기에 있다. 새로운 환경으로서의 '통일 후'의

67) Emile Durkheim, *Suicide*(Glencoe,Ill: Free Press, 1951), 369.

시기에 이루어질 각 개인들의 재사회화가 완성될 때에야 비로소 진정한 통일이 이루어질 수 있기 때문이다. 이러한 재사회화의 과정에서 가장 효과 있는 방법 중의 하나가 공동체라고 하는 준거집단의 제공에 있는데, 그것은 공동체의 형성이 사회 구성원간의 관계와 상호작용 그리고 소통이라고 하는 재사회화의 장으로서 매우 적합하기 때문이다. 이런 맥락에서 종교 공동체 중의 하나인 교회가 가지는 사회통합의 기능이 매우 중요하다.

한반도의 통일 이후에 사회 통합을 위해 교회가 기여할 수 있는 부분은 바로 이런 것이다. 교회와 남북한 사회의 통합에 대한 연구들은 흔히 남북한 기독교 사이의 교류에 주목하면서 기독교간 교류가 증대되면 자연히 이질화가 약화되어 남북 기독교간에 통합을 이루게 되고 이를 계기로 하여 사회통합에 도움이 될 것이라는 논리를 펼친다. 이런 주장에서는 대부분 '사회'를 정치와 경제, 또는 (좁은 의미의 문화 예술의 차원에 국한되는) 문화와 구분되는 일반인 또는 서민의 영역이라는 매우 좁은 의미의 개념으로 이해하며 사회 영역의 통합을 주장한다. 그러나 이 글에서 말하는 사회통합은 보다 근본을 이루는 뜻에서 사회를 구성하는 인간들의 규범 및 가치와 관련된 의미 체계의 통합을 의미하는 것이다.

이 글에서는 특히 새터민들을 통해 통일 후 사회통합을 위한 교회의 역할을 모색해 보고자 한다. 우리가 새터민에 주목하는 이유는 새터민들의 경험이 통일 이후 북한 주민들이 겪게 될 경험의 예비 실험적 성격을 포함하고 있다고 보기 때문이다. 다시 말해서 새터민들은 통일 후에 있을 남한과 북한 사회 구성원들의 혼란을 미리 경험하고 있다는 것이다. 따라서 현재 새터민들이 느끼고 있는 재사회화 과정에 대한 실증적인 분석 결과는 통일이 현실화 되었을 때 각 사회 구성원들의 재사회화를 위한 좋은 정보와 자료가 될 수 있다. 이러한 목적으로 이 글에서는 새터민들의 의식 조사를 통해 얻은 경험 자료를 바탕으로 통일 후 교회의 역할에 대해서 논하고자 하는 것이다.

이를 위하여 이 글에서는 먼저 통일을 사회통합의 관점에서 이해하고, 새터민들의 의식 조사를 한 경험 자료를 검토한 후에, 독일의 경험에 비추어 통일 후 교회의 역할에 대하여 논할 것이다.

2. 사회통합의 관점에서 본 통일

사회학의 관점에서 보는 '통일'은 '정치적 통일' 이후에 있게 되는 두 사회 간의 사회 통합을 도모하는 '사회적 통일'을 뜻한다. 사회학의 관점에서 보면 일반적으로 말하는 '통일'인 '정치적 통일'은 사회 통합을 위한 하나의 전 단계로 이해된다. '정치적 통일'은 목표가 아니라 과정이며, 더 나아가 삶의 단절로까지 이해될 수 있다. 왜냐하면 서로 이질적인 두 사회의 물리적 통합인 '정치적 통일'은 각 개인에 의해 구성되고 있는 한 사회가 가지는 연속적 가치체계의 단절을 초래하기 때문이다. 이것은 각 개인의 '사회화 과정의 단절'을 의미한다. 정치적으로만 봉합된 그 사회 안에 사는 사람들에게는 완전히 새로운 삶의 환경이 강요되는 것이고, 역으로 지금까지 익숙해져온 삶의 환경은 단절되는 상황이 야기된다는 것이다. 이러한 점에서 우리는 정치나 경제 차원의 체제 통합 이후에 있을 사회 통합의 문제에 주목할 필요가 있는 것이다.

여기서 사회통합이라고 할 때 우리는 두 가지 의미를 생각해 볼 수 있다. 첫째로 사회 제도의 통합으로, 서로 다른 두 사회가 하나로 합쳐지는 것을 의미하는 것이고, 둘째는 정치, 경제적 제도상의 통합 곧 체제 통합과 구분되는 개념으로 '의식 통합' 또는 '인간 통합'이라는 측면이다.[68] 이것은 기존 사회학에서 말하는 사회 통합이라는 개념으로 설명할 수 있을 것이다. 제도 수준에서의 사회통합은 사회 시스템의 구성 요소들이 전체 시스템을 지나치게 위협하지 않고 서로 공존하고 균형을 유지하면서 외부의 환경에 대해서도 시스템의 독특성을 보유해 나가는 상태를 말한다. 양 이념 체제는 필경 상호 보완점을 가지고 있기 때문이다. 아울러 개인 수준에서의 사회 통합은 제도 수준에서의 역할 기대가 개인의 가치 지향 유형으로 내면화되는 것을 의미한다.[69]

이것을 하버마스의 이론으로 설명하자면, '체계' 와 '생활세계' 의 개념으로 이해할 수 있다. 체계 통합은 "화폐와 권력과 같은 탈언어화된 매개" 를 통한 도구적 통합을 말하며, 사회 통합은 생활세계에 초점을 두며 의사소통적으로 성취된 합의를 통해 통합되는 것을 의미한다. 하버마스의 이러한 체계 통합과 사회 통합의 구별은 우리의 통일 문제를 보는 시각을 예리하게 하는 데 도움을 준다. 통일을 외부 통제를 통해 통합되는 자기규제적 체계로 이해할 때 그것은 '체계 통합' 을 의미하며, 남북한 사회구성원들은 일종의 관찰자로서 외부적 전망을 갖게 되지만, 통일을 "의사소통적으로 구조화된 생활세계" 로 이해할 때 그것은 '사회 통합' 을 의미하며 남북한 사회 구성원들은 참여자로서의 전망을 갖게 된다.[70]

정치경제적 통합을 이룬 통일 이후의 실질적인 갈등은 사회문화 차원에서 발생하며 이것은 구체적인 생활 세계에서 일어난다. 따라서 문화의 상호 이해를 위한 세심한 관심과 배려가 필요하다.[71] 사회 통합은 단순히 동질성을 회복하는 것이 아니다. 오히려 남북한이 가

---

68) 전성우, "사회 통합의 관점에서 본 독일 통일 3년," 「통일문제 연구」(1993년 12월호), 63.

69) Talcott Parsons, *The Social System*(New York: The Free Press, 1964).

70) 전태국, "한국통일의 사회통합적 전망과 과제," 한국사회학회 엮음, 「민족통일과 사회통합」(서울: 사회문화연구소, 1999), 80-81.

71) 김누리 편저, 「머릿속의 장벽: 통일 이후 동·서독 사회문화 갈등」(서울: 한울, 2006), 3.

지고 있는 이질성을 인정하고, 차이를 우열의 개념이 아닌 '다름'으로 볼 수 있는 관용성과 개방성이 있는 사고를 갖는 것이 사회통합의 조건이다. 남북한 사회 구성원 사이에 자유로운 의사소통을 통해 사회통합을 이루기 위해서는 남북한 사회의 가치와 상징 등 문화 차이를 용인하고 이해할 수 있는 가치의 창출이 이루어져야 한다.[72] 이를 위해 부분적으로는 북한 사회의 장점에 대해서도 열린 태도로 수용할 수 있어야 할 것이다. 현실 사회주의 체제와 상관없이, 사회주의의 이상은 자본주의 사회의 폐단과 비인간화 현상을 보완해 줄 수도 있기 때문이다.

많은 학자들은 현실 사회주의 체제가 붕괴했다고 해서 사회주의의 가치와 이상 자체가 몰락한 것이 아니고 아울러 자본주의 체제의 모순과 문제점들이 면죄를 받은 것은 아니라고 본다.[73] 인간을 근본적으로 '경제적 존재'로 보는 자본주의적 삶의 양식이 가진 합리성과 가치가 인간을 근본적으로 '공동체적 존재'로 보는 사회주의적 삶의 양식이 가진 합리성과 가치를 무조건적으로 능가하는 것이 아니다. 양 사회가 가진 장점과 약점에 대한 냉철한 통찰과 상호의 장점이 최대한 활용될 때 진정한 사회 통합을 이루어 낼 수 있는 것이다.[74] 이를 위해 북한 사회에 대한 보다 깊은 이해가 필요하며 실제로 북한 사회의 일부 요소가 통일 후 사회 통합의 요소로 작용할 수 있는지에 대하여 파악할 필요가 있는 것이다.

---

72) 조혜정, "남북통일의 문화적 차원: '북조선'과 '남한'의 문화적 동질성, 이질성 논의와 민족주의, 진보주의 담론," 이영선 엮음, 「통일 사회로 가는 길」(서울: 오름, 1996), 31-32.

73) 장경섭, "통일 한민족 국가의 사회통합," 박기덕·이종석 엮음, 「남북한 체제비교와 통합모델의 모색」(서울: 세종연구소, 1995).

74) 전성우, "동서독 통일과정의 사회학적 함의," 「경제와 사회」, 26권(1995, 6). 29-37

3. 새터민의 사회 의식

1) 새터민의 특성

1994년 김일성 사망 시기 즈음에 발생한 북한의 경제난과 식량난이 가속화되면서부터 증가하기 시작한 새터민은 나라 안팎에서 중요한 사회문제로 부상하고 있다. 이른바 '고난의 행군' 시절에 300만 명이 굶주림으로 사망한 것으로 알려져 있다. 현재 적게는 3만~5만 명에서 많게는 10만~20만 명에 이를 것으로 예상되는 재외 새터민의 수는 강력한 인구 압력으로 작용하고 있고, 또 아울러 남한으로 입국하려는 새터민의 수는 계속하여 증가하고 있는 추세이다.[75] 통일교육원 자료에 의하면 2009년 현재 남성 새터민은 5,388명, 여성 새터민은 10,822명으로 16,210명으로 나와 있으나, 2011년에 통일부가 발표한 내용에 따르면 현재 새터민 수는 2010년에 비해 2,737명 증가한 2만 3,100명에 이르는 것으로 파악되고 있다.

현재 입국 추세는 첫째로, 한 해에 2,000명이 넘을 정도로 입국자 규모가 커지고 있을 만큼 국내 입국자 수가 크게 증가하고 있다는 것이다. 탈북자들이 애초부터 남한에 정착할 것을 목표로 북한을 탈출하기보다는 일단을 북한을 탈출하는 것 자체가 목표이기 때문에 상당수는 중국, 몽골, 베트남 등 주변 국가에 거주하는 탈북자들이 남한 이주자보다 훨씬 더 많은 비중을 차지하고 있으나 점차 남한으로 이주하고자 하는 탈북자들이 늘어나고 있다는 것이다. 여기서 탈북자라고 하면 남한 이주나 정착과는 상관없이 북한을 이탈한 주민 전체를 말하며, 새터민이라고 하면 탈북자들 중에서 남한으로 이주하여 정착하는 사람들을 가리키는 표현으로 이해하면 될 것이다.

75) 이기영, "북한이탈주민의 입국추세와 정착상황," 「북한이탈주민의 사회통합을 위한 지역복지실천의 모색」(서울: 집문당, 2006), 21-24.

둘째는 성별 비율에서 과거 성인 남성 위주에서 최근에는 여성의 수가 증가하여 전체 70%를 차지하고 있다는 것이다. 아울러 아동, 청소년들의 비중도 높아지고 있다. 이것은 북한 체제의 감시망이 약화되면서 건장한 성인 남성 뿐만 아니라 여성과 어린이까지도 북한을 탈출하는 것이 가능해졌음을 의미하는 것이다. 실제로 북한에서는 거주지를 이탈하는 주민들이 급증하면서 이들에 대한 관리가 사실상 불가능해진 것으로 알려지고 있다.

셋째는 가족단위 입국의 증가이다. 독신으로 미리 입국한 사람이 북한과 중국 등에 잔류한 가족을 추후에 데려오는 연쇄이주가 급증하고 있다. 이것은 앞에서 언급한 북한 내의 이동 용이성 증가와 북한 내 남한 사회에 대한 정보 유입 증가, 그리고 북한 접경 지역에서 휴대전화 사용의 가능으로 북한 잔여 가족과의 연락이 용이해지고 서로 의사소통할 수 있는 기회가 많아짐으로써 나타나는 현상으로 이해된다.

2) 새터민의 사회의식

4장에서 살펴 본 바와, 같이 이번 조사에서는 북한 생활에 대하여 여러 가지 질문을 하였는데, 이 질문들은 북한의 생활상과 관련하여 북한 사람들의 가치관 및 사회의식을 알아보고 이것이 통일과 상관관계가 있는지를 파악하기 위한 것이었다. 조사 결과, 새터민들을 통해 본 북한 주민들의 의식은 사회주의 사상에서 강조하는 가치관이 깊이 내면화되어 있기 보다는, 오히려 우리 민족 특유의 가족주의 성향이나 공동체 의식이 강한 것으로 드러났다. 이것은 1990년대 중반 '고난의 행군' 시절을 거치면서, 사회주의 사상에 기대보다는 힘겨운 현실을 이겨내기 위한 처절한 싸움에서 현실적인 생존 전략을 모색한 결과로 여겨진다.

그들의 사회주의 사상에 대한 동의도가 높지 않은 것은 이번 조사가 새터민들을 대상으로 한 조사였기 때문인 것으로 추정된다. 왜냐하면, 사회주의 사상에 충성심을 보이는 사람들은 당성이 높은 사람들일텐데, 이들의 경우 탈북할 가능성이 높지 않기 때문이다. 그러나 이번 조사에서 공동체의식이 비교적 높게 나타난 것은 시사하는 바가 매우 크다고 여겨진다. 앞에서 논의한대로 자본주의 사회가 갖는 단점을 공동체의식을 통해 일부 보완할 수 있기 때문이다.

한편, 가족주의와 관련한 조사에서는 북한 주민들의 습속이 남한 사람들과 크게 다르지 않다는 점을 발견할 수 있었다. 이것은 일견 통합의 가능성을 내재하고 있다고 볼 수도 있다. 그러나 사회 통합이 단순히 동질성의 회복은 아닐 뿐만 아니라 이러한 가족주의 습속이 남한 사회에서 부정적으로 기능하는 현실을 고려한다면, 남북한 공히 이것을 극복할 수 있는 새로운 가치의 모색이 요청된다고 하겠다. 다시 말해서 혈연에 기초한 가족 중심의 공동체가 아니라 새로운 가치와 시민 의식에 기초한 공동체 건설을 위한 노력이 필요한 것이다.

또한 이번 조사에서 새터민들은 남한 사회에 대하여 대체로 호감을 가지고 있고 긍정적으로 평가하고 있는 것으로 나타났다. 남한 사람들에 대하여 크게 이질감을 느끼지 않으며, 북한 사회에 비해 남한 사회가 전체적으로 우월한 것으로 보고 있다. 반면에 남한 생활 자체는 매우 고달프며 자신들이 바라는 대로 사회에서 성공하기도 쉽지 않아 "남한 사회에서 고생하기보다는 차라리 북한에서 살았을 때가 좋았다고 생각한다."는 제시문에 대해 5명 중 1명 꼴로 동의하였다.

새터민들이 남한 사회에 잘 적응하지 못하는 것은 일면 당연한 일이다. 우리가 같은 자본주의 국가인 미국이나 유럽에 나가 살아도 적응하는 데 꽤 오랜 시간이 걸리는데 같은 민족이라고는 하나 전혀 다른 체제의 사회에 적응한다는 것은 절대 쉬운 일이 아닐 것이다. 여기서 자본주의 사회의 양면성을 생각해 볼 수 있다. 열심히 노력만 하면 대가를 얻을 수 있을 거라고 생각하며 코리안 드림을 꿈꾸지만, 사회에서 성공하고 출세한다는 것은 그리 쉽지 않다. 북한에서는 경쟁이라는 것이 거의 없기 때문에 그들에게는 성공을 위해 경쟁한다는 것 자체가 익숙하지 않다. 이러한 상황에서 합법적인 수단을 통해 목적을 이루지 못하면 비합법적인 또는 불법적인 수단을 통해서라도 목적을 이루려고 하기 때문에 범죄의 가능성도 커지게 된다. 따라서 새터민의 남한 사회 정착을 위한 올바른 노력이 절실한 실정이다.

다음으로 교회와 통일에 대한 인식에 대하여 질문하였는데, 이번 조사에서 교회에 대한 새터민들의 인식은 대체로 좋은 편으로 조사되었다. 그러나 조사 결과에 나타난 대로, 이러한 인식은 개신교인 새터민들에게만 한정될 뿐 종교가 없는 새터민들은 교회에 대하여 그리 호의적이지 않다. 심층 면접에서 만난 새터민들 중에는 교회에 상처 받고 등을 돌린 사람들도 적지 않았다. 새터민들에 대한 교회의 지원 활동은 성과주의나 전시 위주가 아니라 새터민들이 실제적인 도움을 받을 수 있도록 이루어져야 한다. 그리고 이러한 지원은 교회 울타리 안에 들어온 새터민들 뿐만 아니라 교회 밖에 있는 많은 새터민들에게까지 미칠 수 있어야 한다.

또한 이러한 지원은 물질적인 것뿐만 아니라 이들이 올바른 가치관과 규범을 가지고 사회생활을 영위하며 나아가 한반도 통일과 그 이후의 과정에서 역할을 할 수 있도록 뒷받침할 수 있어야 한다. 통일 이후 사회 통합을 하는 데에는 다소 이질적인 남한 사람들의 목소리보다는 같은 지역에서 같은 말투를 사용하고 같은 사고방식을 지녔던 새터민들의 목소리가 훨씬 강한 설득력으로 작용할 것이다.

반면에 새터민들이 북한의 현실을 도피하고자 탈출한 북한 이탈 주민이라는 점은 북한에 잔류한 북한 주민과 동질성을 갖는 데 제약이 될 수도 있고, 이것이 북북 갈등의 요인으로 작용할 소지도 안고 있으므로 이에 대한 방안도 강구되어야 할 것으로 판단된다.

4. 통일 후 교회의 역할

1) 독일의 경험

통일은 분단의 끝이지만 통합의 시작이라는 또 다른 측면을 가지고 있다. 통일 이전의 교류협력은 일정 부문에서 더딘 속도로 진행되기 때문에 어느 정도의 조정이 가능하나, 통일 이후의 통합 과정은 전체 부문에서 대단히 빠른 속도로 진행되는 것이므로 조정이 여의치 않다. 독일의 경험에서 보듯이 통일 이후에 닥칠 통합과정은 결코 쉽지 않은 문제가 될 것이다. 1989년 11월 9일 베를린 장벽이 무너지고, 1990년 10월 3일 통일이 이루어지기까지 채 1년도 걸리지 않은 시기에 국가 통일 과정이 놀라울 정도의 빠른 속도로 움직이고 전혀 손댈 수 없는 자체의 역학으로 전개된다는 것을 잘 보여준다.[76] 이러한 독일 통일 과정에 대한 평가는 다양할 수 있지만, 통일 이후 통합 과정의 사례는 우리에게 많은 도움이 될 것이다.

주지하다시피 독일은 통일 이후 그 후유증이 만만치 않게 대두돼 왔으며, 그 가운데서도 특히 사회 통합 측면에서 가장 큰 어려움을 겪고 있는 것으로 알려지고 있다. 흔히 '한 국가, 두 사회' 라고 표현되는 현재 독일의 상황은 경제 차원의 열악성에 기인하는 것이라기보

76) 우베 뮐러, 「대재앙 통일: 독일 통일로부터의 교훈」(이봉기 옮김)(서울: 문학세계사, 2006), 14.

다는 구동독인들의 자괴감이라는 사회심리 차원에 그 뿌리가 있다는 점에서 정치, 경제, 법 등의 영역에서 진행되는 제도적 체제통합의 한계를 여실히 드러내고 있는 것이다.[77)]

라이프치히의 문학잡지 「에디트」(Edit)의 편집장이었던 아나 헨젤이 자신이 태어나고 성장한 라이프치히를 무대로 통일이 되면서 겪었던 어려움들을 이야기한 「구동독지역의 아이들」(Zonenkinder)은 독일 사회에서 큰 반향을 불러 일으켰다. 그녀가 13세 때에 장벽이 무너졌고 나머지 13년을 이전과 완전히 다른 상황 속에서 고등학교와 대학을 보내게 되었는데, 서독의 삶의 방식과 사고방식을 배우는데 오랜 시간이 필요했다는 것과, 이를 위해 자신의 출신은 잊고 오직 서독인이 되기 위해 노력했고 그래서 서독 체제로 통합되는 데 성공했다는 회상을 하고 있다. 그녀 세대는 이런 어려움의 과정에서 그들 부모세대의 어떤 도움도 받을 수 없었는데, 이유는 구동독체제에서의 부모세대들의 경험이나 체험은 통일이라는 새로운 상황에 전혀 도움이 될 수가 없었기 때문이다.[78)]

이와 관련하여 베를린 사회과학연구센터가 펴낸 「1999년 사회조사 보고서」를 보면, 통일된 지 10년 가까이 지난 1999년 현재 약 74%의 동독 주민들이 여전히 구동독에 대해 '강한' (27%) 또는 '상당한' (47%) 결속감을 보인 반면, 통일독일에 대해 결속감을 느낀다는 동독 주민은 고작 47%에 불과했다. 여기서 특히 주목해야 하는 것은 통일독일에 대한 결속도의 변화 추이이다. 1992년에 65%에 이르던 결속도가 불과 7년 사이에 47%로 18%나 하락한 밤면에, 결속감을 느끼지 않는다는 동독 주민은 1992년의 35%에서 1999년에는 오히려 51%로 16%나 증가한 것이다.[79)]

---

77) 전성우, 윗글(1995).

78) 이에 대하여는 Jana Hensel, Zonenkinder(Hamburg: Rowohlt Taschenbuch Verlag,2002)을 볼 것.

79) 김누리, 윗글, 24쪽.

또한 독일의 유력지 「슈피겔」(Der Spiegel)은 "고난의 계곡 동독"이라는 의미심장한 제목 하에 통일 15년이 되었지만 동독 지역은 여전히 주민들의 한숨과 하소연이 가득한 '한 많은 세상'으로 남아있다고 전하고 있다. 통일 이후 동독인들의 불만은 지속적으로 고조되어 왔고, 심지어 자신을 '통일의 패배자'라고 느끼는 동독인들의 수도 꾸준히 늘어나 현재 정점에 다다랐다.[80] 상황이 이렇다 보니 뒤늦게 통일을 후회하는 목소리도 터져 나오고 있다. 독일인 다섯 명 중 한 명은 다시 베를린 장벽이 세워지기를 바랄 정도이다.[81]

이러한 독일의 경험은 통일이 어느 한 시점에서 이루어지는 것이 아니라, 제한된 수용과 점진적인 절충으로 전개되는 하나의 과정임을 보여주는 것이다. 남북한의 통일도 정치나 경제 또는 군사 측면의 일회성 사건이나 분단 이전의 단일 민족 상태의 원상 복귀 차원을 넘어서서, 상대방 체제를 인정하고 존중하는 바탕 위에서 두 독립 사회가 하나의 민족 사회로 결합해가는 사회 통합의 과정으로 인식하고 그에 따른 통일 방법을 모색해야 할 필요가 있다.[82] 남북한의 서로 다른 정치 체제와 경제 제도는 사회 성원의 행동 양식과 행동 규범, 사고방식, 역사 해석, 삶의 가치, 일상생활에 이르기까지 광범위하게 이질성을 확산시켰다. 이렇게 서로 다른 사회·문화적 특성은 통일 과정뿐만 아니라 통일 후에도 겪게 될 가장 큰 장애 요인인 것이다.

2) 사회통합을 위한 교회의 역할

이질적인 두 집단 사이의 사회 통합을 위해서는 민간단체들의 역

---

80) Jammertal Ost, in: Der Spiegel(2004. 9. 20). 김누리, 윗글, 28쪽에서 재인용.
81) Jeder Fünfte wünschte sich Mauer zurück, in: Stern(2004. 8. 2), 김누리, 윗글, 28쪽에서 재인용.
82) 김영한, "남북 사회 통합 문제," 기독교학문연구회 엮음, 「민족통일과 한국기독교」(서울: 한국기독학생회출판부, 1994), 218.

할, 그 중에서도 종교 단체의 역할이 매우 중요하다. 앞에서도 논의하였듯이, 사회 통합의 정치 제도나 경제 체제와 같은 체계상의 통합이 아니라 생활 세계 또는 시민 사회 영역에서의 통합을 의미하기 때문이다. 특히 보편적 가치를 창출하는 종교의 역할은 지대하다고 할 수 있다. 그러나 독일의 경우 매우 안타깝게 여겨지는 것이 바로 통일 이후 교회들의 역할이다. 통일 이전에는 독일 정부의 방해에도 불구하고 긴밀한 관계를 유지하였던 동독과 서독 지역의 교회들이 통일 이후에는 그러한 관계를 더 이상 유지하지 못하고 만 것이다.[83] 통일이 되자 동독 지역의 교회들이 더 이상 서독 지역 교회들의 도움이 없이도 스스로의 역할을 할 수 있다고 판단하여 서독 지역 교회들과의 관계를 끊었기 때문이다.

그러나 구동독 지역 사람들의 상당수는 아직도 사회주의 무신론 교육의 영향으로 신앙은 '민중의 아편' 이라는 의식과 기독교는 '자본주의 침략의 수단' 이라는 생각을 버리지 못하고 있다. 게다가 이러한 분위기는 동독 지역에 그치지 않고, 서부 지역에까지 영향을 미쳐 독일교회는 새로운 전환점에서 위기를 맞고 있다.[84] 동·서독 분단 후 동부 지역은 인구의 약 20%가 기독교인으로 집계가 되고 있고, 서부 지역은 약 80%가 기독교인으로 알려져 있으나 통독 후에는 전 지역에서 기독교인의 6.2%가 감소하였다.[85] 이러한 상황에서 동서독 교회 사이의 협력관계가 단절된 것은 매우 안타까운 일이다.

한편으로, 우리가 논의해야 하는 것은 사회 통합을 위한 교회의 역할이 단순히 분단된 지역에 있는 교회들 사이의 교류만을 의미하는 것이 아니라는 점이다. 앞에서도 논의한대로, 사회 통합은 단순히 동질성을 회복하거나 기존 체제에 적응하는 것을 의미하는 것이 아니

83) 통일 과정에 기여한 교회의 역할에 대하여는 주도홍, 「독일 통일에 기여한 독일 교회 이야기」(서울: 기독교문서선교회, 1999)를 볼 것.
84) 주도홍, 「통일, 그 이후: 독일통일 15년의 교훈」(서울: IVP, 2006), 54-55.
85) 윗글, 56.

다. 서로에 대한 이질성을 인정하고 각각의 사회구성원들이 합의할 수 있는 새로운 가치를 창출하고 이러한 가치에 의한 재사회화를 하는 것이 통일 후 사회 통합에서 매우 중요한 부분을 차지한다.

독일 통일과 통일 이후 과정에서 독일 교회의 역할에 대하여 연구하기 위하여 독일을 방문했을 때 만났던 몰트만 교수는 다음과 같은 이야기를 들려주었다. "교회가 일자리 없는 사람들의 일자리를 만들어주는 곳이 아니지 않습니까? 교회는 시장경제가 줄 수 있는 것과 다른 것을 주는 곳이지요. 공산주의 국가들은 평등은 있지만 자유가 없고 서구에서는 자유는 있지만 평등은 없는 상황입니다. 자유와 평등을 연결해서 새로운 사회를 만들어 갈 필요가 있습니다." 이러한 점에서 통일 이후에 남북한의 사회 통합의 역할에서 교회의 역할은 매우 중요하다.

그러나 이제까지 통일과 관련된 교회의 역할은 크게 양분된 영역에서 진행되어 왔다. 한편에서는 북한 선교의 관점에서 북한 당국에 의해 세워진 교회와 조선기독교도연맹의 존재를 인정하지 않고 오로지 직접 복음을 전하려는 열정에 사로잡혀 북한에 상존하고 있다고 믿는 지하교회 성도들과의 연결을 모색하고 실천 가능한 모든 방법을 동원하여 성경과 전도지를 전하는 데 전력을 기울여왔다. 이런 활동들이 매우 순수한 복음에 대한 열정의 표현이라고 할 수는 있으나, 아직도 적대적인 긴장을 해소하지 못하고 있는 현재의 남북관계를 고려할 때, 이러한 북한 선교 운동은 북한 당국의 기독교에 대한 태도를 더욱 경색시킬 뿐만 아니라 남북관계 나아가 한반도 통일의 전망에도 좋지 않은 영향을 미치게 될 것이라는 비판은 매우 설득력이 있어 보인다.[86]

다른 한편에서는 한국기독교교회협의회(KNCC)와 진보 교단을 중심

86) 박정진, "평화통일과 북한선교," 「기독교사상」, 2002년 1월호, 219-221; 정태준, "한국교회 평화통일운동과 북한선교," 「기독교사상」, 2000년 8월호, 155-157.

으로 펼쳐지는 '기독교 통일 운동'을 벌여왔다. 이들은 남북교회가 신앙의 기초 위에 영적, 물질적 자산을 나누고 공유하며, 민족의 화해와 평화통일의 선교 사명을 다하는 것을 목적으로 나눔 운동을 전개하고 있는데, 이러한 운동이 분명히 조국의 평화통일이라는 궁극적 목표를 위해 추진되고 있는 기독교 교류 운동이나, 기독교계 안에서조차 기독교적인 것들로부터 크게 벗어나 있다고 비판받고 있으며 이의 반체제적 정서와 통일에 대한 정치적 접근방법으로 인해 정부의 통일정책과 갈등을 빚을 가능성이 클 것으로 우려된다.[87)]

이와 같이 현재의 남북 기독교 교류를 살펴보면 자칫 통일이 아닌 분열 운동이 될 가능성이 매우 높은 실정이다. 통일을 위한 현재의 기독교계 활동을 고려할 때 제3의 방법이 요구된다. 그것은 현실 정치에 대한 가치 판단을 내리지 않고 순수하게 사회 통합의 관점에서 통일 문제에 접근하는 것이다. 곧 분단의 영향으로 형성된 북한에 대한 적대적 태도를 지양하고 상호 인정에 바탕을 둔 화해와 협력에 대한 인식을 심화시키고 통일 후 삶의 단절을 겪게 될 사람들과 재사회화의 과정에 대해 주목하는 것이다. 그리고 거기에 기독교가 어떠한 역할을 할 수 있을까에 대해서 고민하는 것이다. 이것은 기독교의 사회 형태인 교회가 시민 사회 속에서 기독교적인 시각에서 전달할 수 있는 사회적 보편 가치들, 즉 민주주의, 인권, 윤리의 내용들을 어떻게 만들어서 전달할 것인가에 대한 고민이라고 할 수 있다. 곧 교회의 울타리를 벗어나 교육을 통한 사회봉사라는 입장에서 통일 후의 시기를 맞는 통일 한국의 시민들에게 가치의 전환과 자아

---

87) 한국기독교교회협의회는 1988년 2월 29일 "민족의 통일과 평화에 관한 한국기독교 선언"을 통하여 국내에서 민간차원의 통일 논의를 자유화하고 활성화하는 데 획기적인 기여를 했다고 평가받았으나, 보수 교단들은 이 선언을 비난하는 성명서를 대대적으로 발표하고, 'KNCC 선언 범교단 평신도 단체 대책위원회'가 조직되는 등, KNCC와 비KNCC의 대립과 공방전이 맹렬하게 전개되었다. 이에 대하여는 한국개신교교단협의회, "민족통일과 평화에 관한 한국기독교교회협의(KNCC) 선언에 대한 개신교교단들의 입장"(1988. 3. 23)을 볼 것.

정체성의 재정립 등으로 재사회화의 과정을 돕는 것이다.[88)]

5. 나가는 말

통일은 남과 북, 양 사회의 깨짐을 의미한다. 그것은 그 사회 속에 속한 사람들에게 급격한 삶의 변화를 요구하게 될 것이고, 또한 다른 한편으로는 새로운 해석과 준거의 틀을 요구하게 될 것이다. 이러한 의미에서 사람들에게는 재사회화의 과정이 필요하게 되는 것인데, 여기서 재사회화는 새로운 준거집단의 소속을 통하여 손쉽게 이루어지도 한다. 바로 이런 의미에서 교회는 공동체를 마련해 줌으로써 재사회화의 과정을 돕는 역할을 감당할 수 있을 것이다.

그러나 교회가 개인의 재사회화를 돕는다는 말은 개인을 단지 기독교화 한다는 차원에서 돕는 것을 의미하는 것이 아니다. 통일 이후에 겪게 될 개체적 삶의 질에 대한 문제에 있어서, 기독교가 우선적으로 담당해야 할 역할이 무엇인지를 밝혀내고 그 일에 참여한다는 것을 말한다. 그리고 통일로 인한 삶의 단절이 가져올 개인의 가치관의 혼란과 인지 부조화 상태, 그리고 새로운 사회에 자신을 개방하고 대화할 수 있도록 돕는 기독교적 접근을 실행하는 것을 의미한다.

이런 관점에서 기독교가 담당해야 할 역할은 그 영향력이 단순히 사회 조직의 하나로서 교회라는 울타리 안에 한정되는 것이 아니며, 사회 영역 전반에 기여할 수 있는 것이어야 한다. 그러기 위해서는 기독교가 가진 보편주의 사상과 관행을 더욱 개발시켜 그것을 통일 한국의 사회 구성 원리로 제시하여 그에 근거한 사회 통합이 가능하도록 해야 한다. 기독교라는 작은 울타리 안에 소속된 구성원들에

88) 정재영, “사회통합의 관점에서 통일 후 기독교의 역할,” 박영신·정재영, 「현대 한국사회와 기독교」(서울: 한들, 2006), 195-198.

대해서만 권위를 행사할 것이 아니라 기독교라는 울타리를 뛰어 넘는 보편적 가치를 통해서 남과 북의 시민들이 공유할 수 있는 통합의 마당을 마련해 주어야 한다는 것이다.

이번 조사 결과를 토대로, 교회는 통일 후 남북한 사회구성원들의 사회 통합에 기여할 수 있는 새로운 규범 및 가치체계를 모색하여야 할 것이다. 현재의 현실 자본주의 및 사회주의는 두 체제 사회구성원 모두가 하나님의 형상을 회복하지 못한 채 왜곡되고 억압된 삶을 살도록 강요하고 있다. 북한 사회는 물론이거니와 남한 사회 역시 성서에서 제시하는 바람직한 사회의 모습과는 거리가 멀어 보인다. 지나치게 물질을 중시하는 경제주의식 사고, 자기 가족과 자기 소속 집단 중심의 삶의 태도, 그리고 약육강식의 무한 경쟁 체제는 우리 사회 구성원들의 삶을 더욱 피폐하게 만들고 있다.

이러한 현존의 가치를 초월하여 성서가 제시하고 있는 본래의 기독교 정신을 실천할 수 있는 새로운 가치 및 규범이 통일된 국가의 가치 체계로 자리 잡을 수 있어야 한다. 기독교 정신에 입각하면서도 비기독교인들도 거부감 없이 받아들일 수 있는 보편의 가치, 신학이나 신앙의 표현을 직접 드러내지 않으면서도 성서의 원리로 한민족 전체를 묶어 줄 수 있는 공통의 가치 의식을 만들어야 한다. 그리고 두 사회의 구성원들의 감성을 담아 표현하는 데 걸림이 없는 새로운 언어가 창조되어야 한다. 이럴 때라야 한국의 기독교는 진정으로 한국인들의 심성과 습속 깊이 자리 잡아 결속시키는 하나의 시민 종교가 될 수 있을 것이다.

■ 도움 받은 글

Durkheim, Emile. 1951. *Suicide*. Glencoe,Ill: Free Press.

Hensel, Jana. 2002. *Zonenkinder*. Hamburg: RowohltTaschenbuchVerlag.

Parsons, Talcott. 1964. *The Social System*. New York: The Free Press.

김누리 편저. 2006.「머릿속의 장벽: 통일이후 동 · 서독 사회문화 갈등」. 서울:한울.

김영한. 1994. "남북 사회 통합 문제," 기독교학문연구회 엮음,「민족통일과 한국기독교」. 서울: 한국기독학생회출판부.

박윤식. 2004. "북한의 직업 및 직업관: 직업에는 좋고 나쁨이 있을 수 없다," 「통일한국」. 10월.

박정진. 2002. "평화통일과 북한선교," 「기독교사상」. 1월호.

뮐러, 우베. 2006.「대재앙 통일: 독일 통일로부터의 교훈」. 이봉기 옮김, 서울: 문학세계사.

이기영. 2006. "북한이탈주민의 입국추세와 정착상황," 「북한이탈주민의 사회통합을 위한 지역복지실천의 모색」. 서울: 집문당.

장경섭. 1995. "통일 한민족 국가의 사회통합," 박기덕 · 이종석 엮음,「남북한 체제비교와 통합모델의 모색」. 서울: 세종연구소.

전성우. 1995. "동서독 통일과정의 사회학적 함의," 「경제와사회」. 여름호.

전성우. 1993. "사회 통합의 관점에서 본 독일 통일 3년," 「통일문제연구」. 12월호.

진태국. 1999. "한국통일의 사회통합적 전망과 과제," 한국사회학회 엮음,「민족통일과 사회통합」. 서울: 사회문화연구소.

정재영. 2002. "사회태도에 미치는 가족주의의 영향," 「사회이론」.

정재영. 2006. "사회통합의 관점에서 통일 후 기독교의 역할," 박영신 · 정재영,「현대 한국사회와 기독교」. 서울: 한들.

정태준. 2000. "한국교회 평화통일운동과 북한선교," 「기독교사상」. 8월호.

조혜정. 1996. "남북통일의 문화적 차원: '북조선' 과 '남한' 의 문화적 동질성, 이질성 논의와 민족주의, 진보주의 담론," 이영선 엮음,「통일 사회로 가는 길」. 서울: 오름.

주도홍. 1999.「독일 통일에 기여한 독일 교회 이야기」. 서울: 기독교문서선교회.

주도홍. 2006.「통일, 그 이후: 독일통일 15년의 교훈」. 서울: IVP.

한국개신교교단협의회. 1988. "민족통일과 평화에 관한 한국기독교교회협의(KNCC) 선언에 대한 개신교교단들의 입장" . 3. 23.

제2부

한국 교회 조직과 공동체 의식

제6장 교회 직분에 대한 평신도 의식 조사

1. 들어가는 말

모든 조직은 처음에는 일정한 목적을 달성하기 위한 하나의 운동체의 성격으로 시작하지만, 효율성을 높이고 목적에 보다 빨리 도달하기 위하여 제도화의 길을 걷게 된다. 마찬가지로 종교도 처음에는 창시자의 카리스마 있는 능력에 의해 시작된 후에는 안정성을 유지하기 위해 제도화되는 경향이 있다. 이러한 종교의 제도화는 특정종교가 안정된 지위를 확보하면서 역사를 따라 지속하는가, 아니면 창시자의 카리스마적 종교운동으로 끝나고 마는가를 결정하는 중요한 기준이 된다. 이런 점에서 교회의 제도화는 교회가 존재를 지속하며 여러 가지 활동을 하기 위한 필수요건이 된다. 교회는 초대 교회 이후 제도화의 길을 걸어왔으며 개교회도 마찬가지로 설립 당시에는 하나의 신앙 운동을 성격을 띠지만 규모가 커짐에 따라 점차 제도화되기 마련이다.

이러한 교회 제도화의 주요한 요소를 이루는 것이 바로 직분이다. 교회의 직분은 사도 교회 시대부터 요구되고 상속되어 온 교회의 제도로서 하나의 조직으로서의 교회를 운영하는 데 핵심을 이룰 뿐만 아니라 교인들은 직분을 통해 교회 전통에 대한 헌신과 충성을 다짐함으로써 소명을 확인하기도 한다. 또한 현실 교회에서는 직분자를 선출하고 세우는 과정에서 다양한 요인들이 작용하게 됨으로써 교회 조직이 역동성을 갖고 성장하는 계기가 마련되는가 하면 이 과정이 순탄하게 진행되지 못함으로써 여러 가지 부작용을 낳게 되고 심지어는 교회 조직 자체가 붕괴될 만큼 파괴적인 결과를 낳게 되기도 한다.

이번 연구조사에서는 심층면접을 통하여 한국 교회 제도의 핵심을 이루는 직분에 대한 평신도들의 의식을 파악하고자 하였다. 심층면접을 통해서 교회 지도자들의 의도나 법규화되어 나타나는 교리나 교단 헌법이 아니라 평신도들이 그들의 신앙생활에서 실제로 구성하고 있는 의미 세계를 밝혀보고자 한 것이다. 목회자들이 이런저런 의도를 가지고 교육을 하기도 하고 평신도들을 이끌어가지만, 그것을 수용하는 평신도들이 실제로 어떻게 받아들이고 이해하고 있는 내용은 목회자들의 의도와 사뭇 다를 수 있기 때문이다. 매우 제한된 연구이지만, 이제까지 교회 직분에 대한 경험 연구가 거의 전무한 상황에서 직분에 대한 실제 조사를 위한 첫 걸음을 시작했다는 데 의의가 있다고 본다.

2. 자료의 성격

이번 조사는 〈한국 교회 탐구 센터〉의 "평신도 리더십 포럼" 의 일환으로 〈IVF 복음주의연구소〉가 주관하여 2010년 12월부터 2011년 2월까지 3개월에 걸쳐 진행되었다. 면접 대상자는 교회 규모와 교단 그리고 지역을 고려하여 장로 13명와 안수집사 4명, 권사 1명, 서리집사 1명 등 중직자를 중심으로 19명을 선정하여 이들을 대상으로 실시하였다. 처음에는 장로를 절반 정도 하고 다른 직분자들을 절반 정도 하려고 계획했으나, 면접 진행 도중에 장로들과 다른 직분자들 사이의 의식의 격차가 크다는 점을 발견하게 되어 장로들을 중심으로 면접을 진행하기로 하였다. 면접대상자들이 속한 교단은 예장 합동 7명, 통합 2명, 합신 1명, 고신 1명 등 장로교인이 11명이었고, 성결교 3명, 침례교 3명, 감리교 2명이었다. 지역은 서울이 6명, 경기도가 6명, 경남이

3명, 전북이 2명 경북이 2명이었다. 이중 17명이 남성이었고, 여성은 장로 1명, 권사 1명이 포함되었다. 교회 규모는 100명 미만이 3명, 100~500명 미만이 5명, 500~1,000명 미만이 5명, 1,000명 이상이 5명이었다.

이번 조사에서는 반구조화된 면접 방법을 사용하였다. 일정한 일련의 질문들을 미리 준비하여 응답자가 미리 준비된 대답 중에서 선택하도록 하는 구조화된 면접 방법과 달리, 구조화되지 않은 면접 방법은 일반 주제만 정하고 응답자가 별 제약 없이 자신의 생각이나 느낌을 솔직히 털어놓도록 유도할 수 있기 때문에 심층 면접에 주로 사용되고 있다. 그러나 구조화되지 않은 면접 방법은 자칫 지나치게 산만하게 진행될 우려가 있으므로, 이 연구에서는 일반 주제에 세분화된 개별 주제로 접근하는 반구조화된 면접 방법을 사용한 것이다. 면접 문항은 부록으로 첨부하였고, 면접 내용은 녹취록을 작성하여 정리하였다. 다음에서는 이번 조사에서 드러난 직분에 대한 성도들의 의식을 살펴보도록 하겠다.

3. 직분에 대한 관념

앞에서도 암시했듯이, 현재 한국 교회는 직분과 관련하여 많은 갈등을 경험하고 있다. 직분자를 세우는 일에서부터 직분자들 사이의 역할 분담, 그리고 직분자들 사이의 의견 조정과 관련하여 크고 작은 문제들이 끊이지 않고 있는 실정이다. 이러한 상황에서 일부에서는 극단적으로 직분 무용론을 주장하기도 하고, 무용론까지는 아니라도 직분을 최소화 할 것을 주장하기도 한다. 그렇다면 이렇게 관심이 집중되고 있는 직분에 대해 직분자들 스스로는 어떻게 생각하고 있을까?

전체적으로는 여전히 직분이 교회 안에서 매우 중요한 것으로 인식하고 있었다. 먼저, 직분을 통해서 교회 안에서 질서가 세워진다고 생각하였다. 교회 안에서도 질서는 필요한 것인데 신앙 연급에 따라서 집사, 권사, 장로가 되기 때문에 자연스럽게 직분 서열이 만들어지고 표현되기 때문에 질서를 세우는 데 직분이 도움이 된다고 보는 것이다. 다음의 이야기를 들어보자.

> 직분제는 굉장히 중요하고 반드시 있어야 됩니다. 직분제는 왜 있어야 하냐면 쉽게 말하면 이런 겁니다. 회사에서 사장, 전무, 부장, 과장, 계장, 대리, 사원 이렇게 있습니다. 그것이 하나의 직분입니다. 일을 하는 역할인데 그것을 안 해주면 자기가 뭣을 해야 하는지 모릅니다. 업무스코프를 명확하게 하는 것이 직분입니다. 교회에서도 담임목사가 해야 할 일, 부목사가 해야 할일, 장로가 해야 할, 안수집사가 해야 할 일, 서리집사, 구역장, 찬양대원, 교사, 주차요원, 식당 봉사하는 분들 자기 역할을 해야 하는데 직분제는 반드시 있어야 합니다. 이것이 위로 올라가는 상위 직분제는 아닌데 역할 분담측면에서 굉장히 직분제는 있어야 되고 바람직한 제도라고 생각합니다.

그러나 이러한 질서를 위계서열로 볼 것이냐에 대해서는 입장이 나뉘고 있다. 먼저 위계서열이 필요 없다는 입장에서는 교회가 공동체인데 공동체에서 위계서열은 있을 수 없다는 것이다. 그리고 모든 직분이 어떤 사역을 위한 직분이기 때문에 직분 사이에 위, 아래는 없다는 것이다. 다음의 이야기도 비슷한 입장이다.

> 장로와 집사님하고의 관계, 안수집사님과 서리집사님과의 관계. 제가 봐서는 진정한 교회라고 하면 위계질서가 있으면 안 되죠. 근데 자연스럽게 위계질서가 생기는 게 우리 가치관이 유교적인 가치관이고 자연스럽게 장로들이 나이가 좀 더 많고. 안수집사님들이 나이가 좀 더 밑이고, 서리집사님들이 더 밑이고. 그런 가치관 때문이

지 교회 안에서 직분으로 위계질서는 있으면 안 되죠.

이에 반해 위계서열이 필요하다는 입장에서는 일반 사회에서와 마찬가지로 직분 사이에는 엄격한 구분이 있고 조직 안에서는 이를 지켜야 한다는 입장이다.

> 직분에 위계서열이 있어야 하는 것에 대한 질문에서 반드시 있어야 한다고 생각합니다. 안수집사님은 장로들의 일에 넘보면 안 되고 장로들은 목사님 사역에 터치를 하면 안 됩니다. 왜 그런가 하면요. 이 사회도 마찬가지입니다. '억울하면 출세하라.' 합니다. 회사에서 노조가 사장을 간섭해서 인사배치를 요구하는 것은 사장의 영역을 침해하는 것이라서 회사가 시끄럽습니다. 사회도 그런데 교회에서도 당연합니다. 이는 사람의 신분으로 하는 것이 아니고 영적인 기준으로 하는 것입니다. 예를 들어 교수가 자신이 교수라서 당회에 들어와 이런 저런 간섭을 하면 지식으로 도움이 되겠지만 영적인 부분이기 때문에 도움이 되지 않습니다. 그래서 위계질서가 반드시 있어야 합니다. 목사와 장로가 방침을 세운 것으로 교회가 조직이 되는 거지 영역을 침범하면 절대 안 됩니다. 반드시 위계질서가 있어야 합니다.

심층면접 조사와 함께 이루어진 설문조사에서는[89] 직분자들 사이에 위계서열이 중요하다고 생각하는지 물어보았는데, "매우 중요하다" 14.4%와 "조금 중요하다" 65.8%를 합하여 80.3%의 동의율을 나타냈고, 4점 척도의 평균값은 2.92로 그리 높은 편은 아니었다.[90] 함께

89) 설문 조사는 여론조사 전문기관인 <G.H. 코리아>에 의뢰하여 실시되었으며, 조사는 지역별 개신교 인구 비례 할당 추출 방법을 통해 360명의 표본을 추출하여 2011년 1월 11일에서 3월 6일까지 약 3개월간 제주도를 제외한 전국 7대 도시에 있는 교회들을 직접 방문하여 개별 면접 조사하는 방식으로 이루어졌다. 조사 대상은 교회 직분자 중에서 서리 집사를 제외하고 장로, 안수집사, 권사였는데, 감리교와 성결교의 경우 안수집사가 없고 남자 권사가 있으므로 이들을 조사 대상에 포함시켜 진행하였다.

질문한 직분의 중요도와 비교할 때 동의율이나 평균값 모두 다소 낮게 나타났다. 다시 말하면, 직분을 중요하게 생각하는 것만큼 위계질서를 중요하게 생각하지는 않는다는 것이다. 직분별로 보면, 장로는 90.2%의 동의율(평균 3.12)을 보여 다른 직분자들에 비해 위계질서를 중요하게 여기는 것으로 드러났고, 여자 권사는 74.8%(평균 2.87)로 상대적으로 위계질서를 덜 중요하게 여기는 것으로 나타났다.

■ 표1_ 직분자들 사이에 위계질서의 중요도 (단위:%)

		사례수	① 전혀 중요하지 않다	② 별로 중요하지 않다	③ 조금 중요하다	④ 매우 중요하다	Bot2 (①+②)	Top2 (③+④)	계	평균 (4점척도)
전체		(360)	2.5	17.2	65.8	14.4	19.7	80.3	100.0	2.92
성별	남자	(202)	2.0	13.4	70.8	13.9	15.3	84.7	100.0	2.97
	여자	(158)	3.2	22.2	59.5	15.2	25.3	74.7	100.0	2.87
직분	안수집사 남자권사	(127)	3.1	16.5	71.7	8.7	19.7	80.3	100.0	2.86
	여자권사	(151)	2.0	23.2	60.9	13.9	25.2	74.8	100.0	2.87
	장로	(82)	2.4	7.3	65.9	24.4	9.8	90.2	100.0	3.12

보다 구체적으로 직분자들의 위계서열에 대해 "교회 질서를 위해서 필요하다"와 "만인제사장 원칙에 맞지 않고 위화감을 조성하므로 버려야 한다"는 선택지를 주었는데, 필요하다는 응답이 73.6%로 세 배 가까이 많이 나왔다. 교회 규모별로 보면, 큰 규모의 교회일수록 필요하다는 응답이 많이 나와 거대 조직을 운영하는 데 위계서열이 필요하다고 인식하는 것으로 나타났고, 반대로 외부 교육 경험이 있는 사람들은 바람직하지 않다는 의견이 더 많았다.

이에 따라 역할 분담이 분명하지 않아서 생기는 갈등을 미연에 방지하기 위해서 영역의 한계를 분명히 할 뿐만 아니라, 자신의 정체성

90) 이 값을 100점 만점으로 환산하면, 73.0점이 된다.

을 확인하고 자신의 사역을 잘 감당할 수 있도록 일종의 사역내용설명서를 제정할 필요가 있다는 주장도 나오고 있다.[91] 사실 장로회 제도는 목회자와 평신도 대표로 구성된 협의회가 교회를 다스리는 대의적 정치 형태인데, 장로교회의 협의회성이 제대로 기능하지 않는 이유 중 하나가 직분에 따른 영역의 한계가 분명하지 않고 역할 분담이 잘 이루어지지 않기 때문이므로 이에 대한 방안이 마련되어야 할 것이다.[92]

또한 앞에서도 언급된 대로, 유교의 영향 아래 있는 우리 문화에서 위계서열을 중시하는 것은 자연스러운 현상이라고 보기도 한다. 다음의 이야기를 들어보자.

> 우리나라는 우리 교회가 예수님 때문에, 기독교 때문에 모인 교회 공동체지만 한국 사람이라는 우리 한국인의 가치관이 유교적인 사회이기 때문에 장로로 세워진다든가 안수집사나 권사로 세워진다는 것이 우리 가정이라든가 보통 사람들의 공동체에 근본적인 밑에 바닥에 깔려 있는 계급적인 것, 장유유서적인 측면이라든가 이런 것 때문에 교회에서 그래서 장로가 권사님들이 교회에서 중요한 자리라고 봐요. 뭐든 일이 있을 때 나이든 사람들 쳐다보는 것 때문에. 영성하고 관계없이 그런 문제가 있죠.

한국교회에서는 유교식 서열의식의 영향으로 성직자와 평신도의 관계 또는 교회 안의 직분을 위계식 서열로 받아들이는 경향이 강하다. 사농공상의 직업관과 가부장적 가족 제도 그리고 가장 이상적인 공동체의 원형을 가족으로 보는 가족주의 관념은 사회관계조차도 가족 관

91) 이는 조직 경영에서 직무의 능률적인 수행을 위해 직무의 성격과 요구되는 개인의 자질 등 중요한 사항을 기록한 '직무내용기술서'(jop description)를 교회에 적용한 것이다. 이에 대하여는 임창호, "교회 직분자들을 위한 사역내용설명서(jop description) 제정에 관한 연구," 「로고스경영연구」, 제 6권, 1호(2008년 5월)를 볼 것.

92) 이와 관련된 논의로, 송인설, "장로 직분의 역사적 발전과 신학적 전망," 바른교회아카데미 연구 논문집, 「교회정치와 민주주의」을 볼 것.

계의 확장으로 이해하게 한다.[93] 그리하여 교회에 대한 관념도 은사 공동체라기보다는 가부장에 해당하는 담임 목회자를 정점으로 하는 상하 서열의 수직 관계의 구조로 보는 경향이 강하다.

또한 체면을 의식하는 문화에서 감투를 중시하여 그 사람의 정체성을 드러내는 이름보다도 그 사람의 지위를 드러내는 직책이나 직분을 호칭으로 사용하는 경향을 나타내게 된다. 이에 따라 사회에서 지위가 높은 사람을 '아저씨' 나 '아주머니' 로 부르는 것은 큰 결례로 여겨지기도 한다. 이것은 교회 안에서도 마찬가지여서 다른 교인을 부를 때 이름을 부르는 일은 거의 없으며 심지어 자신의 아들에게조차 아무개 집사, 아무개 장로라고 부르기도 한다. 그리고 중직자들에 대해서는 직분을 혼동하지 않도록 잘 기억하려고 하며 특히 새로 중직자가 된 경우 그들을 부를 때 실수하지 않도록 각별히 조심하게 된다.

> 위계서열이 중요하다고 생각하지는 않은데 있어야 된다고 생각해요. 똑같은 장로라도 먼저 되신 분 선임 장로로 예우를 해주고, 이게 한국 사회가 어떤 하이어로키 이른바 유교의 영향에서 오는 그런 계급, 암암리에 형성이 되어있기 때문에 그래서 우리는 직장에서도 보직이름을 부르지 사람 이름을 부르지 않잖아요. 김 계장, 김 대리, 김 과장, 이름은 안 부르잖아요. 보직을 부르고. 이런 것이 없어지기 힘들 것 같아요.

이에 따라 교회의 '평신도' 를 일반기업의 평사원과 비슷한 의미로 오해하는 일도 벌어진다. 일반기업에서의 평사원은 부장, 과장과 같은 특별한 지위가 없이 가장 낮은 직급에 해당하는 일반사원을 가리키는 말이다. 이와 같이 교회에서도 평신도를 장로나 집사의 직분이 없는 일반신도를 가리키는 말로 잘못 알고 있는 것이다. 그리하여 아무런 직분이 없는 사람들을 부를 때에는 '성도님' 이라고 부르며 괜히 민

---

93) 이에 대하여는 최재석, 「한국인의 사회적 성격」(서울: 현음사, 1994)을 볼 것.

망한 마음이 들기도 하는 것이다.[94] 또 어떤 사람은 장로를 해야 죽더라도 묘비명에 '아무개 교회 장로' 라고 새겨질 수 있다고 말할 정도로 교인들에게 직분은 매우 중요하게 받아들여지고 있다.

이러한 영향으로 본래 장로 직분이 없었던 감리교회에도 장로 직분이 도입되었고, 마찬가지로 회중교회의 전통을 유지해 온 침례교회에는 최근까지도 장로 직분이 없었으나 몇 해 전에 교단에서 '호칭 장로' 를 둘 수 있도록 바뀌었다. 호칭 장로란 말 그대로 직제상으로는 안수집사이지만, 호칭으로만 '장로' 라고 부르도록 한 것이다. 이렇게 '부자연스러운' 제도가 생긴 연유는 다른 교단의 장로들과 연석 회의를 하는 경우, 침례교의 안수 집사는 장로교의 장로 직분과 비슷한 직위라고 할 수 있으나 명칭이 집사이기 때문에 동등한 대우를 받지 못하거나 심지어는 무시를 당하는 경우가 빈번하게 발생함에 따라 침례교 안에서도 장로라는 호칭을 쓸 수 있게 되었다는 것이다. 그러나 장로교의 장로와 달리 의결권은 없고, 주요 안건에 대해 미리 의견을 조율하는 정도로, 한 침례교 장로는 이를 "국회로 비유하자면 상임위원회의 역할과 비슷하다." 고 말하였다.

호칭 장로 제도가 생기기 전에도 이미 장로교 출신 장로를 침례교에서도 장로라고 '불러주며' 심지어는 침례교 집사 명함에 괄호를 치고 '장로교의 장로에 해당함' 이라는 상세한 설명을 덧붙이는 웃지 못할 일까지 벌어졌다고 한다. 그런데 흥미로운 것은 침례교의 경우 안수집사는 모두 장로라고 부를 수 있기 때문에 직위가 달라진 것이 아님에도 불구하고 장로라고 불리게 된 이후 더 막중한 책임감과 부담감을 느끼게 된다고 하는 것이다.

> 장로라는 것이 일반적으로 성도들도 그렇고 상당한 어떤 거룩함을

94) 송인규 교수는 교회 직분이 없는 이들을 가리켜 '성도'라고 부르는 것은 성경의 가르침에 맞지 않는 처사라고 말한다. 이에 대하여는 송인규, "교회와 직분자, 2부 한국 교회의 현장을 가다"(미출판 논문), 7쪽을 볼 것.

> 요구하고, 뭔가 이렇게 달라야 되잖아요. 그런데 우리가 안수 집사 때는 뭐 그냥 서리 집사, 매년 서리 집사가 아니고 그냥 계속 보장하는 집사 정도로만 생각을 했죠. 우리 자신도 장로라고 하면 상당히 부담을 느끼는 그런 심정이고, 성도들도 마땅히 그렇게 생각하고. 사실은 차이가 없는데, 직무가 중요한 것이 아닌데, 어떻게 자기가 직무를 생각하느냐가 중요한데 성도들도 "장로는 그러면 안 되지," 이런 식으로, 안수집사는 괜찮은데 장로는 그러면 안 된다고, 이런 식으로 자꾸 다른 시각으로 보니까 부담스럽지요.

직분상의 서열을 중시하지 않는다고 해서 유교의 영향에서 자유로운 것이 아니다. 직분상의 위계서열이 중요하지 않다고 생각하는 경우라도 장유유서에 따른 서열을 무시하기 어렵다. 간혹 나이가 많은 사람보다 먼저 중직자가 되었을 경우 직분이 낮은(?) 선배에 대해서는 더욱 예의를 갖추게 된다. 그렇지 않은 경우 거만하다고 오해를 사기 십상이다. 그러나 많은 경우, 직분에 합당한 은사를 가졌는지 또는 자격을 갖추었는지 보다 나이에 따라 직분자를 선출하는 경향이 강하기 때문에 이러한 일이 일어나는 경우는 흔하지 않다. 유교적 사고나 관습 자체를 부정적으로 볼 필요는 없으나 때로는 성경적 전통이나 가르침보다도 유교적 전통을 더 중시함으로 인해 발생하는 갈등이 있으므로 한국 교회 안에 자리 잡고 있는 유교적 습속을 극복하기 위한 방안을 마련할 필요가 있겠다.

4. 교회 공동체와 직분 제도

1) 평신도 리더십

현대 사회의 변화와 함께 새롭게 강조되는 교회론은 평신도 신학과 관련된 교회론이다. 초대 교회 당시에는 오늘날과 같이 성직 계급과 평신도의 이원화 현상을 찾아 볼 수 없었으나 교회가 성장하고 발전해 감에 따라 교회 운영과 조직의 필요성이 대두되어 교회에는 감독, 장로, 집사들이 나타나 세분화된 직분을 수행하게 되었다. 이와 같은 직분의 변천 과정에서 교회에는 교권 제도가 강화되어 성직자와 평신도를 두 계급으로 구분하는 신성불가침의 영역으로 등장하였다.[95] 그러나 20세기에 들어와서 제2차 세계 대전 이후 유럽 교회, 특히 카톨릭 교회를 중심으로 평신도의 중요성과 그 위치를 재해석하려는 새로운 신학 운동이 태동하기 시작하였다.

이와 같이 서구 교회에서 20세기 후반부터 시작된 평신도 신학의 필요성에 대한 새로운 인식은, 세속화되어 가는 사회에 대한 교회의 역할에 대한 새로운 자각과 그것을 위한 평신도의 역할이 전략 측면에서 중요하다는 인식에서 비롯되었다. 이러한 평신도 교회론은 교회의 공동체성 회복에 큰 역할을 하는 것으로 보인다. 성직자와 평신도를 구분해서 평신도를 부수의 위치에 고착시키는 것은 교회의 공동체성을 저해하는 요소가 되기 때문이다. 평신도 교회론은 한국 교회에서 깊이 뿌리내리고 있다. 이것은 중직자들의 이야기를 통해서도 확인된다.

> 평신도가 평신도로 머무는 것이 아니라 평신도가 교회 내에서 할 일을 할 때 섬김이나 봉사나 전도라든지 모든 일을 맡아서 자기가 사역자와 같은 일을 감당하는 것이 평신도들을 하나님이 부르신 이유라 생각하거든요. 저 역시 마찬가지로 그런 쪽에서 무엇이 주어지든 간에 평신도가 할 일을 분명히 할 때 그것이 사역이라고 생각하고 있습니다.

여기서 '사역' 이라는 말은 과거에는 목회자가 하는 일이라고 생각

95) 헨드릭 크레머, 「평신도신학」(유 동식 옮김)(서울: 대한기독교서회, 1960), 54-56쪽.

되었지만, 평신도 신학의 관점이 도입된 이후, 평신도도 하나님의 부름을 받은 자로서 교회 일에 참여한다는 뜻으로 스스로 평신도 사역이라는 말을 자연스럽게 쓰고 있는 것을 볼 수 있다. 이들은 나아가서 목회자와 평신도를 직분으로 구분하기 보다는 은사의 차이로 이해하면서 주종관계나 상하관계가 아니라 동역자 관계가 되어야 한다고 생각한다.

> 목회자나 평신도나 사실은 같은 사역자. 말 그대로 사역자라고 보고 있습니다. 평신도지만 직분에 따라서 하고 있는 일이 다 다르기 때문에 거기에 대해서 하나님의 비중이 많이 가고 안가고 그런 것이 아니고. 하나님에 대한 권위는 내려주신 권위는 우리가 인정하고 그건 하는데 하나님의 일을 하는 것은 다 똑같다는 거를 인식하고 있습니다.

> 목사란 것이 성경에 하나의 은사로 나와 있잖아요. 은사를 가진 직분이라고 이렇게 말씀을 하시는데 성경에서는 장로, 감독, 여러 가지 이런 표현들이 되어있죠. 그래서 어떤 면에서는 풀타임 워크냐, 파트타임 워크냐, 이렇게 구분이 되면 더 좋을 텐데 우리는 하나의 성직으로 세워놨기 때문에 평신도들이 뭔가 건드려서는 안 되는 것처럼 이렇게 생각을 하는 것 같아요. 그래서 평신도 자체가 다 주님 앞에서 사역자들이고, 종교개혁이 그렇게 해서 일어난 것이 아닙니까. 만인이 제사장이지 누가 특별하게 사제로서 드려져야 하는 그런 것은 아닌 것 같아요. 하나님 앞에서 다 우리는 사명을 받은 사람들이고, 하나님 앞에서 다 그런 명령을 수행해야 되는 부분이지 누구한테 독특하게 하시는 것은 아니라고 생각해요.

평신도 운동은 종래의 성직자 편중의 교회관으로부터 교회의 전모 곧 교회의 전체성 회복을 위한 교회 혁신 운동의 성격을 나타내는 것이다. 또한 성직자 중심의 피라미드 구조는 교회의 사회에 대한 역할을 담당하기에도 적합하지 않다. 성직자와 동등한 위치에서 사회 참여를 할 수 있는 수평 구조로 바뀔 때 교회는 말 그대로 공동체의 모습을 갖추게 될 것이다.

2) 장로와 목회자의 관계

이번 조사에서는 중직자 중에서도 한국 교회에서 가장 주목의 대상이 되는 장로와 목회자의 관계에 대하여 집중적으로 파악하고자 하였다. 장로와 목회자의 바람직한 관계에 대하여는 의견이 갈렸는데, 장로는 철저하게 목회자를 보좌하고 따라야 한다는 입장과 장로와 목회자는 협력 관계이며 경우에 따라서는 장로가 목회자를 견제하는 역할도 해야 한다는 입장이 있었다. 각각의 입장을 대표하는 이야기를 골라보면 다음과 같다.

> 교회는 공동체고 힘으로 가는 거지 각개전투로 가는 게 아니에요. 힘으로 가는 것이기 때문에 무조건 좋아야 합니다. 무조건 좋아야 되는데 결국은 이런 겁니다. 팀원이 장로가 18명이고 목사 1명이라 19명이 한 팀입니다. 여기서 결정하는 것이 우리 교회에 영향을 많이 미치기 때문에 의견의 충돌이 있을 수 있습니다. 그러면 결국 마지막 결정은 마지막 결정은 목사님 결정하는 대로 가야 합니다. 교회는 장로18명이 a방법을 택해도 목사님이 b방법을 택했으면 b방법으로 가야 됩니다. 그것을 저는 당회 할 때도 우리 장로님들에게 이야기를 했습니다. '장로님들 기도를 해도 목사님이 기도 더 하고 교회를 사랑을 해도 목사님이 교회를 더 사랑합니다. 목사님 편을 들어야지 장로님 뭐합니까?' ······어떤 지도자나 장로도 마찬가지지만, 요새 리더들은 무조건 그 부서에 파견되어 있는 지도하는 목사님들의 마음상태나 생활환경이나 이런 것을 가까이에서 봐가지고 잘 모셔야 됩니다. 그래야 교회가 아름다운 교회가 됩니다. 제 신조입니다.

> 교회 같은 경우 장로 목사 갈등이 많다고 그러는데 그건 장로교회

> 가 수백년 동안 이런 시스템을 유지하게 된 것은 나름대로 장점이 있기 때문에 목사님 혼자 모든 교회 일을 결정하고 그러면은 사단이 목사님 하나만 쓰러트리면 되거든요. 근데 당회라는 이런 장로들 모임을 통해서 이루어지면 사단이 힘에 부치는 거죠. 여러 명을 상대해야 되니까. 그래서 이건 협력관계고 어떨 땐 견제도 필요해요. 왜냐면 목사님이 무리한 결정을 내리려고 할 때, 우리교회에서도 어떤 사람 입관 때문에 나하고 목사님하고 갈등이 있었는데, 목사님 제가 반대하는 건 목사님 도와드리는 겁니다, 그렇게 생각을 하셔야지 목사님 반대한다고 해서 반대하는 장로님만 생각하시면 안 됩니다. 그래야 발전이 있는 겁니다. 적당한 견제와 협력은 필요한 겁니다.

설문조사에서는 장로와 담임 목회자의 의견이 다를 경우 해결 방안에 대해서 질문하였는데, 가장 많은 54.7%가 "장로와 담임 목회자가 충분히 토의한 후에 다수결로 결정한다"에 응답하였고, 다음으로 31.4%가 "특별한 문제가 없는 경우 담임 목회자의 의견을 존중한다"에 응답하였다. 11.7%는 "전적으로 담임 목회자의 의견을 따른다"에 응답하였고, 1.9%만이 "만장일치에 이를 때까지 토의를 반복한다"에 응답하였다.

직분에 따라서는 장로들이 다수결로 결정한다는 의견에 상대적으로 응답이 많았고, 담임 목회자의 의견에 따른다는 응답이 적은 반면에, 여자 권사들은 담임 목회자의 의견에 따른다는 응답이 상대적으로 많았다. 남성과 여성으로 구분해 보면, 여성은 담임 목회자의 의견에 따른다는 응답이 두 배 이상 많았다. 교회 규모로는 200명 미만의 교회 직분자들의 경우 다수결로 결정한다는 의견에 29.3%로 응답이 매우 적었고, 담임 목회자의 의견을 존중한다는 응답이 43.9%로 가장 높게 나왔으며 담임 목회자의 의견에 따른다는 응답도 24.4%로 상대적으로 높게 나왔다. 반면에 1,000명 이상의 교회 직분자들은 다수결로 결정한다는 의견이 61.0%로 높게 나온 반면에 담임

■ 표2_ 장로와 목회자의 의견 충돌시 해결 방안 (단위:%)

	사례수	장로와 담임 목회자가 충분히 토의한 후에 다수결로 결정한다	특별한 문제가 없는 경우 담임 목회자의 의견을 존중한다	전적으로 담임 목회자의 의견을 따른다	만장일치에 이를 때까지 토의를 반복한다	함께 기도하며 말씀에서 방법을 도출한다	계
전체	(360)	54.7	31.4	11.7	1.9	0.3	100.0
성별							
남자	(202)	57.4	34.2	7.4	1.0	0.0	100.0
여자	(158)	51.3	27.8	17.1	3.2	0.6	100.0
직분							
안수집사/남자권사	(127)	54.3	34.6	10.2	0.8	0.0	100.0
여자권사	(151)	53.6	27.8	14.6	3.3	0.7	100.0
장로	(82)	57.3	32.9	8.5	1.2	0.0	100.0
교회규모							
199명 이하	(41)	29.3	43.9	24.4	2.4	0.0	100.0
200~399명	(102)	56.9	24.5	14.7	3.9	0.0	100.0
400~999명	(81)	54.3	35.8	8.6	1.2	0.0	100.0
1000명 이상	(136)	61.0	30.1	7.4	0.7	0.7	100.0

목회자의 의견을 따른다는 의견은 7.4%로 낮게 나와 작은 교회들에서는 목회자들의 의지가 관철되기 쉬운 분위기인데 반해 큰 교회들에서는 장로들의 입김이 상대적으로 크게 작용하는 것으로 나타났다.

여기서 흥미로운 점은 장로들 스스로 판단하는 장로의 위치에 대한 것이다. 신학적인 이론이나 교리적 근거에 따라 장로의 위치를 목사와 동등하게 보기도 하고 종속 관계로 보기도 하는데[96] 장로들 스스로 자신의 위치를 어느 쪽에 동일시 하는가 하는 것은 정체성의 문제와 관련되기 때문에 매우 중요한 차원이다. 그런데 실제로 이 부분에 대해 분명한 정체성이 없이 혼란스러워하는 경우도 있었다.

> 좀 헷갈리는 문제인데 내가 장로 된지 3년 됐지만 장로가 뭘 해야 되는지 모르겠어요. 왜냐면은 나는 장로가 되기 전에 그 일들을 해 왔기 때문에 내가 장로 됐다고 해가지고 특별히 뭘 해야 된다는 것

96) 이에 대하여는 송인설, 윗글을 볼 것.

> 이 없어요. 이것이 아직도 나는 참 구분이 안 가는데 다만 달라진 것은 당회에 참석해서 교회 중요한 일들을 결정한다는 거, 이거 외에는 없어요. 사실 목사도 장로교회에서는 목사도 장로 중에 하나인데 다만 이제 강도, 말씀을 전하는 장로가 목사죠. 이제 시무 장로가 있는데 시무 장로는 초대 교회에서 행정이죠 그래서 강도 장로하고 시무장로 장로교에서 하는 겁니다.······참 이게 장로란 역할이란 것이 미묘한 거구나 이게. 정말 그냥 교회 대표 중에 한 사람이고 그 다음에 기도하는 것은 하나의 부분적인 일인데 장로라 해가지고 내가 뭐 다른 사람 가르쳐본 적도 없고 그 다음에 요새 장로라 해서 누가 장로 말 잘 듣습니까, 장로는 오히려 모임에 안 나오면 욕 얻어먹는 그러한 어떻게 보면 참, 하여간 장로를 많은 사람들이 할라 그러는데 나는 잘 이해를 못해. 왜 장로를 그렇게 하려고 하는지. 이 십자가만 주어지는 삶인데.

대부분의 장로들은 스스로를 평신도와 동일시하였고, 평신도의 대표라고 생각하고 있었다. 그러나 다른 평신도들과는 구별하는 표현들을 하였고, 어떤 이는 교회 헌법을 거론하며 목회자도 장로의 하나이며 목회자와 장로가 동등한 지위임을 이야기하기도 하였다.[97]

> 장로는 정의는 평신도의 대표다. 교인의 대표라고 장로교 법에 나와 있습니다. 그걸 보면 평신도는 확실한데 하는 역할은 성직자 수준으로 해야 합니다. 왜냐하면요 굉장히 처신이 중요한데요 교회 와서 예를 들어 장로가 나쁜 말을 한다든지 태도가 불성실하거나 쉽게 말해서 남의 돈을 떼먹는다던지 기업을 경영해서 월급을 늦게 준다든지 이렇게 하면요 그것을 평신도 수준에서 보는 것이 아니라 성직자 수준에서 판가름합니다. 이 사회도 마찬가지고요.

---

97) 신학적 입장에 따라서는 목회자 역시도 넓은 의미의 평신도로 이해하기도 한다. 이에 대하여는 헨드릭 크레머, 「평신도신학」(유 동식 옮김)(서울: 대한기독교서회, 1960)과 M. 깁스/T. R. 모튼, 「오늘의 평신도와 교회」(김 성한 옮김)(서울: 대한기독교출판사, 1987) 등을 볼 것.

> 그래서 행동이나 생각은 성직자 수준으로 그 다음에 활동은 평신도 그룹에서 거기 들어가서 일을 해야 되지 장로가 거기에서 물갈퀴처럼 떠가지고 일을 하면 성도들이 볼 때 '작년에는 집사했는데 이번에는 장로되더니 살판이 달라졌다.' 이렇게 말합니다. 그래서 처신하기 굉장히 곤란한게 장로 그 레벨입니다. 그래서 행동은 성직자처럼, 활동은 평신도처럼 해야 합니다. 현재 제가 느끼고 있는 장로입니다.

> 헌법적으로 보면 우리가 소속된 교단이 합신인데 헌법으로만 따지면 장로와 목사가 같아요. 헌법으로 보면 목사님도 장로에요. 근데 말씀전하는 장로는 목사라고 칭하고 말씀전하지 않는 장로는 그냥 장로라고 칭하는데 그것은 헌법에서 하는 얘기고. 내가 생각했을 때 장로와 목사, 평신도를 따진다면 장로는 당연히 평신도죠.

어떤 장로는 스스로 성직자라고 표현하지는 않았지만, 대화중에 평신도를 말할 때는 자기가 속하지 않은 다른 집단을 지칭하여 표현하였고, 장로는 성직자에 가깝다고 말한 한 장로는 평신도를 직분이 없는 사람을 암시하며 평신도 리더십을 인정하지 않는다고 말하였다. 다음은 면접자와의 대화 내용이다.

> 대답: 장로는 성직자에 가깝다고 볼 수가 있지. 장로는 성직자에 가깝다고 볼 수가 있고 또 평신도 역할도 결국은 평신도가 해야 될 역할이 있다면 결국은 주인의식을 가져야 되겠지 교회 내에서 평신도들은 주인의식을 가져야되겠고.
> 질문: 그럼 리더십은 어떤 것이라고 생각하시나요?
> 대답: 평신도 리더십? 특별히 없지. 최소한 중직자라면 안수집사로부터는 이제 각각의 부장이라든가 그런 게 있는데 평신도 리더십은 지금 현재 교회에서는 볼 수가 없지 그렇게.

설문조사에서도 장로 직분의 성격에 대하여 물어보았는데, "평신도 대표" 라는 응답이 43.1%로 가장 높게 나왔고 다음으로 "목회자 보좌" 라는 응답도 40.8%로 높게 나왔다. 그리고 "영적 모델" 이라는 응답과 "행정 관리자" 라는 응답은 각각 8.3%와 7.5%로 낮게 나왔다. 직분별로 보면, 장로 스스로는 "평신도 대표" 라는 응답이 46.3%고 가장 높았고, 안수집사/남자권사는 "목회자 보좌" 라는 응답이 46.5%로 가장 높게 나와 인식의 차이가 있었다. 여자권사들은 장로와 같이 "평신도 대표" 라는 응답(46.4%)이 가장 많았다.

다음으로 장로 직분이 목회자와 평신도 중 어느 쪽에 가깝다고 생각하는지에 대해서는, 전체의 35.6%가 "목회자에 가깝다" 고 답하였고, 31.7%는 "평신도에 가깝다" 고 답하였으며, 32.8%는 "중간이다" 라고 답하여 뚜렷한 경향을 나타내지 않았다. 이것은 장로 직분이 목회자와 평신도 양쪽의 성격을 모두 가지고 있다는 생각을 반영한 것으로 볼 수도 있고, 또는 장로 직분이 애매한 자리에 위치지어 있다고 볼 수도 있겠다.

■ **표3_ 장로 직분의 성격** (단위:%)

	사례수	평신도 대표	목회자 보좌	영적 모델	행정 관리자	모름/ 무응답	계
전체	(360)	43.1	40.8	8.3	7.5	0.3	100.0
성별							
남자	(202)	41.1	42.6	6.9	9.4	0.0	100.0
여자	(158)	45.6	38.6	10.1	5.1	0.6	100.0
직분							
안수집사/남자권사	(127)	37.0	46.5	7.9	8.7	0.0	100.0
여자권사	(151)	46.4	37.7	9.9	5.3	0.7	100.0
장로	(82)	46.3	37.8	6.1	9.8	0.0	100.0

이에 대하여 직분에 따라 차이가 있었는데, 안수집사와 남자권사들은 상대적으로 "목회자에 가깝다" 는 응답이 많았으며, 여자권사와 장로들은 "중간이다" 라는 응답이 다소 높았다. 신앙 연수가 40년 이상인 직분자들은 "목회자에 가깝다" 는 견해가 더 많았고, 장로교단 소속 직분자들 역시 "목회자에 가깝다" 는 응답이 타교단에 비

해 많았는데, 이는 장로교 헌법에 목사는 설교하는 장로, 장로는 치리하는 장로라고 한 데 영향을 받은 것으로 보인다. 또한 교회 규모에 따라서는 교회 규모가 클수록 "목회자에 가깝다"는 응답이 높았는데, 이것은 작은 교회의 경우 목회자와 장로의 역할이 뚜렷하게 구별되는 데 반해 큰 교회의 경우 장로가 목회자의 역할까지 겸하게 되는 경향을 반영한 것으로 풀이된다. 이것은 장로의 강도권을 묻는 다음 문항에서 작은 교회의 직분자들이 상대적으로 강도권을 찬성하는 비율이 낮게 나온 것을 통해서도 알 수 있다. 한편, 외부 교육 경험이 있는 직분자들은 "평신도에 가깝다"는 응답이 62.2%로 압도적으로 높아 뚜렷한 의식의 차이를 나타내었다.

■ 표4_ 장로 직분의 위치 (단위:%)

	사례수	목회자에 가깝다	평신도에 가깝다	중간이다	계
전체	(360)	35.6	31.7	32.8	100.0
성별					
남자	(202)	36.6	32.7	30.7	100.0
여자	(158)	34.2	30.4	35.4	100.0
직분					
안수집사/남자권사	(127)	42.5	33.1	24.4	100.0
여자 권사	(151)	31.8	31.1	37.1	100.0
장로	(82)	31.7	30.5	37.8	100.0
신앙생활경력					
20년 미만	(36)	27.8	27.8	44.4	100.0
20~29년	(91)	26.4	36.3	37.4	100.0
30~39년	(119)	37.8	27.7	34.5	100.0
40년 이상	(114)	43.0	33.3	23.7	100.0
소속교단					
예장 합동	(64)	40.6	28.1	31.3	100.0
예장 통합	(54)	42.6	33.3	24.1	100.0
예장 기타	(16)	18.8	43.8	37.5	100.0
장로교 기타	(140)	35.0	34.3	30.7	100.0
감리교	(27)	25.9	33.3	40.7	100.0
성결교	(23)	26.1	26.1	47.8	100.0
침례교	(15)	26.7	20.0	53.3	100.0
순복음	(21)	47.6	23.8	28.6	100.0
교회 규모					
199명 이하	(41)	24.4	36.6	39.0	100.0
200~399명	(102)	31.4	26.5	42.2	100.0
400~999명	(81)	37.0	35.8	27.2	100.0
1000명 이상	(136)	41.2	31.6	27.2	100.0

이와 같은 정체성의 불명확성은 결국 기대 역할도 불분명해질 수 밖에 없다. 장로들이 생각하는 장로의 역할에 대한 복수응답 질문에서 "치리(행정 업무)" 라는 응답이 43.9% 나왔고, 다음으로 "기도" (35.4%), "심방/상담" (34.1%), "전도/선교" (23.2%), "재정모금" (22.0%), "교회 건축" (14.6%), "성경연구" (13.4%), "교육" (13.4%) 순이었다. 이와 관련하여 신앙연수에 따라 차이가 있었는데, 신앙 연수가 많을수록 "치리(행정업무)에 대한 응답이 많아서 40년 이상 신앙생활을 한 장로들의 60%가 이렇게 답하였다. 그리고 신앙연수가 짧을수록 " 기도 "라는 응답과 " 전도/선교 "라는 응답이 높아 뚜렷한 의식의 차이를 나타내었다.

또한 〈교회갱신을 위한 목회자협의회(교갱협)〉가 실시한 "한국 장로교 정치제도에 대한 일반성도 의식조사 보고서" 에서도 목사의 역할에 대해서는 응답자의 67.26%가 "설교" 라고 응답한 반면에 장로의 역할에 대해서는 "치리" 가 29.15%, "기도" 가 27.35%, "심방 및 상담" 이 19.8%로 장로의 역할과 사역에 대하여 정확하게 인식하지 못하고 있는 것으로 나타났다.[98] 이것은 개교회 안에서 장로의 직무 본질에 대한 교육의 문제일 수도 있고, 동시에 교회 안에서 장로의 역할과 목회자의 역할의 구분이 불명확하기 때문에 일어난 일일 수도 있다. 대부분의 교회에서는 장로는 목회자를 보좌하고 안수집사나 권사는 장로를 보좌하고 따르는 것이 역할인 것처럼 인식되고 있고, 자신이 가진 직분 본연의 역할에 대해 잘 알지 못하는 경우가 많으므로 이에 대한 제도상의 정비와 교육이 필요하다.

3) 다양한 직분 제도에 대한 견해

98) 교회갱신을 위한 목회자협의회, "한국 장로교 정치제도에 대한 일반성도 의식조사 보고서"(1997년 6월 27일).

최근 한국 교회에서는 세계 많은 나라의 교회들이 장로 임기제를 실시하고 있는 것과 관련하여 한국 교회에서도 장로임기제를 실시해야 한다는 주장이 나오고 있고, 이와 함께 목사 재신임제를 실시해야 한다는 주장이 나오고 있으며 이미 실시하고 있는 교회도 있는 실정이다. 이번 조사에서는 이와 관련하여 다양한 직분제에 대한 의견을 알아보았는데, 장로임기제와 목사 재신임제 모두 대체로 찬성하는 의견이 많았다. 찬성하는 이유 중 하나는 재신임제를 둠으로써 목회자가 책임 의식을 갖고 타성에 젖지 않고 충실하게 시무할 수 있도록 한다는 것이다.

> 사람의 본성이 그런 것 같아요. 장로가 되었다, 목사가 되었다, 그것이 정년이 딱 정해져서 항상 새로운 마음으로, 정년이 정해져 있다고 하더라도 항상 새로운 마음으로 이렇게 사역을 하면 좋은데 사람이기 때문에 그런 것이 하다보면 매너리즘에 빠지고 그럴 수 있잖아요. 그래서 그런 장치가 있으면 마음을 새롭게 하고 하는 그런 역할을 하지 않을까 싶어서 그런 것이 있으면 좋지 않을까.

찬성하는 또 다른 이유는 목사나 장로의 시무가 교회에 유익함이 없다는 것이 드러났더라도 이를 해결할 수 있는 제도 장치가 없기 때문에 교회 안에서 갈등이 깊어지고 증폭되다가 극단적인 어려움에 빠지는 경우가 많다는 것이다.

> 목사님이 잘못했을 때 목사님을 바꾸고 싶은데, 무슨 도덕적인 분명한 잘못이나 무슨 하자가 있을 때 목사님을 바꾸고 싶은데 바꿀 방법이 없어요, 한국 교회가. 그런데 임기제로 해 놓으면 재신임 투표를 해야 되지 않습니까, 그때는 가능하잖아요. 그때는 목사님을 바꿀 수 있는 그런 장치가 마련이 되었기 때문에 저는 좋다고 생각을 합니다. 그리고 장로들도 마찬가지죠. 미국 같은 경우는 3년을

> 한다고 얘기를 들은 것 같은데 이것이 하나의 봉사직이고, 평생을 하는 명예직도 아니고 임기를 둬서 그 시간동안 봉사를 열심히 하고 물러나는 것도 좋은 방법이라고 생각합니다.

반대하는 의견으로는 하나님이 세우신 목회자를 재신임하는 것은 옳지 못하다는 의견이 있었고, 장로 임기제에 대해서는 장로 후보군이 많지 않은 작은 교회에서는 적합하지 않다는 의견이 있었다. 그리고 합리적인 의사소통이 되는 교회에서는 가능하겠지만, 그렇지 않은 교회에서는 논의하는 것 자체가 불가능하다는 의견이 있었다. 그 밖에 목회자 재신임 투표를 했을 때 실제로 반대표를 던질 사람이 많지 않으므로 단순히 찬반 투표를 하기보다는 목회에 대한 평가를 하는 것이 현실적이라는 의견이 있었다.

목회자 재신임제에 대한 설문 조사 결과는, 전체 응답자의 50.8%가 "대체로 찬성한다"고 응답하였고, 9.4%가 "매우 찬성한다"고 응답하여 60.3%의 동의율(4점 척도의 평균 2.64)을 나타내었다. 이에 대하여 직분에 따라 의견 차이가 있었는데, 여자권사가 68.9%의 찬성 의견을 보인 데 반해 장로는 43.9%만 찬성하여 과반수가 되지 않았다. 그리고 신앙 연수에 따라 찬성율이 대체로 비례하여 40년 이상 신앙생활을 한 직분자들은 67.5% 찬성 의견을 나타냈다. 예장 합동 교단의 직분자들은 45.3%의 낮은 찬성율을 보였고, 감리교 직분자들은 70.4%의 비교적 높은 찬성율을 나타내었다.

또한 교회 규모에 따라서는 찬성율이 반비례하였는데, 200명 미만의 작은 교회에 속한 직분자들이 73.2%의 찬성율을 보인 데 반해 1,000명 이상의 교회에 속한 직분자들은 55.9%의 비교적 낮은 찬성 의견을 나타내었다. 이것은 긍정적으로 해석하자면, 최근에 건강한 작은 교회들이 등장하고 있는 영향으로 볼 수도 있고, 부정적으로 해석하자면 작은 교회에 많은 어려움이 있기 때문에 목회자에 대하여 재평가를 요구하는 의견으로 볼 수도 있다. 또한 규모와 관련하여 해석을 하자면,

작은 교회의 경우 쉽게 재신임제에 대한 의견의 합의가 가능하지만 큰 교회의 경우 민감한 사안을 제기하여 오히려 교회가 큰 갈등과 혼란에 빠지게 될 것을 염려하여 이를 꺼리는 것으로 해석할 수도 있다. 그러나 정확한 이유를 확인하기 위해서는 추가적인 연구 조사가 필요하리라고 본다. 외부 교육 경험이 있는 사람들의 찬성율은 82.2%로 다른 범주들에 비해 가장 높았고, 평균도 3.00으로 가장 높았다.

■ 표5_ 목회자 재신임제에 대한 의견 (단위:%)

	사례수	① 매우 반대한다	② 대체로 반대한다	③ 대체로 찬성한다	④ 매우 찬성한다	Bot2 (①+②)	Top2 (③+④)	계	평균 (4점 척도)
전체	(360)	5.3	34.4	50.8	9.4	39.7	60.3	100.0	2.64
성별									
남자	(202)	6.4	40.6	44.1	8.9	47.0	53.0	100.0	2.55
여자	(158)	3.8	26.6	59.5	10.1	30.4	69.6	100.0	2.76
직분									
안수집사/남자권사	(127)	6.3	33.1	51.2	9.4	39.4	60.6	100.0	2.64
여자 권사	(151)	4.0	27.2	60.3	8.6	31.1	68.9	100.0	2.74
장로	(82)	6.1	50.0	32.9	11.0	56.1	43.9	100.0	2.49
신앙생활경력									
20년 미만	(36)	2.8	44.4	50.0	2.8	47.2	52.8	100.0	2.53
20~29년	(91)	9.9	40.7	44.0	5.5	50.5	49.5	100.0	2.45
30~39년	(119)	4.2	31.9	54.6	9.2	36.1	63.9	100.0	2.69
40년 이상	(114)	3.5	28.9	52.6	14.9	32.5	67.5	100.0	2.79
교회 규모									
199명 이하	(41)	0.0	26.8	68.3	4.9	26.8	73.2	100.0	2.78
200~399명	(102)	7.8	28.4	49.0	14.7	36.3	63.7	100.0	2.71
400~999명	(81)	3.7	39.5	46.9	9.9	43.2	56.8	100.0	2.63
1000명 이상	(136)	5.9	38.2	49.3	6.6	44.1	55.9	100.0	2.57

장로 재신임제와 임기제에 대한 의견도 비슷한 경향을 나타내었는데, 두 제도 모두 여자 권사의 찬성 의견이 많았고 장로들의 반대 의견이 많았다. 또한 신앙 연수가 많은 직분자들과 감리교 직분자들에게서 찬성 의견이 많았고, 작은 교회 직분자들에게서도 찬성 의견이 많은 편이었다. 다만 장로 임기제에 대해서는 1,000명 이상의 교회 직분자들에게서도 평균 이상의 찬성 의견이 나왔다. 그러나 작은 교회들의 경우, 장로를 할 만한 후보군이 적어 실제로 장로 재신임제나 임기제

를 도입하는 데에는 현실적인 어려움이 있다는 점이 고려되어야 할 것이다. 이에 대해서도 외부 교육 경험이 있는 사람들은 찬성율이 가장 높게 나왔다.

■ 표6_ 장로 재신임제에 대한 의견 (단위:%)

	사례수	① 매우 반대한다	② 대체로 반대한다	③ 대체로 찬성한다	④ 매우 찬성한다	Bot2 (①+②)	Top2 (③+④)	계	평균 (4점 척도)
전체	(360)	6.4	32.5	51.1	10.0	38.9	61.1	100.0	2.65
성별									
남자	(202)	7.4	38.1	45.0	9.4	45.5	54.5	100.0	2.56
여자	(158)	5.1	25.3	58.9	10.8	30.4	69.6	100.0	2.75
직분									
안수집사/남자권사	(127)	7.1	30.7	52.8	9.4	37.8	62.2	100.0	2.65
여자 권사	(151)	5.3	25.8	58.3	10.6	31.1	68.9	100.0	2.74
장로	(82)	7.3	47.6	35.4	9.8	54.9	45.1	100.0	2.48
신앙생활경력									
20년 미만	(36)	5.6	36.1	55.6	2.8	41.7	58.3	100.0	2.56
20~29년	(91)	8.8	39.6	47.3	4.4	48.4	51.6	100.0	2.47
30~39년	(119)	8.4	29.4	52.1	10.1	37.8	62.2	100.0	2.64
40년 이상	(114)	2.6	28.9	51.8	16.7	31.6	68.4	100.0	2.82
교회 규모									
199명 이하	(41)	4.9	24.4	58.5	12.2	29.3	70.7	100.0	2.78
200~399명	(102)	6.9	28.4	52.9	11.8	35.3	64.7	100.0	2.70
400~999명	(81)	6.2	34.6	51.9	7.4	40.7	59.3	100.0	2.60
1000명 이상	(136)	6.6	36.8	47.1	9.6	43.4	56.6	100.0	2.60

흥미로운 것은 선교단체 출신들이 이러한 견해에 더 호의적이라는 점이다. 선교 단체에서는 집사 장로와 같은 직분자가 없이 역할 따라 호칭이 주어질 뿐 대개 '형제, 자매' 라고 부르는데, 이러한 경험을 해본 사람들은 이와 유사한 제도에 호감을 표시하는 것이다.

> 나는 기본적으로 선교회 출신이기 때문에 선교회는 그런 거 구분이 전혀 없단 말이에요. 팀 인도자는 있어도 무슨 집사 장로 그런 구분이 없잖아요. 그 외에는 다 형제자매고 자기보다 연상이면 님자를 붙이고 연하이면 형제자매 그렇고 나는 이 시스템도 좋다고

생각해요. 직분자를 두는 것보다도, 그리고 직분자를 두면은 특히 우리 한국처럼 유교의 영향을 받은 이른바 장유유서의 잔재가 남아있는 우리 한국 사람들의 경유는 이런 것들이 꼭 계급처럼 받아들이기가 쉽거든요. 그래서 저는 차라리 그런 거보다도 다시 말해서 구역장 그 다음 교사 그 다음에 팀 인도자 그런 개념이 더 좋지 않냐 저는 이런 생각을 가지고 있어요.(....) 미국이 대표적으로 그렇게 하는데 모든 걸 위원회로 만들죠. 시설 사역 위원회, 재정 위원회, 그 다음에 선데이 스쿨 주일학교 위원회 그 다음에 전도 위원회 선교 위원회 이렇게 다 위원회로 하죠. 미국 교회 시스템이. 그니까 저는 기본적으로 기능별로 교회를 운영을 해야 되지 직분이라는 기능이 아니거든요 자격이거든요. 신분이란 말이에요.

■ 표7_ 장로 임기제에 대한 의견 (단위:%)

	사례수	① 매우 반대한다	② 대체로 반대한다	③ 대체로 찬성한다	④ 매우 찬성한다	Bot2 (①+②)	Top2 (③+④)	계	평균 (4점 척도)
전체	(360)	2.2	33.9	56.7	7.2	36.1	63.9	100.0	2.69
성별									
남자	(202)	1.5	41.1	48.5	8.9	42.6	57.4	100.0	2.65
여자	(158)	3.2	24.7	67.1	5.1	27.8	72.2	100.0	2.74
직분									
안수집사/남자권사	(127)	1.6	33.1	56.7	8.7	34.6	65.4	100.0	2.72
여자 권사	(151)	3.3	23.8	68.2	4.6	27.2	72.8	100.0	2.74
장로	(82)	1.2	53.7	35.4	9.8	54.9	45.1	100.0	2.54
신앙생활경력									
20년 미만	(36)	0.0	38.9	58.3	2.8	38.9	61.1	100.0	2.64
20~29 년	(91)	3.3	40.7	52.7	3.3	44.0	56.0	100.0	2.56
30~39 년	(119)	4.2	31.9	55.5	8.4	36.1	63.9	100.0	2.68
40년 이상	(114)	0.0	28.9	60.5	10.5	28.9	71.1	100.0	2.82
교회 규모									
199명 이하	(41)	0.0	29.3	68.3	2.4	29.3	70.7	100.0	2.73
200~399명	(102)	2.9	32.4	54.9	9.8	35.3	64.7	100.0	2.72
400~999명	(81)	0.0	40.7	53.1	6.2	40.7	59.3	100.0	2.65
1000명 이상	(136)	3.7	32.4	56.6	7.4	36.0	64.0	100.0	2.68

평신도 위원회에 대한 설문조사 결과는, 전체의 45.3%가 "대체로 찬성한다" 고 응답하였고, 3.6%가 "매우 찬성한다" 고 응답하여 찬성의견이 48.9%로 절반에 미치지는 못하였으나 기존 전통에서 볼 때 찬성율이 낮지 않다고 판단된다. 특히 규모에 따라 찬성률이 대체로 비례하여 작은 규모의 교회들에서는 찬성 의견이 60% 가까이 높게 나왔다. 이것은 관료제 조직이 아닌 소규모의 공동체적인 환경에서는 일반 직분제보다도 평신도 위원회에 대해 호감을 갖고 있는 것으로 이해될 수 있다.

■ **표8_ 평신도 위원회 도입에 대한 의견**(단위:%)

	사례수	① 매우 반대 한다	② 대체로 반대 한다	③ 대체로 찬성 한다	④ 매우 찬성 한다	Bot2 (①+②)	Top2 (③+④)	계	평균 (4점 척도)
전체	(360)	8.1	43.1	45.3	3.6	51.1	48.9	100.0	2.44
성별									
남자	(202)	8.9	46.0	41.6	3.5	55.0	45.0	100.0	2.40
여자	(158)	7.0	39.2	50.0	3.8	46.2	53.8	100.0	2.51
직분									
안수집사/남자권사	(127)	6.3	45.7	46.5	1.6	52.0	48.0	100.0	2.43
여자 권사	(151)	7.3	37.7	51.7	3.3	45.0	55.0	100.0	2.51
장로	(82)	12.2	48.8	31.7	7.3	61.0	39.0	100.0	2.34
교회 규모									
199명 이하	(41)	4.9	36.6	58.5	0.0	41.5	58.5	100.0	2.54
200~399명	(102)	5.9	43.1	48.0	2.9	49.0	51.0	100.0	2.48
400~999명	(81)	11.1	43.2	40.7	4.9	54.3	45.7	100.0	2.40
1000명이상	(136)	8.8	44.9	41.9	4.4	53.7	46.3	100.0	2.42

또한 최근에 한국 교회 안에서 소그룹 활동이 활발하게 일어나면서 기존의 직제와 갈등을 빚는 경우도 나타나고 있다. 목회자가 소그룹을 중시하면서 소그룹 인도자들을 중심으로 교회가 운영되고 기존의 직분자들이 소외감을 느끼게 되는 경우가 생기는 것이다. 인터뷰 대상자 중에서도 이런 일을 경험하는 사례를 얘기한 경우가 있었

다. 이에 대한 대안도 마련되어야 할 것이다.

4) 직분자들의 필요

마지막으로 이번 조사에서 파악된 직분자들의 필요들을 정리하여 보았다. 첫째는 직분자들에 대한 교육이다. 많은 중직자들이 교회 안에 직분자들에 대한 교육이 부족할 뿐만 아니라 직분자가 된 후에 재교육 또는 연장 교육이 실시되어야 한다고 말하였다.

> 교회는 직분 자에 대해서 신앙교육을 계속해서 해야 합니다. 집사와 안수집사를 뽑아놓고 가만히 나두면 계급이라고만 생각합니다. 물론 우리교회는 6개월 동안 안수집사에게 교회에 대해 성경에 대해 직분에 대해 교육을 합니다. 교회는 그분들이 6개월 교육받아도 70세에 퇴임할 수 있습니다. 그렇게 하면 안 됩니다. 우리교회는 안수집사 재교육을 합니다. 반드시 해야 합니다. 장로도 불러놓고 해야 합니다. 장로님들 중 20년이 넘은 분이 계시는데 '장로는 이런 것이다.' 라며 자기 생각대로 할 수 있습니다. 교회가 원하고 또 우리 교단이 원하고 하나님이 원하는 장로는 그것이 아닐 수 있는데 약간의 분야에서 그런 일이 일어날 수 있기 때문에 재교육이 있어야 합니다. 교회가 튼튼하게 서기 위해 우리가 있는 최선을 다해 강한 교회를 만들기 위해 있어야 합니다.

특히 작은 교회에 속한 한 장로는 작은 교회의 경우 교육에 대한 인프라가 부족하기 때문에 교단 차원에서든 아니면 인프라가 구축된 중대형 교회에서 직분자 (재)교육을 받을 수 있도록 제도적으로 마련하여 일정 기간 작은 교회에서 사역한 후에 재교육이나 연수를 받고 또 다른 작은 교회에서 사역할 수 있도록 하면 좋겠다는 의견을 제시하였다. 한국 교회의 다수가 교인 수 100명 미만의 작은 교회임을 감안할 때 시급하게 방안을 마련할 필요가 있다고 보겠다.

또한 현재와 같이 목사는 말씀 전하는 직분, 장로는 행정을 담당하는 직분으로 이원화하기보다 은사에 따라 장로에게도 말씀을 전할 기회를 주면 좋겠다는 의견도 있었다. 이에 대하여는 신학적인 근거에 따라 논의하여야 하겠으나 이번 설문조사에서는 "공식 예배 때 목회자뿐 아니라 장로도 설교할 수 있다는 의견"에 대해 과반수인 52.8%가 찬성하였고, 반대한다는 의견은 28.1%로 3분의 1에 못미쳤다는 점을 참고할 필요가 있겠다.

다음으로 직분자로서 갖는 어려움에 대하여 질문하였는데, 이들이 갖는 어려움으로는 첫째로 처신의 곤란함을 들었다. 많은 중직자들이 직분을 받았을 때 막중한 부담감을 느꼈고, 사람들이 호칭이나 대하는 태도가 달라져서 당황하기도 하였다고 말하였다. 그리고 자신의 의도와는 상관없이 이목의 대상이 되고 오해를 받는 경우도 적지 않아 하루 속히 직분을 내려놓고 싶다고 말하는 이들도 적지 않게 있었다.

또 다른 어려움은 목회자와의 관계에서 오는 어려움이다. 직분자 특히 중직자가 되면 교회 지도자인 목회자와 보다 긴밀한 관계를 이루게 되기 마련인데 여기서 크고 작은 어려움이 발생하는 것이다. 목회자를 먼발치에서 바라보던 때와는 달리 가까이에서 자주 접촉하고 동역하는 관계에 놓이면서, 목회자의 기대에 부응하고 신임을 얻어야 할 뿐만 아니라 목회자와의 역학 관계에서 어떤 입장을 취할 것인가를 신경 쓰기까지 매우 복잡한 상황을 맞게 된다.

> 목사님과의 개인적인 관계인데, 목사님들은 장로를 협력자로 봐야지 견제자로 봐서는 안 된다. 절대로 그러면 안 된다. 장로가 반대하는 것도 교회를 사랑해서 그런 것이지 목사님 개인 때문에 반대하는 것은 아니거든요. 그거 가지고 목사님들이 견제자로 생각해서 마음 문을 닫아버리고 장로들과 나중에 상의를 하지 않고 본인이

> 결정해 버리면 갈등의 씨앗이거든요. 내가 장로 되고 나서 목사님한테 부탁한 것이 목사님은 비상 조직을 두지 마십시오. 교회에 목사님 의사결정 할 때는 교회의 공모임을 통해서, 공적 기구를 통해서 하십시오. 만약 목사님 따른 비상 조직을 통해서, 목사님을 좋아하는 사람들만 두면은 비조직을 두면은 교회가 갈라집니다. 내가 우리 목사님께 부탁을 했어요. "장로가 밉든 곱든 간에 꼭 장로들과 상의해주십시오. 그래야 교회가 오래갑니다. 그리고 왜 목사님 혼자 책임지려고 하세요, 장로들하고 함께 결정을 하면은 장로들하고 함께 책임져야죠 그렇게 하면 훨씬 편하잖아요."

직분자가 된다는 것은 자신들이 속한 공동체 안에서 어느 정도 인정을 받았다는 '성과' 이기도 하지만 직분자가 된 이상 어쩔 수 없이 떠안게 되는 그들 특유의 제약에 둘러싸이게 된다. 이들이 자신의 정체성을 분명히 인식하고 자신의 자리에서 주어진 직분을 잘 감당할 수 있도록 제도의 개선과 함께 필요한 지원을 제공해야 할 것이다.

5. 나가는 말

교회는 공동체를 추구하나 그 형태는 사회조직의 특성을 나타낸다. 교회는 하나의 공동체로서 교회구성원인 신자들 사이에 일치와 연합, 결속을 강조하지만, 하나의 조직으로서 효율성을 추구하기도 하는 것이다. 따라서 교회는 사회학에서 말하는 1차집단과 2차집단의 특성을 모두 포함하고 있는 독특한 구조라고 할 수 있다. 교회도 하나의 사회 조직으로서 제도화 되는 경향을 피할 수 없지만, 제도 자체가 우선시되면 제도는 관료제화 되고 본래의 의도와 상관없이 그 자체의 생리에 따라 운영된다. 이것이 중세 교회의 역사에서 제도화의 길을 거부하고 수도원 운동이 일어나고 교부들이 사막으로 나갔던 이유이다. 조직은 언제나 제도화되는 경향과 반제도화 되는 경향 사이에서 긴장 상태에 놓여 있다. 지나치게 제도화되고 형식주의화되는 교회 직분에 대해 본래의 의미를 되찾고 교회의 공동체성을 회복할 필요가 있다.

우리는 흔히 교회를 공동체라고 말하지만, 그것이 어떠한 공동체인지 대하여는 의견이 엇갈린다. 이번 조사에서도 교회가 공동체라는 말에 대해서 어떻게 생각하는지 물어보았는데, 모두 "교회는 당연히 공동체이다" 라고 말하였지만 구체적인 의미를 묻는 질문에는 분명한 답을 하지 못하는 이들이 많았다. 어떤 이는 가족과 같이 돌봐주는 곳이라고 했고, 어떤 이는 막연하게 사랑이 넘치는 곳이라고 했으며, 어떤 이는 무슨 일이 생기면 달려가는 곳이라고 했다. 이런 대답들이 틀린 대답이라고 할 수는 없으나 공동체에 대해서 구체적으로 생각하고 표현해볼 기회가 없었기 때문에 막연하게 답한 것이라고 보여진다.

이제 단순히 교회가 공동체라고 선언하기보다 어떤 공동체여야 하는지에 대해 논의해야 할 때가 되었다. 똑같이 공동체라고 말하면서도 어떤 이는 상하 서열의 피라미드 구조를 떠올리고 지도자에 따라 일사분란하게 움직이며 효율성과 성과를 추구하는 것이 공동체라고 생각하고 어떤 이는 인격적인 관계를 중시하면서 일보다는 사람 중심으로, 성과보다는 과정을 중시하면서 서로의 공감대를 형성해 가는 것이 공동체의 중요한 차원이라고 생각한다. 공동체를 어떻게 이해하느냐에 따라 지도자의 역할이 달라지고 직분자들을 포함한 구성원의 역할도 현격하게 달라지게 된다.

이번 조사를 통해 한 가지 발견한 것이 있다면, 한국 교회의 직분자들이 대단한 소명감과 열정을 가지고 있다는 점이다. 한국 교회에는 겸손과 나눔과 섬김의 미덕을 갖추고 주님의 일에 헌신하고자 하는 좋은 일꾼들이 많이 있다는 것이다. 그러나 이러한 열정이 올바른 방향과 목적으로 틀 지어지지 않는다면 더 많은 혼란과 갈등이 야기될 수도 있다. 한국 교회에서 중핵의 역할을 담당할 직분자들을 바로 이해하고 이들을 돕기 위한 다양한 방안이 마련되어야 할 시점에 와 있다.

■ 도움 받은 글

M. 깁스/T. R. 모튼, 「오늘의 평신도와 교회」. 김성한 옮김. 서울: 대한기독교출판사, 1987.

교회갱신을 위한 목회자협의회, “한국 장로교 정치제도에 대한 일반성도 의식조사 보고서” 1997년 6월 27일.

송인규, “교회와 직분자, 2부 한국 교회의 현장을 가다” 미출판 논문.

송인설, “장로 직분의 역사적 발전과 신학적 전망,” 바른교회아카데미 연구 논문집, 「교회정치와 민주주의」.

임창호, “교회 직분자들을 위한 사역내용설명서(jop description) 제정에 관한 연구,” 「로고스경영연구」, 제 6권, 1호(2008년 5월).

최재석, 「한국인의 사회적 성격」 서울: 현음사, 1994.

헨드릭 크레머, 「평신도신학」 유동식 옮김. 서울: 대한기독교서회, 1960.

제7장 교회 회중에 대한 목회자 의식 조사

1. 들어가는 말

지난 2005년 인구주택 총조사 결과 다른 종교 인구가 증가한 데 비해 한국 개신교 인구만 감소하였다고 알려진 이후에 교회의 위기에 대한 논의들이 활발하게 진행되고 있다. 그러나 단지 교인 수가 감소했다고 해서 위기인 것은 아니다. 교인 수가 적다고 하더라도 교회가 마땅히 해야 할 일을 하고 있다면 위기라고 할 수 없기 때문이다. 또한, 한국 교회 중에서 대략 80% 정도가 교인 수 100명 미만의 작은 교회라고 알려져 있다. 그러나 교회가 작다고 해서 교회로서의 의미가 약화되는 것이 아니다. 작은 규모의 교회 안에서 회중들이 분명한 기독교인으로서의 정체성을 가지고 활발하게 활동하며 신앙 공동체를 이루고 있다면, 누구도 이 교회의 의미를 가볍게 생각할 수 없기 때문이다.

이러한 점에서 교회에서 회중은 교회 구성 요소 중 가장 핵심을 이루는 요소라고 할 수 있다. 그것은 교회라는 말 자체가 예배처소나 건물을 가리키는 것이 아니라 믿는 이들의 모임을 뜻하기 때문이기도 하다. 그리고 목회의 차원에서도 회중은 매우 중요한 의미를 갖는다. 교회의 인적 요소인 회중을 제대로 알지 못하고서는 회중에게 적절한 목회가 되지 않고 목회자 입장에서 일방적이고 획일적인 목회가 될 수 있기 때문이다. 뿐만 아니라 교회가 공동체성을 회복하기 위해서는 교회 회중들 사이에 깊이 있는 교류와 다양한 활동에의 참여가 필수라고 할 수 있다.

그러나 이렇게 중요한 회중에 대한 연구가 국내에서는 최근까지도 크게 진척되지 않고 있는 실정이다. 특히 회중과 관련된 경험 연구는 전무하다고 할 수 있을 정도이다. 이번 조사는 이러한 상황에서 회중에 대한 목회자들의 의식을 파악함으로써 한국 교계에 회중 목회의 중요성에 대한 인식을 높이고, 회중 목회를 위한 기초 자료로 삼고자 실시되었다. 비록 제한된 표본에 대한 조사이지만 한국 교회가 '회중을 세우는 목회'를 통해 새롭게 거듭나는 데 소중한 자료로 활용되기를 기대한다.

2. 자료의 성격

1) 조사 방법

이번 조사 연구는 2009년 3월 23일에서 4월 10일까지 3주일 동안 6개의 목회자 대상 세미나 및 모임들을 통해 설문조사를 실시하여 얻은 자료를 통계 분석하여 얻은 결과를 토대로 하였다. 조사 자료의 통계적 엄밀성을 위해서는 체계적인 표본 추출 방법을 사용해야 하나, 전국의 목회자 명단을 입수하여 표본 추출을 하는 것이 여의치 않아 다수의 목회자 모임을 방문하여 설문 조사를 하는 임의 표집 방법을 사용하였다. 다만 임의 표집의 한계를 줄이기 위하여 특정 교단 모임이나 특정한 성격을 지닌 모임을 배제하고, 초교파 모임과 일반적인 목회자들이 참석하는 대중성 있는 집회를 통해서 표본을 추출하였다. 주로 서울과 수도권 지역에서 설문 조사를 실시하였고,

지방 목회자의 표본을 포함시키기 위하여 부산에서 있었던 한 목회자 모임에서 설문 조사를 실시하였다.

총 1,000부의 설문지를 배포하여 460부를 회수하였고, 이중에 신뢰성이 떨어지는 설문지 22부와 자신의 지위를 '평신도' 라고 응답한 설문지 18부를 제외하여 430부의 설문지를 대상으로 통계 분석을 하였다. 통계 분석은 기초 자료를 입력한 후에 여론 조사 전문 기관인 〈글로벌 리서치〉에 분석을 의뢰하여 조사 결과를 도출하였다. 한국 교계 통계 자료 중에 목회자를 대상으로 한 자료가 거의 없고 그나마도 특정 교단이나 특정 단체 내부에서 실시한 자료인 것을 감안하면, 이번 조사는 400명이 넘는 여러 교단을 아우르는 목회자들을 대상으로 한 설문 조사라는 점에서 충분히 참고할 만한 자료가 된다고 할 수 있을 것이다.

2) 설문 문항 구성

설문 문항은 도입 질문으로 한국 교회가 당면한 문제들에 대한 문항들과 이번 조사의 중심 내용인 교회 회중에 대한 문항들, 그리고 통계 처리를 위한 인구학 변수들에 대한 문항으로 구성되었다. 한국 교회의 당면 문제와 관련해서는, 최근에 문제가 되고 있는 교회 양극화 문제와 양극화 문제로 어려움에 처해 있는 작은 교회에 대한 견해를 묻는 질문을 포함하였다. 다음으로 교회 회중에 대한 문항으로는 교회에서 의사 결정 방식과 목회자 리더십 등에 대하여 질문하였고, 교회에서 회중의 참여에 대한 기회와 교회의 회중성 실현 정도에 대하여는 5점 척도로 질문하였다. 마지막 부분은 통계 처리를 위한 인구학 변수에 관한 문항들로 구성되었는데, 학력과 교단, 교인 수, 목회 지역 등이었다.

3. 조사 결과

1) 응답자 특성

먼저 성별로 보면, 응답자 총 430명 중에서 남성은 356명으로 82.8%였고, 여성은 74명으로 17.2%였다. 여성 목회자 중에 담임 목회자는 27%(20명)였다. 나이는 20대가 16명으로 3.7%, 30대가 115명으로 26.7%, 40대가 155명으로 36.0%, 50대가 123명으로 28.6%, 60대가 21명으로 4.9%였다.

교회에서의 지위는 담임 목회자가 47.0%로 가장 많았고, 다음으로 전임 교역자 34.2%, 전도사 17.0%, 기타와 무응답이 1.9%였다. 학력은 신학 학사 및 석사가 89.1%로 가장 많았고, 신학 박사가 5.6%였다. 교회 사역 기간은 2년 미만이 29.3%로 가장 많았고, 2~5년이 26.5%, 5~10년이 18.8%였고, 10년 이상이라고 응답한 목회자도 19.3%가 되었다. 평균 사역 기간은 6년이었다.

교인 수는 100명 미만이 42.8%를 차지했고, 100~299명이 13.7%, 300~999명이 17.0%였고, 1,000명 이상이 23.3%로 집계돼, 일반적으로 알려진 한국 교회 교인 수에 비해서 100명 미만 교회 목회자 표본이 작고 1,000명 이상 교회 목회자 표본이 크게 표집된 것으로 나타났다.

소속 교단은 예장 합동이 34.0%(146명), 예장 통합이 15.6%(66명), 예장 기타교단(고신, 대신 등)이 7.2%(31명)로 예수교 장로회가 56.5%(243명)이었고, 기독교 감리회가 15.3%(66명), 성결교가 5.1%(22명), 기독교 침례회가 5.6%(24명) 등이었다.

교회가 있는 지역은 서울이 24.4%, 경기도가 27.7%로 수도권이 52.1%를 차지했고, 강원도 2.8%, 충청도가 7.9%, 전라도가 4.0%, 그리고 경상도가 30.5%였다. 경상도의 비중이 높은 것은 앞에서 언급한 대로, 부산 지역 목회자 모임에서 설문 조사를 한 결과가 반영되었기 때문이다. 지역 규모에 따른 결과는 대도시가 51.6%를 차지했고, 중소도시가 34.2%, 지방 읍면 지역이 12.3%였다.

■ **표1_ 응답자 특성** (단위:%)

	결과			결과	
	사례수	%		사례수	%
전체	430	100%	전체	430	100%
성별			교인수		
남자	356	82.8%	100명 미만	184	42.8%
여자	74	17.2%	100~299명	59	13.7%
			300~999명	73	17.0%
연령			1000명 이상	100	23.3%
29세이하	16	3.7%	무응답	14	3.3%
30~39세	115	26.7%	소속 교단		
40~49세	155	36.0%	예수장로회합동	146	34.0%
50~59세	123	28.6%	예수장로회통합	68	15.8%
60세이상	21	4.9%	기독교감리회	66	15.3%
			기독교침례회	24	5.6%
지위			기독교성결교	22	5.1%
전임 교역자	147	34.2%	예수장로회고신대신	19	4.4%
담임 목회자	202	47.0%	루터교	18	4.2%
시간제교역자	73	17.0%	예수장로회기타교단	12	2.8%
기타	2	0.5%	기타	44	10.2%
무응답	6	1.4%	무응답	11	2.6%
			교회 지역		
학력			서울	105	24.4%
일반대(학사/석사)	10	2.3%	경기	119	27.7%
신학교(학사/석사)	383	89.1%	강원	12	2.8%
신학교(박사)	24	5.6%	충청	34	7.9%
기타	3	0.7%	경상	131	30.5%
무응답	10	2.3%	전라	17	4.0%
			제주	1	0.2%
사역 기간			무응답	11	2.6%
2년 미만	126	29.3%	지역규모		
2~5년 미만	114	26.5%	대도시	222	51.6%
5~10년 미만	81	18.8%	중소 도시	147	34.2%
10년 이상	83	19.3%	지방/ 읍면	53	12.3%
무응답	26	6.0%	무응답	8	1.9%

2) 한국 교회가 당면한 문제

한국 교회가 당면한 문제와 관련해서, 먼저 현재 한국 교회가 당면한 가장 큰 문제가 무엇이라고 생각하는지에 대하여 두 가지를 고르는 복수 응답 질문을 제시하였다. 이에 대하여, 가장 많은 42.3%가 "목회자의 자질 부족"이라고 응답하였고, 다음으로 "신앙의 실천 부족"이 34.2%, "지나친 양적 추구"가 31.2%, "개교회주의"가 20.9%, "신앙 훈련의 부족"이 17.2%, "신학생 과다배출"이 16.5%, "교회 양극화 현상"에 대해서도 10.0%가 문제라고 인식을 하였다. 이것은 최근에 불거진 교단 문제가 영향을 미친 것으로 볼 수도 있으나 목회자 스스로 목회자의 자질 문제를 한국 교회의 가장 큰 문제라고 지적한 것은 자기 성찰의 측면에서 긍정적으로 해석될 수 있겠다.

■ 표2_ 한국 교회가 당면한 가장 큰 문제점(복수응답/단위:%)

	사례수	목회자의 자질부족	신앙의 실천부족	지나친 양적성장 추구	개교회 주의	신앙훈련의 부족	신학생 과다배출	교회 양극화 현상
전체	(430)	42.3	34.2	31.2	20.9	17.2	16.5	10.0
성별								
남자	(356)	42.1	34.3	31.5	21.6	16.3	16.6	9.8
여자	(74)	43.2	33.8	29.7	17.6	21.6	16.2	10.8
연령								
29세이하	(16)	43.8	37.5	31.3	12.5	18.8	6.3	0.0
30~39세	(115)	40.0	36.5	36.5	20.0	18.3	13.9	9.6
40~49세	(155)	37.4	33.5	32.3	25.2	15.5	19.4	9.0
50~59세	(123)	48.0	35.0	27.6	16.3	19.5	16.3	13.0
60세이상	(21)	57.1	19.0	14.3	28.6	9.5	19.0	9.5
지위								
전임교역자	(147)	41.5	36.7	35.4	23.1	16.3	11.6	6.8
담임목회자	(202)	42.6	32.7	26.2	23.8	15.8	20.8	11.9
시간제교역자	(73)	45.2	31.5	37.0	11.0	23.3	15.1	11.0
기타	(2)	0.0	50.0	50.0	0.0	0.0	0.0	0.0
무응답	(6)	33.3	50.0	16.7	0.0	16.7	16.7	16.7

다음으로 현재 사역 중인 교회가 당면한 가장 큰 문제점을 질문하였는데, 가장 큰 비중을 차지한 응답은 "평신도의 의식부족" 이 18.1%를 차지했고, 다음이 "교육의부족" (17.2%), "성장이 안됨" (17.0%), "목회자의 문제" (15.6%), "교회시설의 부족" (13.7%), "재정 부족" (10.5%), "평신도의 헌신 부족" (9.3%) 순이었다. 결국 평신도의 문제로 보는 견해가 27.4%를 차지했고, 교회 시설이나 재정 부족의 문제로 보는 견해가 24.2%로 절반 이상을 차지하고 있었다.

이에 대하여 인구학 변수에 따라 응답에 차이가 있었다. 성장이 안 되는 것이 문제라는 응답은 연령과 비례하였는데, 30대 이하 목회자들 중에는 5% 정도만이 성장이 안 되는 것이 문제라고 응답한 반면에 50대 이상에서는 30% 이상이 성장이 안 되는 것이 문제라고 응답하였다. 마찬가지로, 현재 교회에서 사역한 기간이 길수록 성장이 안 되는 것이 문제라는 응답률이 높아 10년 이상의 경우, 25.3%가 성장이 안 되는 것이 문제라고 응답하였다.

교회 규모에 따라서 보면, 교인 수 100명 미만의 소형 교회에서는 가장 많은 28.3%가 성장이 안 되는 것이 문제라고 꼽은 반면에, 교인 수 100~299명의 중소형 교회에서는 27.1%가 " 교육의 부족 "을 꼽았고, 이보다 다소 적은 20.3%가 " 성장이 안 됨 "을 꼽았다. 교인 수 300~999명의 중형 교회 목회자들은 28.8%가 " 평신도의 의식 부족 "을 20.5%는 " 교육의 부족을 꼽았고, 교인 수 1,000명 이상의 중대형 교회 목회자들은 25.0%가 "평신도의 의식 부족" 을 그리고 똑같은 25.0%는 "교회 시설의 부족" 을 꼽았다. 교회 규모가 클수록 "교회 시설의 부족" 에 대한 응답률이 높게 나타났다.

교회에서의 지위에 따라서 보면, 담임 목회자들의 경우에는 가장 큰 문제로 23.8%가 성장이 안 되는 것을 꼽은 데 반해 전임 교역자는 23.8%가 "평신도의 의식 부족 "을, 시간제 교역자는 23.3%가 " 교육의 부족 "을 꼽아 의식의 차이를 나타내었다.

■ 표3_ 사역 중인 교회가 당면한 가장 큰 문제점(단위:%)

	사례수	평신도의 의식 부족	교육의 부족	성장이 안됨	목회자의 문제	교회 시설의 부족	재정 부족	평신도의 헌신 부족
전체	(430)	18.1	17.2	17.0	15.6	13.7	10.5	9.3
성별								
남자	(356)	18.3	16.6	15.4	16.9	12.9	11.0	8.4
여자	(74)	17.6	20.3	24.3	9.5	17.6	8.1	13.5
연령								
29세 이하	(16)	18.8	25.0	6.3	0.0	6.3	25.0	12.5
30~39세	(115)	23.5	15.7	5.2	15.7	18.3	8.7	10.4
40~49세	(155)	19.4	17.4	16.8	19.4	11.0	9.0	9.7
50~59세	(123)	13.0	16.3	26.0	13.8	16.3	11.4	7.3
60세 이상	(21)	9.5	23.8	38.1	9.5	0.0	14.3	9.5
지위								
전임 교역자	(147)	23.8	17.0	8.8	13.6	17.0	4.1	12.2
담임 목회자	(202)	14.4	14.9	23.8	17.3	11.9	14.4	6.9
시간제교역자	(73)	19.2	23.3	16.4	16.4	12.3	11.0	8.2
기타	(2)	0.0	0.0	0.0	0.0	50.0	0.0	50.0
무응답	(6)	0.0	33.3	0.0	0.0	0.0	33.3	16.7
사역 기간								
2년 미만	(126)	23.0	16.7	14.3	11.1	15.1	10.3	10.3
2~5년 미만	(114)	16.7	20.2	14.0	18.4	16.7	11.4	8.8
5~10년 미만	(81)	22.2	16.0	18.5	13.6	12.3	7.4	8.6
10년 이상	(83)	10.8	14.5	25.3	16.9	10.8	13.3	9.6
무응답	(26)	11.5	19.2	11.5	26.9	7.7	7.7	7.7
교인수								
100명 미만	(184)	11.4	14.1	28.3	18.5	7.6	17.9	8.2
100~299명	(59)	15.3	27.1	20.3	18.6	13.6	5.1	6.8
300~999명	(73)	28.8	20.5	6.8	13.7	12.3	5.5	6.8
1000명 이상	(100)	25.0	14.0	2.0	9.0	25.0	4.0	16.0
무응답	(14)	14.3	21.4	14.3	21.4	21.4	7.1	0.0

다음으로 한 교회의 적정 교인 수에 대하여 질문하였는데, 범주를 제시하지 않고 직접 기입하도록 하였다. 분석 결과, 가장 많은 40.9%의 응답이 100~299명 범주에 있었고, 다음으로 25.3%는 300~499명 범주에 있어 전체 응답자의 3분의 2인 66.2%가 100~499명 이하의 중소형 교회가 적정 교인 수라고 생각하는 것으로 나타났다. 그리고 500~999명 범주에는 13.0%가, 1,000~1,999명 범주에는 3.0%가, 2000명 이상에도 3.3%가 응답하였다.[99]

평균값은 535명이었는데, 이 평균값은 이상치를 제외한 것인데, 이상치는 10,000명, 30,000명, 100,000명이 각각 1사례씩 있었다. 그리고 전체 수치 중에 중간에 위치하는 중앙값은 350명이었고, 가장 많은 응답자가 적은 수치인 최빈값은 103명이 응답한 300명이었다. 전체 응답자의 24.0%가 적정 교인 수를 300명이라고 응답한 것이다.[100] 성별로 보면, 남성 목회자 517명, 여성 목회자 619명으로 여성 목회자가 생각하는 적정 교인 수가 100여명 더 높은 것으로 나타났다. 그리고 나이별로는, 대개 목사 안수를 받는 시기인 30대에서 평균값이 가장 높은 692명이었고, 40대에서 513명, 50대에서 441명으로 줄어들었다.

---

99) 이것은 <교회갱신을 위한 목회자협의회>가 2009년 2월19일(목)에 개최하였던 '젊은 목회자 포럼' 참가자들을 대상으로 실시한 설문조사 결과와는 다소 차이가 있는 결과이다. 이 조사에서는 가장 많은 36.1%가 "300~499명"이라고 응답하였고, 다음으로 "500~999명"(30.2%), "100~299명"(21.6%), "1,000명 이상"(7.8%), "100명 미만"(4.3%) 순이었다.

100) 교인 수 300명이라는 수치는 공동체교육을 강조한 종교교육학자인 존 웨스터호프가 교회의 공동체성을 담보하기 위한 적정 인원수로 제시한 숫자이기도 하다. 웨스터호프는 그의 책에서, "공동체는 그 크기에 있어서 소규모이어야 한다. 구성원들이 의미와 목적을 지닌 교섭을 유지할 수 있고, 친숙한 교제의 배려를 위한 적정 인원은 300명이다."라고 말한 바 있다. John Westerhoff III, "A Changing Focus, Toward an Understanding of Religions Socialization," *Andover Newton Quarterly*, 14권(1973년), 120쪽. 김 도일, "엘리스 넬슨과 존 웨스터호프의 사회화 접근," 「교육인가 신앙공동체인가?」(서울: 한국장로교출판사, 1998), 130쪽에서 되따옴.

변수별로 보면, 담임목회자들의 50.0%가 100~299명 범주에 응답하였고, 전임교역자들의 29.9%는 100~299명 범주에, 그리고 똑같은 29.9%는 300~499명 범주에 응답하였다. 평균값에서는 큰 차이를 나타내어 적정 교인 수에 대한 담임 목회자들의 평균값은 396명인데 반해 전임 교역자들의 평균값은 769명으로 2배 가까이 많았다. 그리고 현재 교회에서 사역한 기간이 길수록 100~299명 범주에 응답한 비율이 높아서 2년 미만의 경우 32.5%가 응답하였으나 10년 이상의 경우 과반수인 50.6%가 응답하였다. 따라서 목회 초기 또는 비교적 젊은 나이에는 보다 큰 규모의 교회를 지향하다가 나이가 들고 사역기간이 길어지면서 보다 작은 규모의 교회를 지향하게 된다고 볼 수 있다. 이것은 실제로 교회의 양적인 성장이 어려운 목회 현실이 반영된 결과이기도 하다.

교회 규모별로 보면, 100명 미만의 소형 교회 목회자들은 상대적으로 많은 17.4%가 역시 100명 미만의 범주에 응답을 하여 작은 규모의 교회를 의미 있게 여기는 것으로 나타났다. 그리고 50.0%는 100~299명 범주에 응답하였다. 100~299명 규모 교회의 목회자들은 가장 많은 59.3%가 현재와 같은 100~299명이 적정 인원으로 보았다. 교인 수 300~999명 규모 교회의 목회자들은 100~299명, 300~499명, 500~999명 범주에 비교적 고르게 응답을 하였다. 흥미로운 것은 교인 수 1,000명 이상 규모 교회의 목회자들의 응답인데, 이들 중 가장 많은 30.0%가 301~500명 범주에 응답하였고, 1,000명 이상에 응답한 비율은 18.0%에 불과하였다. 이것은 중대형교회 목회자들마저 1,000명 이상의 교인이 적당하지 않다는 견해를 드러내는 것이다.

지역별로 보면, 대도시 지역의 교회는 커야한다고 생각할 것이라는 일반적인 예상과 달리, 대도시 지역의 목회자들도 가장 많은 36.0%가 100~299명 범주에 응답하였고, 301~500명 범주에 대한 응답율도 30%를 넘지 않았으며, 1,000명 이상에 응답한 비율은 9.1%에 불과하였다. 중소도시와 지방 읍면 지역의 목회자들은 각각 40.8%와 62.3%가 100~299명 범주에 응답하였다. 평균값으로 보면, 대도시 지역 632명, 중소도시 491명, 지방 읍면 261명으로 어느 정도 차이를 나타내었다.

다음으로 최근 한국 교계에서 심각한 문제로 제기되고 있는 교회 양극화 현상에 대하여 어떻게 생각하는지 질문하였다. 2003년 교회성장연구소는 전국의 교인을 대상으로 실시한 '교회 수평이동 교인 행동 조사' 결과 발표를 통해 '한국 교회들 중 성인 교인 수 300명 이하의 교회가 80%나 된다' 고 밝힌 바 있다. 또한 크리스천리더십연구소의 최근 자료에 의하면 한국에는 약 54,000여 교회가 있음에도 불구하고 80-90%가 성인 교인수 150명 이하인 소형교회라고 하고, 이중 대부분이 30-50명 규모의 교회라고 하여 큰 교회로 교인들이 몰리고 작은 교회에서는 교인들이 더욱 줄어드는 이른바 교회간의 '양극화 현상' 이 더욱 심해지고 있는 것으로 나타났다.

이번 조사 결과, 응답자의 58.1%가 "매우 심각한 문제이다" 에 응답하였고, 33.3%가 "어느 정도 문제가 된다" 에 응답하여 91.4%가 양극화 현상을 문제라고 인식하고 있었다. 이에 대하여 현재 교회에서 사역한 기간이 길수록, 그리고 담임 목회자들이 다른 지위의 교역자들에 비해 더 심각하게 느끼고 있었다. 또한 서울 경기 등 수도권 지역의 목회자들이 다른 지역에 비해 더 심각하게 느끼고 있었는데, 이것은 수도권에 많은 교회가 몰려 있는 것과 관계가 있는 것으로 여겨진다. 교회 규모에 따라서 보면, 교인 수 1,000명 이상 교회의 목회자들은 다른 규모 교회 목회자들과 다르게 심각한 문제로 인식하는 비율이 절반에 미치지 못하였고, 별로 문제가 아니라는 응답도 상대적으로 높게 나와 의식의 차이를 나타내었다.

■ 표4_ 한 교회의 적정 교인수 (단위:%)

	사례수	100명 미만	100~ 299명	300~ 499명	500~ 999명	1000~ 1999명	2000명 이상	모름/ 무응답	평균 (명)
전체	(430)	7.9	40.9	25.3	13.0	3.0	3.3	6.3	535
성별									
남자	(356)	8.4	43.8	24.2	11.2	2.5	3.7	5.9	517
여자	(74)	5.4	27.0	31.1	21.6	5.4	1.4	8.1	619
연령									
29세 이하	(16)	12.5	37.5	6.3	31.3	0.0	0.0	12.5	446
30~39세	(115)	6.1	32.2	27.0	14.8	6.1	6.1	7.8	692
40~49세	(155)	7.1	46.5	25.8	11.6	0.6	3.2	5.2	513
50~59세	(123)	8.9	39.8	27.6	11.4	4.1	0.8	6.5	441
60세 이상	(21)	14.3	57.1	14.3	9.5	0.0	4.8	0.0	462
지위									
전임 교역자	(147)	2.7	29.9	29.9	16.3	4.8	7.5	8.8	769
담임 목회자	(202)	12.9	50.0	20.8	8.9	1.5	1.5	4.5	396
시간제교역자	(73)	4.1	38.4	28.8	16.4	4.1	0.0	6.8	481
기타	(2)	50.0	50.0	0.0	0.0	0.0	0.0	0.0	200
무응답	(6)	0.0	33.3	33.3	33.3	0.0	0.0	0.0	500
사역 기간									
2년 미만	(126)	7.1	32.5	29.4	20.6	4.0	2.4	4.0	568
2~5년 미만	(114)	7.0	40.4	25.4	10.5	5.3	4.4	7.0	572
5~10년미만	(81)	12.3	45.7	23.5	4.9	1.2	4.9	6.2	487
10년 이상	(83)	7.2	50.6	24.1	12.0	0.0	1.2	4.8	466
무응답	(26)	3.8	38.5	15.4	15.4	3.8	3.8	19.2	585
교인수									
100명 미만	(184)	17.4	50.0	20.1	6.0	1.6	1.6	2.7	369
100~299명	(59)	1.7	59.3	27.1	8.5	0.0	0.0	3.4	368
300~999명	(73)	0.0	34.2	31.5	24.7	2.7	0.0	6.8	546
1000명 이상	(100)	1.0	18.0	30.0	21.0	7.0	11.0	12.0	991
무응답	(14)	0.0	42.9	21.4	7.1	7.1	0.0	21.4	418
교회 지역									
서울	(105)	6.7	44.8	23.8	13.3	2.9	1.0	7.6	480
경기	(119)	15.1	40.3	20.2	14.3	0.8	4.2	5.0	517
강원	(12)	8.3	83.3	0.0	8.3	0.0	0.0	0.0	256
충청	(34)	11.8	64.7	11.8	0.0	0.0	5.9	5.9	480
경상	(131)	3.1	25.2	38.2	16.0	5.3	4.6	7.6	654
전라	(17)	0.0	58.8	17.6	11.8	5.9	0.0	0.0	469
제주	(1)	0.0	100.0	0.0	0.0	0.0	0.0	0.0	300
무응답	(11)	0.0	45.5	27.3	9.1	9.1	0.0	9.1	475
지역 규모									
대도시	(222)	5.0	36.0	28.8	13.5	5.0	4.1	7.7	632
중소 도시	(147)	10.9	40.8	21.8	17.0	0.7	3.4	5.4	491
지방/ 읍면	(53)	13.2	62.3	20.8	0.0	0.0	0.0	1.9	261
무응답	(8)	0.0	37.5	25.0	12.5	12.5	0.0	12.5	543

■ 표5_ 교회 양극화 현상에 대한 인식 (단위:%)

	사례수	① 매우 심각한 문제이다	②어느정도 문제가 된다	③그저 그렇다	④ 별로 문제가 되지 않는다	⑤ 전혀 문제가 되지 않는다
전체	(430)	58.1	33.3	3.3	4.0	0.9
성별						
남자	(356)	60.1	30.6	3.9	4.2	0.8
여자	(74)	48.6	45.9	0.0	2.7	1.4
연령						
29세 이하	(16)	56.3	25.0	6.3	12.5	0.0
30~39세	(115)	49.6	34.8	6.1	7.0	2.6
40~49세	(155)	58.1	36.1	1.3	4.5	0.0
50~59세	(123)	63.4	31.7	3.3	0.0	0.8
60세 이상	(21)	76.2	19.0	0.0	0.0	0.0
지위						
전임 교역자	(147)	52.4	34.7	5.4	6.1	0.7
담임 목회자	(202)	63.4	32.2	2.5	1.5	0.0
시간제교역자	(73)	54.8	32.9	1.4	6.8	4.1
기타	(2)	50.0	50.0	0.0	0.0	0.0
무응답	(6)	66.7	33.3	0.0	0.0	0.0
사역 기간						
2년 미만	(126)	55.6	38.9	1.6	4.0	0.0
2~5년 미만	(114)	52.6	33.3	7.0	5.3	1.8
5~10년미만	(81)	61.7	32.1	1.2	3.7	1.2
10년 이상	(83)	69.9	22.9	3.6	1.2	0.0
무응답	(26)	46.2	42.3	0.0	7.7	3.8
교인수						
100명 미만	(184)	64.1	31.0	2.7	2.2	0.0
100~299명	(59)	57.6	30.5	5.1	3.4	1.7
300~999명	(73)	63.0	35.6	0.0	0.0	1.4
1000명이상	(100)	46.0	37.0	6.0	9.0	1.0
무응답	(14)	42.9	35.7	0.0	14.3	7.1
교회 지역						
서울	(105)	60.0	32.4	1.0	5.7	1.0
경기	(119)	69.7	25.2	1.7	2.5	0.8
강원	(12)	50.0	50.0	0.0	0.0	0.0
충청	(34)	47.1	41.2	8.8	0.0	0.0
경상	(131)	55.0	36.6	3.8	3.1	0.8
전라	(17)	23.5	47.1	17.6	11.8	0.0
제주	(1)	0.0	100.0	0.0	0.0	0.0
무응답	(11)	54.5	18.2	0.0	18.2	9.1

교회 양극화 문제와 관련하여, 작은 교회에서 교인들이 줄어드는 이유를 무엇이라고 생각하는지 물어보았는데, 가장 많은 23.7%가 "체계적인 교육의 부족"에 응답하였고, 23.3%는 "평신도의 의식 부족"이라고 응답하였으며, 18.6%는 "목회자의 문제"라고 응답하였다. 다음으로 "헌금에 대한 부담"(12.1%), "개인 생활의 노출"(11.9%), "시설의 불편"(8.8%) 순으로 응답하였다.

이에 대하여 교인 수 100명 미만과 100~299명의 중소형 교회 목회자들은 각각 가장 많은 25.0%와 25.4%가 "평신도의 의식 부족"이라고 응답한 반면에 교인 수 300~999명의 중형 교회 목회자들은 "체계적인 교육의 부족"에 대한 응답율(26.0%)이 가장 높았으며, 교인 수 1,000명 이상의 중대형 교회 목회자들은 "체계적인 교육의 부족"과 "목회자의 문제"를 같은 비율(26.0%)로 높게 지적하여 이 문제에 대한 시각 차이를 나타냈다.

■ 표6_ 작은 교회 교인들이 줄어드는 이유 (단위:%)

	사례수	체계적인 교육의 부족	평신도의 의식 부족	목회자의 문제	헌금에 대한 부담	개인생활의 노출	시설의 불편	모름/무응답
전체	(430)	23.7	23.3	18.6	12.1	11.9	8.8	1.2
성별								
남자	(356)	20.8	23.6	19.9	11.2	12.4	8.4	1.4
여자	(74)	37.8	21.6	12.2	16.2	9.5	10.8	0.0
지위								
전임교역자	(147)	23.8	23.8	23.8	12.2	9.5	4.1	2.0
담임목회자	(202)	21.3	24.3	14.4	13.9	13.9	11.4	1.0
시간제교역자	(73)	27.4	21.9	21.9	8.2	11.0	9.6	0.0
기타	(2)	0.0	0.0	0.0	0.0	0.0	100.0	0.0
무응답	(6)	66.7	0.0	0.0	0.0	16.7	0.0	0.0
교인수								
100명 미만	(184)	21.2	25.0	14.1	13.6	15.2	11.4	1.1
100~299명	(59)	20.3	25.4	18.6	8.5	11.9	11.9	1.7
300~999명	(73)	26.0	23.3	20.5	9.6	11.0	4.1	0.0
1000명이상	(100)	26.0	21.0	26.0	13.0	7.0	5.0	1.0
무응답	(14)	42.9	7.1	14.3	14.3	7.1	14.3	7.1

이러한 작은 교회들이 갖는 어려움을 극복하기 위해 가장 중요한 것이 무엇인지 묻는 질문에 가장 많은 25.8%가 "중대형 교회들의 지원"에 응답하였고, 이와 비슷한 25.1%가 "지역 교회들의 연합"이라고 응답하였다. 다음으로 "담임 목회자의 헌신"(17.9%), "교단의 지원"(14.0%), "교인들의 헌신"(10.5%), 작은 교회들의 연합(7.0%) 순으로 응답하였다.

■ **표7_ 작은 교회 교인들이 어려움을 극복하기 위한 방법** (단위:%)

	사례수	중대형 교회들의 지원	지역교회들의 연합	담임 목회자의 헌신	교단의 지원	교인들의 헌신	작은 교회들의 연합
전체	(430)	25.8	25.1	17.9	14.0	10.5	7.0
성별							
남자	(356)	24.4	23.9	18.8	13.2	10.1	8.1
여자	(74)	32.4	31.1	13.5	17.6	12.2	1.4
연령							
29세 이하	(16)	25.0	37.5	12.5	12.5	0.0	12.5
30~39세	(115)	24.3	27.0	12.2	13.0	10.4	6.1
40~49세	(155)	26.5	25.8	16.1	14.8	11.6	9.0
50~59세	(123)	25.2	22.0	24.4	14.6	10.6	4.9
60세 이상	(21)	33.3	19.0	28.6	9.5	9.5	4.8
지위							
전임교역자	(147)	19.7	27.9	17.0	19.0	11.6	7.5
담임목회자	(202)	27.7	22.8	21.8	11.4	8.4	7.9
시간제교역자	(73)	31.5	27.4	11.0	12.3	11.0	4.1
기타	(2)	50.0	0.0	0.0	0.0	50.0	0.0
무응답	(6)	33.3	16.7	0.0	0.0	33.3	0.0
교인수							
100명 미만	(184)	31.5	20.1	16.8	13.0	12.0	6.5
100~299명	(59)	15.3	28.8	32.2	10.2	5.1	11.9
300~999명	(73)	16.4	37.0	9.6	13.7	17.8	8.2
1000명 이상	(100)	28.0	24.0	18.0	19.0	6.0	2.0
무응답	(14)	28.6	21.4	14.3	7.1	7.1	21.4

이에 대하여 교인 수 100명 미만의 소형 교회의 목회자들은 평균보다 높은 31.5%가 "중대형 교회들의 지원"에 응답한 반면에, 교

인 수 100~299명의 중소형 교회 목회자들은 평균보다 훨씬 낮은 15.3%만이 "중대형 교회들의 지원"에 응답하였고, 가장 많은 28.8%가 "지역 교회들의 연합"에 응답하여 뚜렷한 차이를 나타내었다. 교인 수 100명 미만의 교회들 중에는 다수의 미자립 교회가 포함되어 있는 것으로 미루어 볼 때, 미자립 교회들의 경우에는 비교적 여유가 있는 중대형 교회들의 직접적인 지원이 도움이 되며, 재정적으로 자립을 한 중소형 교회들의 경우 중대형 교회들의 지원보다는 지역 교회들의 다양한 연합 활동을 통해 작은 교회가 갖는 어려움을 극복할 수 있다고 생각하고 있는 것으로 해석할 수 있다.

3) 회중 목회

■ 표8_ 교회 회중에 대한 이해 (단위:%)

	사례수	하나님의 백성	신앙공동체의 일원	목회의 대상	개교회 교인	모름/무응답
전체	(430)	60.2	35.3	3.7	0.7	0.9
성별						
남자	(356)	57.6	36.5	3.7	0.8	0.8
여자	(74)	73.0	29.7	4.1	0.0	1.4
연령						
29세 이하	(16)	56.3	37.5	0.0	0.0	0.0
30~39세	(115)	53.9	37.4	6.1	0.0	2.6
40~49세	(155)	61.3	36.8	3.9	1.3	0.0
50~59세	(123)	65.9	30.1	2.4	0.8	0.8
60세 이상	(21)	57.1	42.9	0.0	0.0	0.0
지위						
전임 교역자	(147)	53.7	38.1	8.8	0.7	2.7
담임 목회자	(202)	64.4	32.7	1.5	1.0	0.0
시간제교역자	(73)	60.3	37.0	0.0	0.0	0.0
기타	(2)	100.0	0.0	0.0	0.0	0.0
무응답	(6)	66.7	50.0	0.0	0.0	0.0
교인수						
100명 미만	(184)	61.4	34.8	2.7	0.5	0.0
100~299명	(59)	57.6	40.7	3.4	0.0	0.0
300~999명	(73)	60.3	35.6	2.7	1.4	1.4
1000명 이상	(100)	59.0	35.0	7.0	1.0	1.0
무응답	(14)	64.3	21.4	0.0	0.0	14.3

다음으로 이번 조사의 중심 주제인 회중 목회에 대한 문항들을 제시하였는데, 먼저 도입 질문으로 교회 회중을 어떻게 이해하는지 질문하였다. 이에 대해 가장 많은 60.2%가 "하나님의 백성"에 응답하였고, 35.5%는 "신앙 공동체의 일원"이라고 응답하였다. 단순히 "목회의 대상"(3.7%)이나 "개교회 교인"(0.7%)이라고 응답한 비율은 매우 적게 나타났다.

■ 표9_ 바람직한 목회자의 역할 (단위:%)

	사례수	목회자가 큰틀만 제시, 교인들이 자율적 결정	목회자가 개입하지 않고 교인들이 알아서 하도록함	가능한 한, 일의 세세한 부분까지 목회자가 지도	특별한 역할을 하지 않음	모름/무응답
전체	(430)	78.8	12.6	7.4	0.5	1.4
성별						
남자	(356)	78.9	12.6	6.7	0.6	1.7
여자	(74)	78.4	12.2	10.8	0.0	0.0
연령						
29세 이하	(16)	62.5	12.5	25.0	0.0	0.0
30~39세	(115)	80.0	11.3	5.2	0.9	3.5
40~49세	(155)	77.4	14.8	7.7	0.0	0.6
50~59세	(123)	81.3	12.2	5.7	0.8	0.8
60세 이상	(21)	81.0	4.8	14.3	0.0	0.0
지위						
전임 교역자	(147)	81.0	10.2	7.5	0.0	3.4
담임 목회자	(202)	77.7	14.4	6.4	1.0	0.5
시간제교역자	(73)	78.1	12.3	9.6	0.0	0.0
기타	(2)	100.0	0.0	0.0	0.0	0.0
무응답	(6)	66.7	16.7	16.7	0.0	0.0
교인수						
100명 미만	(184)	80.4	12.0	6.5	0.5	0.5
100~299명	(59)	74.6	18.6	8.5	0.0	0.0
300~999명	(73)	83.6	12.3	5.5	0.0	0.0
1000명 이상	(100)	80.0	9.0	10.0	0.0	2.0
무응답	(14)	42.9	21.4	7.1	7.1	21.4

다음으로 목회자의 리더십과 관련하여 바람직한 목회자의 역할을 질문하였다. 회중을 세우는 목회를 하기 위해서는 지나치게 권위를 내세우는 권위주의 리더십보다는 회중들이 교회 일에 대하여 스스로

판단하고 참여할 수 있도록 하는 리더십이 바람직할 것이다. 이에 대하여, 가장 많은 78.8%가 "목회작 큰 틀만 제시하고 교인들이 자율적으로 결정하도록 한다"에 응답하였고, 다음으로 12.6%가 "목회자가 개입하지 않고 교인들이 알아서 하도록 함"에 응답하였다. "가능한 한 일의 세세한 부분까지 목회자가 지도한다"에 대한 응답은 7.4%로 매우 낮게 나타났다.

■ 표10_ 1년 동안 전체 교인들이 함께 회의하는 모임 횟수 (단위:%)

	사례수	없다	1회	2~3회	4~5회	필요할 때마다 수시로 자주 모인다
전체	(430)	8.8	31.2	29.5	9.8	18.4
교인수						
100명 미만	(184)	13.0	31.0	22.3	9.8	23.9
100~299명	(59)	6.8	37.3	22.0	6.8	27.1
300~999명	(73)	4.1	35.6	39.7	8.2	5.5
1000명 이상	(100)	4.0	25.0	42.0	14.0	14.0
무응답	(14)	21.4	28.6	14.3	0.0	7.1
교회 지역						
서울	(105)	9.5	29.5	27.6	13.3	17.1
경기	(119)	10.1	26.9	27.7	9.2	26.1
강원	(12)	8.3	33.3	25.0	16.7	16.7
충청	(34)	11.8	35.3	23.5	2.9	26.5
경상	(131)	6.1	38.2	35.9	8.4	9.2
전라	(17)	5.9	23.5	23.5	17.6	29.4
제주	(1)	0.0	100.0	0.0	0.0	0.0
무응답	(11)	18.2	0.0	27.3	0.0	18.2
지역 규모						
대도시	(222)	8.6	31.1	34.2	9.5	14.0
중소 도시	(147)	9.5	28.6	25.9	11.6	24.5
지방/ 읍면	(53)	7.5	43.4	20.8	7.5	20.8
무응답	(8)	12.5	0.0	25.0	0.0	12.5

다음으로 의사 결정 과정에 교회 회중이 얼마나 참여하는 가를 파악하기 위해 공동의회와 같이 전체 교인들이 함께 회의하는 모임 회수가 1년에 몇 차례 있는지 질문하였다. 이에 대하여 가장 많은

31.2%가 "1회" 라고 응답하였고, 이와 비슷한 29.5%가 "2~3회" 라고 응답하였다. 다음으로 "필요할 때마다 수시로 자주 모인다" 는 응답도 18.4%가 되었고, "4~5회" 가 9.8%, "없다" 는 응답은 8.8%로 나타났다. 이에 대하여 교회 규모에 따라 차이가 있었는데, "없다" 는 응답은 100명 미만의 소형 교회에서 13.0%로 상대적으로 높게 나왔고, "필요할 때마다 수시로 자주 모인다" 는 응답은 100명 미만의 교회와 100~299명의 중소형 교회에서 각각 23.9%와 27.1%로 상대적으로 높게 나왔다.

다음으로 중요 안건을 결정하는 방법에 대하여 질문하였는데, 가장 많은 39.3%가 "중직자들과 담임목회자가 의논하여 결정한다" 고 응답하였고, 다음으로 26.7%가 "담임 목회자의 의견을 가장 크게 고려하여 결정한다" 고 응답하여 전체의 3분의 2인 66.0%가 전체 교인들의 의견보다는 담임 목회자나 중직자들의 의견이 크게 고려되는 것으로 나타났다. "전체 교인들과 목회자가 함께 토론한 다음에 결정한다" 는 응답은 15.8%, "책임을 맡은 위원회에 속한 교인들의 의견을 중심으로 결정한다" 는 응답은 12.8%, "전체 교인들의 의견을 수렴하여 투표로 결정한다" 는 4.0%로 나타났다. 이것은 위의 〈표9〉에서 "목회자가 큰 틀만 제시하고 교인들이 자율적으로 결정하도록 한다" 는 응답이 78.8%에 달했던 것과 비교하면 다소 모순된 결과로 여겨진다.

이 문항 역시 교회 규모에 따라 차이가 있었는데, 교인 수 300~999명의 중형 교회와 1,000명 이상의 중대형 교회는 절반이 넘는 응답자(각각 57.5%와 51.0%)가 "중직자들과 담임목회자가 의논하여 결정한다" 고 응답한 반면에, 교인 수 100명 미만의 소형 교회와 100~299명의 중소형 교회 목회자들은 "전체 교인들과 목회자가 함께 토론한 다음에 결정한다" 와 "책임을 맡은 위원회에 속한 교인들의 의견을 중심으로 결정한다" 에 상대적으로 높은 응답을 하였다. 이것은 교회 규모가 커짐에 따라 보다 많은 회중들이 의사 결정에 참여할 수 있는 기회가 줄어든다는 사실을 나타내고 있는 것이다. 따라서 사회학에서 말하는 '과두제의 철칙'이 교회에서도 나타나고 있다고 할 수 있겠다.[101]

■ 표11_ 중요 안건 결정 방법 (단위:%)

	사례수	중직자들과 담임 목회자가 의논하여 결정한다	담임 목회자의 의견을 가장 크게 고려하여 결정한다	전체 교인들과 목회자가 함께 토론한 다음에 결정한다	책임을 맡은 위원회에 속한 교인들의 의견을 중심으로 결정한다	전체 교인들의 의견을 수렴하여 투표로 결정한다	모름/무응답
전체	(430)	39.3	26.7	15.8	12.8	4.0	1.6
교인수							
100명 미만	(184)	28.3	25.5	28.3	14.7	3.3	0.5
100~299명	(59)	32.2	25.4	13.6	22.0	6.8	0.0
300~999명	(73)	57.5	20.5	6.8	9.6	4.1	1.4
1000명이상	(100)	51.0	36.0	2.0	8.0	2.0	1.0
무응답	(14)	35.7	14.3	7.1	0.0	14.3	28.6
교회 지역							
서울	(105)	49.5	21.9	13.3	11.4	3.8	0.0
경기	(119)	29.4	26.9	22.7	17.6	2.5	0.8
강원	(12)	33.3	8.3	41.7	16.7	0.0	0.0
충청	(34)	26.5	32.4	20.6	17.6	2.9	0.0
경상	(131)	47.3	32.8	6.1	9.9	2.3	1.5
전라	(17)	29.4	17.6	35.3	0.0	23.5	0.0
제주	(1)	100.0	0.0	0.0	0.0	0.0	0.0
무응답	(11)	9.1	18.2	9.1	9.1	18.2	36.4
지역 규모							
대도시	(222)	45.9	25.2	11.3	12.6	4.1	0.9
중소 도시	(147)	36.1	29.3	17.7	12.9	4.1	0.7
지방/ 읍면	(53)	26.4	28.3	30.2	15.1	0.0	0.0
무응답	(8)	0.0	12.5	12.5	0.0	25.0	50.0

101) '과두제의 철칙'이란 조직의 규모가 커짐에 따라 핵심 소수에게 지배력이 집약된다는 이론이다.

다음으로 회중성의 정도를 파악하기 위하여 교회 안에서 교인들이 교회의 다양한 활동에 참여할 수 있는 기회가 얼마나 되는지 5점 척도로 질문하였다. 아래 표는 그런 기회가 "매우 많다"나 "약간 많다"에 표시한 긍정 응답의 비율을 나타낸다. "교인들 사이에 친해질 수 있는 기회"에 대하여는 76.3%로 가장 높은 긍정율을 보였고, 평균도 4.03으로 가장 높았다. 다음으로 "교인들이 교회 일에 참여할 수 있는 기회"와 "교인들끼리 삶의 이야기를 나눌 수 있는 기회"가 각각 긍정률 72.6%(평균 4.00)와 69.3%(평균 3.86)로 비교적 높게 나타났다.

■ 표12_ 회중성에 대한 속성별 기회 정도 (긍정률/단위:%)

	사례수	교인들 사이에 친해질 수있는 기회	교인들 끼리 삶의 이야기를 나눌수 있는 기회	교인들 사이에 직접적인 도움을 줄수 있는 기회	교인들과 목회자 사이의 대화 및 상담 기회	교인의 의사를 표현할 수있는 기회	교인들이 교회일에 참여할 수있는 기회	교인들이 예배 순서에 참여할 수있는 기회	교인들이 주도해서 모임을 구성할 수있는 기회
전체	(430)	76.3	69.3	53.5	56.0	52.3	72.6	54.7	42.1
지위									
전임교역자	(147)	69.4	67.3	55.1	52.4	42.2	64.6	42.9	36.1
담임목회자	(202)	83.2	74.3	58.4	61.4	63.4	81.7	63.9	48.5
시간제교역자	(73)	72.6	57.5	37.0	47.9	42.5	64.4	53.4	37.0
기타	(2)	50.0	100.0	100.0	100.0	100.0	100.0	50.0	50.0
무응답	(6)	66.7	83.3	33.3	50.0	33.3	50.0	50.0	33.3
교인수									
100명미만	(184)	81.0	73.9	55.4	62.0	63.0	74.5	65.2	44.6
100~299명	(59)	79.7	67.8	59.3	50.8	50.8	74.6	55.9	54.2
300~999명	(73)	68.5	65.8	50.7	46.6	45.2	64.4	45.2	39.7
1000명이상	(100)	79.0	69.0	52.0	60.0	44.0	78.0	48.0	37.0
무응답	(14)	21.4	35.7	28.6	21.4	14.3	42.9	7.1	7.1
지역 규모									
대도시	(222)	77.9	73.0	54.1	57.7	52.7	75.2	55.4	41.4
중소도시	(147)	76.2	69.4	55.1	58.5	55.1	71.4	54.4	45.6
지방/ 읍면	(53)	77.4	62.3	52.8	47.2	49.1	71.7	60.4	41.5
무응답	(8)	25.0	12.5	12.5	25.0	12.5	25.0	0.0	0.0

이에 반해, "교인들과 목회자 사이의 대화 및 상담 기회"는 긍정률 56.0%(평균 3.64), "교인들이 예배 순서에 참여할 수 있는 기회"는 긍정률 54.7%(평균 3.55), "교인들 사이에 직접적인 도움을 줄 수 있는 기회"는 긍정률 53.5%(평균 3.56), "교인의 의사를 표현할 수 있는 기회"는 52.3%(평균 3.51)로 별로 높지 않았고, "교인들이 주도해서 모임을 구성할 수 있는 기회"는 가장 낮은 42.1%의 긍정률에 평균도 3.24로 낮게 나왔다.

이러한 조사 결과로 볼 때, 일상적인 수준에서 교회 회중들 사이에 교류의 기회는 많은 편이나, 보다 깊은 수준에서의 회중들 사이에 교류와 참여의 기회는 그다지 많지 않은 것으로 파악된다. 특히, "교인들이 교회 일에 참여할 수 있는 기회"는 72.6%로 비교적 높으나 "교인의 의사를 표현할 수 있는 기회"는 52.3%로 낮게 평가돼, 회중들이 '교회 일을 할 기회는 많지만 자신의 의사를 표현할 기회는 적은 여건'에서 교회 생활을 하는 것으로 나타났다. 흥미로운 것은 교회에서의 지위에 따라서 볼 때, 담임 목회자들은 각 문항에 대하여 비교적 후하게 평가한 데 반해, 전임 교역자나 시간제 교역자들은 상대적으로 박하게 평가한 것이다. 긍정률은 최고 20% 이상 차이가 나기도 하고, 평균 역시 0.5점 이상 차이가 나는 것으로 나타났다.

이와 관련하여, 본예배 시에 장로를 제외한 평신도들이 참여하는 순서에 대하여 복수 응답으로 질문하였는데, "대표기도"에 가장 많은 59.5%가 응답하였고, "성경봉독"은 30.2%, "성찬식 위원" 17.2%, "찬양인도" 7.4%, "헌금위원" 7.0%였고, "없다"는 응답이 18.8%로 나타나 평신도들이 비교적 다양하게 예배 순서에 참여하고 있는 것으로 나타났다.

특히 교인 수 100명 미만의 소형 교회와 100~299명의 중소형 교회에서는 평신도들이 성찬식 위원으로 참여한다는 응답도 각각 22.8%와 30.5%로 비교적 높게 나타났으며, 1000명 이상의 중대형 교회에서도 9.0%가 평신도들이 성찬식 위원으로 참여한다고 응답하였다. 예장 고신과 대신 교단에 속한 목회자 중에는 평신도들이 성찬식 위원으로 참여한다는 응답이 없었다.

■ 표13_ 본 예배에서 평신도들이 참여하는 순서(단위:%)

	사례수	대표 기도	성경 봉독	이중에 없다	성찬식 위원	찬양 인도	헌금 위원
전체	(430)	59.5	30.2	18.8	17.2	7.4	7.0
교인수							
100명 미만	(184)	69.0	35.3	15.2	22.8	6.0	4.9
100~299명	(59)	55.9	40.7	28.8	30.5	0.0	1.7
300~999명	(73)	49.3	21.9	20.5	5.5	17.8	11.0
1000명 이상	(100)	55.0	24.0	19.0	9.0	8.0	12.0
무응답	(14)	35.7	7.1	14.3	7.1	0.0	0.0
소속 교단							
예수장로회합동	(146)	54.8	17.8	24.0	8.2	6.2	10.3
예수장로회통합	(68)	45.6	35.3	23.5	11.8	8.8	5.9
기독교감리회	(66)	77.3	48.5	9.1	18.2	6.1	3.0
기독교침례회	(24)	75.0	16.7	16.7	45.8	8.3	4.2
기독교성결교	(22)	63.6	22.7	9.1	22.7	27.3	13.6
예수장로회고신대신	(19)	21.1	10.5	47.4	0.0	5.3	5.3
루터교	(18)	77.8	77.8	5.6	72.2	0.0	0.0
예수장로회기타교단	(12)	58.3	50.0	8.3	25.0	8.3	8.3
기타	(44)	77.3	36.4	11.4	20.5	6.8	4.5
무응답	(11)	27.3	9.1	18.2	9.1	0.0	9.1

회중성의 정도를 파악하기 위한 또 하나의 질문으로 교회 안에서 실제로 회중성이 표현되고 있는지에 관련된 진술들에 대하여 5점 척도로 평가하도록 하였다. 이에 대하여 "교회의 비전과 목표과 잘 홍보되고 있다"가 "매우 그렇다"와 "약간 그렇다"를 포함한 긍정 응답률이 64.4%로 가장 높게 나왔고 평균 역시 3.81로 가장 높았으나, 위의 문항들에 비해서는 긍정률과 평균 모두 낮게 나타났다. 이것은 위의 〈표 13〉에 있는 문항들이 회중성이 표현될 수 있는 기

회나 여건에 대한 다소 추상적인에 질문인 데 비해서 이 질문은 실제 구체적으로 표현되고 있는지를 물어보았기 때문에 긍정률이 떨어지는 것으로 해석된다.

다음으로 "교회의 비전과 목표에 대한 교인들의 공감"과 "업무 위주가 아닌 인간관계를 중시함"이 긍정률 62.8%(각각 평균 3.81과 3.77), "양적인 성장보다 공동체성을 강조함"이 62.6%(평균 3.81)로 보통 수준으로 나타났다. 그리고 "주요 활동에 교인들의 적극적인 참여가 있음"이 긍정률 56.3%(평균 3.66), "소외감을 느끼는 교인들이 없도록 함"이 긍정률 53.7%(평균 3.55), "여러 교인들과 자주 만나서 교제하고 대화함"이 긍정률 51.4%(평균 3.51)로 비교적 낮게 평가되었다. 또한 "정책 결정에 다수의 교인들이 참여함"에 대해서는 절반 수준을 겨우 넘긴 50.7%의 긍정률(평균 3.37)을 보였고, "갈등을 숨기지 않고 그 해결책을 협의함"에 대해서는 가장 낮은 46.5%의 긍정률(평균 3.35)을 나타냈다.

또한 지역 안의 다른 교회 회중과의 연합 활동을 나타내는 "지역의 여러 교회들과 다양한 연합 활동을 함"에 대해서는 38.4%의 매우 낮은 긍정률에 평균도 3.10으로 가장 낮게 나타나 한국의 교회들이 연합 활동을 하는 데에는 매우 소극적인 것으로 드러났다. 특히 서울, 경기 지역의 목회자들이 다른 지역에 비해서 지역 연합 활동에 대하여 더 낮게 평가한 것으로 나타났는데 이 중에서도 서울 지역 목회자들의 긍정률은 36.2%(평균 2.88)로 매우 낮게 평가되었다. 또한 교인 수 100명 미만의 소형교회의 목회자들 역시 가장 낮은 수준인 26.6%의 긍정률(평균 2.76)을 나타내 실제로 연합활동이 가장 필요한 작은 교회에서 오히려 연합활동이 가장 이루어지지 못하고 있는 것으로 나타났다.

■ 표14_ 회중성에 대한 속성별 평가 (긍정률/단위:%)

	사례수	정책 결정에 다수의 교인들이 참여함	교회의 비전과 목표가 잘 홍보됨	교회의 비전과 목표에 대한 교인들의 공감	갈등을 숨기지 않고 그 해결책을 협의함	주요 활동에 교인들의 적극적인 참여가 있음	소외감을 느끼는 교인들이 없도록함	업무 위주가 아닌 인간관계 중시함	여러 교인들과 자주 만나서 교제하고 대화함	양적인 성장보다 공동체성 강조함	지역의 여러 교회들과 다양한 연합 활동을 함
전체	(430)	50.7	64.4	62.8	46.5	56.3	53.7	62.8	51.4	62.6	38.4
지위											
전임 교역자	(147)	36.1	67.3	63.9	35.4	49.7	38.8	47.6	45.6	49.7	45.6
담임 목회자	(202)	65.8	62.9	64.4	56.9	64.4	65.8	78.7	59.4	74.8	34.7
시간제교역자	(73)	39.7	64.4	53.4	38.4	47.9	46.6	46.6	41.1	52.1	37.0
기타	(2)	0.0	50.0	50.0	50.0	50.0	100.0	100.0	50.0	100.0	50.0
무응답	(6)	50.0	50.0	100.0	66.7	50.0	83.3	83.3	50.0	83.3	0.0
교인수											
100명 미만	(184)	62.0	60.3	60.9	54.9	60.3	66.3	76.6	55.4	73.9	26.6
100~299명	(59)	52.5	61.0	55.9	37.3	52.5	44.1	64.4	49.2	66.1	40.7
300~999명	(73)	42.5	64.4	61.6	42.5	47.9	47.9	54.8	46.6	52.1	45.2
1000명 이상	(100)	40.0	79.0	76.0	44.0	60.0	44.0	48.0	52.0	52.0	57.0
무응답	(14)	14.3	28.6	28.6	14.3	35.7	28.6	21.4	28.6	28.6	14.3
교회 지역											
서울	(105)	47.6	68.6	61.0	41.0	52.4	47.6	53.3	49.5	63.8	36.2
경기	(119)	59.7	61.3	67.2	51.3	55.5	63.9	72.3	56.3	72.3	31.9
강원	(12)	75.0	66.7	58.3	41.7	50.0	41.7	58.3	25.0	66.7	41.7
충청	(34)	50.0	55.9	50.0	47.1	64.7	55.9	73.5	47.1	61.8	41.2
경상	(131)	42.0	67.2	64.9	45.0	59.5	51.1	58.8	50.4	51.1	46.6
전라	(17)	76.5	82.4	70.6	70.6	70.6	64.7	88.2	76.5	82.4	47.1
제주	(1)	0.0	0.0	0.0	0.0	0.0	0.0	100.0	0.0	100.0	0.0
무응답	(11)	27.3	27.3	45.5	36.4	27.3	27.3	27.3	36.4	45.5	9.1
지역 규모											
대도시	(222)	45.5	69.8	66.7	47.7	58.6	51.8	58.1	53.2	60.4	40.5
중소 도시	(147)	55.1	59.9	60.5	46.9	54.4	57.1	69.4	51.7	61.9	35.4
지방/ 읍면	(53)	66.0	60.4	56.6	43.4	58.5	58.5	71.7	47.2	77.4	41.5
무응답	(8)	12.5	25.0	37.5	25.0	12.5	12.5	12.5	25.0	37.5	12.5

한국 교회에서 대부분을 차지하고 있는 작은 교회들이 어려움을 극복하기 위해서는 무엇보다도 지역 교회들의 연합 활동과 상호 지원이 반드시 필요할 뿐만 아니라, 교회가 회중성을 회복한다고 하여

도 그것이 개교회 내에 국한된 것이라면 폐쇄적이고 배타적인 회중이 될 것이므로 지역의 다른 교회와 교류하고 협력하는 다양한 활동들에 관심을 갖고 참여해야 할 것이다.

3. 결론 및 제언

이번 조사 결과, 한국 교회 목회자들이 한국 교회의 가장 큰 문제로 지적한 것은 "목회자의 자질 부족"이라는 자기 성찰의 표현이 있었고, 사역중인 교회의 가장 큰 문제로는 "평신도의 의식 부족"을 꼽아 현재 겪고 있는 교회의 문제를 다른 어떤 시설이나 제도와 같은 인프라의 문제라기보다는 사람의 문제로 보는 시각을 나타내었다.

그리고 최근에 더욱 심각해지고 있는 교회 간 양극화 현상에 대해서 목회자들 역시 매우 심각하게 여기고 있었고, 이를 극복하기 위한 방안으로는 작은 교회들에 대한 "중대형 교회들의 지원"과 "지역 교회들의 연합"을 들어 실제로 교회 연합 운동과 협력 활동이 중요한 과제로 부상하고 있음을 보여주었다. 그러나 현실에서는 교회 간 연합 활동이 매우 저조한 것으로 나타나 구체적인 협력 방안을 개발하고 이에 대한 실천 의지를 높일 필요가 있음이 제기되었다.

교회의 회중성과 관련해서는, 먼저 한 교회의 적정 인원으로 가장 많은 목회자들이 101~300명으로 보았고, 중앙값이 350명, 최빈값이 300명으로 나온 것은 한국 교회 목회자들이 단순히 큰 교회를 추구하기보다는 오히려 공동체성을 추구하고 있는 것으로 볼 수 있는 하나의 근거가 될 만하다고 하겠다. 특히 교인 수 1,000명 이상의 중대형 교회 목회자들마저도 301~500명에 대한 응답이 가장 높았고, 1,000명 이상이라고 응답한 비율이 가장 적었다는 사실은 매우 시사하는 바가 크다고 하겠다.

또한 교회 안에서 일상적인 수준에서 교회 회중들 사이에 교류의 기회는 많은 편이나, 보다 깊은 수준에서의 회중들 사이에 교류와 참여의 기회는 그다지 많지 않은 것으로 조사되었다. “교인들이 교회 일에 참여할 수 있는 기회”는 높으나 “교인의 의사를 표현할 수 있는 기회”는 낮게 평가돼, 회중들이 ‘교회 일을 할 기회는 많지만 자신의 의사를 표현할 기회는 적은 여건’에서 교회 생활을 하는 것으로 나타난 것이다. 특히 회중성이 표현될 수 있는 기회나 여건에 대한 다소 추상적인 질문에 비해서 실제 구체적으로 표현되고 있는지를 물어보는 질문에 대해서는 긍정률이 더 떨어지는 것으로 나타났다.

이와 관련하여, 목회자 리더십에 대해서는 “목회자가 큰 틀만 제시하고 교인들이 자율적으로 결정”하는 것이 바람직하는 응답이 78.8%에 달했으나, 중요 안건에 대해서는 66.0%가 “담임 목회자의 의견을 가장 크게 고려”하거나 “중직자들과 담임 목회자가 의논하여 결정”한다고 응답함으로써 이상과 현실 사이에 적지 않은 괴리가 있는 것으로 나타났다. 또한 교회 안에서 “교인의 의사를 표현할 수 있는 기회”가 52.3%로 낮게 평가되었고, “정책 결정에 다수의 교인들이 참여함”과 “갈등을 숨기지 않고 그 해결책을 협의함”에 대해서는 각각 50.7%와 46.5%로 매우 낮게 평가돼 교회 안에 의사소통 구조가 개방적이지 않은 것으로 조사되었다. 흔히 교회 공동체라는 말을 쓰지만, 특정 권한이 소수에게 집중되어 있는 집단을 공동체라고 말할 수는 없으므로 교회가 공동체성을 회복하기 위해서는 교회 안의 의사소통 구조를 개선할 필요가 있다.

현재 한국 교회는 안팎으로 심각한 도전에 직면하고 있다. 밖으로는 교회에 대한 공신력이 약화되어 교회가 우리 사회에서 그다지 신뢰받지 못하고 있는 것으로 여겨지고 있다. 그리고 안으로는 사회

민주화의 영향으로 교회 안에서도 교회 제도의 민주화에 대한 요구가 높아지고 있어 목회자의 입지가 불안정한 가운데 교회 간 불균형과 쏠림 현상으로 작은 교회는 더욱 성장하기 어려운 현실에 처해 있는 것이다.

이러한 위기 상황을 극복하기 위한 방안은 교회가 교회됨의 본질을 회복하고 하나님으로부터 보냄 받은 공동체로서의 역할을 수행하는 것 외에 다른 것이 없다. 교회 안에 있는 다수의 회중들을 온전한 하나님의 백성으로 세움으로써 목회자와 평신도가 함께 참여하는 신앙 공동체로 하나 됨을 이루고, 교회 밖으로는 공동체 정신에 터하여 참다운 이웃 사랑을 실천하는 것이다. 이럴 때에라야 한국 교회는 진정한 의미의 공동체라고 말할 수 있을 것이며, 사회로부터의 공신력도 회복할 수 있게 될 것이다.

제8장 교회 헌금에 대한 개신교인의 의식

1. 들어가는 말

교회에서 드리는 헌금은 우리 사회에서 가장 뜨거운 주제 가운데 하나이다. 개신교에 대한 부정적 이미지에는 항상 '지나친 헌금 강조'가 포함된다. 뿐만 아니라 한국교회의 문제로 항상 제기되는 기복신앙의 중심에 헌금 문제가 자리 잡고 있다. 많은 사람들이 헌금을 함으로써 그만큼의 반대급부로서 복을 받을 것으로 기대하기 때문이다. 그러나 이렇게 중요한 주제인 헌금에 대한 연구는 그간 충분하게 이루어지지 않았다. 특히 헌금에 대한 실증 자료는 거의 전무한 상황이라고 할 수 있다. 갤럽이나 한미준에서 실시한 교회에 대한 조사 중에 헌금에 대한 문항이 몇 개 포함되어 있을 뿐이다.

〈바른교회아카데미〉에서 실시한 이번 조사연구는 이와 같은 상황에서 바람직한 헌금 생활을 위한 기초 자료로 삼고자 하기 위하여 이루어졌다. 교리적으로 구성되어 있는 내용이나 교회 지도자들이 의도하는 바와 실제 교인들의 이해나 행동은 상당히 차이가 있는 경우들이 많다. 이 조사연구는 객관적인 사실을 파악하기보다는 이와 같이 실제 교인들이 스스로 가지고 있는 의식을 파악하기 위한 것이다. 곧 성경에서 말하는 헌금의 의미나 교회에서 가르치는 내용과 별개로 한국 교회의 구성원인 교인들은 스스로 헌금을 어떻게 이해하고, 어떤 방식으로 헌금 생활을 하고 있는지를 파악하는 것이 조사의 목적이다. 이와 아울러 헌금의 사용 곧 교회 재정과 관련된 질문도 추가하여 이에 대한 교인들의 의식도 조사하였다.

헌금과 관련된 전국 규모의 통계조사 자체가 거의 없는 상황에서 개신교인을 상대로 헌금에 대한 의식 조사를 실시한 것은 매우 시의 적절하며 시사하는 바가 크다고 본다. 다만 전화 설문이라는 제약으로 많은 문항을 질문하지 못한 것이 보다 심층적인 연구를 진행하는데 제한이 되고 있다. 그러나 이 조사만으로도 이제까지 실증 자료를 통해 알지 못했던 많은 사실을 발견할 수 있고 또한 이번 조사연구를 토대로 앞으로 보다 깊이 있는 연구가 진행될 수 있을 것으로 기대한다.

2. 자료의 성격

1) 조사 방법

이번 조사는 〈바른교회아카데미〉가 주관하였으며, 여론조사 전문기관인 〈글로벌리서치〉에 의뢰하여 실시되었다. 조사는 2008년 8월 11일에서 13일까지 사흘간 전국의 개신교인을 상대로 전화조사 방법으로 이루어졌다. 표본 추출 방법은 1단계로 지역, 연령, 성별 개신교인 비율에 근거한 비례할당 추출을 하였으며, 2단계로 전화번호부를 이용한 체계적 무작위 추출 방법을 이용하여 450명의 표본을 추출하였다. 그러나 이들 중에 정통 교단으로 인정하기 어려운 교단에 소속된 응답자가 7명 포함되어 있어서 이들을 제외한 유효 표본은 443명이었다. 표본 오차는 95% 신뢰수준에서 ±4.6%이다.

또한 이번 조사에서는 일반 교인과 목회자의 의식을 비교하기 위하여 목회자에게도 설문 조사를 실시하였다. 위의 표본 추출 과정에서 38명의 목회자가 포함되었으나 표본이 작아 두 개의 개신교 단체의 도움을 받아 두 단체에 소속된 회원 목회자 중에 50명을 추가로 임의 표집하여 총 88명의 목회자들을 대상으로 조사를 진행하였다. 따라서 앞의 443명 중에서 목회자 38명을 제외한 405명이 일반 교인 표본이고, 목회자 표본은 88명이며 전체 표본은 493명이다.

2. 설문 문항 구성

설문 문항은 먼저 십일조에 대한 질문들과 헌금 일반에 대한 질문들, 그리고 헌금 사용 곧 교회 재정과 관련된 내용들로 구성되었다. 십일조 헌금에 대해서는 먼저 십일조 헌금 여부를 질문한 후에, 십일조 헌금을 하는 사람들에게는 십일조 헌금 참여 방법, 십일조 헌금 대상 기관, 십일조 헌금 이외의 주일 헌금 여부 등을 질문하였고, 십일조 헌금을 하지 않는 사람들에게는 십일조 헌금을 하지 않는 이유를 질문하였다. 그리고 응답자 전체에게 "진정한 신자는 십일조를 내야 한다"는 말에 대한 동의 여부를 질문하였다.

다음으로 헌금 일반에 대하여, 헌금하면 복을 받는다고 생각하는지, 헌금을 하는 가장 큰 이유가 무엇인지, 헌금을 어떻게 준비하는지를 질문하였고, 지난 1년간 가구당 헌금 총액을 물어보았다. 그리고 헌금의 종류에 대한 견해, 담임 목사의 헌금 강조 정도, 계좌 이체나 신용카드로 헌금을 결제하는 것에 대한 견해도 질문하였다.

다음으로 교회 재정과 관련하여, 출석 교회의 재정보고 방식, 재정보고에 대한 이해 정도, 교회 재정 사용처에 대한 인지 정도, 헌금의 우선적 사용 목적에 대한 견해, 출석 교회의 헌금이 성경적으로 사용되는지에 대한 견해를 알아보았다.

마지막 부분은 통계 처리를 위한 인구학 변수에 관한 문항들로 구성되었는데, 가구당 헌금액과 관련하여 18세 이상 가족 수, 월 평균 가구 총 소득, 교회 직분, 신앙생활 연수, 출석 교회 교인 수, 출석 교회 소속 교단, 교회가 위치한 지역의 규모 등이었다.

목회자들을 위한 설문 문항은 전체적으로는 일반 교인들에 대한 문항과 같은 문항으로 구성했으나 목회자들에게 불필요하다고 생각되는 일부 문항은 제하였다.

3. 조사 결과

1) 응답자 특성

일반 교인 응답자 총 405명 중에서 남성은 177명(43.7%), 여성은 228명(56.3%)으로 대개 한국 교회에서 여성 교인의 비율이 60% 이상인 것으로 알려진 것에 비하면 남성이 다소 높게 표집되었다고 볼 수 있다. 연령은 30세 미만이 138명으로 34.0%, 30대가 94명으로 23.1%, 40대가 57명으로 14.2%, 50대가 70명으로 17.2%, 60대가 47명으로 11.6%였다.

직분은 장로 15명(3.7%), 권사/안수집사 39명(9.5%), 서리집사 129명(31.9%), 직분 없음 222명(54.9%)였다. 신앙 연수는 21~29년이 31.8%(129명)로 가장 많았고, 다음이 11~19년 20.1%(80명), 31~39년 17.4%(70명), 10년 미만 16.0%(65명) 순이었고, 40년 이상인 사람이 14.2%(57명)이었다.

소속 교단은 예장합동이 26.3%(107명), 예장 통합이 15.7%(64명), 예장 기타 교단(고신, 대신 등)이 5.6%(23명)으로 예수교 장로회가 47.6%(194명)이었고, 기독교 장로회가 21.5%(87명), 기독교 감리회가 15.9%(65명), 성결교가 4.1%(17명), 기독교 침례회가 5.4%(22명), 독립교회가 1.1%(5명)이었다.

■ 표1_ 일반 교인 응답자 특성 (단위:%)

	사례수	%		사례수	%
전체	405	100.0%	전체	405	100.0%
성별			출석 교인수		
남자	177	43.7%	100명 이하	93	22.9%
여자	228	56.3%	101~300명	91	22.6%
연령			301명 이상	218	53.7%
18세~29세	138	34.0%	모름/ 무응답	3	0.8%
30대	94	23.1%	지역		
40대	57	14.2%	서울	107	26.4%
50대	70	17.2%	인천/ 경기	135	33.4%
60대	47	11.6%	대전/ 충청	43	10.5%
교회 직분			광주/전라/제주	49	12.0%
장로	15	3.7%	대구/ 경북	23	5.6%
권사/안수집사	39	9.5%	부산/울산/경남	38	9.4%
서리 집사	129	31.9%	강원	11	2.7%
직분 없음	222	54.9%	거주지역 규모		
신앙생활 연수			대도시	239	58.9%
10년 미만	65	16.0%	중소도시	153	37.7%
20년 미만	81	20.1%	읍/면	14	3.4%
30년 미만	129	31.8%	교회지역규모		
40년 미만	70	17.4%	대도시	246	60.9%
50년 미만	34	8.5%	중소도시	141	34.7%
50년 이상	23	5.7%	읍/면	18	4.4%
모름/ 무응답	2	0.6%	18세이상 식구수		
소속 교단			1명	13	3.3%
예장 합동	107	26.3%	2명	138	34.1%
예장 통합	64	15.7%	3명	95	23.6%
예장 기타교	23	5.6%	4명	121	29.9%
기독교장로회	87	21.5%	5명 이상	37	9.1%
기독교감리회	65	15.9%	가구 총 소득		
기독교성결교	11	2.7%	200 만원이하	65	16.2%
예수교성결교	6	1.4%	201~300 만원	82	20.2%
기독교침례회	22	5.4%	301~400 만원	101	25.1%
하나님의성회순복음	8	1.9%	401~500 만원	44	10.8%
독립 교회	5	1.1%	501~600 만원	39	9.7%
			601 만원이상	32	7.8%
모름/ 무응답	10	2.4%	모름/ 무응답	42	10.3%

출석 교회 교인수는 100명 이하가 22.9%(93명), 101~300명이 22.6%(91명), 301~1000명이 25.2%(102명), 1001명 이상이 28.5%(115명)이었다. 지역은 서울이 26.4%(107명), 인천/경기 지역이 33.4%(135명), 대전/충청 지역이 10.5%(43명) 등의 순이었다.

거주지역규모는 대도시가 58.9%(239명), 중소도시 34.7%(141명), 읍/면 지역 4.4%(18명)이었다. 거주지역과는 별도로 출석 교회가 있는 지역 규모를 조사하였는데, 거주지역과 거의 일치하였다.

가구별 헌금 액수를 산출하기 위하여 18세 이상 가족 수와 가구 총소득을 조사하였는데, 가장 많은 25.1%가 300만원대로 나타나 2007년 4인 가족 기준 가구 월평균 소득액 369만원과 대체로 일치하였다.

목회자의 경우 전체 응답자 88명 중에서 남성은 82명으로 93.2%를 차지하였고, 여성은 6명(6.6%)에 불과하였다. 연령은 40세 미만이 39.8%(35명), 40대가 35.2%(31명), 50대가 17.0%(15명), 60대 이상이 8.0%(7명)순이었다.

소속 교단은 예장 합동이 31.8%(28명), 예장 통합이 22.7%(20명), 예장 기타교단이 8.0%(7명)으로 예수교 장로회가 62.5%(55명)이었고, 기독교 장로회가 8.0%(7명), 기독교 감리회가 11.4%(10명), 성결교가 9.1%(8명), 기독교 침례회가 1.1%(1명), 하나님의 성회/순복음이 4.5%(4명), 독립교회가 3.4%(3명)이었다.

출석 교회 교인수는 100명 이하가 45.5%(40명), 101~300명이 22.7%(20명), 301~1000명이 17.0%(15명), 1001명 이상이 13.6%(12명)이었다. 지역은 서울이 27.3%(24명), 인천/경기 지역이 34.1%(30명), 대전/충청 지역이 8.0%(7명) 등의 순이었다.

거주지역규모는 대도시가 47.7%(42명), 중소도시 40.9%(36명), 읍/면 지역 11.4%(10명)이었고, 교회가 있는 지역 규모는 거주지역과 거의 일치하였다. 18세 이상 가족수와 가구 총소득은 아래 표와 나와 있다.

■ **표2_ 목회자 응답자 특성** (단위:%)

	사례수	%
전체	405	100.0%
성별		
남자	177	43.7%
여자	228	56.3%
연령		
18세~29세	138	34.0%
30대	94	23.1%
40대	57	14.2%
50대	70	17.2%
60대	47	11.6%
교회 직분		
장로	15	3.7%
권사/안수집사	39	9.5%
서리 집사	129	31.9%
직분 없음	222	54.9%
신앙생활 연수		
10년 미만	65	16.0%
20년 미만	81	20.1%
30년 미만	129	31.8%
40년 미만	70	17.4%
50년 미만	34	8.5%
50년 이상	23	5.7%
모름/ 무응답	2	0.6%
소속 교단		
예장 합동	107	26.3%
예장 통합	64	15.7%
예장 기타교	23	5.6%
기독교장로회	87	21.5%
기독교감리회	65	15.9%
기독교성결교	11	2.7%
예수교성결교	6	1.4%
기독교침례회	22	5.4%
하나님의성회순복음	8	1.9%
독립 교회	5	1.1%
모름/ 무응답	10	2.4%

	사례수	%
전체	405	100.0%
출석 교인수		
100명 이하	93	22.9%
101~300명	91	22.6%
301명 이상	218	53.7%
모름/ 무응답	3	0.8%
지역		
서울	107	26.4%
인천/ 경기	135	33.4%
대전/ 충청	43	10.5%
광주/전라/제주	49	12.0%
대구/ 경북	23	5.6%
부산/울산/경남	38	9.4%
강원	11	2.7%
거주지역 규모		
대도시	239	58.9%
중소도시	153	37.7%
읍/면	14	3.4%
교회지역규모		
대도시	246	60.9%
중소도시	141	34.7%
읍/면	18	4.4%
18세이상 식구수		
1명	13	3.3%
2명	138	34.1%
3명	95	23.6%
4명	121	29.9%
5명 이상	37	9.1%
가구 총 소득		
200 만원이하	65	16.2%
201~300 만원	82	20.2%
301~400 만원	101	25.1%
401~500 만원	44	10.8%
501~600 만원	39	9.7%
601 만원이상	32	7.8%
모름/ 무응답	42	10.3%

2. 십일조 헌금

1) 십일조 헌금 여부

이번 조사에서는 먼저 십일조 헌금을 하고 있는지에 대하여 질문하였는데, 전체 응답자의 57.8%가 십일조 헌금을 하고 있는 것으로 조사되었다. 실제 응답자 중에서는 80% 가까운 사람들이 십일조 헌금을 하고 있다고 응답하였으나, 조사 과정에서 기독교인이라고 응답한 후에 십일조 헌금을 하고 있는지를 질문하였을 때 응답을 거부하고 전화를 끊은 사람이 200명 정도 되었다. 이 사람들을 십일조 헌금을 하지 않는 사람으로 추정하여 산출한 수치가 57.8%이다. 〈표4〉에서 "십일조를 하지만 매월 정기적으로 하지 못한다" 고 응답한 사람들을 이 값에서 제한다면 '십일조를 정기적으로 하는' 사람들은 52.1%로 볼 수 있다.[102)]

성별로는 여성이 남성보다 십일조 헌금을 하고 있다는 긍정의 응답이 10%가량 높게 나왔으며 연령별로는 40대에서 긍정의 응답이 가장 높게 나왔고(74.4%), 20대 이하에서 가장 낮게 나왔다(42.5%). 직분별로는 직분이 높을수록 긍정률이 높아서 장로는 100%의 긍정률을 보였고, 직분이 없는 교인들은 가장 낮은 긍정률(47.9%)을 보였다. 신앙 연수와도 정확하게 비례하였는데, 신앙 연수 10년 미만에서는 긍정률이 가장 낮은 34.7%인데 반해, 50년 이상에서는 84.1%로 가장 높았다.

교단별로는 사례수가 적긴 하지만, 독립교회 소속 교인들이 100%의 긍정률을 보였고, 기독교 성결교, 하나님의 성회/순복음, 예장 기타 교단 소속 교인들이 70% 이상의 높은 긍정률을 나타낸 데 반해, 기독교 장로회와 기독교 감리회 소속 교인들은 가장 낮은 43.0%의 긍정률에

---

102) 한미준에서는 이와 같은 방식으로 계산했으며 2005년 자료에서 십일조 생활을 정기적으로 하는 비율은 46.5%였다. 이에 대하여는 한미준·한국갤럽, 「한국교회 미래리포트」(서울: 두란노, 2005), 162쪽을 볼 것.

그쳤다.

가구 소득별로는 600만원 이상에서 가장 높은 71.0%의 긍정률을 보였고, 500만원대에서 절반 이하의 가장 낮은 43.9%의 긍정률을 보였다. 18세 이상 가족 수별로는 18세 이상 가족이 1명인 교인이 72.6%로 가장 높은 긍정률을 보였고, 18세 이상 가족이 2명인 가족이 64.1%이 다음으로 높은 긍정률을 보였다. 18세 이상 가족 수가 부양가족을 나타내는 것은 아니지만, 18세 이상 가족이 많을수록 부양가족도 많을 것이므로 부양가족이 많을수록 십일조 헌금을 하는 비율이 낮다고 볼 수 있을 것이다.

■ **표3_ 십일조 헌금 여부** (단위:%)

	사례수	예	아니오
		%	%
전체	(405)	57.8	42.2
성별			
남자	(177)	51.2	48.8
여자	(228)	62.9	37.1
연령			
18세~29세	(138)	42.5	57.5
30대	(94)	66.6	33.4
40대	(57)	74.4	25.6
50대	(70)	60.4	39.6
60대	(47)	60.8	39.2
교회 직분			
장로	(15)	100.0	0.0
권사/안수집사	(39)	85.7	14.3
서리 집사	(129)	61.6	38.4
직분 없음	(222)	47.9	52.1
신앙생활 연수			
10년 미만	(65)	34.7	65.3
20년 미만	(81)	48.0	52.0
30년 미만	(129)	57.1	42.9
40년 미만	(70)	71.3	28.7
50년 미만	(34)	78.6	21.4
50년 이상	(23)	84.1	15.9
모름/ 무응답	(2)	100.0	0.0

	사례수	예	아니오
		%	%
전체	(405)	57.8	42.2
소속 교단			
예장 합동	(107)	65.5	34.5
예장 통합	(64)	68.3	31.7
예장 기타교	(23)	75.8	24.2
기독교장로회	(87)	43.0	57.0
기독교감리회	(65)	43.0	57.0
기독교성결교	(11)	83.0	17.0
예수교성결교	(6)	67.1	32.9
기독교침례회	(22)	58.1	41.9
하나님의성회순복음	(8)	76.5	23.5
독립 교회	(5)	100.0	0.0
모름/ 무응답	(10)	23.4	76.6
18세이상 식구수			
1명	(13)	72.6	27.4
2명	(138)	64.1	35.9
3명	(95)	51.8	48.2
4명	(121)	54.5	45.5
5명 이상	(37)	55.0	45.0
가구 총 소득			
200 만원이하	(65)	55.0	45.0
201~300 만원	(82)	59.6	40.4
301~400 만원	(101)	54.7	45.3
401~500 만원	(44)	62.0	38.0
501~600 만원	(39)	43.9	56.1
601 만원이상	(32)	71.0	29.0
모름/ 무응답	(42)	64.7	35.3

2) 십일조 헌금 참여 방법

십일조 헌금을 한다고 응답한 사람들에게 십일조 헌금을 어떻게 하고 있는지 질문하였는데, 가장 많은 60.3%가 "매월 정기적으로 수입의 십분의 일을 한다" 고 응답하였고, "매월 정기적으로 수입의 십분의 일 이상을 한다" 고 응답한 사람도 20.4% 있었다.

■ 표4_ 십일조 헌금 참여 방법 (단위:%)

	사례수	매월 정기적으로 수입의 십분의 일 이상을한다	매월 정기적으로 수입의 십분의 일을 한다	매월 하지만 수입의 십분의 일 이하를 한다	십일조를 하지만 매월 정기적으로 하지못한다
전체	(234)	24.4	60.3	5.4	9.9
성별					
남자	(91)	24.8	61.2	5.0	9.1
여자	(143)	24.1	59.7	5.8	10.5
연령					
18세~29세	(59)	21.8	62.8	1.3	14.1
30대	(62)	26.5	56.6	6.0	10.8
40대	(43)	29.8	61.4	5.3	3.5
50대	(42)	25.0	64.3	3.6	7.1
60대	(29)	15.8	55.3	15.8	13.2
교회 직분					
장로	(15)	20.0	80.0	0.0	0.0
권사/안수집사	(33)	31.8	54.5	9.1	4.5
서리 집사	(80)	20.8	61.3	8.5	9.4
직분 없음	(107)	25.4	58.5	2.8	13.4
신앙생활년수					
10년 미만	(23)	13.3	50.0	13.3	23.3
20년 미만	(39)	23.1	57.7	7.7	11.5
30년 미만	(74)	22.4	64.3	4.1	9.2
40년 미만	(50)	28.4	58.2	4.5	9.0
50년 미만	(27)	36.1	58.3	2.8	2.8
50년 이상	(20)	19.2	69.2	3.8	7.7
모름/ 무응답	(2)	33.3	66.7	0.0	0.0
가구 총 소득					
200 만원이하	(36)	22.9	54.2	6.3	16.7
201~300만원	(49)	24.6	63.1	6.2	6.2
301~400만원	(56)	23.0	66.2	2.7	8.1
401~500만원	(27)	19.4	61.1	5.6	13.9
501~600만원	(17)	34.8	47.8	8.7	8.7
601만원 이상	(23)	26.7	53.3	10.0	10.0
모름/ 무응답	(27)	25.0	63.9	2.8	8.3

다음으로 9.9%는 “십일조 헌금을 하지만 매월 정기적으로 하지 못한다” 고 응답하였고, 5.4%는 “매월 정기적으로 하지만 수입의 십분의 일 이하를 한다” 고 응답하였다. 수입의 십분의 일 이상을 한다는 응답은 연령별로 40대, 직분별로는 안수집사/권사, 신앙연수로는 40~49년, 가구 총소득이 500만원대인 사람들 중에서 상대적으로 높게 나왔다

3) 십일조 헌금 대상

■ 표5_ 십일조 헌금 대상 (단위:%)

	사례수	출석하는 교회에 드린다	다른곳에 드린다
전체	(234)	98.4	1.6
성별			
남자	(91)	96.7	3.3
여자	(143)	99.5	0.5
연령			
18세~29세	(59)	97.4	2.6
30대	(62)	97.6	2.4
40대	(43)	100.0	0.0
50대	(42)	98.2	1.8
60대	(29)	100.0	0.0
교회 직분			
장로	(15)	100.0	0.0
권사/안수집사	(33)	100.0	0.0
서리 집사	(80)	99.1	0.9
직분 없음	(107)	97.2	2.8
신앙생활년수			
10년 미만	(23)	93.3	6.7
20년 미만	(39)	98.1	1.9
30년 미만	(74)	99.0	1.0
40년 미만	(50)	98.5	1.5
50년 미만	(27)	100.0	0.0
50년 이상	(20)	100.0	0.0
모름/ 무응답	(2)	100.0	0.0

	사례수	출석하는 교회에 드린다	다른곳에 드린다
진제	(234)	98.4	1.6
소속 교단			
예장 합동	(70)	100.0	0.0
예장 통합	(44)	98.3	1.7
예장 기타교	(17)	100.0	0.0
기독교장로회	(38)	98.0	2.0
기독교감리회	(28)	100.0	0.0
기독교성결교	(9)	100.0	0.0
예수교성결교	(4)	100.0	0.0
기독교침례회	(13)	100.0	0.0
하나님의성회순복음	(6)	75.0	25.0
독립 교회	(5)	83.3	16.7
모름/무응답	(2)	100.0	0.0
가구 총 소득			
200 만원이하	(36)	97.9	2.1
201~300만원	(49)	100.0	0.0
301~400만원	(56)	98.6	1.4
401~500만원	(27)	97.2	2.8
501~600만원	(17)	95.7	4.3
601만원 이상	(23)	96.7	3.3
모름/무응답	(27)	100.0	0.0

십일조 헌금을 어디에 하고 있는지에 대한 질문에는 거의 모든 응답자들(98.4%)이 출석하는 교회에 하고 있다고 응답하였다. 일부에서는 십일조를 반드시 출석 교회에 할 필요가 있느냐고 질문을 하기도 하고, 실제로 한미준 조사에서 전체 응답자의 23.8%는 출석 교회가 아닌 자기가 원하는 다른 교회나 단체에 십일조 헌금을 할 수도 있다고 응답하였으나, 이번 조사에서 실제로 다른 교회나 단체에 십일조 헌금을 하는 사람은 극소수인 것으로 조사되었다.

4) 십일조 헌금 외에 별도 주일 헌금 여부

이번 조사에서는 십일조 헌금을 하는 것과 상관없이 대부분의 교인들(95.8%)이 주일 헌금도 하고 있는 것으로 나타났다. 이에 대하여 변수별로 큰 차이는 없었으나 신앙연수가 길수록 긍정 응답률이 높게 나왔다.

■ 표6_ 십일조 헌금 외에 별도 주일 헌금 여부 (단위:%)

	사례수	예	아니오		사례수	예	아니오
전체	(234)	95.8	4.2	전체	(234)	95.8	4.2
성별				소속 교단			
남자	(91)	95.9	4.1	예장 합동	(70)	98.9	1.1
여자	(143)	95.8	4.2	예장 통합	(44)	100.0	0.0
연령				예장 기타교	(17)	100.0	0.0
18세~29세	(59)	91.0	9.0	기독교장로회	(38)	94.0	6.0
30대	(62)	95.2	4.8	기독교감리회	(28)	100.0	0.0
40대	(43)	98.2	1.8	기독교성결교	(9)	91.7	8.3
50대	(42)	100.0	0.0	예수교성결교	(4)	100.0	0.0
60대	(29)	97.4	2.6				
교회 직분				기독교침례회	(13)	76.5	23.5
장로	(15)	100.0	0.0	하나님의성회순복음	(6)	87.5	12.5
권사/안수집사	(33)	97.7	2.3	독립 교회	(5)	50.0	50.0
서리 집사	(80)	100.0	0.0	모름/ 무응답	(2)	100.0	0.0
직분 없음	(107)	91.5	8.5				
신앙생활 연수				출석 교인수			
10년 미만	(23)	83.3	16.7				
20년 미만	(39)	94.2	5.8	100명 이하	(54)	95.8	4.2
30년 미만	(74)	96.9	3.1	101~300명	(47)	92.1	7.9
40년 미만	(50)	98.5	1.5	301~1000명	(56)	94.7	5.3
50년 미만	(27)	100.0	0.0	1000명 이상	(75)	99.0	1.0
50년 이상	(20)	100.0	0.0	모름/무응답	(2)	100.0	0.0
모름/ 무응답	(2)	66.7	33.3				

주정 헌금은 본래 십일조 헌금을 하지 못하는 사람이 수입의 십 분의 일 이하라도 매주 정한 액수를 헌금으로 드리도록 하기 위한 취지에서 만들어진 것이다. 따라서 엄밀히 말한다면 십일조 헌금을 하는 경우에 따로 주정헌금을 할 필요는 없는 것이다. 그러나 이러한 취지와 달리, 헌금을 많이 하는 것이 신앙이 좋은 것으로 여기는 풍토에서 십일조 헌금을 함에도 주일 헌금을 따로 하는 것으로 여겨진다.

5) 십일조 헌금을 하지 않는 이유

십일조 헌금을 하지 않는 이유로는 가장 많은 32.3%가 "소득이 적어서" 라고 응답했으며, 다음으로 31.2%는 "부담이 돼서" 라고 응답하였다. 그리고 18.3%는 "믿음이 부족해서", 8.6%는 "필요성을 느끼지 못해서" 라고 응답했으며, 4.3%는 "십일조가 성경적이지 않다고 생각돼서" 라고 응답하였다.

■ 표7_ 십일조 헌금을 하지 않는 이유 (단위:%)

	사례수	소득이 적어서	부담이 돼서	믿음이 부족해서	필요성을 느끼지 못해서	학생이라 소득없음	십일조가 성경적이지 않다고 생각
전체	(171)	32.3	31.2	18.3	8.6	5.4	4.3
성별							
남자	(86)	38.3	21.3	21.3	8.5	6.4	4.3
여자	(85)	26.1	41.3	15.2	8.7	4.3	4.3
연령							
18세~29세	(79)	39.5	23.3	14.0	11.6	11.6	0.0
30대	(31)	35.3	35.3	23.5	5.9	0.0	0.0
40대	(15)	25.0	50.0	12.5	12.5	0.0	0.0
50대	(28)	6.7	40.0	33.3	6.7	0.0	13.3
60대	(18)	40.0	30.0	10.0	0.0	0.0	20.0
가구 총 소득							
200 만원이하	(29)	31.2	50.0	6.2	6.2	0.0	6.2
201~300만원	(33)	33.3	16.7	22.2	5.6	16.7	5.6
301~400만원	(46)	36.0	32.0	16.0	12.0	4.0	0.0
401~500만원	(17)	33.3	33.3	11.1	11.1	0.0	11.1
501~600만원	(22)	25.0	16.7	25.0	16.7	8.3	8.3
601만원 이상	(9)	0.0	40.0	60.0	0.0	0.0	0.0
모름/무응답	(15)	50.0	37.5	12.5	0.0	0.0	0.0

성별로 보면, 남성은 "소득이 적어서" 라는 응답이 많은 반면에, 여성은 "부담이 돼서" 라는 응답이 많았다. 대개 살림을 하는 여성의 입장에서 십일조를 하기가 부담스럽게 여겨지고 있는 것으로 해석된다. 연령별로는 젊은 층과 노년층에서 "소득이 적어서" 라는 응답이 많았고, 40~50대는 "부담이 돼서" 라는 응답이 많았다. "믿음이 부족해서" 라는 응답은 신앙 연수가 10년 미만인 부류에서 많이 나왔다.

소득별로는 200만원 이하에서 절반인 50.0%가 "부담이 돼서" 라고 응답했으며, 사례수가 적긴 하지만 600만원 이상에서도 40%가 "부담이 돼서" 라고 응답하였다. 그러나 소득이 200만원 이하인 경우에는 생계비가 부족해서 부담스럽다고 응답한 것으로 보이나, 소득이 600만원 이상인 경우에는 십일조 액수가 커서 부담스럽다고 응답한 것으로 여겨진다.

6) "진정한 신자는 십일조를 내야 한다" 의 동의도 (단위:%)

진정한 신자는 십일조를 내야 한다고 생각하는지 질문하였는데, 일반 교인 응답자의 78.3%가 동의한다고 응답하였다. 성별로는 남성이 여성보다 10% 정도 낮은 동의율을 나타내었고, 연령별로는 20대 미만에서 평균보다 10% 정도 낮은 동의율을 나타내었다. 또한 직분이 높을수록, 신앙 연수가 길수록 동의율이 높았다. 목회자의 동의율은 훨씬 높아서 95.5%에 달하였다. 그러나 서울과 대도시 지역, 그리고 30대 이하의 목회자들은 다소 낮은 동의율을 나타내었다.

■ 표8-1_ “진정한 신자는 십일조를 내야 한다” 의 일반교인 동의도 (단위:%)

	사례수	동의한다	동의하지 않는다
전체	(405)	78.3	21.7
성별			
남자	(177)	73.5	26.5
여자	(228)	82.0	18.0
연령			
18세~29세	(138)	68.6	31.4
30대	(94)	82.1	17.9
40대	(57)	89.1	10.9
50대	(70)	79.8	20.2
60대	(47)	83.4	16.6
교회 직분			
장로	(15)	100.0	0.0
권사/안수집사	(39)	88.5	11.5
서리 집사	(129)	84.0	16.0
직분 없음	(222)	71.8	28.2

	사례수	동의한다	동의하지 않는다
전체	(405)	78.3	21.7
소속 교단			
예장 합동	(107)	84.7	15.3
예장 통합	(64)	78.6	21.4
예장 기타교	(23)	69.2	30.8
기독교장로회	(87)	72.4	27.6
기독교감리회	(65)	79.4	20.6
기독교성결교	(11)	100.0	0.0
예수교성결교	(6)	53.7	46.3
기독교침례회	(22)	84.8	15.2
하나님의성회순복음	(8)	67.0	33.0
독립 교회	(5)	66.7	33.3
모름/ 무응답	(10)	61.7	38.3
신앙생활 연수			
10년 미만	(65)	56.7	43.3
20년 미만	(81)	74.1	25.9
30년 미만	(129)	84.7	15.3
40년 미만	(70)	82.7	17.3
50년 미만	(34)	89.3	10.7
50년 이상	(23)	85.6	14.4
모름/ 무응답	(2)	100.0	0.0

■ 표8-2_ “진정한 신자는 십일조를 내야 한다” 의 목회자 동의도 (단위:%)

	사례수	동의한다	동의하지 않는다
전체	(88)	95.5	4.5
성별			
남자	(82)	95.1	4.9
여자	(6)	100.0	0.0
연령			
만39세 이하	(35)	91.4	8.6
40대	(31)	100.0	0.0
50대	(15)	93.3	6.7
60대 이상	(7)	100.0	0.0

	사례수	동의한다	동의하지 않는다
전체	(88)	95.5	4.5
소속 교단			
예장 합동	(28)	96.4	3.6
예장 통합	(20)	100.0	0.0
예장 기타교	(7)	100.0	0.0
기독교장로회	(7)	100.0	0.0
기독교감리회	(10)	100.0	0.0
기독교성결교	(7)	85.7	14.3
예수교성결교	(1)	100.0	0.0
기독교침례회	(1)	100.0	0.0
하나님의성회순복음	(4)	75.0	25.0
독립 교회	(3)	66.7	33.3

3. 헌금 일반

1) 지난 1년 동안 가구 헌금 총액

작년 한 해 동안 헌금한 액수를 알아보았는데, 십일조 헌금을 포함해 모든 헌금을 합해서 물어보았다. 기존의 연구들이 개인 헌금액을 물어보았으나, 가정주부의 경우 본인의 수입이 없으므로 대답이 부정확할 수 있고, 기존에는 가구 단위의 조사가 없었으므로 이번 조사에서는 가족들이 낸 헌금의 총합 곧 가구 헌금액을 물어보았다.[103)]

이에 대하여 절반에 가까운 45.4%가 모른다고 답하거나 응답하지 않았고, 가장 많은 18.2%가 100만원 이하에 해당하였고, 13.1%는 101~300만원, 12.0%는 301~500만원, 11.3%는 500만원 이상에 해당하였다. 그리고 헌금액을 응답한 응답자들의 평균 액수를 계산하였는데, 한 응답자의 경우 1억원 이상이라고 응답하였으나 다른 응답에 비해 지나치게 높은 수치여서 평균을 계산할 때 이 응답자의 응답은 제외하고 계산하였다. 그 결과 가구당 평균 헌금액은 344.8만원이었다. 이 중에서 18세 이상 가족수가 1명인 사람은 90.1만원, 2명인 사람은 290.9만원, 3명인 사람은 386.4만원, 4명인 사람은 397.8만원, 5명 이상인 사람은 468.7만원이라고 응답하였다. 따라서 18세 이상 성인의 1년 헌금액은 대략 110만원 정도라고 볼 수 있다.[104)]

가구당 소득별로 보면 200만원 이하가 153.8만원, 201~300만원이 310.7만원, 301~400만원이 327.6만원, 401~500만원이 344.9만원,

---

103) 이에 대한 대답은 전화 조사의 특성상 정확한 계산에 의한 대답이라기보다는 자신의 기억에 의해 대답한 경우가 많을 것이므로 정확성이 다소 부족할 수 있다고 여겨진다.

104) 한미준 조사에서 개인의 월평균 헌금액은 125,600원으로 조사되었다. 금액의 차이는 이번 조사는 가구당 헌금액으로 성인 가족 전체의 헌금액을 추정하였기 때문에 개인 헌금액보다는 적게 산출된 것이다. 한미준 조사 결과에 대하여는 한미준·한국갤럽, 윗글, 165쪽을 볼 것.

501~600만원이 519.8만원, 601만원 이상이 810.8만원으로 헌금 액수는 가구 소득과 비례하였으며, 대개 1년 동안 가구 소득의 십분의 일 가까운 액수를 헌금하고 있었다.

직분별로도 헌금액수 차이가 뚜렷하게 나타나 직분이 없는 사람은 가구당 287.9만원, 서리집사는 330.8만원, 안수집사/권사는 430.8만원을 헌금하였고, 장로들은 1년 동안 무려 평균 728만원을 헌금한 것으로 나타났다. 또한 신앙생활 연수에 따라서도 대체로 헌금 액수가 비례하였다.

교단별로 보면 사례수가 적긴 하지만 가장 많은 헌금을 낸 교인들은 독립교회와 하나님의 성회/순복음 교단에 속한 교인들로 작년 한 해 동안 각각 500만원 이상의 헌금을 낸 것으로 나타났다. 대형 교단 중에는 예장 통합 교인들이 436만원으로 가장 많은 헌금을 냈고, 예장 합동과 기독교 감리교 교인들은 평균을 약간 웃도는 380만원대의 헌금을, 기독교 장로회 교인들이 가장 적은 217.1만원의 헌금을 낸 것으로 나타났다.

가장 액수가 큰 500만원 이상을 헌금한 사람들의 특성을 보면, 20대에서 50대까지 고른 연령대에 분포하였고, 가장 많은 39.1%의 직분이 서리집사였으며, 22.2%가 월평균 소득 600만원 이상인 사람들이었다. 그러나 201~250만원이라고 응답한 사람도 10.4% 있었다. 그리고 38.3%가 1,000명 이상의 교회에 출석하고 있었는데, 출석 교회는 31.3%가 예장 합동 교단 소속이었고, 65.2%가 대도시 지역에 위치한 교회에 출석하고 있었다.

목회자들의 경우, 가장 많은 35.2%는 300만원 이하에 해당하였고, 11.4%는 301~500만원, 6.8%는 501~1000만원에 해당하였고, 1001만원 이상도 6.8% 있었으며 39.8%는 응답하지 않았다. 가구당 평균 헌금액은 425.3만원으로 일반 교인들에 비해 80만원 가량 많았다. 또한 1인당 평균 헌금액은 156.7만원으로 일반 교인들보다 45만원 정도 많았다.

가구당 평균 헌금액이므로 목회자 개인의 헌금액은 아니지만, 왕성한 목회 활동을 하는 나이인 50대에서 평균 1,000만원 이상의 헌금을 하였고, 다른 지역에 비해 서울 지역과 대도시 목회자들이 더 많은 헌금을 내었다.

■ 표9-1_ 지난 1년 동안 가구 헌금 총액 - 일반 교인 (단위:%)

	사례수	100만원 이하	101~300만원	301~500만원	501만원 이상	모름/무응답	평균
전체	(405)	18.2	13.1	12.0	11.3	45.4	344.8
성별							
남자	(177)	13.3	13.2	11.8	10.8	50.8	388.5
여자	(228)	22.1	12.9	12.1	11.7	41.2	316.7
연령							
18세~29세	(138)	10.5	10.0	8.1	7.0	64.3	350.3
30대	(94)	28.8	9.2	16.0	9.6	36.3	290.7
40대	(57)	14.1	15.7	14.4	19.6	36.3	419.2
50대	(70)	15.4	14.9	17.1	15.1	37.5	416.3
60대	(47)	29.2	23.8	4.8	11.2	31.0	254.1
교회 직분							
장로	(15)	0.0	20.0	10.0	50.0	20.0	728.0
권사/안수집사	(39)	14.5	12.6	20.4	19.5	33.1	430.8
서리 집사	(129)	22.8	19.6	13.9	14.2	29.4	330.8
직분 없음	(222)	17.5	8.9	9.6	5.5	58.5	287.9
신앙생활 연수							
10년 미만	(65)	40.5	10.4	4.6	1.2	43.3	114.5
20년 미만	(81)	18.2	13.2	9.6	5.5	53.4	264.5
30년 미만	(129)	11.8	15.9	9.3	11.0	52.1	362.0
40년 미만	(70)	15.8	10.1	21.3	19.2	33.7	450.0
50년 미만	(34)	15.1	8.7	17.5	26.2	32.5	511.2
50년 이상	(23)	6.5	20.9	17.6	16.2	38.8	460.8
모름/ 무응답	(2)	0.0	0.0	33.3	0.0	66.7	400.0
소속 교단							
예장 합동	(107)	15.2	8.4	13.4	13.7	49.3	383.7
예장 통합	(64)	6.9	20.4	16.5	15.3	40.9	436.0
예장 기타교	(23)	14.7	13.2	3.3	9.9	59.0	277.0
기독교장로회	(87)	32.7	14.9	9.0	4.3	39.1	217.1
기독교감리회	(65)	16.0	12.0	13.2	12.8	45.9	388.0
기독교성결교	(11)	6.9	37.7	20.8	13.8	20.8	407.8

예수교성결교	(6)	46.3	0.0	13.4	13.4	26.8	320.8
기독교침례회	(22)	16.8	6.8	10.3	11.8	54.4	284.9
하나님의성회순복음	(8)	9.6	0.0	0.0	19.1	71.3	546.7
독립 교회	(5)	33.3	0.0	33.3	16.7	16.7	564.0
모름/ 무응답	(10)	19.1	15.6	0.0	0.0	65.2	130.0
출석 교인수							
100명 이하	(93)	17.6	16.0	13.8	11.7	40.9	329.6
101~300명	(91)	21.4	12.7	11.5	5.7	48.7	311.3
301~1000명	(102)	22.5	12.3	13.8	11.3	40.1	321.9
1000명 이상	(115)	13.1	12.0	9.7	15.6	49.6	410.1
모름/무응답	(3)	0.0	0.0	0.0	0.0	100.0	
지역							
서울	(107)	13.8	13.6	10.1	14.0	48.5	362.6
인천/ 경기	(135)	15.3	9.9	14.4	10.0	50.4	376.4
대전/ 충청	(43)	13.9	19.1	3.5	7.0	56.5	327.0
광주/전라/제주	(49)	28.8	16.8	15.4	15.4	23.6	310.4
대구/ 경북	(23)	34.2	6.6	3.3	23.1	32.7	386.2
부산/울산/경남	(38)	26.2	18.7	16.7	4.0	34.4	263.3
강원	(11)	7.0	0.0	20.9	0.0	72.1	325.0
거주지역규모							
대도시	(239)	18.7	13.2	11.4	13.2	43.4	358.3
중소도시	(153)	14.6	13.0	14.0	7.4	51.1	332.8
읍/면	(14)	51.0	10.9	0.0	21.8	16.3	266.2
출석교회규모							
대도시	(246)	19.2	12.7	12.3	12.1	43.7	352.3
중소도시	(141)	13.9	14.3	11.4	9.6	50.7	342.5
읍/면	(18)	39.3	8.4	12.6	12.6	27.1	277.0
18세이상식구수							
1명	(13)	60.9	5.6	0.0	5.6	27.9	90.1
2명	(138)	25.6	13.5	15.2	9.2	36.4	290.9
3명	(95)	12.4	15.2	9.8	10.2	52.4	386.4
4명	(121)	11.6	13.8	10.2	14.8	49.7	397.8
5명 이상	(37)	12.0	6.1	16.1	12.2	53.5	468.7
가구 총 소득							
200 만원이하	(65)	45.2	19.4	6.9	2.3	26.3	153.8
201~300만원	(82)	14.0	21.4	9.2	9.2	46.3	310.7
301~400만원	(101)	16.0	15.4	15.9	11.4	41.4	327.6
401~500만원	(44)	23.8	3.4	19.7	12.8	40.2	344.9
501~600만원	(39)	12.3	6.6	10.4	19.1	51.6	519.8
601만원 이상	(32)	0.0	4.7	20.0	35.5	39.8	810.8
모름/ 무응답	(42)	3.6	3.6	3.6	1.8	87.4	319.1

■ 표9-2_ 지난 1년 동안 가구 헌금 총액 - 목회자 (단위:%)

	사례수	100만원 이하	101~ 300만원	301~ 500만원	501만원 이상	모름/ 무응답	평균
전체	(88)	35.2	11.4	6.8	6.8	39.8	425.2
성별							
남자	(82)	35.4	11.0	7.3	7.3	39.0	436.6
여자	(6)	33.3	16.7	0.0	0.0	50.0	234.7
연령							
만 39세 이하	(35)	42.9	8.6	5.7	0.0	42.9	194.1
40대	(31)	38.7	19.4	6.5	3.2	32.3	335.2
50대	(15)	13.3	6.7	13.3	26.7	40.0	1111.6
60대 이상	(7)	28.6	0.0	0.0	14.3	57.1	536.0
소속 교단							
예장 합동	(28)	25.0	14.3	14.3	3.6	42.9	539.4
예장 통합	(20)	35.0	15.0	5.0	0.0	45.0	224.2
예장 기타교	(7)	28.6	14.3	14.3	0.0	42.9	363.0
기독교장로회	(7)	42.9	0.0	0.0	28.6	28.6	701.2
기독교감리회	(10)	50.0	0.0	0.0	10.0	40.0	335.7
기독교성결교	(7)	42.9	14.3	0.0	14.3	28.6	402.2
예수교성결교	(1)	100.0	0.0	0.0	0.0	0.0	3.0
기독교침례회	(1)	0.0	100.0	0.0	0.0	0.0	500.0
하나님의성회순복음	(4)	75.0	0.0	0.0	0.0	25.0	250.0
독립 교회	(3)	0.0	0.0	0.0	33.3	66.7	1200.0
출석 교인수							
100명 이하	(40)	30.0	15.0	5.0	7.5	42.5	488.6
101～300명	(20)	35.0	5.0	10.0	15.0	35.0	570.5
301~1000명	(15)	46.7	13.3	6.7	0.0	33.4	186.7
1000명 이상	(12)	41.7	8.3	8.3	0.0	41.7	287.4
모름/무응답	(1)	0.0	0.0	0.0	0.0	100.0	
지역							
서울	(24)	33.3	4.2	4.2	12.5	45.9	666.8
인천/ 경기	(30)	30.0	6.7	6.7	6.7	50.0	417.9
대전/ 충청	(7)	42.9	14.3	14.3	0.0	28.6	241.4
광주/전라/제주	(9)	22.2	33.3	22.2	11.1	11.1	558.0
대구/ 경북	(9)	44.4	22.2	0.0	0.0	33.3	152.5
부산/울산/경남	(5)	60.0	0.0	0.0	0.0	40.0	167.3
강원	(4)	50.0	25.0	0.0	0.0	25.0	169.3
거주지역규모							

대도시	(42)	38.1	9.5	2.4	9.5	40.4	491.5
중소도시	(36)	27.8	11.1	8.3	5.6	47.3	411.6
읍/면	(10)	50.0	20.0	20.0	0.0	10.0	269.3
교회지역규모							
대도시	(41)	39.0	9.8	2.4	9.8	39.0	491.5
중소도시	(34)	26.5	8.8	8.8	5.9	50.0	430.5
읍/면	(13)	46.2	23.1	15.4	0.0	15.4	266.1
18세이상식구수							
1명	(5)	100.0	0.0	0.0	0.0	0.0	101.6
2명	(47)	36.2	12.8	4.3	2.1	44.7	286.1
3명	(21)	14.3	19.0	19.0	4.8	42.8	522.6
4명 이상	(15)	40.0	0.0	0.0	26.7	33.4	831.6
가구 총 소득							
200만원 이하	(35)	51.4	11.4	2.9	2.9	31.5	235.2
201~300만원	(24)	20.8	12.5	8.3	8.3	50.0	684.5
301만원 이상	(17)	41.2	17.6	11.8	11.8	17.6	455.1
모름/무응답	(12)	8.3	0.0	8.3	8.3	75.0	767.7

2) 지난 1년 동안 가구 건축 헌금액

최근에 교회당 건축을 많이 하고 있는데, 교회당 건축을 할 경우 자연히 헌금액이 늘어나게 된다. 따라서 전체 헌금액 중에서 건축 헌금이 차지하는 비중을 알아보기 위해서 헌금액 중에서 건축 헌금 액수를 따로 질문하였다. 이에 대하여 일반 교인 응답자의 67.1%는 없다고 응답하여, 헌금액을 응답한 사람들 중에 39.7%는 따로 건축 헌금을 하지 않은 것으로 파악된다. 그리고 10.6%는 100만원 이하, 2.9%는 101~500만원, 1.7%는 501만원 이상에 해당하였으며, 17.8%는 모른다거나 응답하지 않았다. 지난 1년 동안 낸 가구당 건축 헌금 평균 액수는 50.2만원이었다.[105)]

나이에 따라 증가하여 60대에서는 122.5만원을 헌금하였고, 직분

105) 전체 헌금에서 건축헌금이 차지하는 비중은 8.2%라는 조사 결과가 있다. 이에 대하여는 황호찬·최현돌, "한국교회의 재정관리 현황 및 개선을 위한 연구," 「기독교사상」 275호(1998년 7월), 102쪽을 볼 것,

에 따라서도 비례하였는데, 장로는 602.9만원을 헌금하여 평균보다 12배나 많은 액수를 건축헌금으로 낸 것으로 나타났다. 교단별로는 사례수가 적긴 하지만, 예수교성결교 교인들이 가구당 155만원을 냈고, 감리교 교인들도 104.8만원으로 평균의 두 배 이상을 건축 헌금으로 내었다. 반면에 예장 기타 교단의 교인들이 10만원 미만의 건축 헌금을 냈고, 예수교 성결교와 비슷한 사례수의 독립 교회 교인들은 건축 헌금을 전혀 내지 않은 것으로 나타났다.

교회 규모로는 교인수 100명 이하의 교회에서 81.5만원으로 가장 높아 개척 교회나 낡은 건물이 상대적으로 많은 소형 교회들이 건축을 많이 하고 이에 따라 교인들이 건축 헌금을 많이 낸 것으로 해석된다. 반면에, 교인수 1,000명 이상의 교회에서도 이와 비슷한 70.4만원의 건축 헌금을 내었는데, 이것은 규모가 커짐에 따라 새로운 교회당이나 공간을 필요로 하기 때문으로 해석된다.

지역별로는 서울보다도 인천/경기 지역의 건축 헌금 액수가 많았고, 거주지역으로는 대도시와 읍/면 지역 거주자의 건축 헌금 액수가 많았으나 교회지역으로는 대도시보다 중소도시와 읍/면 지역 교회에 출석하는 교인들의 헌금 액수가 많아 안정기에 접어든 대도시 교회에 비해 중소 도시 교회가 교회당 건축을 많이 하는 현실이 반영된 것으로 보인다.

목회자들의 경우 47.7%가 없다고 응답하였고, 17.0%가 100만원 이하, 9.1%가 101~500만원, 4.5%가 501만원 이상에 해당하였으며, 21.6%는 모른다거나 응답하지 않았다. 건축 헌금 평균 액수는 48.9만원으로 일반 교인들과 차이가 없었다. 건축 헌금을 했다고 응답한 사례가 적어 다른 변수에 따른 분석은 큰 의미가 없다고 판단된다.

■ 표10-1_ 지난 1년 동안 가구 건축 헌금 총액 - 일반교인 (단위:%)

	사례수	없음	100만원 이하	101~500만원	501만원 이상	모름/무응답	평균
전체	(405)	67.1	10.6	2.9	1.7	17.8	50.2
성별							
남자	(177)	68.5	8.4	1.7	1.7	19.7	64.4
여자	(228)	66.1	12.3	3.8	1.6	16.2	39.7
연령							
18세~29세	(138)	61.1	8.1	0.0	0.5	30.2	11.5
30대	(94)	72.7	11.2	4.8	1.6	9.6	33.1
40대	(57)	66.8	15.7	2.6	1.3	13.6	43.3
50대	(70)	70.4	7.5	7.0	3.2	11.9	90.9
60대	(47)	69.0	15.0	1.6	3.2	11.2	122.5
교회 직분							
장로	(15)	50.0	15.0	0.0	20.0	15.0	602.9
권사/안수집사	(39)	55.4	12.6	12.6	1.9	17.5	103.1
서리 집사	(129)	70.8	15.6	3.5	0.6	9.6	22.7
직분 없음	(222)	68.2	7.1	1.0	1.0	22.7	18.1
신앙생활 연수							
10년 미만	(65)	74.2	9.1	1.2	0.0	15.5	6.5
20년 미만	(81)	72.0	5.5	2.8	0.0	19.7	10.6
30년 미만	(129)	60.3	11.6	2.6	2.3	23.1	76.0
40년 미만	(70)	68.2	12.2	6.4	2.1	11.1	70.1
50년 미만	(34)	60.7	19.6	2.2	6.5	10.9	118.2
50년 이상	(23)	70.9	9.7	0.0	0.0	19.4	8.0
모름/ 무응답	(2)	100.0	0.0	0.0	0.0	0.0	0.0
소속 교단							
예장 합동	(107)	69.8	8.4	3.5	0.7	17.5	57.0
예장 통합	(64)	66.6	8.8	4.7	3.5	16.4	60.3
예장 기타교	(23)	73.6	16.5	0.0	0.0	9.9	7.7
기독교장로회	(87)	65.9	14.1	2.1	0.0	17.9	18.3
기독교감리회	(65)	69.4	3.5	1.2	4.6	21.3	104.8
기독교성결교	(11)	51.6	27.7	0.0	0.0	20.8	12.9
예수교성결교	(6)	73.2	0.0	0.0	13.4	13.4	155.0
기독교침례회	(22)	60.9	10.3	3.4	0.0	25.5	24.8
하나님의성회순복음	(8)	61.7	28.7	9.6	0.0	0.0	23.9
독립 교회	(5)	83.3	0.0	0.0	0.0	16.7	0.0
모름/ 무응답	(10)	46.1	27.0	7.8	0.0	19.1	34.7
출석 교인수							
100명 이하	(93)	66.1	12.5	2.4	2.4	16.5	81.5
101~300명	(91)	66.1	10.2	3.3	0.0	20.4	13.7
301~1000명	(102)	65.4	12.4	3.3	0.7	18.2	30.7
1000명 이상	(115)	70.5	8.1	2.6	3.2	15.5	70.4
모름/무응답	(3)	55.1	0.0	0.0	0.0	44.9	0.0
지역							
서울	(107)	68.2	6.3	2.8	1.4	21.3	30.8

인천/ 경기	(135)	64.2	15.4	2.8	2.2	15.4	87.8
대전/ 충청	(43)	61.6	10.5	1.8	3.5	22.7	51.2
광주/전라/제주	(49)	69.4	10.8	1.5	1.5	16.8	29.4
대구/ 경북	(23)	83.5	6.6	3.3	0.0	6.6	10.5
부산/울산/경남	(38)	67.6	10.8	6.8	0.0	14.8	30.3
강원	(11)	69.0	0.0	0.0	0.0	31.0	0.0
거주지역규모							
대도시	(239)	69.2	8.9	3.0	1.9	17.0	63.3
중소도시	(153)	64.3	12.7	3.0	1.0	19.0	27.1
읍/면	(14)	61.9	16.3	0.0	5.4	16.3	72.7
교회지역규모							
대도시	(246)	71.8	8.7	3.2	1.2	15.1	39.2
중소도시	(141)	60.8	13.2	2.7	2.1	21.2	68.6
읍/면	(18)	51.9	16.8	0.0	4.2	27.1	70.1
18세이상식구수							
1명	(13)	72.1	5.6	0.0	0.0	22.3	0.9
2명	(138)	67.0	12.7	3.8	1.6	14.9	48.1
3명	(95)	70.5	12.1	2.7	0.8	14.0	26.3
4명	(121)	61.8	9.6	3.1	2.5	23.1	86.6
5명 이상	(37)	74.6	4.1	0.0	2.0	19.3	28.0
가구 총 소득							
200 만원이하	(65)	73.9	13.0	2.3	0.0	10.8	17.3
201~300 만원	(82)	57.6	13.7	2.7	1.8	24.1	34.1
301~400 만원	(101)	71.6	12.2	4.8	0.0	11.4	22.1
401~500 만원	(44)	77.6	8.6	0.0	0.0	13.8	4.6
501~600 만원	(39)	70.7	1.9	3.8	5.7	17.8	125.4
601 만원이상	(32)	58.7	9.5	4.7	9.5	17.6	279.1
모름/ 무응답	(42)	56.2	8.0	0.0	0.0	35.8	4.1

■ 표10-2_ 지난 1년 동안 가구 건축헌금 총액 - 목회자 (단위:%)

	사례수	없음	100만원 이하	101~ 500만원	501만원 이상	모름/ 무응답	평균
전체	(88)	47.7	17.0	9.1	4.5	21.6	48.9
성별							
남자	(82)	46.3	17.1	9.8	4.9	21.9	52.7
여자	(6)	66.7	16.7	0.0	0.0	16.7	0.8
연령							
만 39세 이하	(35)	45.7	17.1	14.3	2.9	20.0	21.2
40대	(31)	54.8	19.4	6.5	3.2	16.1	32.9
50대	(15)	46.7	13.3	6.7	6.7	26.7	83.8
60대 이상	(7)	28.6	14.3	0.0	14.3	42.9	251.0
소속 교단							
예장 합동	(28)	53.6	17.9	3.6	3.6	21.4	14.4
예장 통합	(20)	50.0	20.0	5.0	0.0	25.0	41.2

예장 기타교	(7)	71.4	14.3	0.0	0.0	14.3	0.7
기독교장로회	(7)	28.6	14.3	28.6	14.3	14.3	219.5
기독교감리회	(10)	40.0	10.0	20.0	0.0	30.0	1.6
기독교성결교	(7)	28.6	14.3	14.3	28.6	14.3	126.3
예수교성결교	(1)	0.0	0.0	0.0	0.0	100.0	
기독교침례회	(1)	0.0	0.0	100.0	0.0	0.0	200.0
하나님의성회순복음	(4)	25.0	50.0	0.0	0.0	25.0	50.0
독립 교회	(3)	100.0	0.0	0.0	0.0	0.0	0.3
출석 교인수							
100명 이하	(40)	47.5	20.0	5.0	2.5	25.0	46.3
101~300명	(20)	45.0	20.0	10.0	10.0	15.0	86.0
301~1000명	(15)	60.0	6.7	20.0	6.7	6.7	26.4
1000명 이상	(12)	41.7	16.7	8.3	0.0	33.3	19.5
모름/무응답	(1)	0.0	0.0	0.0	0.0	100.0	
가구 총 소득							
200만원 이하	(35)	48.6	25.7	11.4	2.9	11.4	52.8
201~300만원	(24)	33.3	12.5	16.7	4.2	33.4	57.6
301만원 이상	(17)	70.6	17.6	0.0	5.9	5.9	7.1
모름/ 무응답	(12)	41.7	0.0	0.0	8.3	50.0	117.3

3) 헌금하는 이유

헌금을 하는 이유에 대해서는 일반교인 응답자의 절반에 가까운 49.0%가 "성경 말씀에 순종하기 위해서" 라고 응답했으며, 31.0%는 "감사의 표현으로", 7.4%는 "교인으로서의 의무를 다하기 위해서", 6.1%는 "선교나 봉사의 필요를 위해", 3.1%는 "교회 건물이나 시설 유지를 위해", 3.0%는 "헌금을 하는 만큼 복을 받을 것이므로" 라고 응답하였다.

연령별로는 20대 이하의 젊은 층에서는 "성경 말씀에 순종하기 위해서" 라는 응답이 평균보다 10% 정도 낮게 나왔으며, 직분별로는 직분이 올라갈수록 "성경 말씀에 순종하기 위해서" 의 응답률이 높게 나왔고, 직분이 낮을수록 "감사의 표현으로" 의 응답률이 높게 나왔다. 신앙연수별로도 신앙연수가 길수록 "성경 말씀에 순종하기 위해서" 의 응답률이 높게 나왔고, 신앙 연수가 짧을수록 대체로 "감사의 표현으로" 의 응답률이 높게 나왔다.

교단별로는 기독교 장로회와 기독교 감리회 교인들의 "성경 말씀

■ 표11-1_ 헌금하는 이유 - 일반교인 (단위:%)

	사례수	성경 말씀에 순종하기 위해	감사의 표현으로	교인으로서의 의무를 하기위해	선교나 봉사의 필요를 위해	교회 건물이나 시설유지를 위해	헌금을 하는 만큼 복을 받을것이므로
전체	(405)	49.0	31.0	7.4	6.1	3.1	3.0
성별							
남자	(177)	48.8	28.3	9.2	7.3	3.5	2.5
여자	(228)	49.2	33.0	6.0	5.2	2.8	3.4
연령							
18세~29세	(138)	39.7	36.9	9.4	7.5	4.0	2.4
30대	(94)	57.9	25.1	4.7	8.7	0.8	2.8
40대	(57)	57.3	29.8	7.7	2.6	0.0	1.3
50대	(70)	52.1	29.8	8.5	5.9	2.6	0.0
60대	(47)	43.8	28.5	4.8	1.6	9.4	11.9
교회 직분							
장로	(15)	65.0	15.0	10.0	0.0	5.0	5.0
권사/안수집사	(39)	62.3	25.1	1.9	1.9	4.8	1.9
서리 집사	(129)	51.8	31.0	6.0	6.7	1.4	2.6
직분 없음	(222)	44.0	33.0	9.0	7.0	3.6	3.3
신앙생활 연수							
10년 미만	(65)	32.7	32.0	15.3	14.8	2.8	2.3
20년 미만	(81)	38.0	40.1	6.4	2.8	7.7	4.1
30년 미만	(129)	51.3	32.3	5.8	4.6	2.0	4.0
40년 미만	(70)	62.1	31.5	1.1	4.3	0.0	0.0
50년 미만	(34)	60.9	17.5	11.9	2.2	5.4	2.2
50년 이상	(23)	61.5	9.7	11.2	14.4	0.0	3.2
모름/ 무응답	(2)	66.7	0.0	0.0	0.0	0.0	33.3
소속 교단							
예장 합동	(107)	61.0	28.9	7.3	1.4	0.7	0.7
예장 통합	(64)	51.0	26.3	8.1	3.5	5.8	4.1
예장 기타교	(23)	62.6	26.0	8.1	0.0	0.0	3.3
기독교장로회	(87)	32.9	36.1	10.2	7.7	6.3	6.8
기독교감리회	(65)	34.0	38.4	6.3	14.9	4.0	1.2
기독교성결교	(11)	79.2	6.9	6.9	0.0	0.0	6.9
예수교성결교	(6)	53.7	32.9	0.0	13.4	0.0	0.0
기독교침례회	(22)	54.4	42.2	3.4	0.0	0.0	0.0
하나님의성회순복음	(8)	52.2	38.3	0.0	9.6	0.0	0.0
독립 교회	(5)	50.0	0.0	0.0	33.3	0.0	16.7
모름/ 무응답	(10)	65.2	7.8	7.8	19.1	0.0	0.0
가구 총 소득							
200 만원이하	(65)	54.1	29.5	1.1	1.1	6.8	7.4
201~300 만원	(82)	53.8	31.7	7.2	6.3	0.0	0.9
301~400 만원	(101)	47.8	29.9	12.4	3.7	3.6	1.8
401~500 만원	(44)	48.8	32.4	5.9	6.9	0.0	5.9
501~600 만원	(39)	45.4	24.4	8.5	13.2	4.7	1.9
601 만원이상	(32)	35.5	35.3	4.7	16.3	8.2	0.0
모름/ 무응답	(42)	48.4	35.6	8.0	4.4	0.0	3.6

에 순종하기 위해서" 라는 응답이 30%대로 낮게 나왔고, "감사의 표현으로" 라는 응답이 상대적으로 높게 나왔다. 소득별로는 소득이 낮을수록 "성경 말씀에 순종하기 위해서" 라는 응답이 많아서 200만원 이하 소득에서는 절반 이상이 "성경 말씀에 순종하기 위해서" 라고 응답하였다. 소득이 높은 층에서는 "성경 말씀에 순종하기 위해서" 라는 응답이 상대적으로 낮았고, 소득이 500만원 이상인 응답자들은 이들보다 소득이 낮은 층에 비해 "선교나 봉사의 필요를 위해" 라는 응답이 다소 높았다.

■ 표11-2_ 헌금하는 이유 - 목회자 (단위:%)

	사례수	성경 말씀에 순종하기 위해	감사의 표현으로	교인으로서의 의무를 하기위해	선교나 봉사의 필요를 위해
전체	(88)	53.4	36.4	4.5	4.5
성별					
남자	(82)	52.4	39.0	4.9	2.4
여자	(6)	66.7	0.0	0.0	33.3
연령					
만 39세 이하	(35)	45.7	42.9	5.7	2.9
40대	(31)	64.5	25.8	3.2	6.5
50대	(15)	46.7	40.0	6.7	6.7
60대 이상	(7)	57.1	42.9	0.0	0.0
소속 교단					
예장 합동	(28)	53.6	32.1	3.6	7.1
예장 통합	(20)	65.0	30.0	5.0	0.0
예장 기타교	(7)	57.1	42.9	0.0	0.0
기독교장로회	(7)	42.9	57.1	0.0	0.0
기독교감리회	(10)	50.0	20.0	20.0	10.0
기독교성결교	(7)	42.9	57.1	0.0	0.0
예수교성결교	(1)	0.0	100.0	0.0	0.0
기독교침례회	(1)	100.0	0.0	0.0	0.0
하나님의성회 순복음	(4)	50.0	25.0	0.0	25.0
독립 교회	(3)	33.3	66.7	0.0	0.0
가구 총 소득					
200 만원 이하	(35)	51.4	42.9	0.0	5.7
201~300만원	(24)	50.0	37.5	8.3	0.0
301만원 이상	(17)	52.9	23.5	11.8	11.8
모름/무응답	(12)	66.7	33.3	0.0	0.0

이에 대한 목회자들의 응답은 일반교인들보다 많은 53.4%가 "성경 말씀에 순종하기 위해서" 라고 응답했으며, 역시 일반교인들보다 많은 36.4%가 "감사의 표현으로" 라고 응답하였다. "교인으로서의 의무를 다하기 위해서" 는 일반 교인들보다 적은 4.5%가 응답하였고, "선교나 봉사의 필요를 위해" 역시 일반 교인들보다 낮은 4.5%가 응답하였으며, "교회 건물이나 시설 유지를 위해" 는 일반 교인들보다 높은 4.5%가 응답하였다. "헌금을 하는 만큼 복을 받을 것이므로" 라는 응답은 1.1%였다.

이에 대하여 헌금액수에 따라 분석을 하였는데, 전체적으로 "성경 말씀에 순종하기 위해" 라는 응답이 과반수를 차지하였으나, 지난 1년 동안 가구 헌금액이 100만원 이하인 경우, 가장 많은 41.3%가 "감사의 표현으로" 라고 응답하여 대조를 이루었다. 헌금액이 301~500만원인 응답자들과 501만원 이상이 응답자들의 경우 거의 3분의 2 정도가 "성경 말씀에 순종하기 위해" 라고 응답하였는데, 이것은 다른 어떤 이유보다 단순히 성경 말씀에 순종하기 위해 헌금하는 사람들의 헌금 액수가 많다는 것을 나타내는 것이다. 이에 반해 "감사의 표현" 이나 "교인으로서 의무를 다하기 위해" 또는 "교회 건물이나 시설의 유지를 위해" 헌금하는 경우, 헌금 액수가 다소 적은 것으로 나타났다.[106)]

106) 이것은 미국 기독교인들의 헌금에 대한 조사 결과와도 일부 일치하는 것이다. 미국 조사에서는 교회와 교단에 대한 책임감이나 의무로 헌금을 하는 사람들은 하나님에 대한 사랑의 표현이나 성경 말씀에 대한 순종 또는 다른 사람들을 돕기 위해 헌금하는 사람들에 비해서 적은 액수의 헌금을 하는 것으로 나타났다. 이에 대하여는 Sharon L. Miller, "The Meaning of Religious Giving," Mark Chaves·Shron L. Miller 엮음, *Financing American Religion*(Lanham, Md.: AltaMira Press, 1998), 38쪽을 볼 것.

■표12_ 지난 1년 동안의 가구헌금액과 헌금하는 가장 큰 이유의 교차표 (단위:%)

			헌금하는 가장 큰 이유							전체
			교회건물이나 시설의 유지를 위해	교인으로서의 의무를 다하기 위해	성경말씀에 순종하기 위해	감사의 표현으로	선교나 봉사의 필요를 위해	헌금을 하는만큼 복을 받을 것이므로	신앙고백	
지난 1년 동안의 가구 헌금액	100만 원이하	빈도	0	6	29	31	4	5	0	75
		백분율	.0%	8.0%	38.7%	41.3%	5.3%	6.7%	.0%	100.0%
	101~300만 원	빈도	4	3	30	12	3	0	0	52
		백분율	7.7%	5.8%	57.7%	23.1%	5.8%	.0%	.0%	100.0%
	301~500만 원	빈도	2	0	33	7	5	2	1	50
		백분율	4.0%	.0%	66.0%	14.0%	10.0%	4.0%	2.0%	100.0%
	501만 원이상	빈도	1	2	30	11	1	0	1	46
		백분율	2.2%	4.3%	65.2%	23.9%	2.2%	.0%	2.2%	100.0%
	모름/무응답	빈도	6	19	76	65	12	6	0	184
		백분율	3.3%	10.3%	41.3%	35.3%	6.5%	3.3%	.0%	100.0%
전체		빈도	13	30	198	126	25	13	2	407
		백분율	3.2%	7.4%	48.6%	31.0%	6.1%	3.2%	.5%	100.0%

4) 헌금 준비 방법

헌금 준비를 어떻게 하는지에 대해서는 일반교인 응답자의 가장 많은 34.1%가 "매월 헌금 계획을 세운다" 고 응답하였으며, 이와 비슷한 32.8%가 "계획을 세우지 않고 예배당에서 결정해서 낸다" 고 응답하였다. "매주 헌금 계획을 세운다" 는 응답이 21.8%였으며, "1년 헌금 계획을 세운다" 는 응답은 11.3%였다.

남성들은 여성들에 비해 1년 헌금 계획을 세우는 비율이 낮았으며, 계획을 세우지 않는다는 비율은 더 높았다. 또한 20대 이하의 젊은 층은 계획을 세우지 않는다는 비율이 절반에 육박하였고, 1년 헌금 계획을 세운다는 응답은 40대에서 가장 높았다. 직분이 낮고 신앙 연수가 짧은 사람들도 헌금 계획을 세우지 않는다는 응답이 많았다.

■ 표13-1_ 헌금 준비 방법 - 일반 교인 (단위:%)

	사례수	1년헌금 계획을 세운다	매월헌금 계획을 세운다	매주헌금 계획을 세운다	계획을 세우지 않는다
전체	(405)	11.3	34.1	21.8	32.8
성별					
남자	(177)	7.6	31.0	24.1	37.3
여자	(228)	14.2	36.5	20.0	29.2
연령					
18세~29세	(138)	8.1	19.1	25.3	47.5
30대	(94)	10.4	37.3	25.8	26.5
40대	(57)	19.6	44.3	16.1	20.0
50대	(70)	13.9	40.3	20.9	25.0
60대	(47)	8.7	50.2	11.9	29.2
교회 직분					
장로	(15)	10.0	70.0	15.0	5.0
권사/안수집사	(39)	21.2	50.6	26.2	1.9
서리 집사	(129)	11.9	38.8	19.3	30.1
직분 없음	(222)	9.4	26.1	23.0	41.5
신앙생활 연수					
10년 미만	(65)	1.2	17.9	21.7	59.3
20년 미만	(81)	13.7	29.9	20.5	35.9
30년 미만	(129)	11.0	29.7	23.4	35.9
40년 미만	(70)	13.8	51.9	23.7	10.5
50년 미만	(34)	17.5	37.1	20.6	24.8
50년 이상	(23)	14.4	62.9	16.2	6.5
모름/ 무응답	(2)	33.3	0.0	0.0	66.7

■ 표13-2_ 헌금 준비 방법 - 목회자 (단위:%)

	사례수	1년헌금 계획을 세운다	매월헌금 계획을 세운다	매주헌금 계획을 세운다	계획을 세우지 않는다
전체	(88)	28.4	45.5	14.8	11.4
성별					
남자	(82)	26.8	45.1	15.9	12.2
여자	(6)	50.0	50.0	0.0	0.0
연령					
만 39세 이하	(35)	20.0	51.4	17.1	11.4
40대	(31)	29.0	41.9	16.1	12.9
50대	(15)	40.0	33.3	13.3	13.3
60대 이상	(7)	42.9	57.1	0.0	0.0

이에 대해 목회자들 역시 가장 많은 45.5%가 "매월 헌금 계획을 세운다" 고 응답하였으며, 다음으로 28.4%가 "1년 헌금 계획을 세운다" 고 응답하였다. 다음으로 "매주 헌금계획을 세운다" (14.8%), "계획을 세우지 않고 예배당에서 결정해서 낸다" (11.4%)의 순이었다. 헌금 준비 방법과 헌금액에 대한 관계를 알아보기 위하여 교차표를 작성하였는데, 헌금 액수를 응답한 경우에는 대부분 "매월 헌금 계획을 세운다" 는 응답이 가장 많았고, "계획을 세우지 않고 예배당에서 결정해서 낸다" 는 응답이 가장 적었다. 이에 반해, 1년 동안 100만원 이하의 헌금을 한 경우에는 절반이 넘는 51.4%가 "계획을 세우지 않고 예배당에서 결정해서 낸다" 고 응답하였고, 매월 또는 1년 헌금 계획을 세운다" 는 응답은 다른 응답자들에 훨씬 적게 나타나 대조를 이루었다. 따라서 헌금을 적게 내는 사람들의 경우, 적은 수입에 대해 계획을 세워 일정하게 헌금을 하는 것이 아니고 그때그때 즉석에서 헌금액을 결정해서 헌금을 하는 것으로 해석된다.[107]

■ **표14_ 지난 1년 동안의 가구헌금액과 헌금 준비 방법의 교차표** (단위:%)

			헌금 준비 방법				전체
			1년 헌금계획을 세운다	매월 헌금계획을 세운다	매주 헌금계획을 세운다	계획을 세우지않고 예배당에서 결정해서낸다	
지난1년 동안의 가구 헌금액	100만원 이하	빈도	1	13	22	38	74
		백분율	1.4%	17.6%	29.7%	51.4%	100.0%
	101~300 만원	빈도	10	22	12	9	53
		백분율	18.9%	41.5%	22.6%	17.0%	100.0%
	301~500 만원	빈도	10	26	9	3	48
		백분율	20.8%	54.2%	18.8%	6.3%	100.0%
	501만원 이상	빈도	8	21	11	5	45
		백분율	17.8%	46.7%	24.4%	11.1%	100.0%
	모름/ 무응답	빈도	17	56	34	77	184
		백분율	9.2%	30.4%	18.5%	41.8%	100.0%
전체		빈도	46	138	88	132	404
		백분율	11.4%	34.2%	21.8%	32.7%	100.0%

107) 이와 관련된 미국 조사에서는 매년 또는 매월 헌금 계획을 세우는 사람들이 매주 헌금 계획을 세우는 사람들보다 더 많은 헌금을 하는 것으로 나타났다. 이

5) 헌금 종류에 대한 견해

다음으로 헌금 종류에 대하여, 전체의 65.6%는 "적당하다" 고 응답했고, 20.9%는 "약간 많은 편이다" , 9.5%는 "너무 많다" 고 응답하여 긍정률이 30.4%였으며, "약간 적은 편이다" 는 3.9%에 불과하였고 "너무 적다" 는 응답은 없었다. 5점 척도의 평균값은 3.36으로 보통 수준이었다. 이에 대하여 신앙 연수가 길수록 긍정률과 평균값이 낮아져 신앙생활 초기에는 헌금 종류가 많다고 생각하지만, 신앙생활을 오래하면서 헌금 종류가 적당하고 생각하는 사람이 많아지는 것으로 나타났다. 마찬가지로 직분이 올라갈수록 헌금 종류가 적당하다고 생각하는 비율이 더 높았다. 그리고 교회 규모가 커질수록 긍정률과 평균이 높아져 큰 교회 교인들일수록 헌금 종류가 많다고 생각하는 비율이 높았다.

지역별로는 사례수가 적은 강원도를 제외하고는 서울에 거주하는 교인들이 헌금 종류가 많다고 생가하고 있으며, 거주지역이나 교회지역이 대도시일수록 헌금 종류가 많다고 생각하는 비율이 높았다.

이에 대하여, 목회자들은 일반교인들보다 "적당하다" 는 의견이 73.9%로 8.3% 더 많았으며, "약간 적은 편이다" 도 9.1%로 더 많았고, "너무 적다" 는 의견도 2.3% 있었다. 평균도 3.03으로 더 낮았다. 특히 30대 이하의 젊은 목회자들은 다른 연령층에 비해 헌금 종류가 적다는 의견이 더 많았고, 평균도 더 낮았다.

에 대하여는 Dean R. Hoge 등, "Giving in Five Denominations," Mark Chaves·Sharon L. Miller 엮음, 윗글, 8쪽을 볼 것.

■ 표15-1_ 헌금 종류에 대한 견해 - 일반 교인 (단위:%)

	사례수	① 너무 적다	② 약간 적은 편이다	③ 적당하다	④ 약간 많은 편이다	⑤ 너무 많다	Bot2 (①+②)	Mid (③)	Top2 (④+⑤)	평균 (5점척도)
전체	(405)	0.0	3.9	65.6	20.9	9.5	3.9	65.6	30.4	3.36
성별										
남자	(177)	0.0	4.2	62.9	21.4	11.5	4.2	62.9	32.9	3.40
여자	(228)	0.0	3.7	67.8	20.5	8.0	3.7	67.8	28.5	3.33
연령										
18세~29세	(138)	0.0	3.2	70.2	17.5	9.1	3.2	70.2	26.6	3.32
30대	(94)	0.0	2.8	63.0	27.1	7.1	2.8	63.0	34.3	3.39
40대	(57)	0.0	2.6	65.0	22.1	10.3	2.6	65.0	32.4	3.40
50대	(70)	0.0	2.2	64.8	20.8	12.2	2.2	64.8	33.0	3.43
60대	(47)	0.0	12.6	59.6	17.4	10.3	12.6	59.6	27.8	3.25
교회 직분										
장로	(15)	0.0	10.0	70.0	15.0	5.0	10.0	70.0	20.0	3.15
권사/안수집사	(39)	0.0	3.9	68.0	22.3	5.8	3.9	68.0	28.1	3.30
서리 집사	(129)	0.0	2.6	63.5	24.2	9.8	2.6	63.5	33.9	3.41
직분 없음	(222)	0.0	4.3	66.2	19.2	10.3	4.3	66.2	29.5	3.35
신앙생활 연수										
10년 미만	(65)	0.0	5.7	49.2	26.8	18.3	5.7	49.2	45.1	3.58
20년 미만	(81)	0.0	0.0	65.8	23.3	10.9	0.0	65.8	34.2	3.45
30년 미만	(129)	0.0	3.2	73.7	15.6	7.5	3.2	73.7	23.1	3.27
40년 미만	(70)	0.0	4.7	60.5	27.9	6.9	4.7	60.5	34.8	3.37
50년 미만	(34)	0.0	11.9	64.3	18.5	5.4	11.9	64.3	23.8	3.17
50년 이상	(23)	0.0	3.2	83.8	6.5	6.5	3.2	83.8	12.9	3.16
모름/ 무응답	(2)	0.0	0.0	66.7	33.3	0.0	0.0	66.7	33.3	3.33
출석 교인수										
100명 이하	(93)	0.0	7.2	73.6	15.6	3.6	7.2	73.6	19.2	3.16
101~300명	(91)	0.0	3.7	69.9	17.1	9.3	3.7	69.9	26.4	3.32
301~1000명	(102)	0.0	3.3	63.7	19.3	13.7	3.3	63.7	33.1	3.44
1000명 이상	(115)	0.0	2.2	58.2	28.6	10.9	2.2	58.2	39.5	3.48
모름/무응답	(3)	0.0	0.0	44.9	55.1	0.0	0.0	44.9	55.1	3.55
지역										
서울	(107)	0.0	2.4	53.8	30.6	13.2	2.4	53.8	43.8	3.55
인천/ 경기	(135)	0.0	5.5	65.7	20.0	8.8	5.5	65.7	28.8	3.32
대전/ 충청	(43)	0.0	6.1	77.5	12.1	4.3	6.1	77.5	16.4	3.15
광주/전라/제주	(49)	0.0	1.5	76.4	18.3	3.8	1.5	76.4	22.1	3.24
대구/ 경북	(23)	0.0	8.1	65.8	18.0	8.1	8.1	65.8	26.1	3.26
부산/울산/경남	(38)	0.0	0.0	78.4	7.9	13.7	0.0	78.4	21.6	3.35
강원	(11)	0.0	7.0	41.8	34.2	17.1	7.0	41.8	51.2	3.61
거주지역규모										
대도시	(239)	0.0	3.6	63.8	21.2	11.5	3.6	63.8	32.7	3.41
중소도시	(153)	0.0	3.7	67.2	21.9	7.3	3.7	67.2	29.2	3.33
읍/면	(14)	0.0	13.4	81.2	5.4	0.0	13.4	81.2	5.4	2.92
교회지역규모										
대도시	(246)	0.0	3.9	62.4	20.8	12.9	3.9	62.4	33.7	3.43
중소도시	(141)	0.0	3.2	68.3	23.7	4.7	3.2	68.3	28.5	3.30
읍/면	(18)	0.0	10.3	89.7	0.0	0.0	10.3	89.7	0.0	2.90

■ 표15-2_ 헌금 종류에 대한 견해 - 목회자 (단위:%)

	사례수	① 너무 적다	② 약간 적은 편이다	③ 적당하다	④ 약간 많은 편이다	⑤ 너무 많다	Bot2 (①+②)	Mid (③)	Top2 (④+⑤)	평균 (5점척도)
전체	(88)	2.3	9.1	73.9	10.2	3.4	11.4	73.9	13.6	3.03
성별										
남자	(82)	1.2	8.5	74.4	11.0	3.7	9.8	74.4	14.6	3.07
여자	(6)	16.7	16.7	66.7	0.0	0.0	33.3	66.7	0.0	2.50
연령										
만 39세 이하	(35)	2.9	20.0	68.6	5.7	2.9	22.9	68.6	8.6	2.86
40대	(31)	3.2	3.2	74.2	12.9	6.5	6.5	74.2	19.4	3.16
50대	(15)	0.0	0.0	80.0	13.3	0.0	0.0	80.0	13.3	3.14
60대 이상	(7)	0.0	0.0	85.7	14.3	0.0	0.0	85.7	14.3	3.14
출석 교인수										
100명 이하	(40)	2.5	10.0	72.5	10.0	5.0	12.5	72.5	15.0	3.05
101~300명	(20)	0.0	10.0	70.0	15.0	0.0	10.0	70.0	15.0	3.05
301~1000명	(15)	6.7	13.3	73.3	6.7	0.0	20.0	73.3	6.7	2.80
1000명 이상	(12)	0.0	0.0	83.3	8.3	8.3	0.0	83.3	16.7	3.25
모름/무응답	(1)	0.0	0.0	100.0	0.0	0.0	0.0	100.0	0.0	3.00
지역										
서울	(24)	0.0	12.5	75.0	8.3	4.2	12.5	75.0	12.5	3.04
인천/ 경기	(30)	6.7	3.3	73.3	10.0	3.3	10.0	73.3	13.3	3.00
대전/ 충청	(7)	0.0	0.0	71.4	14.3	14.3	0.0	71.4	28.6	3.43
광주/전라/제주	(9)	0.0	0.0	66.7	33.3	0.0	0.0	66.7	33.3	3.33
대구/ 경북	(9)	0.0	33.3	66.7	0.0	0.0	33.3	66.7	0.0	2.67
부산/울산/경남	(5)	0.0	0.0	100.0	0.0	0.0	0.0	100.0	0.0	3.00
강원	(4)	0.0	25.0	75.0	0.0	0.0	25.0	75.0	0.0	2.75

6) 목회자의 헌금 강조 정도

목회자들의 헌금 강조에 대하여, 가장 많은 40.6%가 "별로 강조하지 않는 편이다" 라고 응답하였고, 25.1%가 "그저 그렇다" 고 응답하였다. "매우 많이 강조한다" 는 응답은 4.5%였고, "약간 강조하는 편이다" 는 15.2%, "전혀 강조하지 않는다" 가 14.7%로 나타났다. 따라서 긍정률은 19.7%, 평균은 2.54로 낮은 편이었다.[108)]

108) 이것은 한국갤럽이 전체 국민을 대상으로 한 조사에서 "요즘 종교단체는 시주/헌금을 지나치게 강조하는 경향이 있다"는 문항에 대하여 개신교인의 47.9%의 긍정률을 보인 것에 비하면 훨씬 낮은 수치이다. 이에 대하여는 한국갤럽, 「

■ 표16-1_ 목회자의 헌금 강조 정도 - 일반 교인 (단위:%)

	사례수	① 전혀 강조하지 않는다	② 별로 강조하지 않는 편이다	③ 그저 그렇다	④ 약간 강조하는 편이다	⑤ 매우 많이 강조한다	Bot2 (①+②)	Mid (③)	Top2 (④+⑤)	평균 (5점척도)
전체	(405)	14.7	40.6	25.1	15.2	4.5	55.2	25.1	19.7	2.54
성별										
남자	(177)	13.0	41.5	30.6	9.5	5.4	54.5	30.6	14.9	2.53
여자	(228)	16.0	39.8	20.8	19.7	3.7	55.8	20.8	23.4	2.55
연령										
18세~29세	(138)	10.8	36.9	31.0	17.0	4.3	47.7	31.0	21.3	2.67
30대	(94)	10.8	43.4	28.6	13.6	3.6	54.2	28.6	17.1	2.56
40대	(57)	14.4	44.3	21.3	15.5	4.5	58.6	21.3	20.0	2.52
50대	(70)	19.7	41.9	19.8	13.3	5.3	61.6	19.8	18.6	2.43
60대	(47)	26.9	39.0	12.8	15.8	5.5	65.8	12.8	21.4	2.34
교회 직분										
장로	(15)	25.0	50.0	25.0	0.0	0.0	75.0	25.0	0.0	2.00
권사/안수집사	(39)	15.4	46.7	11.7	26.2	0.0	62.1	11.7	26.2	2.49
서리 집사	(129)	15.6	41.0	23.1	16.4	4.0	56.6	23.1	20.4	2.52
직분 없음	(222)	13.4	38.6	28.5	13.7	5.8	51.9	28.5	19.5	2.60
신앙생활 연수										
10년 미만	(65)	5.2	33.8	30.8	22.3	8.0	38.9	30.8	30.3	2.94
20년 미만	(81)	11.9	44.8	24.6	15.5	3.2	56.7	24.6	18.7	2.53
30년 미만	(129)	15.9	34.4	27.8	16.5	5.5	50.3	27.8	21.9	2.61
40년 미만	(70)	15.3	49.2	21.2	13.3	1.1	64.5	21.2	14.3	2.36
50년 미만	(34)	20.6	39.3	20.6	11.9	7.5	59.9	20.6	19.4	2.46
50년 이상	(23)	32.0	55.0	12.9	0.0	0.0	87.1	12.9	0.0	1.81
모름/ 무응답	(2)	33.3	33.3	33.3	0.0	0.0	66.7	33.3	0.0	2.00
소속 교단										
예장 합동	(107)	12.2	42.4	26.9	14.3	4.2	54.6	26.9	18.5	2.56
예장 통합	(64)	17.5	48.6	29.2	4.7	0.0	66.1	29.2	4.7	2.21
예장 기타교	(23)	14.7	32.9	23.1	18.0	11.4	47.6	23.1	29.3	2.78
기독교장로회	(87)	20.9	32.4	21.7	19.2	5.9	53.2	21.7	25.1	2.57
기독교감리회	(65)	14.4	39.2	25.8	19.5	1.2	53.5	25.8	20.7	2.54
기독교성결교	(11)	13.8	65.4	20.8	0.0	0.0	79.2	20.8	0.0	2.07
예수교성결교	(6)	0.0	40.3	46.3	0.0	13.4	40.3	46.3	13.4	2.87
기독교침례회	(22)	10.3	37.3	28.9	11.8	11.8	47.5	28.9	23.6	2.78
하나님의성회순복음	(8)	0.0	38.3	9.6	28.7	23.5	38.3	9.6	52.2	3.37
독립 교회	(5)	16.7	66.7	16.7	0.0	0.0	83.3	16.7	0.0	2.00
모름/ 무응답	(10)	0.0	38.3	7.8	53.9	0.0	38.3	7.8	53.9	3.16

한국인의 종교와 종교의식」(서울: 한국개럽, 2004), 139-140쪽을 볼 것.

특히, 신앙연수가 길수록 강조하지 않는다는 의견이 많았으며, 마찬가지로 직분이 올라갈수록 강조하지 않는다는 의견이 많았다. 따라서 이것은 실제로 목회자가 헌금을 강조하는지 여부와 상관없이 자신이 느끼는 정도에 대한 표현으로 보는 것이 옳다. 아래 목회자들의 응답에서, 목회자들은 일반 교인들보다 헌금을 강조한다는 응답이 더 많이 나온 것도 이러한 설명을 뒷받침한다.

교단별로는 사례수가 적은 하나님의 성회/순복음 교단과 예수교성결교단을 제외하면 예장 기타교단과 침례교 교인들의 평균값이 상대적으로 높았고, 역시 사례수가 적은 독립교회, 기독교 성결교를 제외하면 예장 통합 교단의 평균이 상대적으로 낮았다. 지역별 차이는 크지 않았다.

■ 표16-2_ 목회자의 헌금 강조 정도 - 목회자 (단위:%)

	사례수	① 전혀 강조하지 않는다	② 별로 강조하지 않는 편이다	③ 그저 그렇다	④ 약간 강조하는 편이다	⑤ 매우 많이 강조한다	Bot2 (①+②)	Mid (③)	Top2 (④+⑤)	평균 (5점척도)
전체	(88)	12.5	36.4	18.2	17.0	15.9	48.9	18.2	33.0	2.88
성별										
남자	(82)	13.4	35.4	18.3	18.3	14.6	48.8	18.3	32.9	2.85
여자	(6)	0.0	50.0	16.7	0.0	33.3	50.0	16.7	33.3	3.17
연령										
만 39세 이하	(35)	5.7	31.4	22.9	14.3	25.7	37.1	22.9	40.0	3.23
40대	(31)	16.1	41.9	16.1	16.1	9.7	58.1	16.1	25.8	2.61
50대	(15)	20.0	46.7	6.7	20.0	6.7	66.7	6.7	26.7	2.47
60대 이상	(7)	14.3	14.3	28.6	28.6	14.3	28.6	28.6	42.9	3.14
소속 교단										
예장 합동	(28)	10.7	35.7	25.0	10.7	17.9	46.4	25.0	28.6	2.89
예장 통합	(20)	20.0	25.0	15.0	30.0	10.0	45.0	15.0	40.0	2.85
예장 기타교	(7)	0.0	42.9	14.3	0.0	42.9	42.9	14.3	42.9	3.43
기독교장로회	(7)	28.6	42.9	0.0	14.3	14.3	71.4	0.0	28.6	2.43
기독교감리회	(10)	10.0	20.0	40.0	30.0	0.0	30.0	40.0	30.0	2.90
기독교성결교	(7)	0.0	57.1	0.0	0.0	42.9	57.1	0.0	42.9	3.29
예수교성결교	(1)	0.0	0.0	100.0	0.0	0.0	0.0	100.0	0.0	3.00
기독교침례회	(1)	0.0	100.0	0.0	0.0	0.0	100.0	0.0	0.0	2.00
하나님의성회순복음	(4)	25.0	50.0	0.0	25.0	0.0	75.0	0.0	25.0	2.25
독립 교회	(3)	0.0	66.7	0.0	33.3	0.0	66.7	0.0	33.3	2.67

이에 대하여 목회자들은 가장 많은 36.4%가 "별로 강조하지 않는 편이다" 라고 응답하였고, 18.2%가 "그저 그렇다" 고 응답하여 일반 교인들의 견해와 대체로 비슷하였다. 그러나 "매우 많이 강조한다" 는 응답이 15.9%로 일반 교인들에 비해 10% 이상 많았고, "약간 강조하는 편이다" 는 응답이 18.2%로 나와, 평균이 일반 교인들보다 높은 2.88로 나왔다. 특히 30대 이하의 젊은 목회자들의 긍정률이 높게 나왔고, 평균도 가장 높게 나왔다.

7) "헌금하면 그만큼 또는 그 이상의 복을 받는다" 의 동의도

"헌금하면 그만큼 또는 그 이상의 복을 받는다" 는 진술에 대해서는 일반교인의 59.8%가 긍정하였다.[109] 여성은 남성보다 20% 가량 높은 긍정률을 보였으며, 60대 이상의 연령대에서도 높은 긍정률을 보였다. 사례수가 적긴 하지만 장로 그룹에서 긍정률이 높았으며, 신앙 연수별로는 40~49년인 사람들에게서 70.6%로 가장 높게 나타났고, 10년 미만인 사람들에게서는 긍정률이 39.8%로 낮게 나와 신앙연수가 짧은 사람들에게 오히려 기복신앙의 경향이 낮은 것으로 나타났다. 지역별로는 대도시가 평균보다 긍정률이 낮았고, 읍면 지역은 다소 높았다.

이에 대하여 목회자들은 일반 교인들보다 높은 68.0%의 긍정률을 보였다. 30대 이하의 젊은 목회자들은 다소 낮은 긍정률을 보였다. 특이한 점은 일반 교인들과 달리, 대도시 지역의 목회자들의 긍정률이 다른 지역에 비해 높게 나타났다는 점이다.

---

109) 2004년 한국갤럽의 조사결과에서 개신교인 응답자의 37.3%가 긍정한 것에 비하면 20%이상 높은 수치이다. 이에 대하여는 한국개럽, 윗글, 145-146쪽을 볼 것.

■ 표17-1_ "헌금하면 그만큼 또는 그 이상의 복을 받는다" 의 동의도 - 일반 교인 (단위:%)

	사례수	예	아니오
전체	(405)	59.8	39.1
성별			
남자	(177)	47.4	51.5
여자	(228)	69.5	29.4
연령			
18세~29세	(138)	55.0	43.7
30대	(94)	64.1	35.1
40대	(57)	64.4	35.6
50대	(70)	52.5	44.9
60대	(47)	70.6	29.4
교회 직분			
장로	(15)	75.0	25.0
권사/안수집사	(39)	57.3	42.7
서리 집사	(129)	64.0	34.6
직분 없음	(222)	56.8	42.0

	사례수	예	아니오
전체	(405)	59.8	39.1
신앙생활 연수			
10년 미만	(65)	39.5	60.5
20년 미만	(81)	64.8	32.9
30년 미만	(129)	63.3	35.3
40년 미만	(70)	60.9	39.1
50년 미만	(34)	70.6	29.4
50년 이상	(23)	62.9	37.1
모름/ 무응답	(2)	33.3	33.3
소속 교단			
예장 합동	(107)	57.7	40.6
예장 통합	(64)	62.0	38.0
예장 기타교	(23)	39.5	57.2
기독교장로회	(87)	57.0	43.0
기독교감리회	(65)	63.9	36.1
기독교성결교	(11)	72.3	27.7
예수교성결교	(6)	53.7	46.3
기독교침례회	(22)	77.9	22.1
하나님의성회순복음	(8)	67.0	33.0
독립 교회	(5)	50.0	50.0
모름/ 무응답	(10)	61.7	19.1

■ 표17-2_ "헌금하면 그만큼 또는 그 이상의 복을 받는다" 의 동의도 - 목회자 (단위:%)

	사례수	예	아니오
전체	(88)	67.0	33.0
성별			
남자	(82)	68.3	31.7
여자	(6)	50.0	50.0
연령			
만 39세 이하	(35)	60.0	40.0
40대	(31)	71.0	29.0
50대	(15)	66.7	33.3
60대 이상	(7)	85.7	14.3

	사례수	예	아니오
전체	(88)	67.0	33.0
소속 교단			
예장 합동	(28)	64.3	35.7
예장 통합	(20)	70.0	30.0
예장 기타교	(7)	71.4	28.6
기독교장로회	(7)	71.4	28.6
기독교감리회	(10)	70.0	30.0
기독교성결교	(7)	71.4	28.6
예수교성결교	(1)	100.0	0.0
기독교침례회	(1)	100.0	0.0
하나님의성회순복음	(4)	50.0	50.0
독립 교회	(3)	33.3	66.7

이에 대하여 지난 1년 동안의 가구 헌금액과 이 문항의 교차표를 구하여보았다. 아래 표에서 보는 바와 같이, 그 결과 헌금액에 정확하게 비례하여 헌금하면 복을 받는다는 말에 동의하는 비율이 증가하였다. 100만원 이하의 금액을 헌금한 응답자들은 절반을 조금 넘는 사람들이 이 말에 동의하였으나, 500만원 이상 헌금을 한 사람들은 3분의 2가 넘는 사람들이 이 말에 동의를 하였다. 따라서 교인들이 헌금을 할 때, 헌금을 많이 할수록 기복 신앙이 작용하고 있다고 할 수 있겠다.

■ 표18_지난 1년 동안의 가구헌금액과 "헌금하면 그만큼 또는 그 이상의 복을 받는다" 의 동의여부 교차표 (단위:%)

			'헌금하면 복을받는다'는 말에 대한동의 여부			전체
			예	아니오	모름/무응답	
지난 1년 동안의 가구헌금액	100만원 이하	빈도	41	31	2	74
		백분율	55.4%	41.9%	2.7%	100.0%
	101~300 만원	빈도	33	20	0	53
		백분율	62.3%	37.7%	.0%	100.0%
	301~500 만원	빈도	32	17	0	49
		백분율	65.3%	34.7%	.0%	100.0%
	501만원이상	빈도	33	13	0	46
		백분율	71.7%	28.3%	.0%	100.0%
	모름/무응답	빈도	103	78	3	184
		백분율	56.0%	42.4%	1.6%	100.0%
전체		빈도	242	159	5	406
		백분율	59.6%	39.2%	1.2%	100.0%

8) 헌금의 계좌 이체나 신용 카드 결제에 대한 견해

마지막으로, 헌금을 계좌 이체하거나 신용 카드로 결제하는 것에 대한 의견을 물었다. 최근에 계좌 이체로 헌금을 하는 교회가 부쩍 늘고 있는 추세이고, 일부 교회에서는 신용 카드로 헌금을 결제하게 하고 있어서 이러한 추세에 대한 의견을 파악하고자 한 것이다.[110]

이에 대하여 전체 응답자의 80.8%가 "좋지 않다고 생각한다" 고 응답하였다. 변수별로 큰 차이는 없었는데, 교단별로는 예장 기타 교단의 교인들에게 부정적인 견해가 더 많았으며, 하나님의 성회/순복음 교단과 독립 교회의 교인들은 부정적인 견해가 다소 적었다. 교인 수 100명 이하의 교회 교인들과 읍/면 지역 교인들의 부정적인 견해도 다소 많은 편이었다.

■ 표19-1_ 헌금의 계좌이체나 신용카드 결제에 대한 견해-일반 교인(단위:%)

	사례수	좋다고 생각한다	좋지 않다고 생각한다		사례수	좋다고 생각한다	좋지 않다고 생각한다
전체	(405)	18.1	80.8	전체	(405)	18.1	80.8
성별				소속 교단			
남자	(177)	21.7	77.9	예장 합동	(107)	21.3	78.7
여자	(228)	15.4	83.0	예장 통합	(64)	15.8	81.8
연령				예장 기타교	(23)	3.3	96.7
18세~29세	(138)	16.7	81.6	기독교장로회	(87)	19.6	80.4
30대	(94)	27.1	72.1	기독교감리회	(65)	13.3	84.4
40대	(57)	22.1	76.6	기독교성결교	(11)	13.8	86.2
50대	(70)	9.1	89.8	예수교성결교	(6)	13.4	73.2
60대	(47)	12.8	87.2	기독교침례회	(22)	22.1	74.5
교회 직분				하나님의성회순복음	(8)	38.3	61.7
장로	(15)	20.0	80.0	독립 교회	(5)	33.3	66.7
권사/안수집사	(39)	20.4	79.6	모름/ 무응답	(10)	27.0	73.0
서리 집사	(129)	15.3	84.1	출석 교인수			
직분 없음	(222)	19.2	79.1	100명 이하	(93)	14.1	84.2
신앙생활 연수				101~300명	(91)	19.9	79.3
10년 미만	(65)	16.6	83.4	301~1000명	(102)	19.3	79.9
20년 미만	(81)	22.0	77.1	1000명 이상	(115)	19.4	79.3
30년 미만	(129)	17.4	81.5	모름/무응답	(3)	0.0	100.0
40년 미만	(70)	19.1	78.8	교회지역규모			
50년 미만	(34)	8.7	89.1	대도시	(246)	17.2	81.6
50년 이상	(23)	19.4	80.6	중소도시	(141)	20.9	78.0
모름/ 무응답	(2)	66.7	33.3	읍/면	(18)	8.4	91.6

110) 헌금을 신용카드, 계좌이체, 핸드폰 결제로 할 수 있도록 한 교회가 있고, 최근 서울의 한 교회에서는 헌금용 ATM기를 설치하기도 하였다.

■ 표19-2_ 헌금의 계좌이체나 신용카드 결제에 대한 견해-목회자(단위:%)

	사례수	좋다고 생각한다	좋지 않다고 생각한다
전체	(88)	26.1	73.9
성별			
남자	(82)	28.0	72.0
여자	(6)	0.0	100.0
연령			
만 39세 이하	(35)	37.1	62.9
40대	(31)	16.1	83.9
50대	(15)	20.0	80.0
60대 이상	(7)	28.6	71.4
소속 교단			
예장 합동	(28)	28.6	71.4
예장 통합	(20)	30.0	70.0
예장 기타교	(7)	0.0	100.0
기독교장로회	(7)	0.0	100.0
기독교감리회	(10)	40.0	60.0
기독교성결교	(7)	28.6	71.4
예수교성결교	(1)	0.0	100.0
기독교침례회	(1)	0.0	100.0
하나님의성회순복음	(4)	50.0	50.0
독립 교회	(3)	33.3	66.7

	사례수	좋다고 생각한다	좋지 않다고 생각한다
전체	(88)	26.1	73.9
출석 교인수			
100명 이하	(40)	22.5	77.5
101~300명	(20)	25.0	75.0
301~1000명	(15)	26.7	73.3
1000명 이상	(12)	41.7	58.3
모름/무응답	(1)	0.0	100.0
지역			
서울	(24)	29.2	70.8
인천/ 경기	(30)	23.3	76.7
대전/ 충청	(7)	0.0	100.0
광주/전라/제주	(9)	33.3	66.7
대구/ 경북	(9)	44.4	55.6
부산/울산/경남	(5)	0.0	100.0
강원	(4)	50.0	50.0
교회지역규모			
대도시	(41)	29.3	70.7
중소도시	(34)	23.5	76.5
읍/면	(13)	23.1	76.9

이에 대한 목회자들의 견해는 "좋지 않다고 생각한다"는 응답이 73.9%, "좋다고 생각한다"가 26.1%로 나타나 일반 교인들에 비해 다소 긍정적으로 생각하는 것으로 나타났다. 대도시 지역 교회들의 목회자들에게 긍정적인 견해가 다소 높게 나왔고, 특히 교회 규모에 따라 긍정적인 견해가 많아 교인수 1,000명 이상의 교회 목회자들에게는 긍정적인 견해가 41.7%로 나타났다. 이것은 헌금을 관리하는 현실적인 측면에 대한 고려의 결과로 이해된다. 다시 말해서 일반 교인들은 헌금을 정성껏 준비해서 교회당에 나와서 드리는 것이 좋다고(아마도 성경적이라고) 생각하는 데 반해, 헌금을 관리하는 입장에서는 계좌로 이체하는 방법이 더 유리하기 때문에 이것을 선호하는 것으로 판단된다는 것이다.

4. 재정 보고 및 사용

1) 교회의 재정 보고 방식

출석 교회의 재정 보고 방식에 대하여, 일반교인과 목회자를 합한 전체 응답자의 44.2%가 "모든 교인들에게 재정보고 문서를 배부한다" 고 응답하였고, 38.7%는 "제직원들에게만 보고문서를 배부한다" 고 응답하였으며, 10.5%는 "영상화면을 통해 보고하고 문서를 배부하지 않는다" 고 응답하였다. 또한 4.5%는 "재정 보고를 하지 않는다" 고 응답하였다. 재정보고는 대개의 교회에서 제직회 때 제직원들을 대상으로 하는 것으로 알려졌으나, 이번 조사에서는 모든 교인들에게 재정보고를 한다는 응답이 더 높게 나와 바람직한 결과로 볼 수 있다. 그러나 재정보고를 하지 않는다는 응답이 4.5% 나온 것은 수치 자체는 크지 않다고 볼 수도 있으나, 이 수치를 5만 교회에 단순 대입해 보면 2,250 교회에서 재정 보고를 하지 않는 셈이므로 결코 무시할 수 없는 결과로 여겨진다. 특히 비록 적은 차이이기는 하나, 교회 규모가 클수록 "재정 보고를 하지 않는다" 는 응답율이 증가하는 것은 그 심각성을 더한다고 보겠다.

교단별로 보면, "모든 교인들에게 재정보고 문서를 배부한다" 에 대하여 기독교 성결교에 속한 응답자들의 60.0%가 해당하여 가장 높은 비율을 차지했고, 그 다음이 독립교회(55.6%), 기독교 침례회(52.2%) 순이었다. 한편, 하나님의 성회/순복음 교단에 속한 응답자들이 15.4%로 가장 낮은 비율을 차지했다. "영상화면을 통해 보고하고 문서를 배부하지 않는다" 는 응답에 대해서는 사례수가 적긴 하지만 예수교 성결교가 28.6%로 가장 많았고, 다음이 하나님의 성회/순복음 교단이었다. 또한 "재정 보고를 하지 않는다" 는 응답은 하나님의 성회/순복음 교단과 예수교 성결교에 속한 교회의 응답자들에게서 상대적으로 높게 나왔다.

■ 표20_ 교회의 재정 보고 방식 (단위:%)

	사례수	모든 교인들에게 재정보고 문서배부	제직원들에게만 보고문서 배부	영상화면 통해 보고하고 문서 배부 안함	재정 보고안함	모름/ 무응답
전체	(493)	44.2	38.7	10.5	4.5	2.0
소속 교단						
예장 합동	(141)	42.6	42.6	9.2	4.3	1.4
예장 통합	(89)	43.8	47.2	7.9	0.0	1.1
예장 기타교	(33)	39.4	39.4	15.2	6.1	0.0
기독교장로회	(84)	46.4	34.5	9.5	6.0	3.6
기독교감리회	(67)	47.8	34.3	11.9	6.0	0.0
기독교성결교	(20)	60.0	35.0	5.0	0.0	0.0
예수교성결교	(7)	42.9	14.3	28.6	14.3	0.0
기독교침례회	(23)	52.2	30.4	8.7	4.3	4.3
하나님의성회순복음	(13)	15.4	38.5	23.1	15.4	7.7
독립 교회	(9)	55.6	22.2	22.2	0.0	0.0
모름/ 무응답	(7)	14.3	28.6	14.3	14.3	28.6
출석 교인수						
100명 이하	(133)	58.6	28.6	7.5	3.8	1.5
101~300명	(107)	46.7	41.1	8.4	2.8	0.9
301~1000명	(115)	33.0	46.1	13.9	4.3	2.6
1000명 이상	(134)	38.8	39.6	11.9	6.7	3.0
모름/무응답	(4)	0.0	75.0	25.0	0.0	0.0
지역						
서울	(136)	46.3	41.2	9.6	1.5	1.5
인천/ 경기	(164)	41.5	36.6	11.0	7.3	3.7
대전/ 충청	(48)	43.8	27.1	14.6	12.5	2.1
광주/전라/제주	(58)	43.1	48.3	6.9	1.7	0.0
대구/ 경북	(32)	40.6	53.1	6.3	0.0	0.0
부산/울산/경남	(41)	41.5	34.1	19.5	2.4	2.4
강원	(14)	78.6	21.4	0.0	0.0	0.0
교회지역규모						
대도시	(284)	42.3	39.8	11.3	4.2	2.5
중소도시	(178)	45.5	38.2	9.6	5.1	1.7
읍/면	(31)	54.8	32.3	9.7	3.2	0.0

교회 규모로는 교인수 100명 이하 교회의 58.6%가 "모든 교인들에게 재정보고 문서를 배부한다" 고 응답하여 소형 교회의 경우 제직원 여부를 구분하지 않고 전체 교인들에게 재정보고를 하는 경우가 많은 것으로 나타났다. 한편, 교인수 1,000명 이상의 중대형 교회

에서도 "모든 교인들에게 재정보고 문서를 배부한다"는 응답이 38.8% 나왔으며, "영상화면을 통해 보고하고 문서를 배부하지 않는다"는 응답이 11.9%로 교인수 300~1,000명인 교회들보다 적게 나왔다. 이것은 영상으로 재정보고를 하는 것이 반드시 교회 규모에 따른 효율성의 이유만은 아니라는 것을 보여주는 결과라고 할 수 있다.

2) 재정 보고에 대한 이해 정도

일반 교인들에게, 재정 보고를 받는 경우 그 내용을 얼마나 이해할 수 있느냐는 질문에 40.2%는 "충분히 이해한다"고 응답했으며, 38.3%는 "어느 정도 이해한다"고 응답하여 긍정률 78.5%로 비교적 높은 편이었다. 그러나 〈건강한교회재정확립네트워크〉가 교회 결산서의 계정과목 체계가 너무나 다양하고 서로 다르기 때문에 회계 전문가조차도 이해하기 힘들다고 지적한 것을 감안하면, 교인들이 실제로 충분히 이해하고 있다기보다는 교회 행정에 대한 믿음의 표현의 성격이 강하다고 보는 것이 옳을 것이라고 여겨진다.[111]

교회 직분에 따라 이해 정도에 차이가 나서 장로와 직분 없는 사람들의 긍정률은 25% 정도 차이가 났고, "충분히 이해한다"는 응답은 50% 정도 차이를 나타냈다. 또한 신앙 연수에 따른 차이도 커서 신앙 연수가 10년 미만인 사람들의 긍정률은 절반을 겨우 넘는 수준이었으며, 신앙 연수가 50년 이상인 사람과 10년 미만인 사람들의 긍정률 차이는 30%가 넘었다. 또한 "충분히 이해한다"는 응답은 무려 57% 정도의 차이를 나타냈다.

---

111) 이에 대하여는 건강한교회재정확립네트워크, 「교회재정 투명성 세미나 자료집」(2007), 13쪽을 볼 것.

■ 표21_ 재정 보고에 대한 이해 정도 (단위:%)

	사례수	① 전혀 이해하지 못한다	② 별로 이해하지 못한다	③ 어느 정도 이해한다	④ 충분히 이해한다	Bot2 (①+②)	Top2 (③+④)	평균 (4점척도)
전체	(405)	1.0	16.6	38.3	40.2	17.6	78.5	3.22
성별								
남자	(177)	1.5	18.1	34.1	40.2	19.6	74.3	3.20
여자	(228)	0.7	15.5	41.6	40.2	16.1	81.8	3.24
연령								
18세~29세	(138)	2.4	18.5	47.7	24.1	20.9	71.8	3.01
30대	(94)	0.8	21.3	35.1	40.4	22.1	75.4	3.18
40대	(57)	0.0	9.7	37.5	51.5	9.7	89.0	3.42
50대	(70)	0.0	11.2	26.7	61.0	11.2	87.8	3.50
60대	(47)	0.0	18.3	35.6	42.2	18.3	77.8	3.25
교회 직분								
장로	(15)	0.0	5.0	15.0	80.0	5.0	95.0	3.75
권사/안수집사	(39)	0.0	11.7	30.1	58.2	11.7	88.3	3.47
서리 집사	(129)	0.0	11.5	41.1	46.8	11.5	87.9	3.36
직분 없음	(222)	1.8	21.3	39.7	30.5	23.1	70.2	3.06
신앙생활 연수								
10년 미만	(65)	1.2	31.4	38.2	19.6	32.6	57.7	2.84
20년 미만	(81)	0.0	19.1	42.5	32.4	19.1	74.9	3.14
30년 미만	(129)	2.6	11.5	41.0	42.0	14.1	83.0	3.26
40년 미만	(70)	0.0	13.1	44.9	40.9	13.1	85.8	3.28
50년 미만	(34)	0.0	17.3	20.6	62.1	17.3	82.7	3.45
50년 이상	(23)	0.0	6.5	16.2	77.3	6.5	93.5	3.71
모름/ 무응답	(2)	0.0	0.0	33.3	66.7	0.0	100.0	3.67

재정 보고에 대한 이해 정도는 재정 보고 방식과 깊은 관계가 있다. 위의 표는 재정보고 방식과 재정보고 이해 정도에 대한 교차표인데, 여기서 모든 교인들에게 재정보고 분서를 배부하는 경우, "충분히 이해한다" 는 응답은 51.7%로 절반을 넘으나, 제직원들에게만 보고 문서를 배부하는 경우, "충분히 이해한다" 는 응답은 37.0%, 영상화면을 통해 보고하고 문서 배부를 하지 않는 경우, 27.5%로 점점 떨어져서 재정 보고를 하지 않는 경우에는 "충분히 이해한다" 는 응답이 7.4%에 불과한 것으로 나타났다.

재정 보고는 교회 재정의 계획과 사용에 대해 교회 구성원들의 이해와 동의를 구하기 위해서 하는 것인데, 보고를 해도 이해하지 못한다면 그것은 무의미한 것이다. 효율성을 위해 보고 문서를 작성하지 않고 화면으로만 보고하는 경우가 점차 증가하는 추세이나 교회의 공동체성을 생각할 때 효율성만 중시하는 것이 과연 바람직한지에 대해서는 많은 고민이 필요할 것으로 여겨진다.

■ 표22_ 출석교회의 재정보고 방식과 재정보고 이해 정도의 교차표 (단위:%)

			재정보고이해정도					전체
			①전혀 이해하지 못한다	②별로 이해하지 못한다	③어느정도 이해한다	④충분히 이해한다	모름/무응답	
출석교회의 재정보고방식	모든 교인들에게 재정보고문서 배부	빈도	1	15	68	90	0	174
		백분율	.6%	8.6%	39.1%	51.7%	.0%	100.0%
	제직원들에게만 보고문서 배부	빈도	3	39	53	57	2	154
		백분율	1.9%	25.3%	34.4%	37.0%	1.3%	100.0%
	영상화면으로만 보고함	빈도	0	8	21	11	0	40
		백분율	.0%	20.0%	52.5%	27.5%	.0%	100.0%
	재정보고 안함	빈도	1	6	13	2	5	27
		백분율	3.7%	22.2%	48.1%	7.4%	18.5%	100.0%
	모름/무응답	빈도	0	0	1	2	8	11
		백분율	.0%	.0%	9.1%	18.2%	72.7%	100.0%
전체		빈도	5	68	156	162	15	406
		백분율	1.2%	16.7%	38.4%	39.9%	3.7%	100.0%

(3) 교회 재정 사용처에 대한 인지 정도

일반 교인들에게 교회 재정의 구체적인 사용처에 대하여 알고 있는지 묻는 질문에 "자세하게 알고 있다"는 응답은 32.7%였고, "대충 알고 있다"는 응답이 35.4%로 긍정률이 68%였다. 위의 재정 보고 이해 정도에 비해 10% 정도 낮은 긍정률이며, 평균값도 더 낮았다. 위의 질문과 마찬가지로, 교회 직분이 낮을수록 그리고 신앙 연수가 짧을수록 재정 사용처에 대한 인지 정도는 더 낮았다. 교회 재정 수입의 대부분이 일반 교인들에 의해 이루어짐에도 일반 교인들이 잘 알지 못한 채 재정이 사용된다는 것은 바람직하게 보기 어려운 부분이다. 교회 재정에 대해서는 공동체 구성원이 함께 책임의식을 가지고 집행할 필요가 있다.

■ 표23_ 재정 사용처에 대한 인지 정도 (단위:%)

	사례수	① 전혀 모른다	② 별로 모른다	③ 대충 알고 있다	④ 자세하게 알고 있다	Bot2 (①+②)	Top2 (③+④)	평균 (4점척도)
전체	(405)	4.7	25.7	35.4	32.7	30.3	68.0	2.98
성별								
남자	(177)	3.3	29.8	31.9	32.7	33.1	64.6	2.96
여자	(228)	5.7	22.5	38.1	32.6	28.1	70.7	2.99
연령								
18세~29세	(138)	4.1	42.3	36.0	14.7	46.4	50.6	2.63
30대	(94)	6.7	21.8	36.7	34.0	28.5	70.7	2.99
40대	(57)	5.8	7.8	40.7	45.7	13.6	86.4	3.26
50대	(70)	2.6	10.7	35.7	50.9	13.3	86.7	3.35
60대	(47)	3.9	28.5	23.8	39.8	32.4	63.7	3.04
교회 직분								
장로	(15)	0.0	5.0	10.0	85.0	5.0	95.0	3.80
권사/안수집사	(39)	0.0	11.7	36.8	51.5	11.7	88.3	3.40
서리 집사	(129)	4.0	17.3	40.8	37.9	21.3	78.7	3.13
직분 없음	(222)	6.2	34.3	33.7	22.8	40.5	56.5	2.75
신앙생활 연수								
10년 미만	(65)	6.3	41.5	33.2	13.3	47.8	46.5	2.57
20년 미만	(81)	6.4	39.6	30.3	22.0	45.9	52.2	2.69
30년 미만	(129)	4.6	16.1	47.3	31.4	20.7	78.7	3.06
40년 미만	(70)	5.2	18.9	37.5	37.2	24.2	74.8	3.08
50년 미만	(34)	0.0	27.0	15.3	57.7	27.0	73.0	3.31
50년 이상	(23)	0.0	6.5	16.2	77.3	6.5	93.5	3.71
모름/ 무응답	(2)	0.0	0.0	33.3	66.7	0.0	100.0	3.67

4) 헌금의 우선적 사용 목적에 대한 견해

헌금이 어디에 우선적으로 사용되어야 한다고 생각하는지 묻는 질문에, 가장 많은 26.0%가 "사회봉사 및 구제" 라고 응답하였고,

25.6%는 "교회 운영과 유지" 라고 응답했으며, 다음이 "예배 및 교육 활동" (21.1%), "국내 전도 활동" (10.9%), "해외선교 활동" (8.2%), "교역자 사례비" (7.2%) 순이이었다. 한미준 조사에서는 교회 운영/유지가 40.2%로 가장 높게 나와 이번 조사의 결과와 차이를 보인다. 그 이유는 이번 조사에서는 '교역자 사례비' 를 따로 두어 문항을 구성하였기 때문으로 '교회 운영과 유지' 와 '교역자 사례비' 를 합하면 32.9%로 이번 조사에서도 가장 우선순위가 높은 부분으로 집계된다.[112]

연령별로 보면, 연령이 높을수록 "교회 운영과 유지" 에 우선성을 두어 60대에서는 이에 대한 응답이 거의 절반에 육박하였고, 연령이 낮을수록 "예배 및 교육 활동" 에 우선성을 두어 20대 이하에서는 32.1%였으나 60대에서는 3.2%에 불과하였다. "해외 선교 활동" 에 대해서도 연령이 낮을수록 더 우선성을 두는 경향이 있었다.

직분별로 보면, 장로는 "교회 운영과 유지" 에 가장 우선성을 두었으며 다음으로 "해외 선교 활동" 과 "교역자 사례비" 가 같았고, 다음이 "사회봉사 및 구제" , "예배 및 교육활동" , "국내 전도 활동" 순이었다. 권사 및 안수집사는 "교회 운영과 유지" 에 가장 높은 우선성을 두었고, 다음으로 "예배 및 교육활동" , "사회봉사 및 구제" , "교역자 사례비" 등의 순서였다. 반면에 서리집사와 직분이 없는 교인들은 "사회봉사 및 구제" 에 가장 높은 우선성을 두었고, 다음이 "교회 운영과 유지" , "예배 및 교육 활동" , "국내 전도 활동" 등의 순이었다. 이상으로 볼 때 장로, 권사, 안수집사 등 이른바 중직자들은 교회 운영과 유지에 우선성을 두었으나, 서리집사와 직분이 없는 교인들은 "사회봉사 및 구제" 에 더 높은 우선성을 두는 의식의 차이가 있었다.

교회 규모별로는, 교인수 100명 이하의 소형 교회의 교인들은 역

112) 이에 대하여는 한국갤럽·한미준, 윗글, 171쪽을 볼 것.

시 "교회 운영과 유지"에 절반 가까이 가장 우선성을 두었고, 301~1,000명 교회의 교인들은 "예배 및 교육 활동"에 가장 우선성을 두고 있었다. 이것은 교회 규모가 커짐에 따라 교회 구성원들의 정체성 및 소속감 강화와 인력 개발에 주안점을 두는 것으로 볼 수 있다. 한편, 1,000명 이상의 중대형 교회에서는 "사회봉사 및 구제"에 우선성을 두어 상대적으로 풍족한 자원을 그리스도의 사랑을 실천하는 데 사용하는 데에 구성원들의 공감대가 형성되고 있는 것으로 보인다.

교회 지역 규모별로 보면, 대도시 교회 교인들은 "사회봉사 및 구제", "교회 운영과 유지", "예배 및 교육 활동"의 순서로 우선순위를 두었으나 항목 간 차이가 크지 않았으며, 중소도시 교회 교인들 역시 "사회봉사 및 구제", "교회 운영과 유지", "예배 및 교육 활동"의 순서로 우선순위를 두었으나 항목 간에 다소의 차이가 있었다. 이에 반해 읍/면 지역 교회 교인들은 과반수가 "교회 운영과 유지"에 우선순위를 두고 있어 비도시 지역 교회들의 어려운 여건을 짐작할 수 있다.

이에 대하여 목회자들은 "교회 운영과 유지"(21.6%)에 가장 높은 우선성을 두었고, 다음이 "예배 및 교육활동"(19.3%), "사회봉사 및 구제"(18.2%), "해외 선교 활동"(13.6%), "국내 전도 활동"(11.4%), "교역자 사례비"(6.8%) 순이었다.[113]

113) 이와 관련하여 기독교사회복지협회가 목회자들을 대상으로 조사한 결과에서는 "전도 및 선교"가 33.7%로 가장 높게 나왔고, 다음으로 "구제 및 사회봉사"가 17.8%로 나왔으며, "교회유지비"는 "건물건축시설 확장"을 포함하여 15.8%였다. 이 조사는 우편조사로 실시되었는데, 회수율이 낮아 비교적 사회봉사활동을 활발하게 수행하는 교회의 목회자들의 의견이 많이 반영되었을 것으로 추정된다. 이에 대하여는 윗글, 290쪽을 볼 것. 이만식, "한국 기독교사회복지의 실태," 한국기독교사회복지협의회, 「기독교사회복지총람」(서울: 보이스사, 2007), 812쪽.

■ 표24-1_ 헌금 사용 목적의 우선순위 - 일반 교인 (단위:%)

	사례수	사회봉사 및 구제	교회 운영과 유지	예배 및 교육 활동	국내전도 활동	해외선교 활동	교역자 사례비
전체	(405)	26.0	25.6	21.1	10.9	8.2	7.2
성별							
남자	(177)	31.4	22.2	21.0	9.7	5.9	8.6
여자	(228)	21.9	28.3	21.2	11.9	10.0	6.1
연령							
18세~29세	(138)	23.6	20.5	32.1	10.3	10.3	3.3
30대	(94)	31.4	19.5	23.1	11.2	8.4	4.8
40대	(57)	23.4	27.9	14.2	14.4	9.1	11.0
50대	(70)	28.8	28.4	14.4	7.5	5.4	13.3
60대	(47)	21.5	45.9	3.2	13.4	4.8	9.6
교회 직분							
장로	(15)	15.0	25.0	10.0	5.0	20.0	20.0
권사/안수집사	(39)	13.6	37.9	21.2	7.8	5.8	11.7
서리 집사	(129)	27.1	26.8	20.2	12.1	5.8	6.3
직분 없음	(222)	28.3	22.9	22.4	11.2	9.2	6.0
출석 교인수							
100명 이하	(93)	18.5	42.5	10.1	8.0	6.8	14.1
101～300명	(91)	25.9	20.8	19.9	13.3	15.1	4.1
301~1000명	(102)	26.1	21.1	31.6	7.3	5.1	7.3
1000명 이상	(115)	32.8	20.7	20.0	14.2	6.8	4.2
모름/무응답	(3)	0.0	0.0	77.5	22.5	0.0	0.0
지역							
서울	(107)	27.1	23.3	29.9	5.6	5.6	5.6
인천/ 경기	(135)	21.1	25.8	20.6	15.4	10.5	6.1
대전/ 충청	(43)	17.4	42.6	20.9	9.6	3.5	6.1
광주/전라/제주	(49)	38.2	22.8	10.8	6.2	13.7	8.4
대구/ 경북	(23)	31.2	18.0	18.0	21.3	8.1	3.3
부산/울산/경남	(38)	20.5	23.6	19.6	10.8	5.9	19.6
강원	(11)	65.2	13.9	0.0	13.9	7.0	0.0
교회지역규모							
대도시	(246)	25.4	24.9	22.5	10.4	7.6	8.3
중소도시	(141)	28.3	23.5	20.3	12.7	8.5	5.6
읍/면	(18)	16.8	51.9	8.4	4.2	14.5	4.2

■ 표24-2_ 헌금 사용 목적의 우선순위 - 목회자 (단위:%)

	사례수	사회봉사 및 구제	교회 운영과 유지	예배 및 교육 활동	국내전도 활동	해외선교 활동	교역자 사례비
전체	(88)	21.6	19.3	18.2	13.6	11.4	6.8
성별							
남자	(82)	23.2	19.5	15.9	13.4	12.2	6.1
여자	(6)	0.0	16.7	50.0	16.7	0.0	16.7
연령							
만 39세 이하	(35)	17.1	28.6	25.7	11.4	14.3	0.0
40대	(31)	12.9	19.4	12.9	22.6	12.9	12.9
50대	(15)	40.0	6.7	20.0	0.0	6.7	6.7
60대 이상	(7)	42.9	0.0	0.0	14.3	0.0	14.3
출석 교인수							
100명 이하	(40)	32.5	10.0	20.0	10.0	10.0	10.0
101～300명	(20)	5.0	20.0	10.0	30.0	10.0	10.0
301~1000명	(15)	13.3	26.7	26.7	6.7	26.7	0.0
1000명 이상	(12)	25.0	33.3	16.7	8.3	0.0	0.0
모름/무응답	(1)	0.0	100.0	0.0	0.0	0.0	0.0
지역							
서울	(24)	12.5	12.5	33.3	16.7	8.3	4.2
인천/ 경기	(30)	30.0	23.3	16.7	6.7	13.3	0.0
대전/ 충청	(7)	42.9	14.3	0.0	0.0	28.6	14.3
광주/전라/제주	(9)	11.1	33.3	22.2	11.1	0.0	11.1
대구/ 경북	(9)	11.1	0.0	11.1	22.2	22.2	22.2
부산/울산/경남	(5)	20.0	40.0	0.0	20.0	0.0	20.0
강원	(4)	25.0	25.0	0.0	50.0	0.0	0.0
교회지역규모							
대도시	(41)	14.6	14.6	29.3	12.2	12.2	4.9
중소도시	(34)	32.4	23.5	11.8	8.8	11.8	5.9
읍/면	(13)	15.4	23.1	0.0	30.8	7.7	15.4

목회자들의 의식도 연령에 따른 차이를 나타냈는데, 50대 이상의 목회자들은 40% 이상이 "교회 운영과 유지"에 우선성을 두었으나 "예배 및 교육 활동"은 우선수위에서 거의 최하위에 머물렀다. 반면에 40대 이하의 목회자들은 여러 항목에 비교적 고르게 우선순위를 부여했으나 "예배 및 교육 활동"을 가장 높은 우선순위에 두었고, 다음으로 "사회봉사 및 구제"와 "해외 선교 활동"도 중요한 활동으로 여기고 있었다.

목회자들 역시 100명 이하의 소형 교회에서는 "교회 운영과 유지" 를 우선순위의 최상위에 두고 있었으나, 1,000명 이상 중대형 교회 목회자들은 일반 교인들과 달리 "예배 및 교육 활동" 에 가장 높은 운선성을 두었다. 지역별로는 대도시 지역 교회 목회자들은 "사회봉사 및 구제" 에, 중소도시 목회자들은 "교회 운영과 유지" 에, 읍/면 지역 목회자들은 "해외선교 활동" 에 우선순위를 두어 일반 교인들과의 의식에 차이가 있었다.

■ 표25_ 헌금의 우선적 사용목적에 대한 견해와 지난 1년 동안의 가구헌금액의 교차표 (단위:%)

			지난 1년 동안의 가구헌금액					전체
			100만원 이하	101~ 300만원	301~ 500만원	501만원 이상	모름/ 무응답	
헌금의 우선적 사용 목적에 대한 견해	교역자 사례비	사례수	6	4	8	2	8	28
		백분율	21.4%	14.3%	28.6%	7.1%	28.6%	100.0%
	교회운영 과유지	사례수	21	17	12	12	42	104
		백분율	20.2%	16.3%	11.5%	11.5%	40.4%	100.0%
	예배 및 교육활동	사례수	17	11	12	7	39	86
		백분율	19.8%	12.8%	14.0%	8.1%	45.3%	100.0%
	국내전도 활동	사례수	8	4	4	5	23	44
		백분율	18.2%	9.1%	9.1%	11.4%	52.3%	100.0%
	해외선교 활동	사례수	5	8	3	5	13	34
		백분율	14.7%	23.5%	8.8%	14.7%	38.2%	100.0%
	사회봉사 및 구제	사례수	17	10	9	15	55	106
		백분율	16.0%	9.4%	8.5%	14.2%	51.9%	100.0%
	없음	사례수	0	0	0	0	3	3
		백분율	.0%	.0%	.0%	.0%	100.0%	100.0%
	모름/ 무응답	사례수	0	0	0	0	1	1
		백분율	.0%	.0%	.0%	.0%	100.0%	100.0%
전체		사례수	74	54	48	46	184	406
		백분율	18.2%	13.3%	11.8%	11.3%	45.3%	100.0%

한편, 헌금액에 따라 헌금의 우선적 사용 목적에 대한 견해를 구분하여 보았는데 다른 부류에서는 모두 "교회 운영과 유지" 에 우선순위를 두고 있었으나 지난 1년간 가구 헌금액이 501만원 이상인 사람들은 "사회봉사 및 구제" 에 가장 높은 우선순위를 두고 있었다. 따라서 이러한 고액 헌금자들은 다른 무엇보다도 사회봉사와 구제에

교회 재정이 우선적으로 사용되어야 한다고 생각하는 것이다. 이것은 헌금에 대한 미국 기독교인들에 대한 조사 결과와도 같은 것으로, 교인들은 자신들의 헌금이 교회 유지보다는 다른 것과 관련될 때 더 많은 헌금을 하는 것으로 나타났다.[114]

5) 출석 교회의 성경적 헌금 사용에 대한 견해

교회의 헌금이 성경적으로 바람직하게 이루어지고 있다고 생각하는지에 대하여, 일반 교인의 48.7%가 "조금 그렇다" 고 응답하였고, 41.4%가 "매우 그렇다" 고 응답하여 90.0%의 높은 긍정률을 기록하였다. 4점 척도의 평균은 3.31로 다소 높은 편이었다.

직분별로 보면, 직분이 높을수록 긍정적인 견해가 강하여 장로들의 긍정률은 100%였고, "매우 그렇다" 는 강한 긍정과 평균값은 직분이 낮을수록 점차 내려가고 있다. 신앙연수에 따라서도 비례 관계를 나타내어 신앙연수가 길수록 긍정적인 견해를 갖고 있는 것으로 나타났다. 이것은 신앙연수가 길어짐에 따라 성경에 대한 이해가 깊어져 교회의 헌금 사용이 성경적으로 이루어지고 있다고 이해하게 된다는 것을 의미할 수도 있지만, 신앙생활이 길어짐에 따라 기성 교회 구성원들의 생각에 동화되어 가기 때문에 비판적인 견해가 감소하는 것으로 볼 수도 있으므로 단정해서 말하기 어렵다. 이에 대한 정확한 판단을 위해서는 추가적인 연구가 필요한 부분이라 하겠다.

교단별로 보면, 사례수가 적지만 독립교회 교인들의 평균값이 가장 높았고, 다음으로 기독교 성결교 교인들의 평균값이 높았으며, 하나님의 성회/순복음 교단 교인들의 평균값이 가장 낮았고, 다음으로 기독교 장로회 교인들의 평균값이 낮게 나왔다.

---

114) 이에 따라 저자는 목회자나 교회 지도자들이 교회 내부의 필요보다는 교회의 외부 사명에 헌금의 가치를 둘 필요가 있다고 조언하고 있다. 이에 대하여는 Sharon L. Miller, 윗글 44쪽을 볼 것.

■ 표26-1_ 출석 교회의 성경적 헌금 사용에 대한 견해 - 일반교인(단위:%)

	사례수	① 전혀 그렇지 않다	② 별로 그렇지 않다	③ 조금 그렇다	④ 매우 그렇다	Bot2 (①+②)	Top2 (③+④)	평균 (4점척도)
전체	(405)	0.5	9.3	48.7	41.4	9.8	90.0	3.31
성별								
남자	(177)	1.0	12.5	50.2	36.2	13.6	86.4	3.22
여자	(228)	0.0	6.8	47.4	45.4	6.8	92.8	3.39
연령								
18세~29세	(138)	0.0	8.1	60.0	32.0	8.1	91.9	3.24
30대	(94)	2.0	8.7	46.9	42.4	10.7	89.3	3.30
40대	(57)	0.0	9.7	35.0	55.3	9.7	90.3	3.46
50대	(70)	0.0	14.9	33.7	51.4	14.9	85.1	3.37
60대	(47)	0.0	5.5	57.8	35.0	5.5	92.9	3.30
교회 직분								
장로	(15)	0.0	0.0	40.0	60.0	0.0	100.0	3.60
권사/안수집사	(39)	0.0	18.4	23.4	58.2	18.4	81.6	3.40
서리 집사	(129)	0.0	5.2	52.0	42.8	5.2	94.8	3.38
직분 없음	(222)	0.8	10.8	51.7	36.4	11.6	88.0	3.24
신앙생활 연수								
10년 미만	(65)	0.0	13.1	61.0	24.7	13.1	85.7	3.12
20년 미만	(81)	0.0	11.8	54.7	33.5	11.8	88.2	3.22
30년 미만	(129)	0.0	7.8	47.9	44.3	7.8	92.2	3.37
40년 미만	(70)	2.6	7.9	49.7	39.8	10.5	89.5	3.27
50년 미만	(34)	0.0	9.7	28.2	62.1	9.7	90.3	3.52
50년 이상	(23)	0.0	3.2	22.7	74.1	3.2	96.8	3.71
모름/ 무응답	(2)	0.0	0.0	66.7	33.3	0.0	100.0	3.33
소속 교단								
예장 합동	(107)	0.0	8.3	47.5	44.2	8.3	91.7	3.36
예장 통합	(64)	0.0	4.1	51.4	44.5	4.1	95.9	3.40
예장 기타교	(23)	0.0	9.9	35.9	54.2	9.9	90.1	3.44
기독교장로회	(87)	2.1	14.1	51.8	31.1	16.2	83.0	3.13
기독교감리회	(65)	0.0	12.0	55.0	33.0	12.0	88.0	3.21
기독교성결교	(11)	0.0	0.0	34.6	65.4	0.0	100.0	3.65
예수교성결교	(6)	0.0	13.4	32.9	53.7	13.4	86.6	3.40
기독교침례회	(22)	0.0	3.4	54.0	42.6	3.4	96.6	3.39
하나님의성회순복음	(8)	0.0	33.0	28.7	38.3	33.0	67.0	3.05
독립 교회	(5)	0.0	0.0	16.7	83.3	0.0	100.0	3.83
모름/ 무응답	(10)	0.0	0.0	46.1	53.9	0.0	100.0	3.54

■ 표26-2_ 출석 교회의 성경적 헌금 사용에 대한 견해 – 목회자 (단위:%)

	사례수	① 전혀 그렇지 않다	② 별로 그렇지 않다	③ 조금 그렇다	④ 매우 그렇다	Bot2 (①+②)	Top2 (③+④)	평균 (4점척도)
전체	(88)	28.4	11.4	26.1	34.1	39.8	60.2	2.66
성별								
남자	(82)	26.8	12.2	26.8	34.1	39.0	61.0	2.68
여자	(6)	50.0	0.0	16.7	33.3	50.0	50.0	2.33
연령								
만 39세 이하	(35)	37.1	17.1	25.7	20.0	54.3	45.7	2.29
40대	(31)	22.6	12.9	22.6	41.9	35.5	64.5	2.84
50대	(15)	13.3	0.0	46.7	40.0	13.3	86.7	3.13
60대 이상	(7)	42.9	0.0	0.0	57.1	42.9	57.1	2.71
소속 교단								
예장 합동	(28)	25.0	17.9	25.0	32.1	42.9	57.1	2.64
예장 통합	(20)	30.0	5.0	25.0	40.0	35.0	65.0	2.75
예장 기타교	(7)	28.6	28.6	28.6	14.3	57.1	42.9	2.29
기독교장로회	(7)	28.6	0.0	14.3	57.1	28.6	71.4	3.00
기독교감리회	(10)	50.0	10.0	10.0	30.0	60.0	40.0	2.20
기독교성결교	(7)	28.6	0.0	42.9	28.6	28.6	71.4	2.71
예수교성결교	(1)	100.0	0.0	0.0	0.0	100.0	0.0	1.00
기독교침례회	(1)	0.0	0.0	100.0	0.0	0.0	100.0	3.00
하나님의성회순복음	(4)	0.0	0.0	25.0	75.0	0.0	100.0	3.75
독립 교회	(3)	0.0	33.3	66.7	0.0	33.3	66.7	2.67

이에 대하여 목회자들은 34.1%가 "매우 그렇다"고 응답하였으나, 28.4%는 "전혀 그렇지 않다"고 응답하여 양극단의 응답이 많이 나왔다. 이에 따라 평균도 2.66으로 일반 교인들의 평균보다 많이 낮게 나왔다. 특히 30대 이하의 젊은 목회자들의 평균은 2.29로 매우 낮아 교회의 헌금 사용이 그다지 성경적이지 않다는 견해를 나타내었다.

사례수가 적어 통계적으로 큰 의미를 갖고 있다고 보기 어려우나, 일반 교인들과는 다르게 기독교 장로회 목회자들의 평균값이 가장 높았고, 대형 교단 중에는 기독교 감리회 목회자들의 평균값이 가장 낮게 나왔다.

4. 결론 및 제언

교회 헌금에 대한 최초의 조사라고 할 수 있는 이번 조사에서는 여러 가지 의미 있는 사실들이 발견되었다. 먼저 개신교인들의 헌금 생활이 매우 충실하다는 사실이다. 어느 정도가 충실한지에 대해서는 견해가 다를 수 있으나 응답자의 절반 이상이 십일조 헌금을 하고 있고, 십일조 헌금을 하는 사람들 중에 24.4%는 수입의 십분의 일 이상을 십일조 헌금으로 드리고 있다는 것은 헌금 생활이 충실하다고 평가하는 데 무리가 없어 보인다. 또한 십일조 헌금을 하면서도 대부분이 주일 헌금도 드리고 있으며, 1년에 가구당 평균 300만원 이상 헌금을 하고 있는 것으로 조사되었다.

이렇게 교인들의 헌금 생활이 충실하다는 것은 한국 교회의 재정을 튼실하게 하는 데 가장 중요한 밑바탕이 되고 있다. 현대 사회에서 십일조 헌금을 드리는 것이 성경적으로 옳으냐 하는 신학적인 논쟁은 차치하고, 한국 교회 구성원들의 반 이상이 자신들의 신앙 고백으로 십일조 헌금을 하고 있다는 것은 매우 시사하는 바가 크다. 교회 재정의 대부분을 차지하는 것이 헌금 수입이고, 그 중에서도 십일조 헌금이 차지하는 비중이 가장 크다는 것을 감안할 때 신앙생활을 오래하고, 직분이 오를수록 헌금에 대해 긍정적으로 생각하고 헌금 생활을 충실하게 한다는 것은 그만큼 한국 교회의 재정을 풍부하게 하는 데 크게 기여하는 것이다. 다만 헌금을 많이 하는 사람일수록 기복 신앙이 강하게 나타난다는 점은 더 깊은 논의를 필요로 하는 부분이다.

이러한 상황에서 더욱 중요하게 여겨지는 것이 헌금의 사용에 대한 것이다. 충실한 헌금 생활로 교회 재정이 풍부해졌으나, 이러한 헌금을 교회 구성원들 간의 합의 하에 올바르게 사용하지 않는다면 많은 문제가 발생할 수 있다. 최근에 일어난 교회 내 분쟁의 대부분이 교회 재산과 직간접적으로 연관되어 있다는 것은 주지의 사실이다. 이번 조사에서는 교회 재정 보고에 대하여 많은 교회들이 교회 제직원이나 전체 교인들에게 문서를 통해 보고하고 있는 것으로 나타나 큰 문제는 없는 것으로 여겨진다.

그러나 일부 교회에서는 영상을 통해서 재정보고를 하고 문서를 배부하지 않거나 아예 재정 보고를 하지 않는 사례가 있는 것 또한 사실로 드러났다. 영상으로 재정보고를 할 경우에 그 내용을 제대로 파악할 수가 없어 보고 내용을 충분히 이해한다고 응답한 비율이 많지 않았다. 또한 교회 재정의 구체적인 사용처에 대하여 알고 있는지 묻는 질문에 "자세하게 알고 있다"는 응답은 전체 교인의 3분의 1 수준이었다. 교회가 공동체라면 공동체의 가장 중요한 요소 가운데 하나인 재정 지출에 대하여 공동체 구성원들이 공동의 의식을 가질 수 있어야 한다. 따라서 일의 효율성보다도 공동체성에 우선순위를 두고 의사 결정을 진행할 필요가 있다.

실제 헌금 사용에 대해서는 절반에 가까운 응답자들이 출석 교회의 헌금이 성경적으로 바람직하게 사용되고 있다고 평가하였다. 그리고 헌금 사용의 우선적인 목적에 대해서는 '사회봉사 및 구제'라고 응답하였다. 그러나 재정 사용과 관련된 대부분의 조사에서 한국교회의 사회봉사 및 구제 활동에 대한 지출은 전체 예산에 10%에도 훨씬 미치지 못한다. 대개의 경우 5% 수준에 불과하다. 그럼에도 교회의 헌금이 바람직하게 사용되고 있다고 응답한 것은 일종의 모순이다. 이것은 전체 응답자의 과반수가 신앙생활을 20년 이상한 사람들로 교회 활동에 대해서 실제 여부와 상관없이 긍정적으로 평가하는 경향을 지닌 응답자들의 특성 때문으로 여겨진다.

이 점은 이번 조사의 한계를 나타내는 부분으로, 앞에서도 밝혔듯이 이번 조사에서는 십일조에 대한 질문에서 응답을 거부한 사람들이 많아 상대적으로 십일조 헌금을 하는 사람들의 응답이 많이 포함되어 있다. 그만큼 우리 사회에서 헌금 특히 십일조가 매우 민감한 문제라는 것을 나타내는 것이다. 그런데 헌금을 열심히 하는 사람들은 대개 다른 교회 활동에도 열심인 경우가 많고 교회 활동에 대해 긍정적으로 생각하는 경향이 강하다.[115] 이러한 점이 이번 조사 내용이 전체적으로 긍정적인 평가를 나타내고 있는 것과 관계가 있을 것으로 여겨진다.

이번 조사에서 아쉬운 점 가운데 하나는 표본이 작다는 점이다. 표본이 작으면 다양한 변수에 따른 분석을 하기가 어렵다. 변수에 따라 분할하면 사례수가 적어져 통계적인 신뢰도를 보장할 수 없기 때문이다. 또한 앞에서 지적한 바와 같이 전화 조사의 한계로 보다 다양하고 깊이 있는 질문을 하지 못한 것도 이번 조사의 제한점이다. 특히 헌금의 사용과 관련된 교회 재정에 대해서는 단편적인 몇 개의 질문 밖에 할 수 없었다. 교회 재정 연구를 위해서는 전화 조사 방식보다는 면접 방식을 통하여 보다 깊이 있고 다양한 정보를 얻을 필요가 있다.

그러나 이번 조사 결과만으로도 많은 사실을 발견할 수 있었고, 그동안 정확한 근거 없이 논의를 하던 문제를 어느 정도 극복할 수 있게 해주었다고 여겨진다. 헌금 생활을 열심히 하는 사람들이 다수 포함되어 있음으로 해서 헌금 생활에 충실한 사람들의 의식을 조사하는 데에는 오히려 더 유리한 측면이 있다. 특히 헌금액과 관련하여 다양한 분석을 할 수 있었던 점은 이번 연구의 작은 기여라고 할 수 있다. 교회 예산 규모만을 파악한다면 각 교단 총회 자료 등을 취합하는 방법이 있을 수도 있지만, 교단 총회 자료도 정확성이 떨어질뿐더러 단순히 액수만 가지고는 이번 조사에서와 같이 다양한 변수에 따른 분석은 불가능하기 때문이다.

---

115) 미국 조사에서는 교회 활동에 열심히 사람이 헌금도 많이 하는 것으로 나타났다. 이에 대하여는 Dean R. Hoge 등, 윗글, 8쪽을 볼 것.

이번 조사를 바탕으로 앞으로 한국 교회의 헌금 및 재정에 관한 보다 체계적이고 깊이 있는 연구가 가능할 것이다. 특히 이번 조사에서 많이 다루지 못한 교회의 재정 문제에 대하여 많은 후속 연구들이 이루어져 한국 교회를 건강하고 바르게 이끌어가는 데 기여를 할 수 있게 되기를 기대한다.

제9장 한국 사회에서 교회 헌금의 의미

1. 들어가는 말

우리나라 전체 기부금 중에서 80%는 종교단체의 헌금이다. 그 중에서도 개신교의 헌금액은 다른 종교단체의 헌금액을 압도한다. 교회 헌금액수를 간접적으로 확인할 수 있는 종교단체 연간 운영자금 내역에 따르면, 개신교 연간 운영자금은 천주교 3,390억 원, 불교 4,610억 원과는 비교도 안 되는 3조 1,760억 원이었다.[116] 두 종교단체에 비해 거의 10배나 많은 액수이다. 하지만 비영리기관의 특성상 실제 규모는 이보다 훨씬 클 것이란 게 학계의 추정이다.[117]

이러한 교회의 운영 자금은 거의 전적으로 교인들의 헌금으로 구성된다. 이것은 일종의 교회 경제에 대한 문제로, 돈은 성경에서 가장 복잡한 주제 가운데 하나이다. 성경에서는 부자들에 대하여 경고하며 돈과 하나님을 동시에 사랑할 수 없다고 천명하고 있다. 그러나 하나의 조직으로서의 교회는 자체의 운영과 사역을 위해 돈을 필요로 한다. 이것은 일종의 아이러니이다. 돈에 대해서는 초탈해야 하면서도 교회에 헌금을 해야 하고, 교회가 많은 일을 하기 위해서는 많은 돈이 필요하기 때문이다.

---

116) 「중앙일보」, 2008년 5월 6일자.

117) 한미준 조사 결과에 따라 성인 1인의 월평균 헌금액을 125,600원으로 보고 한국의 개신교인 중 성인을 500만명으로 잡으면 한국 교회의 1년 헌금액은 7조 5,60억원으로 추산된다.

이렇게 모순되어 보이는 현상은 이미 자본주의 발전 초기부터 존재하였다. 개신교도들 중에서 칼빈주의 윤리를 받아들인 교파에 속한 사람들은 탐욕을 억제하고 검소하며 합리적인 삶을 살았던 사람들이 전혀 의도하지 않게 자본을 축적하는 결과를 초래하였다는 것이 바로 막스 베버의 논지였다.[118] 그러나 오늘날 한국 상황에서는 베버 연구의 함의와는 다르게, 자본을 축적하는 것이 애당초 청교도 윤리가 지향하였단 바인 양하며 돈을 많이 버는 것이 하나님의 축복이고, 기독교인들은 할 수 있는 한 많은 돈을 벌어서 하나님께 바치면 되는 것으로 이해하고 있는 사람들이 많다.

이렇게 교회에 바쳐지는 헌금은 다양한 의미를 가지며 변화해 왔다. 시대에 따라 또는 교단 배경에 따라 의미가 다르며 개인에 따라서 헌금에 대하여 서로 다른 의미를 부여하기도 한다. 이 연구에서는 이러한 헌금에 대하여 종교사회학적 접근을 시도하고자 한다. 곧 교회 헌금에 대하여 종교사회학 차원에서 의미를 분석하고 교회 재정에 대한 사회학적 지식에 기초하여 바람직한 헌금 사용에 대하여 논의할 것이다. 자료는 이번에 〈바른교회 아카데미〉에서 실시한 "헌금에 대한 개신교인의 의식 조사"와 기존 연구에 제시된 자료들을 재분석하여 활용할 것이다.

2. 교회 헌금의 의미

1) 헌금의 동기

한국 교회 성인들의 월평균 헌금액은 2005년 한미준의 조사 결과

118) 이에 대하여는 막스 베버, 「프로테스탄티즘의 윤리와 자본주의 정신」(서울: 문예출판사, 1996)을 볼 것.

125,600원으로 나타나 1년 헌금액은 150만원 정도 되는 것으로 추산된다. 한편 이번 〈바른교회 아카데미〉에서 실시한 헌금 조사에서는 개인 헌금액이 아니라 가구 헌금액을 물어보았기 때문에 정확한 개인 헌금액을 계산할 수는 없으나 대략 110만원 정도 되는 것으로 추산되어 한미준 조사보다는 다소 낮게 조사되었다. 이것은 가구 헌금액이기 때문에 개인 헌금액보다는 다소 낮게 조사된 것일 수도 있으나 "교회 헌금이 줄고 있다" 는 최근 목회자들의 반응을 감안하면 실제 헌금액이 이전에 비해 줄어들고 있는 것으로 볼 수도 있다.

미국 기독교인들에 대한 헌금 조사에서도 개신교나 천주교 또는 복음주의나 주류 교단 할 것 없이 최근 교회 헌금이 줄고 있다는 조사 결과가 나온 바 있다.[119] 미국의 젊은이들은 부모 세대보다 교단에 대한 충성도가 덜하고, 교회도 자주 옮기고, 자신들의 헌금이 어떻게 쓰이는지에 대해서 더 많이 관여하기를 바란다고 한다. 이제 미국 교회에서 목회자들을 암묵적으로 신뢰하며 많은 헌금을 바치던 시대는 지나가고 헌금에 대한 관대함은 더 이상 당연한 것이 아니게 되었다.[120]

이러한 헌금을 얼마나 하는 것이 바람직한가에 대하여는 단정해서 말하기 어렵다. 그러나 헌금이라는 말 자체가 돈을 자신을 위해 쓰지 않고 남이나 다른 단체에 기부하는 것을 의미하는 것이다. 따라서 헌금이 일종의 이타주의에서 비롯된 것이라고 본다면 일단은 장려되어야 하는 것이라고 볼 수 있다. 특히 종교인은 비종교인보다 자선기부 경험이 많고, 종교 기관에 내는 헌금 외에 자선적 기부를 한 경험에 대해서 개신교인이 다른 종교인에 비해 긍정 응답률이 높

119) John Ronsvalle·Sylvia Ronsvalle, "Basic Trends in Religious Giving," Mark Chaves·Shron L. Miller 엮음, *Financing American Religion*(Lanham, Md.: AltaMira Press, 1998), 19쪽.

120) Dean R. Hoge 외, *Money Matters: Personal Giving in American Churches*(Louisville, Ky. : Westminster/John Knox Press, 1996), 1쪽.

은 결과를 감안한다면 헌금은 많을수록 바람직하다고 볼 수도 있을 것이다.[121] 헌금을 하는 것이 실제로 이타주의의 반영으로 볼 수 있는지에 대해서는 구체적인 연구 필요하나, 이번 조사 결과에서 그 단면을 파악할 수 있다.

헌금을 하는 이유는 다양하다. 첫째는 성경의 내용에서 볼 때 하나님께 헌금할 것을 요구하고 있다는 것이다. 이번 조사에서도 과반수의 사람들이 성경 말씀에 순종하기 위해서 헌금을 한다고 응답하였다. 그러나 자세히 살펴보면, 소속 교단에 따라서 다소간의 차이가 나타난다. 대개 근본주의 신앙이 강한 보수 교단에서는 성경 말씀에 대한 순종을 많이 강조하기 때문에, 헌금의 이유도 이에서 연유하게 되나, 진보 교단의 경우 이보다는 여러 가지 실제적인 이유가 작용하게 된다. 이번 조사에서 기장과 기감, 그리고 예장 통합 교단에서 "성경 말씀에 순종하기 위해서" 라는 응답이 상대적으로 낮고, 다른 교단에서는 거의 없는 "교회 건물이나 시설 유지를 위해" 라는 응답이 이들 교단에서 나온 것이 이를 반영하는 결과로 이해될 수 있다.[122]

또한 하나님의 은혜에 대한 감사의 표현으로 헌금을 한다. 이번 조사에서도 헌금을 하는 이유로 두 번째로 많은 응답이 "감사의 표현으로" 였다. 많은 신학자들과 목회자들은 헌금은 감사하는 마음으로 해야 하며 억지로 하면 안 된다고 가르친다. 한편, 사회학자들은 종교성과 사회 계층 사이에 상관관계가 있다는 것을 발견하였다. 그것은 대개 중산층 이상에 속하는 사람들이 종교 생활을 하는 이유 중에 하나는 세속에서의 성공을 확인 받기 위한 욕구에 기인한다는

---

121) 이에 대하여는 한국갤럽, 「한국인의 종교와 종교의식」(서울: 한국갤럽, 2004), 141쪽.

122) 헌금에 대한 미국 교인들에 대한 조사에서도 비슷한 결과가 나온 바가 있다. 이에 대하여는 Sharon L. Miller, "The Meaning of Religious Giving," Mark Chaves·Shron L. Miller 엮음, 윗글, 39-40쪽을 볼 것.

것이다.[123] 이러한 설명에 따르면, 교회에 헌금하는 것은 물론 성경의 가르침이기도 하지만, 사회에서의 성공을 확인하며 감사하여 헌금을 하는 마음도 작용할 수 있다고 볼 수 있다. 이번 조사에서 교회에서의 직분이 낮고 신앙연수가 짧을수록 "성경말씀에 순종하기 위해서" 보다 "감사의 표현으로" 라는 응답이 많이 나온 것을 보면, 성경의 가르침이나 규율이 내면화되지 않은 사람들에게는 헌금의 동기가 사회에서의 성공에 대한 감사의 표현에 있다고 풀이될 수 있다.

다음으로 헌금을 하는 이유는 현실적인 필요에 의해서이다. 목회자들의 사례와 사무 직원이나 관리 직원 등 교회 직원들에 대한 급여는 교회 재정 사용에서 가장 기본이 되는 부분이다. 그밖에 교회 건물이나 시설을 유지하고 운영하기 위해서도 비용이 드는데 이러한 현실적인 필요를 충족하기 위해서 헌금이 요구된다. 그러나 미국의 자료에서 보면, 이런 목적을 위해 헌금을 하는 사람들은 그다지 많은 액수를 헌금하지 않는 것으로 나타났다.[124]

2) 연보에서 헌금으로

이렇게 교회 자체를 유지하기 위해서만 아니라 교회가 마땅히 해야 할 일을 하는 데에도 비용이 든다. 복음 전도와 같이 좁은 의미의 선교뿐만 아니라 보다 넓고 적극적인 의미에서의 선교라고 할 수 있는 봉사나 구제 및 다양한 사회 활동을 하는 데에도 자금이 필요하다. 과거에는 '헌금' 이라는 말보다 '연보' 라는 말을 많이 사용하였다. 헌금은 사전적으로 "어떠한 목적을 위해 돈을 바치는 것

123) 이원규, "종교성과 사회계층," 「종교사회학: 이론과 실제」(서울: 한국신학연구소, 1991), 272-273쪽

124) 는 Sharon L. Miller, "The Meaning of Religious Giving," Mark Chaves·Shron L. Miller 엮음, *Financing American Religion*(Lanham, Md.: AltaMira Press, 1998), 38쪽을 볼 것.

또는 바쳐진 돈"을 의미한다. 따라서 헌금은 종교 목적으로만 행해지는 것이 아니다. "정치 헌금"이나 "국방 헌금"이라는 말처럼 일반적으로 사용될 수 있는 단어이다. 이것을 교회 안에서 "하나님께 바치는 돈"이라는 의미로 사용하고 있는 것이다. 이에 반해, 연보는 "자기 재물을 내어 남을 도와 준다"는 뜻이다. 과거에는 교회의 필요보다는 다른 사람을 돕기 위해 교회에 돈을 냈다는 뜻이다.

좀 더 자세하게 살펴보면, 연보(捐補)라는 한자어에서 '연(捐)'은 "주다, 바치다, 내놓다, 기부하다"는 뜻을 가지고 있다. 자신이 가지고 있는 것을 다른 사람에게 내놓거나 기부한다는 뜻이다. 그리고 '보(補)'는 '고치다, 보태다, 돕다'라는 뜻이다. 따라서 연보는 "자기 것을 내놓아 다른 사람에게 돕기 위해 보탠다"는 뜻이 된다.[125] 성경의 한글 번역은 일관되게 '연보'라는 단어를 사용했으며 교회에서도 과거에는 "연보를 한다"는 말을 사용했고, "헌금을 드린다"고 한 것은 비교적 최근의 일이다. 다시 말해서, 주위에 어려운 사람들이 많았을 당시에는 어려운 이웃들을 돕기 위해서 연보를 했으나, 경제 수준이 높아지고 교회 구성원들도 경제적으로 여유 있는 삶을 살게 되면서 '연보'라는 말이 점차 사라지고 '헌금'이라는 말로 대체된 것이다.[126]

또한 헌금을 하는 데에는 헌금을 함으로써 복을 받게 될 것을 기대하는 일종의 기복 신앙이 작용하기도 한다. 복을 기원하는 기복신앙 역시 신앙생활의 하나의 요소가 될 수 있다. 문제는 이러한 기복이 신앙의 중심이 되는 것이다. 이번 조사에서는 응답자의 10명중 6명이 "헌금하면 그만큼 또는 그 이상의 복을 받는다"고 생각한다고 응답하였다. 특히 헌금을 많이 한 사람일수록 더 많이 이러한 생각을 가진 것으로 조사되었다. 이러한 기복신앙은 현대 사회에서 일

125) 현요한, "헌금과 연보," 「장신논단」, 22집(2004년), 161쪽.
126) 일부 교회에서는 이러한 뜻을 살리기 위해 '연보'라는 단어를 계속해서 사용하기도 한다.

어나는 종교의 사사화 경향과 관련된다.

'종교의 사사화(私事化, privatization)'는 과거에 사회의 공공영역에서 중요성을 가졌던 종교가 이제는 개인의 사사로운 영역으로 물러나게 되는 상황을 가리키는 종교사회학 개념이다.[127] 현대사회에서 종교는 사회 수준에서 중요성을 가지 못하고 사적인 일상생활 영역에 위치하게 되므로, 현대 종교의 본질을 이루는 특징을 '신앙의 개인주의화'라고 할 수 있다. 우리 사회에서 종교가 사회활동의 근거가 되기보다는 자신의 입신출세나 개인의 영달을 추구하는 수단이 되어버린 것이 이러한 '사사로운 종교성'의 보기가 될 것이다. 입시철이 되면 자녀의 성공을 위한 기도와 헌금을 바치려는 사람들로 북적이는 것은 한국의 모든 종교에서 공통으로 보이는 현상이다. 시험 당일에는 굳게 닫힌 시험장 철문 앞에서 저마다의 종교에 기대어 자녀의 성공을 기원하는 모습은 우리 사회에서 더 이상 낯설지 않다.

이러한 상황에서 외형을 중시하는 우리의 종교문화의 특성은 헌금을 부추긴다. 한국문화의 특성인 명분주의는 내용보다도 체면과 같은 외형을 중시하는 성향을 말한다. 여기서 체면은 사회심리학적으로 보면 한 사람이 그에게 요청되는 사회적인 역할과 기대에 맞추어 행동하는 외적인 인격을 의미하는 것이다. 그런데 그것이 너무 형식화되어 그의 내적인 인격과 분리되면 역기능을 하게 된다. 겉으로는 그럴 듯하게 보이지만, 내심으로는 전혀 다른 생각을 하는 일종의 이중윤리를 낳게 되는 것이다.[128] 얼마 전 뉴스에서 교회에 1억 원의 헌금을 한 교인이 새벽 예배를 마치고 오는 길에 동네 가게에서 계란 한 판을 훔쳤다가 주인에게 걸린 사건은 한국 기독교인들의 왜곡된 신앙의 단면을 드러내 보이고 있다.

---

127) 이에 대하여는 피터 버거, 「종교와 사회」(이 양구 옮김)(서울: 종로서적, 1982), 151-152쪽을 볼 것.

128) 김성민, "한국인의 특성과 한국 종교문화에 대한 연구 시론," 「목회와 상담」 1권(2001년), 157쪽.

한국 교회에서는 실제 삶의 모습보다도, 예배에 많이 나오고 기도회에 참석하며 헌금을 많이 내는 사람이 이른바 '독실한 기독교인'으로 여겨진다. 헌금은 신앙의 표현으로 여겨져야 하나 이미 신앙의 척도로 자리 잡은 지 오래이다. 한국 교회에서 이른바 중직자가 되기 위해서는 헌금 특히 십일조 헌금의 실천 여부가 중요한 기준이 되고 있다. 또한 일부 목회자의 지나친 헌금 강요는 교인들에게 큰 부담이 되고 있어 기독교인들을 다른 종교로 내모는 요인이 되고 있을 뿐만 아니라 비기독교인들에게 교회가 부정적으로 비쳐지는 큰 요인이 되고 있다.[129] 신앙의 외형보다 신앙을 삶의 영역에서 올바로 실천하는 데 더 많은 관심을 갖고, 특히 헌금과 관련하여서 과거에 사용하였던 '연보'의 의미를 되살려 자신보다는 이웃사랑을 실천하기 위한 헌금이 될 수 있도록 교회 공동체가 함께 노력할 필요가 있다.

3. 헌금의 사용

1) 교회 재정에 대한 사회학적 이해

특정 집단의 재정 구조는 그 집단의 특성을 가장 분명하게 드러내는 지표 중에 하나이다. 재정은 집단의 설립 목적이나 추구하는 방향에 입각해서 지출되기 때문이다. 따라서 예산서는 단순한 서류에 불과한 것이 아니라 그 집단의 정신이 배어 있는 도덕 문서가 되는 것이다. 이런 관점에서 교회의 재정을 보았을 때, 교회의 재정이 교

129) 이에 대하여는 한국갤럽, 「한국인의 종교와 종교의식」(서울: 한국개럽, 2004), 139-140쪽, 149쪽과 정재영·이승훈, "개종자를 통해 본 한국인의 종교성," 조성돈·정재영 엮음, 「그들은 왜 가톨릭 교회로 갔을까?」(서울: 예영, 2007), 77-78쪽을 볼 것.

회의 본질 사명을 수행하는 데 우선적으로 사용되고 있는지를 평가할 수 있으며 만일 그렇지 않다면 재정 사용에 대하여 수정이 이루어져야 하는 것이다. 교회의 사명을 논의하기 위해서는 먼저 교회의 특성에 대한 이해가 전제되어야 한다.

교회는 신학적으로는 '그리스도의 몸'으로 이해되지만, 사회학적으로는 하나의 사회단체 또는 사회 조직으로 이해될 수 있다. 교회가 사회 안에 존재하는 한, 교회를 여러 사회 조직 중에 하나인 종교 조직으로 이해하고 연구할 수 있는 것이다. 종교 조직은 여러 사회 조직 중에서도 비영리조직에 속한다. 종교 단체는 영리를 추구하여 출자나 지분에 따라 이익이 분배되는 단체가 아니라 이웃 사랑과 정의와 평화의 사명을 수행함으로써 인간생활의 질적 향상과 같은 사회적 공익을 추구하는 단체이기 때문이다.[130] 따라서 교회의 재정 역시 일반 기업이나 영리 단체의 재정과는 그 특성을 달리할 수밖에 없다.

그렇다면 교회 재정에 대하여 객관적으로 접근하기 위해, 영리단체가 아닌 다른 비영리단체들의 재정 지출을 살펴볼 필요가 있다. 우리 사회에서 비영리단체들은 대개 시민사회단체들이다. 그러나 우리나라에서는 시민사회단체 재정 현황에 대한 정확한 조사나 통계자료가 미흡하다. 따라서 시민사회단체 재정에 대한 파악은, 한계가 있을 수밖에 없지만, 그동안 부분적으로 그리고 간헐적으로 이루어진 통계자료에 의존해 파악할 수밖에 없다.

1998년 시민운동지원기금이 우리나라의 대표적인 사회복지, 환경, 여성, 소비자운동 등 23개 시민사회단체에 대하여 재정 및 모금 현황을 설문 조사한 결과에 따르면, 시민사회단체의 수입 현황은 회비 및 후원금이 41.2%로 가장 많은 부분을 차지하고 있고, 지출에서는

130) 이에 대하여는 김정남, 「종교법인의 세무와 교회재정관리」(서울: 영문, 2004), 180쪽을 볼 것.

인건비가 31.3%, 사무실 운영비가 12.2%를 차지하고 있어 지출 중에 인건비 및 행정비가 차지하는 비율이 거의 절반에 이르고 있는 것으로 나타났다.[131] 또한 인지도가 높은 몇몇 NGO의 활동과 재정에 대하여 분석한 결과에서도, 인건비와 운영비의 비중이 높은 것으로 나타났다.

과거에 각종 성금을 모금해서 필요한 곳에 전달했던 방송국 모금의 경우에도 모금액의 절반 이상이 여러 가지 비용으로 지출됐던 것으로 알려져 있다. 실제로 우리 사회에서 기부 문화를 주도하고 있는 어느 재단의 재정 보고를 보면, 2007년 모금액이 약 140억 원이고, 배분액은 약 80억 원으로 43% 정도가 운영비 등 부대비용(이익금 포함)으로 사용되었다. 또한 성금을 모금하여 사회복지 분야에 성금을 배분하는 사회복지공동모금회의 재정 보고를 보면, 총수익 3,000여억 원 중에서 배분액은 2,400여억 원이고 600억 원 정도가 기타 비용으로 사용되었다. 비율로는 20% 정도지만 그 액수는 상당한 규모이다.[132]

이러한 단체들이 모두 예산을 방만하게 운영하고 낭비한다거나, NGO에 종사하는 상근 근로자의 보수가 필요 이상으로 높고 사무실 운영이 비효율적이라는 뜻은 아니다. 그러나 전체 지출에서 애초에 단체가 추구하는 목적을 이루기 위한 사업보다 조직 유지를 위한 비용이 더 많이 지출된다는 것은 문제로 여겨질 수 있다.[133] 간혹 각종 연금 관리를 맡고 있는 공단들의 많은 예산이 공단 직원들을 위한 인건비나 직원들의 복지 후생을 위해 사용되고 있으며, 심지어는 지나친 퇴직금 지급으로 사회에서 물의를 빚은 경우도 실제로 적지 않다. 또한 교계에서도 각 교단 총회가 가지고 있는 재정 문제도 이

131) 차명제 외, 「21세기 한국 시민사회의 발전방향과 과제」(서울: 한국행정연구원, 2004), 148쪽.
132) 이에 대하여는 사회복지공동모금회 홈페이지 www.chest.or.kr를 볼 것.
133) 박창호, "정보사회의 사회운동과 한국의 NGOs," 「사회이론」, 2001, 83-84쪽.

와 같은 것으로 볼 수 있다.

이렇게 어떤 조직이 본래의 목적을 위해서보다는 자체 유지를 위해 재정을 사용하고 있는 것을 조직사회학에서는 '목적 전치 현상' 이라고 말한다. 목적 전치란 애초에 어떤 목표에 도달하려는 방식으로 의도된 프로그램이나 과정 자체가 그 조직의 목적이 되어버리는 현상을 말한다. 목적은 수단에 비해 우위에 있고 따라서 조직이라는 수단으로 하여금 이 목적에 언제나 봉사하도록 해야 하는 것임에도, 실제로는 이 우위가 뒤집혀서 수단이 주가 되고, 목적이 여기에 봉사하지 않으면 안 되는 주객이 완전히 전도되는 상태가 된다.[134]

특히, 조직의 규모가 커지고 관료주의화되면 조직의 유지 및 운영 자체가 그 조직의 실제적인 목표가 되고 결국 본래의 목적보다도 조직의 성장을 중시하게 되는 현상을 낳게 되는 것이다. 이러한 목적 전치 현상은 앞에서 말한 바와 같이 우리 사회에서 문제가 되고 있는 공기업 또는 공단들이 가지고 있는 문제로 자주 거론되기도 하는 등 대부분의 사회 조직에서 나타나는 현상이기도 하거니와, 하나의 사회조직으로서의 교회도 예외가 되기 어렵다.

교회의 본질이 무엇이고, 교회의 본질 사명이 무엇인가 하는 것은 신학자에 따라 또는 목회를 하는 목회자에 따라 의견이 다소 갈릴 수는 있지만, 그 어느 경우라도 교회 조직의 운영과 유지 자체가 목적이라고 생각하지는 않을 것이다. 그러나 현재 한국 교회들의 활동과 특히 재정 사용을 보면, 교회의 본질 사명보다는 교회 자체의 유지와 양적인 성장에 더 치중하고 있다는 것을 부인하기 어렵다. 이러한 문제를 해결하기 위해서는 교회의 본질 사명을 바로 인식하고 이에 대하여 교회 구성원들이 공감대를 형성해야 한다. 그리고 이를

---

134) N. J. Demerath and Phillip E. Hammond, *Religion in Social Context*(New York: Random House, 1969), 173-180쪽.

바탕으로 우선순위를 정하여 교회의 사역을 결정하고 이에 대한 예산을 배정해야 한다.

2. 헌금 사용 실태

교회가 이러한 목전 전치 현상을 극복하기 위해서, 헌금을 어떻게 사용하는 것이 바람직한가에 대해서는 단정해서 말하기가 쉽지 않다. 교회마다 처한 여건과 형편이 다르기 때문에 획일적으로 따라야 할 원칙을 제시하기는 어렵기 때문이다. 그러나 큰 테두리에 대해서는 어느 정도 합의를 할 수 있을 것이다. 교회가 세상에 존재하는 이유는 자신들을 위한 공동체로서가 아니라 세상에서 하나님의 뜻을 실천하기 위한 것이고, "하나님을 사랑하듯이, 이웃을 사랑하라"는 대명제에 동의한다면 교회 재정의 얼마간은 우리의 이웃을 위해, 다시 말하면 사회를 위해 사용해야 한다는 점은 누구도 부인하기 어려울 것이다. 실제로 한국기독교사회복지협의회가 실시한 설문조사에서는 "사회봉사 활동이 교리상 신앙생활의 본질적인 요소라고 생각한다"는 질문에 92.6%의 목회자들이 동의하는 것으로 나타났다.[135]

그러나 대부분의 교회는 이웃과 사회를 위해 헌금을 사용하기보다는 내부 유지를 위한 비용 지출이 헌금 사용의 대부분을 차지하고 있다. 이러한 사실은 교회 재정 사용과 관련된 일련의 조사에서 증명되고 있다. 한국 교회 재정 분석을 최초로 시도했던 노치준 교수는 1982년과 1992년 두 차례에 걸쳐 한국 교회의 재정을 분석하였는데, 두 경우 모두 교회 재정의 90% 가까이가 교회 안의 필요를 위해 지출되었고, 교회 밖의 필요를 위해 지출된 것은 10% 정도에 불과하

135) 이만식, "한국 기독교사회복지의 실태," 한국기독교사회복지협의회, 기독교사회복지총람 (서울: 보이스사, 2007), 802쪽.

였다. 특히 사회봉사비 항목은 두 경우 모두 5%에도 미치지 못하였다.[136]

그리고 황호찬·최현돌 교수가 공동으로 분석한 1994년과 1996년 자료를 보면, 한국교회는 고유의 목적에 사용하는 비용과 이 목적을 달성하기 위해 지원하는 부대 비용 사이의 불균형이 심각하여 예배, 교육, 선교, 봉사비 등 고유목적비가 전체 재정의 4분의 1 수준인 24.36%였고, 나머지가 부대비용으로 사용되고 있었다. 이 중에서도 13.2%만이 외부활동을 위해 지출하고 있는 것으로 조사되어 86.6%가 교회 내부활동을 위해 지출하고 있었고, 그 나마 이 중에서도 상당부분은 개교회는 아니더라도 한국 교회 활동을 위해 사용된 부분으로 분류되어 실제로 교회 외부를 위해 사용된 비율은 극히 적은 액수에 불과한 것으로 연구되었다.[137]

이러한 사실은 교회성장연구소가 2005년 11월 전국 약 8백여개 교회들을 대상으로 '한국교회 사회봉사 현황과 인식'에 대한 설문조사를 벌인 결과에서도 나타난다. 전년도 구제 및 사회봉사비 지출 금액의 총 재정 대비 비중에 대한 조사에서 연구대상 교회들 중 5% 혹은 그 이하가 610개 교회(75.3%), 6~10%가 159개 교회(14.5%)로서 전체 교회들 중 10%이하의 지출을 보이는 교회들이 90% 가까이를 차지하고 있는 것으로 나타났다.

또한 〈건강한 교회 재정확립 네트워크〉가 2006년 8월에 발표한 "한국교회 재정운용 실태조사" 에서도 동일한 결과가 나타난다. 사례수가 46개 교회로 적긴 하지만, 선교비는 10.67%, 구제비는 3.11%로 나타났다. 조사 과정에서 많은 교회들이 협조를 꺼려했고, 협조에 응한 교회들의 재정 지출이 이 정도라면 전체 수준은 더 낮다고 보아야 할 것이다. 이러한 일련의 조사 결과들은 한국 교회 재정 구조

136) 이에 대하여는 노치준, 「한국의 교회조직」(서울: 민영사, 1995)을 볼 것.

137) 이에 대하여는 황호찬·최현돌, "한국교회의 재정관리 현황 및 개선을 위한 연구," 「기독교사상」 275호(1998년 7월)를 볼 것,

의 시급한 변화를 요청하고 있다.

3. 바람직한 헌금 사용

1) 헌금 사용의 공동체성

우리는 헌금을 하나님께 바친다고 생각하고 드리지만, 실제로는 교회 공동체에 드려지는 것이고 헌금은 결국 교회를 위해 쓰이게 된다. 여기서 가장 현실적인 문제가 발생한다. 헌금을 드리는 것은 매우 신성하게 생각하고 의미를 부여하지만, 대부분의 교회들에서 헌금을 사용하는 데에는 그만큼의 신성한 의미를 부여하지 않고 매우 현실적으로 사용한다는 것이다. 그리고 그런 부분에 대해서 공동체 앞에 투명하게 공개하지 않고 목회자를 위시한 소수의 의사결정자가 헌금의 사용에 대한 권한을 갖는다는 것이다.

현실적으로 교회 재정의 거의 대부분이 평신도들의 헌금으로 충당되지만 평신도들은 헌금을 드릴 의무만 있을 뿐 헌금의 사용에 대해서 관여하는 것은 제도적으로 배제되어 있는 경우가 대부분이다. 헌금의 사용에 대하여 많은 중요한 요소들이 있으나 무엇보다 중요한 것은 의사결정 과정에 공동체 구성원들의 참여가 개방되어 있는가 하는 것이다. 흔히 교회 공동체라는 말을 쓰지만, 특정 권한이 소수에게 집중되어 있는 집단을 공동체라고 말할 수는 없기 때문이다.[138] 교인들이 헌금 사용에 관한 의사 결정에 참여하게 되면, 교회가 하는 일에 대하여 주체 의식이 강해지고 또한 헌금이 필요한 곳에 바람직하게 사용되는 것을 보면서 자연스럽게 헌금에 대한 동기부여가 이

138) 이와 관련하여, 건강한교회재정확립네트워크가 주최한 <교회재정 투명성 세미나>에서도 공동체성을 중요한 원칙으로 제시하였다. 이에 대하여는 건강한교회재정확립네트워크, 「교회재정 투명성 세미나 자료집」(2007), 13쪽을 볼 것.

루어질 수 있다.[139]

이번 조사에서는 제직원이나 전체 교인에게 문서로 재정보고 한다는 응답이 82.9%가 나와 전체적으로는 교회들이 충실하게 재정보고를 한다고 볼 수 있다. 그러나 10.5%는 영상으로만 보고한다고 응답하였고, 4.5%는 재정보고를 하지 않는다고 하여 문제로 드러났다. 조사 결과에서 보듯이 영상으로 보고를 받을 경우에 재정 보고에 대한 이해가 떨어질 뿐만 아니라 나중에 다시 확인할 수가 없어 그 실효성에 문제가 제기된다.

뿐만 아니라 비교적 규모가 큰 교회들 중에 재정 보고를 하지 않는 경우가 많은 것으로 나와 그 심각성을 더하게 한다. 교인수가 많은 교회일수록 재정 규모도 크기 때문이다. 얼마 전에 대중매체를 통해 보도된 대형 교회의 재정 문제에 대해 극히 일부 교회의 문제라고 보는 견해도 있지만, 문제는 그 교회들이 한국 교회를 대표하는 교회들이고 중소형 교회들과는 비교도 안 될 정도의 막대한 재정을 운영하는 교회이기 때문에 가볍게 보아 넘길 수 없는 것이다.

재정 보고를 하지 않는 이유 중의 하나는 효율성 때문이다. 모든 교인들에게 재정 보고를 하는 것이 번거롭기도 하고, 또한 이로 인해 이러저러한 '말들' 이 생기게 되면 교회를 운영하는 데에 효율이 떨어진다고 생각하는 것이다. 특히 교회 규모 자체가 커지고 대형화됨에 따라 교회 조직 자체가 관료제화되는 경향을 띄게 된다. 이러한 관료제화는 과두제 현상을 일으키기도 하는데, 과두제란 '소수에 의한 지배' 를 의미하는 조직사회학 개념이다.

조직이 대규모화되고 관료제화하면 할수록 조직의 상층부에 있는 소수의 사람들의 수중에 권력이 더 많이 집중하게 되는데, 사회학자인 미헬스는 소수에 의한 지배는 대규모 조직의 관료제 성격에 수반

139) 실제로 교회 예산에 대해서 예산위원회를 두고 위원회에 속한 교인들이 실제적인 집행을 하게 한 어느 목회자는 교회 재정이 투명해지고 이전보다 헌금도 더 늘었다고 한다.

되는 불가피한 특성이라며 "과두제의 철칙"을 주창하였다.[140] 많은 사례들이 이 이론을 뒷받침하고 있는데, 고용주와 자본의 논리로부터 노동자의 권익을 보호하기 위해 결성된 노동조합도 실제 노동자들의 욕구를 반영하지 못하고 스스로 관료제화되었다는 비판을 받으며, 시민들의 자발적인 참여가 존재 의미가 되는 시민단체조차도 "시민 없는 시민운동"이라는 비판을 받기도 한다.[141]

여기서 우리는 교회의 성격에 대하여 생각해보아야 한다. 교회가 기업과 같은 영리 조직에서 하는 것과 같이 신속성이나 효율성을 우선으로 고려해야 하는 조직인가 하는 것이다. 앞에서 말했듯이 교회는 공동체이고 공동체성이 우선되어야 한다. 교회에서는 소수에 의한 일방 결정이 아니라 함께 고민하고 씨름하면서 공감대를 형성할 때까지 이해하고 조정하는 과정이 중요하다.

전래 초기 한국 교회에서는 남녀와 신분의 차별이 없이 공동으로 참여하는 토론회가 활성화되었으며 자원 조직으로서의 교회가 전국 곳곳에 세워지면서 공공의 공간으로서 수평의 의사소통을 수행하는 시민들의 공간이 되었다.[142] 그리하여 한국 역사에서 교회는 민주적인 조직을 선도하는 역할을 담당하였으나 현재의 한국 교회 안에서 이러한 특성을 찾아보기는 매우 어렵다.

또한 많은 교회들이 재정보고를 한다고 응답은 하였지만, 재정보고를 얼마나 충실하게 그리고 교인들이 충분히 이해할 수 있도록 보고하고 있는지는 파악이 되지 않는다. 대부분의 교회들이 수입, 지출

140) 미헬스의 연구는 독일의 사회 민주당에 대한 분석에서 시작되었다. 정치적 성공으로 당의 규모가 커지자 사회민주당은 자신들이 비난하던 보수 정당들과 마찬가지로 소수의 파벌이 지배하는 당이 된 것을 보고 이러한 연구를 한 것이다. 이에 대하여는 Roberto Michels, *Political Parties*(New York: Free Press, 1967)을 볼 것.

141) 이와 관련하여 박창호, "정보사회의 사회운동과 한국의 NGOs," 「사회이론」, 2001년, 90쪽을 볼 것.

142) 박영신, "'공공의 공간' 형성과 확장: 한말 조선 사회와 그 이후," 「사회이론」, 2004년 봄/여름호,, 21-26쪽.

및 세부 항목을 자의적으로 정하여 실행하는 경우가 많아 각 교회들의 보고 자료를 비교 분석하기도 어려운 실정이다. 뿐만 아니라 결산서에는 지출한 항목들을 가능하면 예배·선교 또는 구제 등 재정 지출이 이른바 '성경적' 이라는 의미를 가지도록 변경하여 성스럽게 보이려고 하는 경향이 있지만 실제와는 다른 경우가 많다. 재정 보고 문서는 누구나 쉽게 이해할 수 있도록 분명하고 통일된 방식으로 표현해야 하며, 자금의 흐름이 투명하게 나타나도록 개선되어야 한다.

이를 위해 재정 관리시에 복식부기 방식을 도입할 필요가 있다. 복식부기를 하면 단식 부기에 비하여 그 조직의 재무 상태나 수지 관계를 정확히 보고해줄 수 있기 때문에 조직의 경영자가 의사 결정을 하는 데 큰 도움을 줄 뿐만 아니라, 재정의 투명성을 높이는 데도 도움이 된다. 특히 예산을 수립하거나 내부 통제 제도를 정비하기 위해서는 복식 부기의 사용은 필수라고 할 수 있다.[143)]

이와 관련하여 〈건강한 교회 재정확립 네트워크〉는 교회 결산서의 계정과목 체계가 너무나 다양하고 서로 다르기 때문에 회계 전문가 조차도 이해하기 힘들다고 지적하면서 모두가 공동으로 인식할 수 있는 재정원칙을 제시한 바 있다.[144)] 재정의 투명성과 재정 보고에 대한 이해를 높일 뿐만 아니라 교회 간 재정 비교를 위해서도 통일된 재정원칙을 사용하도록 의견을 모을 필요가 있다.

2) 헌금 사용의 공공성

---

143) 박우용, 「현대 교회와 교회 재정」(서울: 하늘기획, 2000), 243쪽. 얼마 전에는 한국 천주교에서 복식 부기를 도입하기로 결정하여 사회의 이목을 끌기도 하였지만, 사실 복식부기 방법은 근대 유럽에서 개신교도들이 자신들의 재산을 합리적으로 사용하기 위해 도입한 방식이었다.

144) 이에 대하여는 건강한교회재정확립네트워크, 「교회재정 투명성 세미나 자료집」(2007), 4-6장을 볼 것.

우리나라에서는 종교단체에 대해 자선단체와 같은 수준의 조세 감면이나 비과세 혜택을 주고 있다. 그것은 종교단체는 영리를 목적으로 하는 것이 아니라 자선단체와 같이 사회의 공익에 기여하고 있다고 전제하기 때문이다. 그러나 최근에 목회자와 교회에 대해 비과세하는 것에 대해 문제를 제기하는 사람들은 교회가 사회의 공익을 위해서 일하기보다는 자기 자신들만을 위해서 일하기 때문에 영리 단체나 다를 바 없다고 주장하는 것이다.

이러한 관점에서 본다면 교회나 목회자가 세금을 낼 것이냐 말 것이냐 하는 것은 표피의 문제이다. 설령 특정 교회나 목회자가 세금을 낸다고 하더라도, 그것으로 사회에 대한 교회의 책임을 다했다고 할 수는 없기 때문이다. 문제의 핵심은 교회의 활동이 공공성을 띄고 있으며 사회에 대한 책임을 다하고 있느냐 하는 것이다.[145]

이번 조사에서는 헌금이 어디에 우선적으로 사용되어야 한다고 생각하는지 묻는 질문에, 가장 많은 26.0%가 "사회봉사 및 구제" 라고 응답하였다. 특히 교인 수 1,000명 이상의 중대형 교회의 교인들은 다른 규모의 교회 교인들에 비해 "사회봉사 및 구제" 에 헌금 사용의 최우선순위에 두고 있었고, 500만원 이상의 고액 헌금자들 역시 "사회봉사 및 구제" 를 가장 중시하고 있었다.

이와 관련하여 한미준의 조사 결과를 보면, 가장 많은 40.2%가 "교회 운영 및 유지" 라고 응답하였고, 이보다 적은 30.6%가 "사회봉사 및 구제" 라고 응답하였으나 1998년의 결과와 비교하여 보면, "교회 운영 및 유지" 라는 응답은 5.9% 감소하였고, "사회봉사 및 구제" 라는 응답은 2.2% 증가하였다. 따라서 사회봉사와 구제에 대한 교인들의 인식이 보다 강해지고 있는 추세라고 할 수 있다.[146]

또한 한국기독교사회복지협의회가 2007년에 펴낸 '한국기독교사

145) 김정남, 윗글, 182쪽.

146) 이에 대하여는 한미준, 윗글, 171-172쪽을 볼 것.

회복지총람' 에서는 한국기독교총연합회와 한국기독교교회협의회에 가입된 13개 교단 9,500여명의 목회자와 전도사 등 교역자에게 사회봉사활동과 교회 재정에 관하여 설문 조사를 실시하였는데, 그 결과 "교회가 사회봉사를 적극 실천해야 한다" 는 응답이 88.0%에 달하였다. 현재 담임하고 있는 교회를 포함하여 전체 한국 교회가 사회봉사 활동을 활발하게 시행하고 있지는 않지만, 교회는 사회봉사 활동을 적극 실천해야 한다고 응답하였다.[147] 또한 이상적인 구제 및 사회봉사비는 교회 전체 예산의 10~20% 정도 집행돼야 한다는 응답이 38.3%로 가장 많았다. 20~30% 정도로 집행해야 한다는 응답도 33.6%에 달했고, 30% 이상을 희망하는 교회는 24.5%로 나타났다.[148]

이 조사 결과에 따르면, 조사에 응한 목회자들의 90% 이상이 교회 재정의 최소한 10% 이상은 사회봉사비로 써야 한다고 생각하는 것이다. 앞에서 살펴본 바와 같이 각 교회에서 사회봉사비가 차지하는 비중은 전체 재정의 5%에도 미치지 못하는 현실을 감안하면, 재정 자립 상태의 교회들의 경우 10% 이상의 예산을 사회봉사비로 사용하도록 공감대를 형성할 필요가 있다. 노치준 교수 역시 성인 성도 300명 이상이 되는 어느 정도 안정된 교회라면 관리비, 운영비를 합하여 20%를 넘지 않도록 하며, 순수한 선교비 15% 이상, 교육비 15% 이상, 사회 봉사비 10% 이상, 범교회적인 협조 기금 5% 이상의 원칙을 세우고 나머지를 가지고 각 교회의 형편에 따라 사용할 필요가 있다고 제안한 바 있다.[149]

그러나 모든 교회에 대하여 일률적으로 재정의 얼마를 어떤 명목을 위해 사용해야 한다는 원칙을 정할 수는 없다. 앞에서 말한 바와 같이, 교회들이 처한 여건이 서로 다르기 때문이다. 따라서 지역 교

147) 이만식, 윗글, 801쪽.
148) 윗글, 816쪽.
149) 노치준, 윗글, 273쪽.

회의 바람직한 재정 사용을 위해, 교회 규모 및 재정 상태 그리고 개척교회, 상가교회 등 다양한 교회 여건에 따라 적절한 재정 분배에 대한 모델을 구성할 수 있도록 한국 교회의 재정 실태에 대한 보다 엄밀한 조사 연구가 시행될 필요가 있다.

한국 교회의 대부분을 차지하는 소형 교회의 경우, 대부분 재정 상황이 열악하여 재정 자립 자체가 쉽지 않은 형편이다. 이렇게 재정 자립이 어려운 가장 큰 이유 중의 하나는 소형 교회일수록 임대료 등 건물 유지비에 드는 비용이 전체 재정에서 차지하는 비중이 크기 때문이다. 가계에서 소득이 낮은 가구일수록 엥겔지수가 높은 것처럼,[150] 아무리 작은 교회라도 건물이 있어야 하고 기본적으로 건물을 유지하는 비용은 일정 수준 이상이기 때문에 작은 교회일수록 건물 유지비가 상대적으로 더 크게 부담이 되는 것이다.

이 문제를 해결하기는 쉽지 않으나, 최근 몇몇 교회들이 교회 건물을 소유하지 않고 학교 강당 등을 빌려서 주일에만 예배 처소로 사용함으로써 건물 유지비를 획기적으로 줄이는 사례가 늘고 있다. 학교 강당을 이용하려면 교인 수가 수백 명은 되어야 하지만, 작은 교회라도 방법이 없는 것은 아니다. 관공서나 복지관, 사회단체 시설 등 작은 교회들이 활용할 수 있는 공간은 주변에서 어렵지 않게 찾을 수 있다. 이러한 시설을 효과적으로 이용하면 건물 유지비를 줄임으로써 교회가 본래 목적으로 하는 일에 더 많은 헌금을 사용할 수 있게 될 것이다.

이러한 방식을 도입한다면, 대부분의 교회 건물이 주일과 주말 외에는 거의 활용되지 않지 않음에도 일주일의 며칠 사용을 위해 일정 규모 이상의 시설을 유지하는 데서 오는 비대칭적인 건물 활용의 문제를 해결할 수 있다. 뿐만 아니라 주일만을 위해 필요 이상의 넓은 주차장을 확보하는 데서 오는 예산의 낭비도 막을 수 있다. 교회의

---

150) 가계 지출에서 생활비 중에서 차지하는 음식비의 비율을 나타내는 지표.

헌금이 교회 내부의 필요를 위해서만 아니라 교회 울타리 넘어 우리 사회에서 소외되고 도움을 필요로 하는 사람들을 위해 쓰일 수 있도록 다각도의 노력이 필요하다.

4. 나가는 말

자본주의 사회에서는 돈이 가장 강력한 영향력을 행사한다. 돈이 될 수 있는 것은 뭐든지 상품화하고, 돈을 많이 버는 것이 지상 목표인양 생각하는 등 자본주의 가치에 매몰되어 이에 대하여 저항하거나 도전하는 것은 시도조차도 무의미하게 여겨지기도 한다. 이러한 상황에서 교회 역시 자유롭지 못하다. 교회마다 물질적 풍요와 여유를 찾기에 급급하고, 기독교의 부흥과 영향력을 교인수와 헌금액 등에 비추어 모든 것을 물량으로 측정하며, 교인들의 가정마다 물질의 축복을 비는 신앙으로 넘치게 되었다.

이로 인하여 한국 개신교에는 성장 제일주의 의식이 강해졌다. 양적인 성장 자체가 교회의 궁극적인 목적이 되어 버려 수단과 목적이 바뀌는 현상이 나타났다. 한국 개신교가 거대한 숫자의 지역 교회와 교인수를 가지고 있고, 막대한 양의 돈이 헌금으로 교회에 들어가지만 자체 교회의 유지와 확장 이외의 목적을 위해서 사용되는 돈이 무시해도 좋을 정도라는 사실은 이러한 바탕에서 이해될 수 있을 것이다.

그러나 종교의 의미와 그 힘은 무엇보다도 현실에 대한 초월적 가능성에 있다. 다시 말해서 종교는 종교 본연의 가치에 터하여 현존의 가치와 질서를 넘어서는 초월성을 바탕으로 사회에 문제를 제기하고 비판을 가할 수 있어야 한다.[151] 사회와 적절한 거리와 긴장

151) 이에 대하여는 로버트 벨라, 「사회변동의 상징구조」(박영신 옮김)(서울: 삼영

관계를 가지고 초월의 이상을 설파해야 한다. 사회에서 성공하고 최고가 되라고 가르치기보다 힘들고 어려운 여건에서도 하나님의 영광을 위하여 산다는 것이 어떤 것인지를 가르쳐야 한다. 뿐만 아니라 나보다 더 어려운 이웃을 돕고 약한 사람을 배려하는 이웃 사랑을 실천할 수 있어야 한다.

이를 위해 기독교인은 근대 유럽의 청교도들이 실천했던 청지기로서의 삶의 의미를 되새겨볼 필요가 있다. 청지기 사상의 핵심은 하나님이 모든 물질세계의 주인이시며 인간은 그 세계를 하나님으로부터 받아 잘 다스려할 책임이 있다는 것이다. 개인 행위자로서의 기독교인은 물질주의 가치관을 극복하여 자신의 재물을 하나님의 뜻을 실천하고자 모인 공동체에 아낌없이 바칠 수 있어야 하며, 재정 집행의 대행자인 교회는 하나님의 뜻과 공동체의 합의에 따라 투명하게 재정을 사용해야 한다. 이렇게 교회 재정에 어떠한 이기심도 개입하지 않고 신성한 이타심에 따라 집행될 때 교회는 우리 사회에서 공신력도 회복할 수 있게 될 것이다.

사, 1981), 6장을 볼 것.

■ 도움 받은 글

건강한교회재정확립네트워크. 2007.「교회재정 투명성 세미나 자료집」.

김성민. 2001. "한국인의 특성과 한국 종교문화에 대한 연구 시론," 「목회와 상담」, 1권.

김정남. 2004.「종교법인의 세무와 교회재정관리」. 서울: 영문.

노치준. 1995.「한국의 교회조직」. 서울: 민영사.

박영신. 2004. " '공공의 공간' 형성과 확장: 한말 조선 사회와 그 이후" .「사회이론」. 봄/여름호.

박우용. 2000.「현대 교회와 교회 재정」. 서울: 하늘기획.

박창호. 2001. "정보사회의 사회운동과 한국의 NGOs" .「사회이론」.

버거, 피터. 1982.「종교와 사회」. 이 양구 옮김. 서울: 종로서적.

베버, 막스. 1996.「프로테스탄티즘의 윤리와 자본주의 정신」. 서울: 문예출판사.

벨라, 로버트. 1981.「사회변동의 상징구조」. 박영신 옮김. 서울: 삼영사.

이만식. 2007. "한국 기독교사회복지의 실태" . 한국기독교사회복지협의회.「기독교사회복지총람」. 서울: 보이스사.

이원규. 1991. "종교성과 사회계층" 「종교사회학: 이론과 실제」. 서울: 한국신학연구소.

정재영 · 이승훈. 2007. "개종자를 통해 본 한국인의 종교성" . 조성돈 · 정재영 엮음. 「그들은 왜 가톨릭 교회로 갔을까?」. 서울: 예영.

차명제 외. 2004.「21세기 한국 시민사회의 발전방향과 과제」. 서울: 한국행정연구원.

한국갤럽. 2004.「한국인의 종교와 종교의식」. 서울: 한국갤럽.

한국납세자연합회. 2011. "종교단체의 외부감사와 재무정보공개" . 납세자포럼 자료집(3월 30일).

한미준 · 한국갤럽. 2005.「한국교회 미래리포트」. 서울: 두란노.

현요한. 2004. "헌금과 연보" .「장신논단」. 22집.

황호찬 · 최현돌. 1998. "한국교회의 재정관리 현황 및 개선을 위한 연구" .「기독교사상」. 275호.

Demerath, N. J. and Phillip E. Hammond. 1969. *Religion in Social Context.* New York: Random House,

Hoge, Dean R. 외. 1996. *Money Matters: Personal Giving in American Churches.* Louisville. Ky.: Westminster/John Knox Press.

Michels, Roberto. 1967. *Political Parties.* New York: Free Press.

Miller, Sharon L. 1998. "The Meaning of Religious Giving" . Mark Chaves · Shron L. Miller 엮음. *Financing American Religion.* Lanham, Md.: AltaMira Press,

Ronsvalle, John · Sylvia Ronsvalle. 1998. "Basic Trends in Religious Giving" . Mark Chaves · Shron L. Miller 엮음. *Financing American Religion.* Lanham, Md.: AltaMira Press.

제3부

세속화와 한국 교회

제10장 통합 이론으로서 세속화론

- 세속화에 대한 거시적 접근과 미시적 접근의 통합을 위한 시론 -

1. 들어가는 말

신학계나 종교계에서는 주로 사회에 대한 종교의 주도권을 전제하고 사회에 대한 종교의 영향력 측면에 관심을 갖는 경우가 많으나, 종교사회학에서는 오히려 종교에 대한 사회의 영향의 측면에 더 관심이 많다고 할 수 있다. 앞의 관점이 종교를 독립변수로 보는 입장이라면, 뒤의 입장은 종교를 종속변수로 보는 것이다. 이와 같이 종교와 사회의 관계에서 종교를 종속 변수로 보는 입장으로 지식사회학의 관점과 함께 빼놓을 수 없는 것이 세속화 이론이다. 세속화는 종교와 사회 변동과 관련된 논의에서 빠뜨릴 수 없는 주제이며, 인간의 삶의 존재 이유에 대해 관심을 갖는 사회학자들이 행하는 매우 의미 있는 작업이기도 하다.[152] 그러나 우리 사회에서 세속화에 대한 이해는 여전히 모호하게 남아 있으며 세속화 이론 내부에서의 논쟁 또한 매우 치열하다.

세속화에 대한 논의는 이미 고전 이론가인 막스 베버와 에밀 뒤르케임의 저작에서도 나타나는데, 두 거장의 세속화에 대한 입장부터 판이하게 다르며 오늘날 세속화에 대한 논쟁은 이 둘의 입장 차이에서 비롯되었다고 할 수 있다. 베버의 추종자들은 현대 사회에서 종

152) 김성건, "세속화에 관한 사회학적 연구," 「종교와 이데올로기」(서울: 민영사, 1991), 11-12쪽.

교가 더 이상 공적인 관심사가 되지 못하며, 개인들의 사적인 관심사에 의존하지 않을 수 없게 되었다는 이론적 입장을 취하는 경향을 나타낸다. 그 가운데 대표적인 사람이 피터 버거라고 할 수 있다. 반면에 뒤르케임을 따르는 학자들은 현대 사회에서도 종교는 여전히 사회 문화적 수준에서 영향력을 행사하고 있다는 점을 강조한다. 가장 널리 알려진 학자는 '시민 종교론'을 주창한 로버트 벨라이다.[153)]

브라이언 윌슨이 현대 종교사회학에서 처음으로 세속화를 중심 논제로 제시한 이래, 세속화는 현대 사회에서 종교의 쇠퇴를 의미하였다. 그러나 이에 대하여 완전히 반대의 입장에 있는 이론가들은 종교에 대한 합리적 선택 이론이라는 이름 아래 모였다. 이들은 종교에 대한 개념부터 현대 사회에서 종교의 기능에까지 거의 모든 면에서 대조를 이루고 있다. 이들 사이에서 최근에 이른바 '새로운 세속화론'이라는 입장이 등장했는데, 이런 입장에 터한 이론가들은 기존의 상반되는 두 입장 사이에서 어느 정도의 공통점을 유발하며 두 입장의 통합 가능성을 시사하고 있다.

이들이 갖는 관심 주제는 어느 정도의 차이를 보이고 있으나 이 두 입장을 통합하는 하나의 이론적 입장 또는 분석 틀을 정립한다면 보다 균형 잡힌 사회 종교 이론으로 발전할 수 있을 것이고 따라서 이제까지 설명하지 못한 많은 부분들을 이러한 관점에 따라 설명해 낼 수 있을 것이다. 이러한 문제의식에 따라, 이 글에서는 먼저 세속화 개념에 대한 분명한 이해를 위해 세속화 개념을 둘러싸고 벌어진 논쟁을 간략하게 소개하고, 세속화 주제를 중심으로 이에 대한 거시

153) 시민 종교론은 뒤르케임에 앞서 장자크 루소에게서부터 발전되어 온 개념으로, 벨라는 사회 문제에 대한 도덕적 대응체로서 사회적 가치를 종교적으로 승화시킨 시민 종교를 주장한다. 이에 대하여는 Robert N. Bellah, "Civil Religion in America," *Beyond Belief: Essays on Religion in a Post-traditional World*(New York: Harper & row, 1970)을 볼 것.

적 접근인 세속화론과 미시적 접근인 합리적 선택 이론의 통합을 시도하고자 한다. 이러한 시도가 실제 종교 현상을 연구하는 데에 활용되기 위해서는 보다 정교화된 분석틀로 제시되어야 하나, 이 글은 하나의 시론으로서 두 이론을 통합된 관점으로 제시하는 정도를 목적으로 한다.

2. 세속화론 논쟁과 새로운 세속화론의 등장

1) 종교에 대한 합리적 선택 이론학파의 비판

브라이언 윌슨이 세속화론을 정립하고 피터 버거가 체계화한 이래, 세속화론은 이에 반대하는 여러 이론가들에 의해 공격을 받아 왔다. 보기를 들어, 해든은 종교의 쇠퇴에 대한 예상은 포괄적인 세속화론에 터한 것이며, 이 세속화론은 다시 훨씬 더 포괄적인 근대화론에 뿌리를 두고 있다고 말하면서, 세속화론은 그 토대가 밝혀지지 않은 전제에 자리 잡고 있는 이데올로기라고 주장한다.[154)]

세속화론에 대한 가장 강력하고도 지속적인 비판을 하는 이론가들은 이른바 종교에 대한 합리적 선택 접근 방식을 주장하는 학자들이다. 특히 스타크와 베인브리지는 「종교의 미래」에서 세속화가 현대의 주요 흐름이라는 것을 인정하지만, 세속화가 현대의 새로운 사실은 아니며 종교의 소멸을 예고하는 것은 아니라고 주장한다. 오히려 세속화는 모든 종교 경제에서 발견되는 과정이며, 모든 사회에서 항상 진행되는 것이라는 주장이다. 이들은 세속화가 모든 종교 경제에서 항시적으로 일어나는

---

154) Jeffrey K. Hadden, “Toward Desacralizing Secularization Theory,” *Social Forces*, 65권 3호(1997년, 3월), 587쪽.

세 가지 과정들 중 곧 자기 제한적 과정, 재부흥 과정 그리고 종교적 혁신 과정을 일으킨다고 주장하며 이전의 서구 지식인들은 종교를 종교 조직의 특정 집합과 같은 것으로 잘못 생각함으로써, 이러한 집단들의 세속화를 전체적인 종교의 파멸로서 오해했다고 비판한다.[155)]

합리적 선택 이론 학파의 입장을 잘 정리한 「합리적 선택 이론과 종교」에서 영은 합리적 선택 모델은 종교에 대한 사회과학적 연구에서 지배적인 이론적 준거 틀로서 세속화론을 대체할 잠재력을 가지고 있다고 주장하고,[156)] 스타크는 심지어 "내 목표는 사회학에 진짜 이론을 들여오는 것이지 새로운 이론적 종파를 세우려고 하는 것이 아니다. 그래서 합리적 선택 이론이 사회학의 미래라고 제안하기보다는 사회학의 미래를 위한 이론은 오직 합리적 선택뿐이라고 제안하고자 한다!" 고까지 말하고 있다.[157)]

이러한 입장에서 아이아나콘은 종교에 대한 합리적 선택 접근 방식을 잘 정리하고 있는데, 그는 먼저 합리적 선택 접근 방식의 핵심을 "가차 없이 그리고 단호하게 사용되는 최대화하는 행위, 시장 평형, 그리고 안정적인 기호라는 가정들의 결합" 으로 특징지은 게리 베커의 주장을 정리하고,[158)] 비슷한 가정들이 종교의 공급 측면에 적용된다고 주장한다. 곧 종교의 '생산자' 역시—회원들, 순수 자원, 정부 지원 또는 제도적 성공의 다른 기본적인 결정 요인들을 최대화

---

155) Rodney Stark and William Sims Bainbridge, *The Future of Religion: Secularization, revival and cult formation*(Berkeley: University of California Press, 1985), 1-3쪽. 이 책은 종교에 대한 과학적 연구 협회(Society for the Scientific Study of Religion)에서 탁월한 저서상을 받았다.

156) Lawrence A. Young, "Introduction," *Rational Choice Theory and Religion: Summary and Assessment*(New York: Routledge, 1997), xii쪽.

157) Rodney Stark, "Bringing Theory Back In," Lawrence A. Young, 윗글, 21쪽.

158) Laurence R. Iannaccone, "Framework for the Scientific Study of Religion," Lawrence A. Young, 윗글, 26쪽.

하는—최적화자로 여겨지고, 교회와 성직자들의 행위는 이렇게 종교 시장에서 발견되는 강압과 기회에 대한 합리적인 반응으로서 모델을 제시한다.

이러한 입장에 가장 비판적인 학자는 역시 세속화론의 입장에 서 있는 학자들이고 앞에서 소개한 브루스 역시 이러한 합리적 선택 이론을 논리적으로 매우 설득력 있게 비판하고 있다. 그는 종교 행위가 논리적으로 생각되고 사리에 맞는 가장 일반적인 의미에서 합리적일 수도 있지만, 경제적 합리성이나 합리적 선택 모델의 적용에 의해 설명되지는 않는다고 주장한다. 그는 종교 조직에 있는 많은 사람들은 (다른 곳에서와 같이) 돈에 대해 걱정하고 경제적인 관심 때문에 그런 식으로 행위할 것이라는 의견과 혼동되어서는 안 된다고 말한다. 곧 행위 유형의 초점이 돈이라는 것이 그 행위가 경제적인 접근 방식으로 천명할 수 있다는 것을 의미하지는 않으며, 재정적인 관심이 종교 조직의 행위에 의해 암시되는 정도는 경제적 설명에 대한 베커의 확장된 가치와 관계가 있을 필요는 없다는 것이다. 한 마디로 경제적 접근방식은 문화를 무시함으로써 종교 행위가 생존할 수 있는 유일한 상황은 세속적인 사회라는 종교적 행위에 대한 왜곡된 관점을 만들어 낸다고 주장한다.[159)]

또한 합리적 선택 이론의 접근 방식이 동어반복이라는 그의 주장은 매우 설득력 있어 보인다. 왜냐하면 효용성은 사회적 구성의 문제이고 서로 다른 사람들에 의해 아주 다른 방식으로 파악되기 때문이다. 어떤 사람에게는 교회와 관련된 활동들의 끝없는 순환이 '보수' 가 될 수 있지만, 또 다른 사람에게는 그것이 참을 수 없는 '비용' 이 될 수도 있는 것이다. 우리는 선택을 하는 사람들의 응답을 통해서가 아니고는 비용이나 보수를 확인할 방법이 없다. 브루

159) Steve Bruce, "Religion and Rational Choice: A Critique of Economic Explanations of Religious Behavior," *Sociology of Religion*, 54권 2호 (1993년), 194-195쪽.

스의 주장은, 우리가 설명하고 싶은 것이 바로 그러한 선택들이기 때문에 그것은 순환론적이라는 것이다.[160]

그리고 브루스는 우리가 무엇이 합리적인 선택이 될 것인지 말할 수 없는 만큼, 그 이론은 실패한다고 주장한다. 다시 말해서 합리적 선택 이론은 합리성이 요구하는 것이 무엇인지를 우리에게 말하지 않기 때문에 실패할 수 있다는 것이다. 이것은 두 매점으로부터 같은 아침식사 시리얼을 사는 경우에 값을 비교하고 더 싼 것을 사지 않는 것이 경제적으로 비합리적이라고 말하는 것과는 다른 문제라는 것이다. 그는 경제적 합리성의 한계에 대한 디징(Diesing)의 연구를 따와서, "구원은 한정된 목표이고 그래서 성취의 수단과 기술을 가질 수 있지만, 다른 어떤 목표에 대한 대안은 아니다. "구원받기 위해서 무엇을 해야 하는가?" 라는 기술적인 질문은 합당한 것이고 대답될 수 있다. 그러나 "구원이 당신에게 얼마나 가치 있는 것인가?" 라는 경제적인 질문은 대답될 수 없다." 고 결론을 맺는다.[161]

2) 새로운 세속화론

세속화론과 합리적 선택 이론은 서로 첨예하게 대립하였다. 그러나 최근에 등장한 새로운 세속화론은 여전히 일정한 간극을 가지고 있긴 하지만 이전의 세속화론에 비해 어느 정도의 대화 가능성을 열어놓고 있는 것으로 보인다. 새로운 세속화론을 주창한 야메인은, 세속화론의 사망에 대한 보고는 대단히 과장되었다며, '이전' 패러다임의 핵심적인 통찰력을 유지하고 '새로운' 관점의 정당한 비판을 통합하는 '이전의' 패러다임과 '새로운' 패러다임에 대한 대안으로서 새로운 세속화론을 주창한다. 그럼으로써 두 패러다임에 대한

160) 윗글, 201쪽.
161) 윗글, 203-204쪽.

외형적인 모순의 극복을 시도한다.[162)]

그는 채넌의 주장을 빌어, 세속화 패러다임은 종교는 결코 완전히 사라지지 않을 것이라는 가정 아래 있으며 스타크 등이 말하기 좋아하는 것처럼 종교의 '종식'을 의미하는 것이 아니라고 말한다. 그는 합리적 선택 이론의 옹호자들에 의해 만들어진 세속화론에 대한 두 개의 문제 있는 비판에 대하여 반박한다. 첫째로, 사실은 핵심 주창자들이 세속화 패러다임은 종교의 쇠퇴나 소멸이 아니라 종교의 변형을 이론화했다고 주장하는데도, 세속화 이론에 반대하는 이들은 세속화론이 현대 사회에서 종교는 쇠퇴할 것이라는 사상을 주창했다고 주장함으로써 세속화론에 대하여 잘못 말했다는 것이다. 곧 윌슨과 같은 세속화 이론가들은 종교 자체의 쇠퇴나 종식이 아니라 종교의 '사회적 중요성의 감소'를 말했다는 것이다. 특히 세속화 이론가인 벨라와 루크만은 어떤 환경에서도 종교의 소멸을 인정하지 않은 것 때문에 비판받아 오기도 했다.

둘째로, 후기 세속화의 비판에 인용된 데이터는 전적으로 개인과 조직 수준의 것이고, 사회 수준에서의 세속화에 대한 진지한 고려는 없다는 것이다. 야메인이 새로운 세속화론자라고 분류한 차베스와 카사노바는 사회적 수준에서 제도적 분화의 중심성을 강조하고 있다. 이들에 따르면, 세속화에 반대되는 증거로서 제시된 종교적 신앙과 실천에 대한 양적인 데이터는 사람들이 믿는 방식과 그들이 종교를 실천하는 방식에서 질적인 변화를 보여주지 않는다. 보기를 들어, 기존의 여론 조사 자료 중 아무 것도 조직된 종교가 단순히 영성의 퇴화한 형태로 여겨지는 것으로서 해먼드와 벨라 등이 '표출적 개인주의'라고 부른 종교를 향한 지향성에 도달하지 못한다. 이에 따른 논리적인 결과로 이어지는 지배적인 흐름은 개인 수준에서 세속화가

162) David Yamane, "Secularization on Trial: In Defense of a Neosecularization Paradigm," *Journal for the Scientific Study of Religion,* 36권 1호(1997년).

]사사화된 종교를 낳는다는 것을 시사한다.

먼저 차베스의 주장을 자세히 살펴보면, 그는 "세속화론이 결정적으로 틀렸다고 하는 요즘의 유행하는 주장은 아기를 목욕물과 함께 버리는 것이다." 라고 주장하고, 세속화는 "종교의 쇠퇴로서가 아니라 종교적 권위 영역의 쇠퇴" , 더 구체적으로, 종교적 권위 구조의 영향력의 감소로서 가장 잘 이해된다고 주장하고, 단순한 종교 활동(하나님에 대한 신앙, 교회 신도 수, 교회 참석에 의해 나타난)은 20세기 미국에서 외형적으로는 매우 안정적인 것처럼 보이지만, 개인의 행위를 규제하려는 종교적 권위의 능력은 실제로 감소하였다는 것이다.

그는 세속화의 대상으로서 종교 자체보다는 종교적 권위에 대한 강조를 함으로써 더 사회학적인 연구가 될 수 있다면서, 개인의 마음속에 있는 종교적 신앙, 감성 등은 그것들이 권위의 구조로서 동원되고 제도화될 때만 사회적으로 효과가 있다고 주장한다. 종교적 권위 구조의 힘의 쇠퇴로서 세속화는 진정한 사회학적 현상으로서 세속화를 나타낸다는 것이다. 또한 그가 주장하는 새로운 세속화론은 전세계적인 보편적인 흐름으로서의 세속화보다는 각 사회의 역사성을 강조한다. 곧 사회 안과 밖의 종교적 권위의 여러 가지 범위를 설명하는 이론이 필요한 것이며, 종교적 권위가 현대 사회들에서 여러 권위 구조들 중의 하나라면, 필요한 것은 이러한 시간과 장소에서는 이러한 권위 구조가 지배적인 반면에, 저러한 시간과 장소에서 저러한 권위 구조가 지배적인 이유를 설명하는 이론이라고 말한다.[163)]

다음으로 카사노바는 이제까지 세속화론에 담겨 있었던 신화적인 생각은 '탈신성화' 되어야 하지만, 그렇다고 해서 세속화론을 전적으로 폐기해야 한다고 주장하는 것은 아니며, 세속화라는 보편적인

---

163) Mark Chaves, "Secularization as declining religious authority," *Social Forces*, 72권 3호(1994년 3월).

과정에 대한 신화적인 생각을 세속화라는 역사적인 과정들에 대한 비교 사회학적인 분석으로 대치하는 것이라고 말한다. 그는 세속화에 대한 현대 이론에서 공격할 수 없는 핵심은 "분화 논제와 종교적 제도와 규범으로부터 세속적인 영역의 해방" 이라고 주장하고, 종교는 근대화 과정에서 사라질 운명에 있다는 생각을 거부한다.

카사노바의 독특한 공헌은 현대 사회에서 종교의 사사화에 대한 그의 주장이다. 카사노바의 핵심 요지는 "근대성의 구조를 규정하는 구조적 흐름인 제도적 분화와 달리, 종교의 사사화는 역사적인 선택 문제, 확실히 '선호된 선택' 이지만 그럼에도 불구하고 단지 선택일 뿐" 이라는 주장이다. 그는 최근 몇 년 동안 많은 국가들에서 사사화라는 역사적 선택을 거부하는 '공공 종교' 의 등장을 목격했으며, 우리는 현대 세계에서 종교의 '탈사사화' 를 목격하고 있다고 말한다.

카사노바는 스페인, 폴란드, 브라질, 그리고 미국에서 종교의 공적인 영역에서의 등장을 목격했으며, 이것이 각 사회의 어떠한 조건에서 어떠한 유형으로 출현했는가를 분석했다. 그는 이들 사회에서의 종교의 재부흥은 성스러움의 회귀에 대한 다니엘 벨의 예측이나, 합리적 선택 이론가들의 가정과는 달리, 세속화가 가장 많이 진척되고 종교가 거의 존재하지 않는 스웨덴, 영국, 프랑스, 러시아와 같은 사회들에서 일어났어야 했겠지만, 1980년대의 종교적 특징은 새로운 종교의 탄생이나 성스러음의 회귀가 아니라 옛 종교 전통의 재부흥과 재형성이었다고 말한다.

또한 현대 사회의 두 주요 체계인 국가와 시장의 전통적인 생활세계로의 침투의 증가와 함께 종교의 탈사사화는 식민화로부터 생활세계를 방어하고 외재적인 전통 도덕 규범과 관계없이 자체의 내재적인 기능주의적인 규범에 따라서 기능 하려는 국가와 시장의 주장에 문제를 제기하고 경쟁하기 위해 필수적이라고 주장한다.[164]

3. 두 관점의 통합

이제까지는 세속화를 둘러싸고 벌어진 여러 논쟁과 갈등, 입장의 차이에 대하여 살펴보았으나 이제는 서로 상반되는 것으로 보이는 두 관점을 통합적으로 바라볼 필요성이 요청된다. 왜냐하면 사회 현상의 어느 부분도 거시와 미시 또는 구조와 개인 행위의 이분법으로는 설명할 수 없는 것처럼 종교 현상도 마찬가지이기 때문이다. 이제까지 세속화론과 합리적 선택 이론 사이의 갈등은 일반 사회학의 일반 주제인 거시와 미시 곧 구조와 행위 사이의 딜레마의 재판으로 볼 수 있다. 그들의 주장을 피상적으로 보면 세속화를 역사적인 현실로서 인정할 것이냐 아니냐의 문제처럼 보이지만, 그것을 더 깊이 들여다보면 바로 미시와 거시 사이의 연구 주제, 연구 대상, 연구 방법의 차이라는 것을 알 수 있다. 따라서 이 연구에서는 이 두 관점 사이의 통합을 시도하여 세속화론을 현실 연구에 적용 가능한 복합 모델로 제시해 보고자 한다.

1) 두 관점의 차이

두 이론을 통합하기 위해서는 먼저 두 이론의 차이부터 분명하게 이해할 필요가 있다. 사실, 세속화 이론과 합리적 선택 이론은 종교에 대한 정의와 기능, 또한 서로 관심 갖는 연구 대상뿐만 아니라 각 이론이 갖는 이론적인 전제와 전통 등 거의 모든 부분에서 대조를 이루고 있다. 따라서 이 두 이론의 통합을 시도하는 것은 매우

164) Jose Casanova, *Public Religions in the Modern World*(Chicago: The University of Chicago Press, 1994).

어려워 보인다. 이들은 먼저 각각의 종교에 대한 정의에서 대립된다. 종교에 대한 정의는 기능적인 정의와 본질적인 정의로 구분될 수 있다. 기능적인 정의는 '종교가 무엇을 하는가' 라는 측면에서 종교를 규정한다. 보기를 들어, 종교는 '궁극적인 문제' 에 대한 해결을 제공하거나 인간 존재의 조건이라는 근본적인 질문에 답하는 것이 될 수 있다. 본질적인 정의는 '종교가 무엇인가' 라는 측면에서 종교를 규정한다. 보기를 들어, 종교는 초자연적인 존재나 힘의 실존의 가정 위에서 주장되는 일련의 믿음과 행위들이 될 수 있다.

왈리스와 브루스는 두 종류의 정의 모두에 문제가 있다고 말한다. 첫째로, 기능적인 정의는 언뜻 보기에 매우 종교적이지 않은 것(보기를 들어, 정치 이데올로기나 세속적인 치료 요법)과 그 지지자들에 의해 전형적으로 세속적인 것으로 여겨지는 것을 종교적인 것으로 여긴다. 그런 이유 때문에 기능적인 정의는 보통 사람들의 이해와는 잘 맞지 않는 경향이 있다. 둘째로, 무엇이 '궁극적인' 질문이고 '누구의 생각에 궁극적인 것인지' 가 전혀 분명하지 않다. 셋째로, 비슷한 목적을 수행하는 종교 제도들과 다른 행위 유형들 모두를 종교적이라고 부르는 것은 많은 분석적 명료함을 잃게 한다. 넷째로, 기능적인 정의는 정의상 주장되어야 하는 것과 제시되어야 하는 것, 곧 이것이나 저것이 실제로 종교의 기능적인 등가물이라고 하는 것을 부적절하게 정하는 위험과 관련된다. 마지막으로, 기능적인 정의는 세속화 주제들을 배제하는 불리함을 가지고 있다. 정의상 인간이 '궁극적인' 질문을 항상 가지고 있다고 가정한다면, 종교에 대한 기능적인 정의는 우리가 세속화에 대하여 전혀 말하지 못하게 하고 단지 종교의 변동만 말하게 한다.

본질적인 정의 또한 어려움이 있다. 이러한 정의는 보통 서양인들이 종교에 의해 이해하는 것들과 더 가깝다. 그러나 우리가 '초자연적인 것' 에 대한 개념을 풀어놓으려고 할 때, 우리는 비서구적인 또는 전통적인 문화와 관련하여 어려움을 발견한다. 날마다 조상들과 친하게 지내고 편재하는 주술을 피하기 위해 조치를 취하는 세계는 행위자가 스스로 자연적인 것과 초자연적인 것을 구분하는 것이 쉽지 않을 것이다. 행위자가 그 구분을 하지 않으면 문화를 초월하여 적용될 수 있는 본질적인 정의는 행위자의 개념이 아니라 관찰자의 정의가 될 수밖에 없다. 여기서 왈라스와 브루스는 본질적인 정의가 상당한 설명 범위를 가지고 있는 이론의 형성을 허용하기 때문에 이 정의를 사용한다고 말한다.[165)]

이러한 종교의 정의에 대한 문제는 거슬러 올라가 고전 이론가인 베버와 뒤르케임의 종교에 대한 대비의 출발점이기도 하다. 곧 베버는 종교에 대한 본질적인 정의를 가지고 종교와 사회 변동에 대한 주제에 많은 심혈을 기울인 반면에, 뒤르케임은 종교를 기능적인 차원에서 규정하기 때문에 그의 정의상 어떤 사회에서도 종교는 소멸하거나 사라질 수 없게 되는 것이고, 따라서 종교와 사회 통합에 대한 주제에 관심을 갖게 되었던 것이다. 사실 이러한 대비는 거의 그대로 세속화론과 합리적 선택 이론에도 적용된다. 이 두 입장의 첨예한 대립은 영국 종교의 세속화 문제를 다룬 일련의 글들에서 발견되는데, 브루스는 영국을 포함해서 유럽은 분명히 종교의 세속화의 길을 걸었고, 미국의 경우를 세속화 흐름의 예외적인 경우로 보고 있으나, 스타크와 아이아나콘은 브루스에 대해 그가 조직된 종교의 참여와 주관적인 종교성 사이의 구분을 무시하고, 또한 종교와 기독교를 동일시하기 때문에 오류를 범한다고 맞서고 있다.[166)]

---

165) Roy Wallis and Steve Bruce, 윗글, 9-10쪽.

166) 이에 대하여는 *Journal for the Scientific Study of Religion*, 34권 4호(1995년)에 실린 Steve Bruce, "The Truth about Religion in Britain"과, 이를 반박한 Rodney Stark, Laurence R. Iannaccone, "Comment: Truth? A Reply to Bruce", 그리고 Rodney Stark, Roger Finke and Laurence R. Iannaccone, "Pluralism and Piety: England and Wales, 1851"과, 이를 반박한 Steve Bruce, "Comment: A Novel Reading of Nineteenth-Century Wales: A Reply to Stark, Finke, and Iannaccone"을 볼 것.

연구 주제에서도 세속화론자들은 여러 사회에서 피할 수 없는 흐름으로서 세속화를 주장하며 여러 국가에서 진행된 세속화 상황 또는 진행 정도에 관심을 가지는 반면에, 합리적 선택 이론가들은 다원주의 상황에서 높은 수준의 종교적 참여가 일어나고 실제로 미국의 종교 부흥과 이슬람권의 근본주의 운동, 그리고 새로운 종파들에 대한 연구에 관심을 기울인다. 이들의 연구 방법 또한 판이하게 구별된다. 합리적 선택 이론가들이 종교 생산자와 종교 소비자의 관계를 경제학 용어와 설명 틀을 빌어서 설명한다면, 세속화론자들은 초월세계와 관련된 종교 현상을 이런 식으로는 설명할 수 없다고 반박하며 주로 제도와 구조에 대한 설명을 시도하며 가끔 해석학적인 방법을 사용하는 정도이다.

2) 통합의 시도

그러나 이러한 입장의 차이는 앞에서 살펴본 새로운 세속화론의 출현으로 어느 정도 좁혀지게 되었다. 앞에서 야메인이 새로운 세속화론자로 분류한 데머러쓰와 윌리암스는 세속화와 이에 대비되는 신성화는 종종 변증적으로 연결되어 있고 상호 배타적이라기보다는 보완적이라고 말한다. 루만의 주장과 같이 어느 정도의 세속화는 종교적인 생명력의 적이라기보다는 전제 조건으로서 이해해야 하며, 너무 지나친 세속화 역시 신성화라는 반동을 유발한다는 것이다. 또한 이들은 현대 사회에서 종교가 어떤 공적인 역할을 할 수 있는 것은 세속화에도 불구하고가 아니라, 정교의 분리로 인해 교회가 문화에서 '도덕의 담지자' 로서 인식된다고 주장한다.[167] 이러한 생각은 현대

167) N. J. Demerath III and Rhys H. Williams, "Secularization in a Community Context: Tensions of Religion and Politics in a New England City," *Journal for the Scientific Study of Religion*, 31권 2호(1992년). 이러한 생각은 다음에 살펴 볼 우스노우의 글에 더욱 분명하게 나타나고 있다.

사회에서 공공 종교에 대하여 말한 카사노바의 생각과 그대로 연결되는 것이다.

이와 같이 기존의 세속화론과 달리 새로운 세속화론은 합리적 선택 이론의 입장과 크게 상충되지 않기 때문에 이들 사이의 접합점을 찾는 것이 어느 정도 가능하게 된 것으로 보인다. 특히 새로운 세속화론자들이 사회와 국가 수준의 거시적인 연구들에 치중하는 반면에, 합리적 선택 이론가들은 개인의 선택 행위에 대한 미시적인 수준의 연구들에 집중한다는 점에서 대조되기도 하지만, 이것이 또한 종교 현상에 대한 미시와 거시의 통합의 단초를 제공할 수도 있다는 점에서 이 둘 사이의 연결점을 찾는 것은 이론적으로도 매우 의미가 깊다고 할 수 있을 것이다.

한 가지 문제는 합리적 선택 이론이 사용하는 경제적인 설명 방식에 대한 대립과 이의 해소와 관련된다. 여기서 새로운 세속화론자들이 합리적 선택 이론에 어떤 입장을 취하고 있는지를 살펴보는 것이 중요하다. 이들은 합리적 선택 이론가들은 자신들의 접근 방식이 연역적이고 통일된 틀을 제공한다고 주장하며, 경제학자들과 같이 수학적인 모델을 자주 사용하지만, 이것은 사실이 아니라고 반박한다. 차베스는 인구학자들이 인구 동학을 모형화할 때 흔히 그렇게 하듯이 합리적 선택의 관점을 채택하지 않고도 수학적 모델을 구성할 수 있고, 반대로 수학적 모델을 구성하지 않고도 종교에 대한 합리적 설명을 할 수 있다고 말한다.[168] 또한 데머러쓰는, 대부분의 사회학자들은 세계에 맞는 설명을 구성하려고 노력하는 반면에, 대부분의 경제학자들은 자신들의 설명에 맞는 세계를 구성하려고 한다고 말한다. 다시 말해서 사회학자들은 독립적인 검증을 위해 귀납적으로 설명을 구하려고 하는 반면에, 대부분의 경제학자들은

168) Mark Chaves, “On the Rational Choice Approach to Religion,” *Journal for the Scientific Study of Religion*, 34권 1호(1995년).

연역적으로 구성을 만들려고 하고 그 다음에 같은 종류의 적용을 구하지만, 사실 세계는 그렇지 않으며, 많은 모델들의 단순성은 세계의 복잡성을 희생하고 나오는 것이라고 반박한다.[169)]

그러나 이들이 합리적 선택 이론의 방법을 전적으로 거부하는 것은 아니다. 차베스는 아이아나콘의 주장이 합리적 선택 이론의 가정을 전제하지 않고도 가능하다고 말하면서, 사실상 그의 주장이 틀리지 않음을 인정하고 있다. 또한 데머러쓰는 성공적인 사회 분석은 미시와 거시 사이에 끊임없는 상호작용을 필요로 한다고 말하며, 합리적 선택 이론가들과는 다른 의미지만, 종교 연구에서 선택의 문제는 매우 중요한 것이며 종교를 선택의 문제로 취급한다는 것이 세속화론과 대립되는 것은 아니라고 말한다. 그리고 그 증거로서 종교 시장의 등장을 말한 것은 바로 피터 버거의 요점이었다고 지적한다. 또한 합리성의 개념에 대해서도, 인간은 언제나 모든 것을 비용-이익 측면에서 생각한다는 의미에서의 합리성은 인정하지 않지만, 베버와 같은 의미에서 집합적으로 일상화되고 문화적으로 배태된 체계적인 계산 가능성에 전념한다는 의미에서의 합리성은 인정하며 이러한 연구는 조직의 연구에 적합하다고 말하고 있다. 그러면서 문화적인 틀 안에 공리주의를 위치 지운 파아슨스의 자원주의 이론의 관점이 합리적 선택 이론보다 더 바람직할 수 있다고 말한다. 그는 세속화는 틀리다는 것과 종교가 개인의 합리적 선택의 문제가 되었다는 것을 동시에 주장하는 것은 모순이라고 말하고(종교 현상을 합리적인 계산으로 설명하는 것이 가능하다는 것 자체가 세속화되었다는 증거이기 때문에), 자신과 아이아나콘과의 차이는 그가 이런 문제를 괄호로

169) N. J. Demerath III, "Rational Paradigms, A-Rational Religion, and the Debate over Secularization," Lawrence A. Young, 윗글.

묶을 수 있다고 보는 반면에 자신은 매우 중요한 문제로 본다는 점이라고 말하고 있다.

이제까지 살펴 본 바와 같이 종교 현상은 경제적인 설명 틀만으로 설명하기에 적합하지 않고, 또 그럴 수도 없다. 그러나 우리가 세속화론의 통찰력을 모두 버리지 않고 유지하듯이, 합리적 선택 이론에도 종교 현상을 적절하게 설명할 수 있는 많은 이점이 있다. 사실 종교의 시장 상황을 가장 먼저 제시했으며, 종교 연구에 명시적인 경제적 형상을 도입한 사람이 바로 현대 사회학에서 세속화 이론을 정립하여 발전시킨 피터 버거이며 그 이전에 윌슨의 저작에서도 세속화된 사회에서 종교 상품이 되고 있다는 생각이 발견되고 있다는 사실에서도 이들의 연구 방법은 완전히 상충적인 것으로 볼 수 없는 것이다.[170)]

그러나 합리적 선택 이론은 미시 경제적인 접근으로서 종교 행위자의 이익-비용 원칙에 입각한 선택 행위와 종교 집단의 '효율적인 생산' 의 측면에서 어떤 것이 더 합리적인가에 대하여만 말할 뿐, 시장 자체가 문화적 규칙들에 의해 구성된다는 생각들을 포함하여 문화의 자율성에 대한 생각을 하지 못하고 있다. 종교의 시장 상황에 대해서는 같은 생각을 가지고 있으면서도 종교 문화, 더 구체적으로 종교 담론의 상대적인 자율성을 주장하면서 현대적인 개인성의 개념을 더 문제 삼아야 한다고 주장하는 우스노우의 관점은 이들의 허점을 채워 줄 수 있을 것이다.[171)]

새로운 세속화론자들의 주장과 비슷하게, 우스노우는 종교의 문화 차원에 초점을 맞추고 있다.[172)] 그는 종교는 상징주의로 구성되며,

---

170) Roland Robertson, "The Economization of Religion? Reflections on the Promise and Limitations of Economic Approach," *Social Compass*, 39권 1호(1992년), 148쪽.

171) Roland Robertson, 윗글, 149쪽.

172) 그는 세속화에 대한 생각에서도 신세속화론자들과 비슷하게 현대 사회에서 종교는 장기적인 역학에 의해 지속적으로 형성되고 또 재형성된다고 주장한다.

상징주의가 문화의 핵심이라면, 종교는 확실히 중요한 문화 자원을 가지고 있다고 주장한다.[173] 그에 따르면, 교회는 문화 자체가 잉태되고 탄생하는 자궁을 제공한다. 교회는 개인을 집합적인 예배 의식 안에 연합하고, 이 의식이 개인이 표현하는 믿음과 그것을 표현하는 개인 모두에게 구체적인 의미를 부여하는 도덕 공동체가 된다. 따라서 교회는 개인의 핵심적인 부분이 되는 공동체 안에서 개인을 보호해 주는데, 이것이 뒤르케임이 교회의 '도덕적' 차원을 말할 때 의미했던 것이기도 하다. 그리고 공동체는 그 자체가 존재하기를 멈춘 후에도 기억의 공동체로서 지속된다. 이런 의미에서 교회는 하나의 문화적인 세력이다.[174]

이러한 측면에서 우스노우는 공동체의 문제가 근본적이라고 말한다. 교회가 공동체를 제공할 수 없다면 다른 어느 실용적인 관심들도 교회의 특성을 만들어내지 못한다는 것이다. 그는 칼 라너의 말을 빌어 "공동체는 결국 하나님이 이 신 없는 세상에 세운 눈에 보이는 구원의 표지" 라고 말한다. 한편 공동체는 개인의 정체성의 기초이다. 따라서 그는 종교적 정체성이 개인에게 중요한 것이라면 그것은 공동체와의 관계에서 발전되어야만 한다고 주장한다. 그는 기독교인들이 직면한 여러 사회 문제들은 그 사회의 지배적인 문화적

곧 종교는 쇠퇴하는 것이 아니라 형식이 변하는 것이라는 주장이다. Robert Wuthnow, *Rediscovering the Sacred: Perspectives on Religion in Contemporary Society*(Grand Rapids: William B Eerdmans Publishing Company, 1992), 6쪽.

173) 윗글, 37쪽.

174) 우스노우는 이러한 측면에서 한국의 이민자들의 공동체에 대한 기억이 로스엔젤스에서 교회에 대한 수요를 증가시킴으로써 교회가 성장하는 것으로 설명할 수 있다고 말한다. 그러나 그런 기억의 공동체가 존재하지 않는다면 교회의 성장은 어려울 것이다. 우스노우는 또한 특정 교파의 상징은 상품의 상표와 같은 역할을 하기 때문에 그러한 상징에 대한 소속감과 충성심을 일으킬 수 있도록 상징을 만들어내야 한다고 말한다. 그러나 우스노우는 미국의 경우, 벨라의 분석에서 보는 바와 같이 개인주의가 공동체 결속을 침식하고 있으며 이로 인해 교회의 공동체 유지력이 약화되고 있다고 말한다.

흐름을 반영하고, 이런 문제들은 현대 세계에서 기독교인이 된다는 것이 무엇을 의미하는지에 대한 문제를 제기한다고 말한다.[175)]

또한 우스노우는 공공 종교에 대한 자신의 글에서 종교는 생산되는 것이며 현대 사회에서 성스러움은 신의 계시나 은혜의 선물이 아니라, 언어와 사회적 맥락에 의해 깊이 조건 지워지는 문화의 한 형태라고 주장한다.[176)] 그는 이러한 전제에서 종교 집단을 생산자, 개인 행위자를 소비자로 규정하고 이들 사이의 관계를 경제적인 용어를 빌어 설명하고 있다. 그가 말하는 '동형이질' 이나 '전문화' 라는 개념은, 앞에서 말한 바와 같이 경제적인 유추를 종교 현상에 처음으로 도입한 버거의 '표준화' 와 '한계 분화' 개념과 일치한다. 우스노우는 공공 의례의 대표적인 보기인 시민 종교도 사실은 생산되는 것이며 이것을 유지하기 위한 여러 가지 자원, 시간과 노력, 자금, 로비, 정당화, 전문 기술 등이 요구된다고 말한다. 이와 함께 공공 종교는 사적인 종교와 마찬가지로 전통과 서사와 설득의 언어이기 때문에, 종교 집단들은 그들의 역사, 집합적인 기억의 영원함에 대한 투자, 그리고 환경에 도전하는 전통적인 지혜를 적용하기 위한 절차에 의해 정통성을 갖는다고 말한다.[177)]

이제까지 살펴 본 내용을 정리하면, 미시적인 수준에서 한 개인이 어떤 기준을 가지고 어떤 생각으로 하나의 종교를 선택하는 지에 관

---

175) Robert Wuthnow, *Christianity in the Twenty-first Century*(Oxford: Oxford University Press, 1993), 6-11쪽.

176) Robert Wuthnow, *Producing the Sacred*(Chicago: University of Illinois Press, 1994), 2쪽.

177) 윗글, 163쪽. 공공 종교에 대한 우스노우의 이러한 관심은 카사노바에게 그대로 이어진다. 카사노바는 자신의 글에서 자신이 우스노우에게 영향을 받았는지에 대해서는 명시적으로 밝히고 있지 않지만, 공공 종교에 대한 그의 논의는 우스노우의 생각과 거의 일치하는 것이다. 공공 종교의 개념에 하버마스의 논의를 끌어들이는 것도 흡사하며, 단지 카사노바는 "탈사사화"라는 자신만의 개념을 발전시켰고, 이 개념을 통해 여러 사회에서도 공공 종교의 역할을 구체적으로 분석했다는 것이 차이점이다. 이에 대하여는 Jose Casanova, 윗글, 1장 볼 것.

해서는 합리적 선택 이론이 설명력을 발휘할 수 있는 부분이 매우 많다. 특히 교회의 성장 또는 정체에 관해서는 이 이론의 설명 틀에 기대지 않고는 많은 부분들이 설명되지 않은 채로 남게 될 것이다. 따라서 그 이론적인 전제들이 상충하지 않는 한에서 합리적 선택 이론의 설명 틀과 기존의 현상학적 방법 그리고 공동체에 대한 문화사회학 연구들의 성과들을 적절하게 통합적으로 이용하여 종교 현상을 설명해 나갈 필요가 있다. 다음에서는 이러한 전제를 가지고 하나의 통합이론으로서의 세속화론의 관점을 제시해 보고자 한다.

4. 통합이론으로서의 세속화론의 관점

사회 현상에 대한 설명력을 높이기 위해 통합적인 관점에서 바라보는 세속화에 대한 이론적인 전제는 다음과 같다. 유럽 사회에서 세속화는 역사적인 사실이지만, 모든 사회가 그 정해진 길을 따라가는 것은 아니다. 현대 사회에서 정교 분리는 많은 사회에서 경험한 역사적 현실이므로 국가 수준에서 세속화는 대부분의 사회에서 보편적인 사실이다. 그러나 사회와 개인 수준에서 세속화는 역사적 경험에 따라 달라질 수 있으며 이것이 개인 행위의 변화를 가져 올 수도 있고, 사회 수준에서 종교의 재등장 역시 가능할 수 있게 된다.

이러한 전제에 따라, 이 글에서 제시하는 관점은 거시와 미시 곧 구조와 행위를 통합적으로 분석할 수 있는 관점이다. 이를 위해서는 먼저 사회 구조적 차원에서 세속화를 바라보아야 한다. 그리고 이 구조적 차원은 어느 사회에나 적용되는 획일적인 구조가 아니라, 각 사회에 따라 달라질 수 있는 구조적 차원이어야 한다. 앞에서 살펴 본 차베스는 사회 수준과 개인 수준의 세속화 정도에 따라 각기 다른 사회들을 범주화하고 있다. 그것을 그림으로 표현하면 다음과 같다.

		사회 수준의 세속화	
		높음	낮음
개인 수준의 세속화	높음	현대 산업 사회 대부분 지역 1	중세 유럽 식민지 미국 2
	낮음	아프리카 출신 미국인 공동체 미국 개신교 근본주의 3	몇몇 전통주의 사회 현대 이란 4

그림1_ 두 차원의 세속화: 사회적 설정[178]

여기서 사회 수준의 세속화가 낮은 수준인 곧 사회 수준에서 종교적 권위의 범위가 넓은 사회는 교육, 과학, 국가와 같은 제도가 종교적 권위에 직접적으로 영향을 받는 사회이다. 그것은 종교적 권위가 다른 영역들로부터 역사적으로 분화된 적이 전혀 없기 때문이거나(몇몇 전통적인 사회에서처럼), 분화된 종교적 권위가 다른 영역들에 대한 통제를 행사하기 때문이다(중세 유럽이나 현대 이란처럼). 사회적 세속화가 높은 수준의 사회는 종교적 권위가 국가, 경제, 예술, 과학 등의 안에서 일어나는 일에 대하여 최소한의 그리고 간헐적인 영향력을 행사하는 현대의 산업화된 사회들이다.

개인 수준의 세속화가 낮은 수준의 사회에서 종교적 권위는 개인들의 행위를 상당히 규제하거나 영향을 미친다. 개인적 세속화의 정도는 사회 내에서뿐만 아니라 사회를 넘어서도 다를 것이다. 보기를 들어, 현대 미국 안에서 개인 수준의 세속화는 사회의 다른 부분보다 흑인들 사이에 현저하게 더 낮고 백인 개신교 근본주의자들 사이에 더 낮다. 개인 수준의 세속화는 지리적인 위치를 넘어서도 다르다. 이렇게 개인의 행위가 종교적 권위에 지배되거나 반응을 하는 정도

178) Mark Chaves(1994), 윗글, 761쪽.

는 공동체마다 다르다.

차베스는 이 분류를 종교와 사회 운동과의 관계에 적용한다. 곧 실질적으로 사회적 수준과 개인적 수준의 세속화가 있는 1번 칸에서 종교는 사회 운동을 위한 문화적 자원으로 기능할 것이라는 것이다. 곧 그런 상태에서 사회 운동은 지지자들에게 동기를 부여하고 동원하기 위해 종교적 상징주의와 생각들에 의존할 것이다. 사회 운동은 문화적 자원으로서 종교에 의존할 것이다. 왜냐하면 그것이 두 차원 모두에서 높게 세속화된 상태에서 종교로부터 사회 운동이 기대할 수 있는 모든 것이기 때문이다. 차베스는 여기서, 종교 사상과 상징들은 사회 운동의 수사학에서 두드러지지만, 종교 조직과 지도자들은 중요한 활동가가 되지는 못할 것이라고 말한다. 그는 또한 2번 칸에서는 반성직자 운동이, 3번 칸에서는 조직의 기초로서 종교가 활용될 것이고, 4번 칸에서는 종교와 정치가 결합한 사회 운동이 일어날 것이라고 본다.

그러나 우리는 각 사회가 처한 더 구체적인 상황, 곧 종교적인 상황뿐만 아니라 정치·경제·문화적인 상황과 이런 상황에서 종교 조직이나 종교 지도자들이 어떻게 행위하고 어떤 상품으로 구매자들을 끌어들이는가가 중요하다는 사실에 주목해야 한다. 데머러쓰와 윌리엄스는 이와 같이 종교가 사회 운동을 위한 문화적 자원들을 제공하는 곳에서, 종교적 권위는 새로운 방식으로 권위를 얻을 수 있으며, 종교적 권위가 다른 제도들이나 개인들에게 큰 영향을 미칠 수 없는 곳에서 종교는 여전히 문화적 권위나 힘을 표현할 것이라고 말한다.[179] 또한 앞에서 살펴본 바와 같이, 개인의 정체성 역시 공동체 안에서 형성되는 것이며 공동체 문화 안에서 종교와 관련된 의식이 자리 잡게 되는 것이다. 따라서 각 사회의 문화, 특히 종교 문화에 대한 분석이 함께 이루어져야 한다.

---

179) N. J. Demerath III and Rhys H. Williams, 윗글 볼 것.

그러나 이러한 구조적인 상황에서 어떤 구조적인 결과가 나올 지에 대해서 구조적인 수준에서의 분석만으로는 만족할 만한 설명을 제시할 수 없다. 이것은 다시 개인 수준에서 설명되어야 한다. 다시 말해서 이러한 구조적 상황에서 개인 행위자는 어떤 행위의 선택을 결정하느냐 하는 지를 살펴보아야 하는 것이다. 개인 행위자들이 과연 현대 사회에서 종교 집단에 들어가기를 선택할 것인지 또 어떤 종교 집단을 선택할 것인지가 중요한 것이다. 이러한 미시적인 차원에 대해서는 앞에서 살펴본 합리적 선택이론의 관점이 높은 설명력을 제공한다.

앞에서 살펴 본 아이아나콘은, 종교 소비자와 종교 생산자의 결합된 행위는 다른 시장과 같이 지속적인 균형 상태를 향하는 종교 시장을 형성한다고 본다. 그에 따르면, 다른 시장에서와 같이 소비자들의 선택의 자유는 종교 생산자들을 강압한다. '판매자' 는 '구매자' 의 지속적인 지원 없이는 오래 살아남을 수 없다. 소비자 기호는 이렇게 종교 상품과 그것을 공급하는 제도의 구조를 형성한다. 이러한 효과는 종교가 덜 규제되는 곳에서 더 강하게 느껴지고 결과적으로 종교 상점들 사이의 경쟁은 더 심해진다. 경쟁적인 환경에서 종교는 더 매력적이고 좋아할 만한 대안을 위해 비효율적인 생산 방식과 비인기 상품을 버릴 수밖에 없다.[180]

180) Laurence R. Iannaccone, "Voodoo Economics? Reviewing the Rational Choice Approach to Religion," *Journal for the Scientific Study of Religion*, 34권 1호(1995년), 77쪽. 이러한 접근 방식으로 아이아나콘은 어떻게 엄격한 교회가 성장할 수 있는 지를 경제학에서 쓰는 말로 설명해 나가고 있다. 그는 여기에 무임승차의 개념을 들여옴으로써, 회원들에 대한 엄격한 요구가 세 가지 방식으로 교회를 강하게 한다고 주장한다. 다시 말해서 무임승차자는 대부분의 집합 활동을 위협하는데, 종교 활동도 예외는 아니라는 것이다. 이러한 비용은 그렇지 않을 경우 참여가 낮아질 회원을 걸러 내는 동시에, 가입한 회원의 참여도를 높이며, 결과적으로 외형적으로는 비생산적인 희생이 집단 회원의 효용성을 증가시키는 것이다. 곧 엄격한 요구는 헌신의 전체 수준을 높이고, 평균 참여율을 높이고, 회원의 순익을 높인다는 것인데, 이러한 힘은, 엄격성이 무임승차의 문제를 완화시키기 때문에 일어나는데, 그렇지 않을 경우 회원의 헌신과 참여의 수준을 낮추게 된다. 그는 이러한 연구의 결과로 엄격성이라는 집단의 특성은 나이, 성, 인종, 지역, 소득, 교육 또는 배

종교 시장에서 개인 구매자들의 행위는 완전하게 자유로운 상황에서 불변하는 기호에 의존하는 경제적인 합리성의 측면에서만 이루어지는 것이 아니다. 특히 종교 상품은 불확실성(보기를 들면 사람들은 구원을 얻었는지 확실하게 알지 못한다)이 스며들어 있기 때문에, 새로운 의미 체계는 신뢰하는 친구나 가족 구성원들로부터 나올 때 더 쉽게 받아들여진다.[181] 우리는 사회학적인 통찰력을 통해 신고전주의 경제학의 이기적인 가정들을 넘어서 기호를 역동적이고 또한 사회적 강압에 의해 제한되는 것으로 볼 수 있게 된다. 종교 시장을 그 사회적 맥락에 끼워 넣음으로써 우리는 기호의 변화, 또는 기호와 선택 사이의 불일치를 설명할 수 있을 것이다.[182] 또한 경제학자들이 가정하는 것과는 달리, 개인의 기호는 시간을 초월하여 고정되고 불변하는 것이 아니라는 점에 주목해야 한다. 기호는 시시때때로 변하며, 이러한 변화는 사회적 맥락 안에서 개인의 배태성에 의해 형성되는 것이다.[183] 이와 같은 방식으로 사회 구조와 하나의 매개 집단으로서의 교회, 그리고 개인 행위자는 끊임없이 상호 작용을 하며 역동적인 관계를 형성하고 있다.

이 글에서 계속해서 주장한 바와 같이, 세속화와 개인의 종교적 선택 행위는 결코 분리된 주제도 아니며 분리되어 생각될 수도 없다. 거시적

우자 유무와 같은 어떤 표준적인, 개인 수준의 특성들보다 종교적 참여의 개인적인 비율을 더 많이 설명한다는 사회학적 발견에 도달하게 된다. Laurence R. Iannaccone, "Why Strict Churches Are Strong," *American Journal of Sociology*, 99권 5호(1994년 3월), 1183, 1198쪽.

181) 이런 점에서 새로운 종교로 개종하는 사람들은 그 종교의 구성원에 대한 대인 밀착도가 비구성원에 대한 밀착도보다 큰 사람들이라는 연구 결과가 나온 바 있다. R. Stark and R. Finke, *Acts of faith*(Berkeley, CA: University of California Press, 2000), 117. 이와관련하여 이 책의 1장, "개종의 사회문화적 요인"을 볼 것.

182) Christopher G. Ellison & Darren E. Sherkat, "Is Sociology the core Discipline for the Scientific Study of Religion?," *Social Forces*, 73권 4호(1995), 1261-1262쪽. 특히 우리 사회와 같이 한민족으로 구성되어 있고, 전통적으로 유교관에 따라 부모 자식의 관계가 엄격한 사회에서는 규범적인 강제에 의해 개인의 선택이 다르게 나타날 수 있다는 점을 고려해야 한다.

183) Darren E. Sherkat, "Preference, Constrainsts, and Choices in Religious Markets: An Explanation of Religious Switching and Apostasy," *Social Forces*, 73권 3호(1995년).

인 수준에서 세속화의 결과로 종교의 영향력의 쇠퇴함에 따라 시장 상품과 선택에는 많은 변화가 일게 된다. 그러면 미시적인 수준에서 종교 지도자들은 자신들의 조직을 더 합리적으로 만들려고 함으로써 세속화에 대응하고 이를 통해 번성해 나가기를 추구한다. 이러한 시도를 통해 많은 개인들의 정체성에 종교적인 의미 체계의 중심성이 주어지고 존재적 확실성과 조직적 성공 사이의 관계가 성립되면, 다시 거시적인 수준에서 강력한 종교 운동이 때때로 국가적인 후원을 요구하는 사회 운동을 일으킬 것이라는 것은 의심의 여지가 없다. 강한 종교적 정체성과 강력한 조직의 연결은 때때로 여러 문화적인 상황에서 정치적 폭발을 일으키기도 하는 것이다.[184]

이와 같이 거시 수준의 변화가 미시 수준의 행위에 영향을 미치고 미시 수준의 행위의 집합적인 결과는 다시 거시 수준의 사회 변동을 일으키는 식으로 거시와 미시 수준의 변동은 변증적으로 통합되어 있는 것으로 이해되어야 한다. 거시 수준에서 각 사회의 역사와 정치·경제 또는 문화적 상황이 고려되어야 하고, 미시 수준에서 개인 행위자의 정체성 형성과 종교적 기호들이 복합적으로 고려되어야만 한 사회의 종교 현상이 총체적으로 설명될 수 있는 것이다.

5. 나가는 말

여기서는 논의한 내용을 정리하기보다는 이 연구가 우리 사회에 시사하는 바에 대하여 쓰는 것으로 결론을 갈음하고자 한다. 세속화가 진행되면서 종교는 쇠퇴의 길을 걷는다. 그러나 이것이 곧 모든 종교 인구의 감소를 의미하는 것은 아니다. 세속화에서 말하는 종교의 쇠퇴는 종교의 사회적 중요성의 쇠퇴 또는 종교적 권위의 쇠퇴로 이해되어야 한

184) Christopher G. Ellison & Darren E. Sherkat, 윗글, 1264쪽.

다. 곧 사회에 따라서 양적인 성장 자체도 가능하다는 것이다. 실제로 한국 사회는 근대 사회로 접어들면서 모든 종교 인구의 양적인 성장을 가져왔고, 특히 기독교는 폭발적인 성장을 일으켜 세계의 주목을 받기도 하였다. 이것은 당시 한국 교회가 개인적인 이해관계에 관심을 가지는 개인들의 취향에 호소해 그들의 필요를 채워 줌으로써 가능했던 것이었다.

그러나 이러한 종교 인구의 성장이 세속화의 역전 현상을 가리키는 것은 아니다. 왜냐하면 정교분리는 엄연한 사실이고 또한 여전히 사회에서 종교적 권위는 쇠퇴하고 있고 종교의 사회적 중요성 또한 지속적으로 감소하고 있기 때문이다. 그리고 최근 들어서는 양적인 성장이 멈추었을 뿐만 아니라 약간의 감소 현상까지도 보이고 있다. 70~80년대 한국의 교회들은 개인들의 종교적 기호에 민감하게 반응하고 그 필요를 채워줌으로써 성장할 수 있었지만, 이러한 종교적 상징이 없으므로 공동체를 형성하지 못했고, 90년대 들어 더욱 다원화된 개인의 관심과 가치관의 다양화를 포섭하지 못함으로써 성장을 지속시켜 갈 수 없었다.

이러한 상황에서 한국 교회에 중요한 것은 양적인 성장의 문제가 아니라 현대 사회에서 한국 교회가 어떻게 시민 사회 운동의 자원으로서 활용될 수 있고 그럼으로써 공적인 역할을 담당하여 현대 사회의 공공종교로서 일어설 수 있느냐 하는 것이다. 이러한 전망 역시 세속화의 사회구조적 맥락에서 각 종교 공동체가 어떻게 의미 체계를 구성하고 상징을 동원하여 제공한 설득력 구조가 사회 구성원들에게 친화력을 갖느냐에 따라 다르게 나타나게 될 것이다. 결국 각 사회의 종교는 그 사회의 역사적 맥락에 따라 그 안에서 상호작용하는 행위 주체자들의 의도와 때로는 의도하지 않은 결과의 영향에 따라 움직이며 다양한 차이를 낳게 될 것이다.

■ 도움 받은 글

김성건. 1991 "세속화에 관한 사회학적 연구," 「종교와 이데올로기」. 서울: 민영사.

Bellah, Robert N. 1970. "Civil Religion in America," *Beyond Belief: Essays on Religion in a Post-traditional World*(New York: Harper & row.

Bruce, Steve. 1995. "Comment: A Novel Reading of Nineteenth-Century Wales: A Reply to Stark, Finke, and Iannaccone" *Journal for the Scientific Study of Religion*, 34권 4호.

Bruce, Steve. 1993. "Religion and Rational Choice: A Critique of Economic Explanations of Religious Behavior," *Sociology of Religion*, 54권 2호,

Bruce, Steve. 1995. "The Truth about Religion in Britain" *Journal for the Scientific Study of Religion*, 34권 4호.

Casanova, Jose. 1994. *Public Religions in the Modern World*(Chicago: The University of Chicago Press.

Chaves, Mark. 1995. "On the Rational Choice Approach to Religion," *Journal for the Scientific Study of Religion*, 34권 1호.

Chaves, Mark. 1994. "Secularization as declining religious authority," *Social Forces*, 72권 3호. 3월.

Demerath, N. J. III and Rhys H. Williams. 1992. "Secularization in a Community Context: Tensions of Religion and Politics in a New England City," *Journal for the Scientific Study of Religion*, 31권 2호.

Demerath, N. J. III. 1997. "Rational Paradigms, A-Rational Religion, and the Debate over Secularization," Lawrence A. Young, *Rational Choice Theory and Religion: Summary and Assessment*. New York: Routledge.

Ellison, Christopher G. & Darren E. Sherkat. 1995. "Is Sociology the core Discipline for the Scientific Study of Religion?," *Social Forces*, 73권 4호.

Hadden,, Jeffrey K. 1997년. "Toward Desacralizing Secularization Theory," *Social Forces*, 65권 3호.

Iannaccone, Laurence R. 1997. "Framework for the Scientific Study of Religion," Lawrence A. Young, *Rational Choice Theory and Religion: Summary and Assessment*. New York: Routledge.

Iannaccone, Laurence R. 1995. "Voodoo Economics? Reviewing the Rational Choice Approach to Religion," *Journal for the Scientific Study of Religion*, 34권 1호.

Robertson, Roland. 1992년. "The Economization of Religion? Reflections on the Promise and Limitations of Economic Approach," *Social Compass*, 39권 1호.

Sherkat, Darren E. 1995. "Preference, Constrainsts, and Choices in Religious Markets: An Explanation of Religious Switching and Apostasy," *Social Forces*, 73권 3호.

Stark, Rodney and Laurence R. Iannaccone, 1995. "Comment: Truth? A Reply to

Bruce" , *Journal for the Scientific Study of Religion*, 34권 4호.

Stark, Rodney and William Sims Bainbridge. 1985. *The Future of Religion: Secularization, revival and cult formation.* Berkeley: University of California Press.

Stark, Rodney, Roger Finke and Laurence R. Iannaccone. 1995. "Pluralism and Piety: England and Wales, 1851" *Journal for the Scientific Study of Religion*, 34권 4호.

Stark, Rodney. 1997. "Bringing Theory Back In," Lawrence A. Young, *Rational Choice Theory and Religion: Summary and Assessment.* New York: Routledge.

Stark, Roger and Rodney Finke. 2000. *Acts of faith.*. Berkeley, CA: University of California Press.

Wuthnow, Robert. 1992. *Rediscovering the Sacred: Perspectives on Religion in Contemporary Society.* Grand Rapids: William B Eerdmans Publishing Company.

Wuthnow, Robert. 1993. *Christianity in the Twenty-first Century.* Oxford: Oxford University Press.

Yamane, David. 1997. "Secularization on Trial: In Defense of a Neosecularization Paradigm," *Journal for the Scientific Study of Religion*, 36권 1호.

Young, Lawrence A. 1997. "Introduction," *Rational Choice Theory and Religion: Summary and Assessment.* New York: Routledge.

제11장 근대화와 한국 개신교

- 세속화론을 중심으로 -

1. 들어가는 말

한국의 개신교는 근대화 과정을 통해서 양적인 성장을 경험하였다. 전래 초기의 한국 개신교회는 한국 사회의 근대화 과정에서 자유와 평등사상을 설파하며 새로운 사상의 담지자 역할을 하였다. 따라서 당시에는 개신교 신자라는 것이 새로운 사상의 소유자의 이미지와 동일시되기도 하였다. 또한 '조국 근대화'로 표현되는 한국 사회의 경제성장기에는 현세지향적인 종교인들의 성향과 사회 분위기 사이에 선택적 친화력이 작용하여 한국의 모든 종교들이 급성장을 하였고, 한국 개신교 역시 폭발적인 성장을 이루게 되었다. 여전히 세계 최대의 교회로 말하는 여의도 순복음교회가 급성장한 것도 바로 이 때이다.

그렇다면 근대화와 종교의 관계를 어떻게 이해해야 하는 것일까? 종교사회학자들은 근대 이후의 세계에서 일어나고 있는 거대하고 근본적인 종교적 변화를 세속화라고 보고 있다. 따라서 이 글에서는 근대화에 대한 개념사적 접근이나 사상사적 접근보다는 종교사회학에서 말하는 '세속화'라는 개념을 통해서 근대화와 종교의 관계를 조명해보고자 한다. 흔히 세속화론은 근대화론의 재판(再版)이라는 비판을 받듯이 세속화는 일반 사회이론에서 논의되는 근대화의 종교

사회학적 변형(version)으로 볼 수 있다. 그리고 실제로 이와 관련된 논쟁들이 세속화 개념이 발달한 초기부터 최근까지도 이어지고 있을 정도로 세속화는 종교사회학의 핵심 주제라고 할 수 있다.

이 글에서는 세속화의 개념과 이에 대한 이론, 그리고 이를 둘러싼 논쟁 속에 새롭게 등장한 새로운 세속화론에 대하여 살펴봄으로써 근대화와 종교의 관계에 대한 종교사회학적 이해를 시도하고자 한다. 그리고 한국 개신교의 성장과 교회 소그룹 운동, 그리고 복음주의 운동의 사례를 통하여 세속화와 관련하여 한국 개신교의 상황을 어떻게 이해할 수 있는지에 대하여 간략하게 논의하고자 한다.

2. 세속화론의 개념과 논쟁

1) 근대화로서의 세속화

세속화라는 말은 다중의 의미를 가지고 있다. 중세에는 교역자가 교구를 책임지게 되는 과정을 설명하는 말에서 교황과 황제의 분리로 교권으로부터 정치적 주권자에게 책임을 넘겨주는 것을 의미하는 말로 확장되었다. 그리고 19세기 중엽부터 세속화는 정치·법률 영역에서 문화·철학 영역으로 확대되어 매우 광범위하게 쓰이기 시작했다.[185] 종교 세속화론은 근대성 개념의 확산과 맥락을 같이한다. 논리적으로 세속화론은 "근대화가 진전될수록 세속화도 증대된다."는 종교와 근대성 간의 인과관계에 관한 명제에 기초한다. 곧 산업화와 도시화 과정 그리고 이 추세에 따른 분화와 전문화는 불가피하게 사

185) 김성건, "세속화에 관한 사회학적 연구," 「종교와 이데올로기」(서울: 민영사, 1991), 12-14쪽.

회 및 개인의 의식 차원 모두에서 종교적 영향력의 쇠퇴를 가져온다.

이런 점에서 종교사회학의 관점에서는 세속화를 "종교가 신앙과 의식 그리고 인간의 일상생활에 대한 영향이라는 측면에서 쇠퇴하고 있는가"의 문제와 관련하여 본다. 현대 종교사회학에서 처음으로 세속화를 중심 논제로 제시한 브라이언 윌슨은 세속화를 "종교적 사고, 의식 및 기구들이 사회적 의미와 중요성을 잃게 되는 과정"으로 정의하면서 종교의 쇠퇴를 주장했다.[186] 17, 8세기부터 전 유럽 사회에 확산되기 시작한 계몽주의 사조와 과학기술의 발달은 종교의 소멸이나 쇠퇴에 대한 관념이 태동하는 데에 지배적인 영향을 미쳤다. 계몽주의는 합리적 사고와 관념 체계라고 여겨졌던 기독교적 종교관의 정당성을 거부하게 만들었고, 실증주의 논리를 대표하며 등장한 과학기술의 발달 역시 전통 종교가 가지는 신비와 상징에 대한 의미를 크게 약화시킨 것이다. 근대 이후 국교 폐지로 교회의 영향력이 감소하고 교회 출석 빈도, 성직자 수가 감소하여 세속화는 일면 사실로 보이기도 한다. 이러한 세속화 과정의 마지막은 무종교 사회가 될 것을 암시한다.[187]

이러한 윌슨의 입장을 받아들여 세속화론의 입장을 최근까지 고수하며 자신의 주장을 펼쳐 온 이론가들 중의 대표적인 학자로는 스티브 브루스를 들 수 있다. 세속화론을 옹호하기 위해 엮은 「종교와 근대화」라는 책에서, 그는 월리스와 함께 세속화 논제는 이데올로기적인 프로젝트이기 때문에 평가할 가치가 없다는 도전들에 대항하여

---

186) Bryan R. Wilson, *Religion in Sociological Perspective*(Oxford: Oxford University Press, 1982), 148쪽.

187) 이와 같이 세속화의 관점에서 보는 종교에 대한 부정적 견해와 달리, 서구 사회에서 실제로 일어나고 있는 것은 세속적 이념들이 종교적 이념들을 대치하고 있는 것이 아니라, 단지 급속한 사회 변동의 시대 속에서 종교의 성격이 변형되고 있다고 주장하는 학자들도 있다. 이들 사이에는 세속화론의 적실성 여부에 대한 논쟁이 최근까지 이어지고 있다. 세속화 이론의 발전 과정에 대해서는 박영신·정재영, 「현대한국사회와 기독교」(서울: 한들, 2006), 239~245쪽을 볼 것.

세속화 논제의 주요 요소들을 개괄하고 세속화 논제를 더욱 분명히 하고 있다. 그는 세속화 논제는 그 중심에 설명 모델을 가지고 있는 연구 프로그램이라며, 이 모델은 근대화의 뚜렷한 세 특징, 곧 사회 분화, 사회체계화(societalizaion) 그리고 합리화의 작용에 반응하여 종교의 사회적 중요성이 감소한다고 주장한다.[188)]

첫 번째 특징인 사회 분화와 관련하여, 윌슨은 사회제도들의 구조적 분화를 종교의 쇠퇴를 나타내는 세속화로 보았다. 여기서 전제된 가정은 종교가 만일 다른 관심으로부터 구분되고 떨어져나간 것이 되어서 보다 좁은 기능만을 수행하는 전문 기관이 되어 버린다면 그 영향력이 상실될 것이라는 점이다. 윌슨에게 사회 구조의 분화에 따른 변화 과정은 사회생활의 다양한 제도들에 대한 교회의 영향이 점진적으로 상실되는 과정이다. 그리하여 그는 교육, 정치, 법, 도덕, 복지 등의 제도가 종교와 분화되는 과정을 설명한다.[189)] 근대화 과정 속에서 종교의 역할은 크게 감소하고 사회적 중요성이 감소하게 된 것이다.

이보다 더 심각한 차원에서의 사회 분화는 경제적 근대화로 인해 발생한 계층 분화였다. 근대화로 인한 경제 성장은 직업과 생활환경의 범위가 지속적으로 증대하게 하고, 이러한 생활 세계의 분화는 각 계급이나 사회 부분에 더 잘 맞는 방향을 따라 형이상학적인 체계와 구원의 체계의 분화를 촉진한다.[190)] 자본주의의 산업화 과정은 경제 능력에 따른 경쟁을 의미했고 그 경쟁에서의 성공에 따라 급격한 계층 분화가 진행되었다. 이 과정의 결과는 신의 보살핌 속에 모든 사

---

188) Roy Wallis and Steve Bruce, "Secularization: The Orthodox Model," Steve Bruce(엮음), *Religion and Modernization: Sociologists and Historians Debate the Secularization Thesis*(Oxford: Clarendon Press, 1992), 11쪽.

189) Bryan R. Wilson, *Religion in Secular Society*(London: C. A. Watts & Co., 1966), 57~73쪽.

190) Roy Wallis and Steve Bruce, 윗글, 12쪽.

람이 각자의 위치에서 조화롭게 살고 있다는 과거의 도덕적 우주관을 붕괴시킨 것이다. 이것은 이전에 사회 구성원들이 공유하고 있던 종교적 세계관이 설자리를 잃었음을 의미했고, 이런 상황에서 종교는 도덕적 발언을 할 수 있는 권위를 거의 잃어갔다.[191)]

세속화를 야기한 근대화의 두 번째 특징은 사회체계화이다.[192)] 윌슨은 종교의 쇠퇴를 초래한 요인으로 제도 분화 외에도 공동체 붕괴를 매우 중요한 요인으로 지적하고 있는데, 그는 퇴니스의 공동사회와 이익사회의 개념을 빌어 전통적인 공동체와 현대적인 사회를 비교하면서 공동체에서 사회로의 발전 과정이 사회질서를 유지하고 사회적 지식의 근원으로 기능했던 종교의 영향력을 약화시켰다고 설명한다. 곧 국민국가, 기업, 관료 등 근대화 과정에서 새롭게 등장한 비인격적이고 거대한 기관들이 과거의 친밀한 소규모 공동체들을 대신하게 되었는데, 이러한 사회체계화 현상이 일어나면서 거대한 사회들이 작은 지역 공동체보다 사람들의 삶에서 점점 더 중요한 영역으로 자리 잡아갔다는 것이다. 이런 변화 속에서 전통적으로 지역 공동체에 그 존재 근거가 되어왔던 종교는 삶의 새로운 중심지가 된 거대 사회의 운용과 질서 유지에 아무런 역할도 할 수 없게 되었다.[193)]

이와 같이, 일과 놀이를 같이 하던 공동체 중심의 삶이 쇠퇴하면서 종교는 개인적 차원의 일이 되어 사회적 삶의 주변부로 밀려나고 있었다. 종교는 공동체에 그 근원을 가지고 있고 공동체로부터 힘을 얻는데, 공동체보다는 사회가 점차적으로 개인 생활의 중심이 되는 사회체계화 현상에 따라, 종교는 그 기능을 빼앗겼다. 분화와 사회화

---

191) Alasdair MacIntyre, *Secularization and Moral Change*(London: Oxford University Press, 1967), 37~57쪽.

192) 윌슨이 사용한 단어는 societalization인데 이것을 “사회화”라고 번역할 수도 있으나 일반적으로 사회학에서 말하는 사회화 개념과 의미상의 혼란을 가져올 수도 있어서, 이 글에서는 “사회체계화”로 쓰기로 한다.

193) Bryan R. Wilson, 윗글(1982), 154~156쪽.

의 결과는 단일한 포괄적인 도덕 체계와 종교 체계의 설득력이 쇠퇴하고 익명의 비인격적인 공공 영역에서 역할 수행과 더 사사화된 개인적인 경험과 관계가 적은 경쟁 개념에 의해 대치된다는 것이다. 다시 말해서 종교는 이제 더 이상 꼭 필요한 어떤 것이 아니라 선호의 문제가 되어 종교의 사사화 현상이 일어나게 된 것이다.[194]

종교의 사사화는 과거에 공공 영역에서 중요성을 가졌던 종교가 이제는 개인의 사적인 영역으로 물러나는 상황을 가리키는 개념이다. 버거는 현대 사회에서 종교는 일상적인 사회생활의 사적인 영역에 위치해 있으며, 현대 종교의 본질적인 특징의 하나는 개인주의화라고 말한다. 이것은 사적인 영역으로 물러난 종교가 개인이나 핵가족의 '선택'이나 '선호'의 문제가 되었으며 결과적으로 공통적이고 구속력 있는 성격을 사실상 박탈당해 버렸다는 것을 의미한다. 이러한 사사로운 종교성은, 종교를 받아들이는 개개인들에게 아무리 실재적이라 할지라도, 종교의 전통적인 과업 곧 모든 사람들에게 구속력을 행사하여 모든 사회생활에 궁극적 의미를 부여하고 그럼으로써 공통된 세계를 구성해야 한다는 과업을 더 이상 수행할 수 없다는 것을 의미한다.[195]

근대화의 두 가지 특징인 분화와 사회체계화가 본질적으로 사회구조에서의 변화인 반면에, 세 번째 중요한 과정은 합리화 과정으로 사람들이 생각하는 방식과 그에 따른 행동 방식에서의 변화와 주로 관련된다. 합리화는 현세적인 목표를 확보하기 위해 기술적으로 효과적인 수단을 추구하는 것과 관련된다. 가장 유력한 형태 중 하나는 기술의 발전이었다. 근대화로 인한 과학과 기술의 발전은 사람들이 자신의 세계에 대하여 느끼던 불확실성과 두려움을 감소시키고, 결국 이러한 변화는 종교의 효용성을 축소시키는 결과를 초래한다. 과학에

194) Roy Wallis and Steve Bruce, 윗글, 13쪽.
195) 피터 버거, 「종교와 사회」(이양구 옮김)(서울: 종로서적, 1982), 151-152쪽.

터한 세계관의 등장은 세계를 초자연성, 도덕성으로 설명하던 과거의 종교에 터한 세계관의 점진적인 몰락을 의미했다.[196)]

베버와 버거는 유대-기독교 전통이 특히 세속화에 영향을 받기 쉬웠다고 제시한다. 이들은 기독교가 구원을 위한 초월적이고 주술적인 방법들의 중요성을 축소시키거나 아예 제거하였다고 본다. 합리화 과정의 강화는 기독교가 결국 자멸의 씨앗을 내부에 뿌린 결과를 스스로 초래한 것으로 이해된다. 신학의 합리화와 함께 실증적인 탐구 방법과 세상에 대한 실용적인 태도를 받아들임으로써 이러한 현상은 더욱 가속화된다.[197)]

브루스와 월리스는 세속화의 기본 유형을 제시하면서, 종교는 두 가지의 큰 상황 곧 문화적 방어와 문화적 변천을 제외하고는 사회적 중요성에서 쇠퇴한다고 주장한다. 문화적 방어는 문화, 정체성, 가치관(sense of worth)이 이질적인 종교나 만연하는 세속주의를 촉진하는 근원에 의해 도전을 받고 그 근원이 부정적으로 평가되는 곳에서, 세속화는 억제된다는 것이다. 문화적 변천은 정체성이 주요 문화적 이행의 진로에서 위협을 받을 때 종교는 그러한 이행이나 새로운 가치관의 주장과 타협할 수 있는 자원을 제공한다는 것이다. 다시 말하면, 종교가 근대 세계로부터 사라지는 것이 아니라 사회의 주변이나 틈새에서 사사화된 신앙이나 실천으로서 생존할 수 있는 매우 탄력 있는 현상이고, 종교는 새로운 할 일을 부여할 충격의 시대나 주요한 사회 변형의 시기에조차 부흥할 수 있다는 것이다. 이에 따라서 이들은 세속화 논제의 기본 주제가 연구하고 설명할 만한 것을 지지하고, 아직은 대체될 필요가 없는 패러다임이라는 것을 믿기에 충분히 설득력 있다고 결론짓는다.[198)]

---

196) Roy Wallis and Steve Bruce, 윗글, 14쪽.

197) 이와 관련하여 Will Herberg, *Protestant-Catholic-Jew: an Essay in American Religious Sociology*(Chicago: University of Chicago Press, 1983)을 볼 것.

2) 세속화론에 대한 비판과 탈세속화 테제

이러한 세속화론은 이에 반대하는 여러 이론가들에 의해 공격을 받기 시작했다. 해든은 종교의 쇠퇴에 대한 예상은 포괄적인 세속화론에 터한 것이며, 이 세속화론은 다시 훨씬 더 포괄적인 근대화론에 뿌리를 두고 있다고 말하면서, 세속화론은 그 토대가 밝혀지지 않은 전제에 자리잡고 있는 이데올로기라고 주장한다.199) 그리하여 이른바 '탈세속화' 를 주장하는 일련의 학자들은 세속화론의 단선적 명제가 가지는 한계와 문제를 제기한다. 탈세속화 테제는 근대화와 세속화를 동류 현상이라고 여겼던 모던적 개념에 대항해 세속화 현상과 더불어 반세속화 현상 또는 재신성화 현상이 일어나는 것에 주목한다.200)

세속화론에 대한 가장 강력하고도 지속적인 비판을 하는 이론가들은 이른바 종교에 대한 합리적 선택 접근 방식을 주장하는 학자들이다. 특히 스타크와 베인브리지는 「종교의 미래」에서 세속화가 현대의 주요 흐름이라는 것을 인정하지만, 세속화가 현대의 새로운 사실은 아니며 종교의 소멸을 예고하는 것은 아니며, 오히려 세속화는 모든 종교 경제에서 발견되는 과정이며, 모든 사회에서 항상 진행되는

---

198) 세속화론을 지지하는 레히너 역시 세속화에 대한 최근의 여러 비판들을 반박하고 있다. 그는 세속화는 특정 제도에 대한 일련의 특정 가설들 이상의 것이며, 현대 사회에 대한 중심적인 해석이라고 말한다. 그리고 사회학 전통의 한 부분인 세속화 이론 안에 담겨 있는 중심적인 통찰력을 보존하기 위해서, 이론의 골격을 비교-역사 사회학에 공헌하도록 복구하기 위해서, 그리고 남아 있는 문제들을 해결할 수 있는 작업들을 위한 방법을 분명하게 하기 위해서 세속화론을 방어한다고 말한다. Frank J. Lechner, "The Case Against Secularization: A Rebuttal," *Social Forces*, 69권 4호(1991년 6월), 1103-1114쪽.

199) Jeffrey K. Hadden, "Toward Desacralizing Secularization Theory," *Social Forces*, 65권 3호(1997년, 3월), 587쪽.

200) 송재룡, "종교 세속화론의 한계: 탈세속화 테제의 등장과 관련하여," 「사회와 이론」, 제7집(2005년 11월), 136쪽.

것이라고 주장한다. 이들은 세속화가 모든 종교 경제에서 항시적으로 일어나는 세 가지 과정들 중 곧 자기 제한적 과정, 재부흥 과정 그리고 종교적 혁신 과정을 일으킨다고 주장하며 이전의 서구 지식인들은, 종교를 종교 조직의 특정 집합과 같은 것으로 잘못 생각함으로써, 이러한 집단들의 세속화를 전체적인 종교의 파멸로서 오해했다고 비판한다.[201)]

핑크와 함께, 이들은 또한 버거와는 다른 시장 모델을 발전시켰다. 이들은 다원주의가 종교간의 경쟁을 격화시키고 경쟁이 시장상황을 초래한다는 버거의 주장에 동의하지만, 시장상황이 종교들의 심각한 위기를 의미한다거나 세속화가 "근대 이후" 에 국한된 현상이라는 버거의 주장에는 동의하지 않는다. 이들은 다른 시장 경제에서와 마찬가지로 "종교 경제" 의 핵심적인 문제는 "규제의 정도" 라고 본다. 이들이 제시하는 기본명제는 "하나의 종교시장이 규제되지 않는 정도만큼 다원주의가 번성할 것" 이라는 것이다. 또 이들은 세속화론의 주장과는 달리, 종교적 다원주의는 결코 종교의 위기를 뜻하지 않으며 오히려 종교 인구의 증가와 활성화에 기여한다고 주장했다.[202)] 뿐만 아니라 스타크는 특정 조직 수준에서 진행되는 종파에서 교회로의 변형과정과 사회적 수준에서 진행되는 세속화과정의 조응성을 주장하면서 전통적인 세속화론과는 완전히 결별했다. 이들은 "종교 경제" 를 모든 시대의 종교 상황에 적용할 수 있는 개념으로 확대하고 처음부터 국가개입을 포함하는 종교경제에 대한 규제의 정도에 초점을 맞췄다.[203)]

---

201) Rodney Stark and William Sims Bainbridge, *The Future of Religion: Secularization, revival and cult formation*(Berkeley: University of California Press, 1985), 1-3쪽. 이 책은 종교에 대한 과학적 연구 협회(Society for the Scientific Study of Religion)에서 탁월한 저서상을 받았다.

202) Roger Finke and Rodney Stark, "Religious Economies and Sacred Canopies: Religious Mobilization in American Cities, 1960," *American Sociological Review*, 53권(1988년 2월).

203) Rodney Stark, "Church and Sect," Phillip E. Hammond(엮음), *The*

합리적 선택 이론 학파의 입장을 잘 정리한 「합리적 선택 이론과 종교」에서 로렌스 영은 합리적 선택 모델은 종교에 대한 사회과학적 연구에서 지배적인 이론적 준거 틀로서 세속화론을 대체할 잠재력을 가지고 있다고 주장한다.[204] 이들의 주장이 설득력이 있는 것은, 세속화 모델은 근대화가 전통적인 종교 신앙에 대한 요구를 침식함에 따라 종교가 쇠퇴할 것이라는 전제에 기초하고 있기 때문에 종교 활동의 증가를 설명하지 못하기 때문이다. 다시 말해서 세속화론의 입장에서는 교회의 성장을 설명할 수 없다는 것이다. 또한 세속화론은 단선적이고 결정론적인 설명을 제시함으로써 종교현상의 다양한 변화들을 잘 설명할 수 없다는 비판을 받기도 한다.[205]

합리적 선택 이론의 관점에서는 경제적인 요인에 의해 종교 현상을 설명함으로써, 교회를 '그리스도의 몸' 과 같이 신학의 전제 위에서 이해하지 않고, 인간들이 어떤 종교 목적이나 때로는 또 다른 목적을 달성하기 위해 모인 집단 또는 조직으로 이해하는 엄격한 과학의 입장을 취함으로써 현실 자체를 좀 더 객관성 있게 이해할 수 있을 것이다. 특히 경제적인 설명 틀을 빌려 옴으로써 인간의 내면에 있는 경제적인 욕구, 이해관계에 대한 깊은 관심들을 중요한 요인으로 설정하여 많은 부분들을 명확하게 설명할 수 있는 가능성이 열릴 것으로 기대되는 것이다. 합리적 선택 이론가들 스스로 "성스러운 것으로 생각되는 것들을 논의하기 위해 시장 용어를 사용하는 것

Sacred in a Secular Age(Berkeley: University of California Press, 1985). 종교 경제의 개념에 대해서는 143-144쪽을 볼 것.

204) Lawrence A. Young, "Introduction," *Rational Choice Theory and Religion: Summary and Assessment*(New York: Routledge, 1997), xii쪽.

205) 그러나 이러한 입장에 대한 비판 역시 만만치 않다. 누구보다도 가장 비판적인 학자는 역시 세속화론의 입장에 서 있는 학자들이고 그 중 한 사람인 스티브 브루스는 이러한 합리적 선택 이론을 논리적으로 매우 설득력 있게 비판하고 있다. 이에 대하여는 Steve Bruce, "Religion and Rational Choice: A Critique of Economic Explanations of Religious Behavior," *Sociology of Religion*, 54권 2호(1993년), 194-195쪽을 볼 것.

은 불쾌하게 하려는 것이 아니라, 종교 현상을 설명하는 데에 도움이 되도록 경제학에서 기본적인 통찰력을 빌어 온 것" 이라고 말하고 있다.[206)]

이제까지 살펴본 세속화론과 합리적 선택 이론은 서로 첨예하게 대립된다. 그러나 앞의 논문에서 살펴 본 대로 최근에 등장한 새로운 세속화론은 여전히 일정한 간극을 가지고 있기는 하만 이전의 세속화론에 비해 어느 정도의 대화 가능성을 열어 놓고 있는 것으로 보인다. 세속화와 이에 대비되는 것으로서 신성화 또는 탈세속화는 변증적으로 연결되어 있고 상호 배타적이라기보다는 보완적이라고 보는 것이 적합할 것이다.

4. 세속화와 한국 개신교

앞에서 살펴본 대로 세속화를 국교 폐지 이후 사회에서 종교의 중요성이 감소하는 경향을 나타낸다면, 우리 사회 역시 세속화 과정을 겪고 있다고 볼 수 있을 것이다. 우리 사회의 경우 기독교가 아닌 불교와 유교가 전통 사회에서 국교로서 지배력을 행사해 왔지만, 근대 사회의 발달 이후 국교가 폐지되고 사회가 종교로부터 독립됨으로써 사회 수준에서의 세속화가 진행되었다. 또한 갤럽이 조사한 「한국인의 종교와 종교의식」에 보면, 개인의 종교 체험 빈도와 종교 의례 참여 빈도와 기도 빈도 모두가 감소하고 있고,[207)] 종교 영향력이 감소하고 있다는 응답은 증가한 반면에 종교 영향력이 증가하고 있다는 응답은 감소했다.[208)] 그리고 종교 영향력의 증가에 찬성하는

206) Rodney Stark, 윗글, 17쪽.
207) 한국갤럽코리아, 「한국인의 종교와 종교의식」(서울: 한국갤럽코리아, 2004), 69-82쪽.
208) 윗글, 124-125쪽.

응답도 감소했다.[209] 이로써 우리 사회에서 개인 수준의 세속화의 수준도 높고 종교 권위 영역의 쇠퇴로서의 세속화 현상을 나타내고 있다고 볼 수 있다.

뿐만 아니라 우리 사회는 종교적으로 볼 때 피터 버거가 말한 바와 같이 철저한 다원주의적 상황에 처해 있다. 버거와 같은 대부분의 서구 사회학자들이 종교 다원주의 상황에 대하여 설명할 때 그것은 대체로 기독교 교파들 사이의 공존을 의미하였다.[210] 그러나 한국의 상황은 이와는 달리 철저한 다종교, 다교파, 다종파 상황으로 공통점이 거의 없는 세계관들의 공존이란 양상을 띠고 있다. 불교, 유교, 개신교, 카톨릭, 원불교, 천도교, 그리고 이슬람교 등의 종교가 공존하고 있다. 더 나아가서 이들 종교 안에서조차 수많은 교파나 종파들이 어떤 제한도 받지 않은 채 생겨나 공존하고 있는 것이 현실이다. 곧 불교의 경우 조계종, 태고종, 천태종 등 18개의 종단으로, 개신교의 경우에는 기감, 기장, 예장(통합), 예장(합동) 등 94개 교단으로 나뉘어져 있는 것이 이를 방증한다. 뿐만 아니라 기성의 체계화된 종교의 관점에서 이단으로 판단될 수밖에 없는 수많은 신흥 종교들도 난립하고 있다. 조사에 의해 확인된 것만도 393개에 이르고 있다.[211] 여기에다가 민간인들의 생활 속에 깊이 뿌리 내리고 있는 민간 신앙까지 고려한다면 한국 사회는 종교의 전시장이라고 말할 수 있을 정도로, 종교 다원주의적 상황의 극치를 이루고 있다.

여기서는 세속화와 관련하여 일어나는 한국 개신교의 현상 중에서 70~80년대 한국 교회의 양적 성장과 교회 소그룹 운동

209) 한국갤럽코리아, 「한국인의 종교와 종교의식」(서울: 한국갤럽코리아, 1998), 26-30쪽.

210) 이원규, "종교 다원주의 상황과 한국 교회," 「한국 교회의 사회학적 이해」(서울: 성서연구사, 1992), 27쪽.

211) 이에 대하여는 조홍윤, "신흥종교," 윤이흠 외, 「한국인의 종교」(서울: 정음사, 1987), 150~164쪽 볼 것. 글쓴이가 이것을 정리한 것은 80년대이지만 대부분의 교단이 50년대 또는 60년대부터 변하지 않았다.

그리고 이와 관련된 복음주의 운동에 대하여 세속화론의 관점에서 설명하고자 한다.

1) 세속화와 한국 개신교의 성장[212)]

개신교는 가장 늦게 전파되었음에도 불구하고, 가장 짧은 기간 동안에 많은 신자들을 확보하여 전체 인구에서 경이적으로 높은 비중(약 25%)을 차지하게 되었고, 그 성장 속도가 무척 빠르다는 사실이 두드러진다. 서양에서와 달리 신흥종교의 하나였던 한국 개신교의 성장은 60년대까지 꾸준히 이어져 왔고, 70년대에 세속화 및 산업화가 본궤도에 오르는 것과 발맞추어 한국 개신교는 사상 유례를 찾아볼 수 없는 급성장을 보이기 시작하였다. 그런데 여기서 주목할 것은 개신교회의 양적인 성장이 '진보적'이라고 분류되는 교회에 의해서 보다는 주로 '보수적'이라고 불리는 교회에 의해서 이루어졌다는 점이다.

일반적으로 근대화 및 산업화와 보수적인 성향은 잘 어울리지 않는 것으로 생각한다. 앞에서 살펴본 대로 근대화 과정은 세속화 현상을 야기하는데, 세속화 경향 속에서는 종교가 사적인 영역으로 퇴거함으로써 이전과 같은 영향력을 행사할 수 없게 되었고, 이러한 교회에 사람들이 몰린다는 것은 언뜻 납득하기 어려운 것이기 때문이다. 따라서 '세속화'라는 보편적인 흐름과 '교회의 성장'이라는 주제는 서로 어울릴 수 없는 주제로 여겨지기도 한다. 그러나 세속화의 거센 압력에서 개신교 안의 각 진영 교회의 지도자들이 자신의 종교 전통을 각기 다르게 선택하고 해석했고 이를 통해 각기 다르게 한계 분화함으로써 한국 교회가 양적으로 성장할 수 있었다.[213)]

---

212) 자세한 내용은 박영신·정재영, 「현대 한국사회와 기독교」(서울: 한들, 2006)의 3부 1장 "세속화와 한국 교회의 성장"을 볼 것.

213) 한계 분화란 피터 버거가 사용한 말로, 판매되는 자기 교파의 제품을 경쟁하

미국과 캐나다의 보수 교회들의 성장을 설명하고 있는 딘 켈리는 이 지역의 보수 교회들이 성장하는 이유가 그들이 종교의 본질적인 기능, 곧 궁극적인 삶의 문제에 진지하게 해답을 주는 역할을 강조하고 있기 때문이라고 한다.[214] 인간의 종교성 자체가 세속적 경향을 띠게 되었다는 사실은 역설적으로 종교로 하여금 세속화를 거부함으로써 더욱 더 그 본질적 기능을 수행하도록 요구한다는 것이다.[215] 따라서 이들 지역의 보수적인 교회들은 순수화의 전략, 가르침과 의식에서 간단하고 기본적인 원리로 되돌아감으로써 세속화에 대응해 왔다는 것을 알 수 있다.[216] 이와 마찬가지로 한국의 보수 진영 교회들은 세속화의 영향을 거부하는 방편으로 종교적인 순수성과 보수성을 강조하고 있지만, 이 경우 이들의 주장과는 달리 종교적인 순수성을 강조하는 행위 자체가 세속화의 영향을 반영하고 있는 것이다. 다시 말해서 보수 교회들은 다른 많은 교회들과 많은 종교 단체들과의 경쟁 속에서 그들과의 차별성을 높이기 위해서, 자신들의 독특성 또는 정통성을 강조함으로써 사람들의 또 다른 욕구를 채워주고자 하였다.

뿐만 아니라 세속화 과정에 보다 적극적으로 대응한 부류에서는, 세속화로 인한 종교적 시장 상황에서 한국의 종교는 제각기 경쟁적으로 고객을 유치하려는 치열한 싸움을 벌였다.[217] 종교마다, 교파마

고 있는 다른 종교 집단의 것과 구분할 필요성에서 각 집단은 자신의 신앙 고백적 유산을 강조하게 된다는 것이다. 피터 버거, 윗글, 164쪽.

214) Dean Kelley, "Comment: Why Conservative Churches are Still Growing," *Journal for the Scientific Study of Religion*, 17권 2호(1978), 170쪽.

215) 윗글, 166쪽. 최근에 개신교 인구가 감소한 데 반해 천주교가 급성장한 원인을 이와 같이 설명할 수 있을 것이다.

216) 이에 대하여는 Dean Kelley, *Why the Conservative Churches are Growing*(New York: Harper & Row, 1972)와 Reginald Bibby, "Why Conservative Churches Really are Growing: Kelley Revisited," *Journal for the Scientific Study of Religion*, 윗글 볼 것.

217) 이러한 종교의 시장 상황은 교회 자체를 쇼핑센터로 보고 시장 원리를 도입

다, 교회마다 자신의 교세 확장을 제일의 목표로 삼게 되는 결과를 가져왔다. 우리 사회에서 종교의 성공 척도는 그 종교의 교리를 사회에 효과적으로 전파하여 심는 것이라기보다는, 내용에 관계없이 고객을 얼마나 유치하고 있느냐가 결정적인 것이 되었다. 이것은 초기에 이단적 종교 운동으로 보이던 종교 집단이 세계적인 거대 교회가 된 후에, 진보적인 교회에 속한 종교적 지식인 및 학자들은 더 이상 교리 및 이념에 입각한 논쟁과 비판을 삼가고 있을 뿐만 아니라, 오히려 이들과 일치단결하여 범국민적 복음화를 위한 대형 집회를 자주 하고 있다는 사실을 통해서 알 수 있다. 이 점에서 개신교의 보수 진영에 속한 교회들은 교인의 질과 사회 정의 이념을 내세워 주저했던 진보 진영의 교회와는 달리 훨씬 적극적이었다. 결과적으로 이런 면에서 보수 진영은 진보 진영과는 다른 차별적 급성장, 곧 양적 성장을 달성할 수 있었다.[218] 다시 말하면, 보수적인 교회의 대응이 현대 한국인들의 욕구와 선택적 친화력을 가짐으로써 폭발적인 성장을 이루었다고 할 수 있다.

결국 세속화의 경향이 보편적이라고는 하지만, 이것이 각 종교가 선택하고 결정할 아무런 자유의 공간이 없다는 것을 의미하지는 않는다. 분명하게 드러난 보수와 진보 진영 사이의 차별적 성장은, 각 유형의 교회들의 주체적인 활동의 결과였다. 물론 개별 교회의 지도

한 로버트 슐러의 교회 성장학의 영향을 받은 것이다. 1960년대 후반에 미국 교회들을 압도했던 교회 성장론은 로버트 슐러에 이르러 그 절정에 달했다. 슐러는 자기 교회를 예수 그리스도를 위한 20에이커의 쇼핑 센터로 묘사하고 있다. 그러면서 성공적인 소매업의 일곱 원칙을 제시하고 있다. 교통이 편리한 위치에 교회가 있어야 한다는 것, 넓은 주차장 뿐 아니라 잉여 주차장이 있어야 한다는 것, 나이와 관심에 따라 선택할 수 있는 다양한 상품이 있어야 한다는 것, 흔히 교회 활동에서 말하는 넓은 의미의 봉사가 아니라 훈련된 평신도가 교회 성장을 위해 봉사해야 한다는 것, 과장된 광고를 통해 상품을 선전해야 한다는 것, 적극적인 사고방식을 해야 한다는 것, 돈이 첫째 문제는 아니지만 소매업을 성공시키기 위해서는 꼭 필요하다는 것을 원칙으로 들고 있다.로버트 슐러, 「성공적인 목회의 비결」(조 문경 옮김)(서울: 보이스사, 1976), 42-57쪽.

218) 이에 대하여는 나 일선, "한국교회 성장의 비결들," 「목회와 신학」(1990. 2), 57-66쪽 볼 것.

자들이 물질적인 이해관계에 따라서만 자신들의 방향을 결정한 것이라고 할 수는 없다. 그러므로 이들에게 자신들의 행위가 어떤 과정에서 이루어졌고, 그것이 의미하는 바가 무엇인가를 인식하게 하는데 의의를 가진다고 할 수 있다. 이와 아울러, 보수 진영 교회들의 양적 급성장이 종교 집단에서 주장하는 자신들의 집단에 진리가 있기 때문이라는 주장을 액면 그대로 받아들일 수 없으며, 양적 성장 자체가 해당 집단을 사회적으로 정당화시킨다는 주장에 대해서 이의를 제기할 수 있다. 최근에 한국 개신교에서 물의를 빚고 있는 대형 교회들의 문제는 이런 점에서 우리에게 많은 것을 시사해 준다.

2) 세속화와 교회 소그룹 운동[219)]

현대 교회에서 이루어지는 모임들은 대부분 원자화된 개인들의 모임이다. 서로 옆에 앉아서 같은 광경을 보지만 이들 사이에 상호작용이 거의 없는 영화관이나 경기장에서의 모임과 큰 차이가 없기 때문이다. 현대 사회에서도 과거와 같이 사람들이 교회에 가지만 교회의 다른 구성원들과의 사이에서 실제 생활에 도움이 되는 인간관계를 발전시키지 못하고 있다. 이런 점에서 사회학자들은 사회 구성원들의 신뢰 관계를 바탕으로 하여 사회 활동을 활성화시킬 수 있는 사회 자본으로서 교회의 쇠퇴가 심각하다고 판단하고 있다.[220)]

---

219) 교회 소그룹과 관련하여 자세한 내용은 박영신·정재영, 윗글, 3부 3장과 4장과 정재영, 「소그룹의 사회학」(서울: 한들, 2010)을 볼 것.

220) 사회 자본이란 협력 행위를 촉진시켜 사회 효율성을 향상시킬 수 있는 사회 조직의 속성을 가리키는 말이다. 푸트남은 사회 자본은 생산성이 있기 때문에 특정 목표를 달성하는 것을 가능하도록 해 준다고 말한다. 곧 구성원들이 서로 신뢰하고 다른 사람들에 대한 믿음을 보이는 집단은 그렇지 않은 집단보다 많은 것을 성취해 낼 수 있다는 것이다. 로버트 푸트남, 「사회적 자본과 민주주의」(안 청시 들 옮김)(서울: 박영사, 2000), 281쪽. 푸트남은 시민의 참여가 사회 자본의 주축 형태라고 인식하고 종교의 중요성을 시민 사회에 기여할 수 있는 사회 자본으로 생각했다. 그러나 푸트남은 그 가능성에 대해서는 비관의 눈으로 바라보았다. Robert D. Putnam, *Bowling Alone: The Collapse and Revival*

이러한 상황에 처해 있는 현대 교회들에서 의미 있는 사회관계를 형성시켜 나가는 구실을 하는 것이 바로 소그룹 활동이다. 소그룹은 거대한 교회 안에서 정체성을 잃어가는 교회 구성원들을 작은 집단으로 묶어 친밀감을 느끼게 한다. 이를 통해서, 소외감을 느끼며 공동체를 갈구하는 현대인들에게 일종의 안식처를 제공해 주는 기능을 하고 있다. 뿐만 아니라 소그룹 안에서는 공공의 토론을 하는 사회관계를 발전시킬 수 있기 때문에 현대의 시민 사회를 지탱할 수 있는 하나의 사회 자본으로 형성될 수 있는 가능성을 가지고 있다고 할 수 있는 것이다. 미국의 소그룹 운동에 대해 종교사회학 관점에서 많은 연구를 한 로버트 우스노우는 이것이 현대 사회에서 소그룹 운동이 매우 중요하게 된 이유라고 말한다.[221)]

기독교 소그룹은 세속화와 관련하여 볼 때 더욱 큰 의미를 갖는다. 현대 사회에서 종교의 사회 영향력은 감소하고 더욱이 종교 의식소차도 소비자 중심주의와 치유의 동기에 적응하는 양상을 보이고 있다. 우스노우는 여러 가지 면에서 미국 종교가 세속화되고, 물질주의 문화에 잘 적응해 왔다고 말한다. 그에 따르면, 교회들은 물질의 풍요로부터 많은 이득을 보았고, 사람들로 하여금 이웃들과 다르게 살도록 도전하기보다는 편하게 느끼게 함으로써 번성해왔다. 성직자들은 종종 미국의 도덕의 쇠퇴에 관심을 표명하기도 하지만, 자신들의 교구민들이 더 나은 삶의 방식으로 살도록 조언하기보다 다른 집단들이 일으키는 문제에 대하여 추상적으로만 설교를 할 뿐이다.[222)]

---

of American Community(New York: Simon & Schuster: 2000), 4장을 볼 것. 또한 사회자본의 형성에서 종교가 가지는 의미를 파악하고 교회가 사회자본의 원천으로서 작동될 수 있는 결정요인 및 교회 내에서 사회자본이 구축되어 가는 구체적인 과정을 사례 연구를 통해 분석한 글로 정 재영·장 정호, "교회 내 사회자본의 형성과 축적: S교회의 사례를 중심으로," 「현대사회와 문화」 1권 1호(2007)을 볼 것.

221) 이에 대하여는 Robert Wuthnow, *Christianity and Civil Society: The Contemporary Debate*(Pennsylvania: Trinity Press International, 1996), 35쪽을 볼 것.

222) 윗글, 39쪽.

그럼에도 소그룹을 통한 공공 생활로의 회귀는 카사노바의 말로 종교의 "탈사사화"의 가능성을 보여 준다고 할 수 있다. 종교가 완전히 사사화된 상황이라도 소그룹을 통한 공동체주의 운동을 통해 이를 극복할 수 있는 것이다. 소그룹 안에서 증가하는 사회 교섭을 통해 대인의 신뢰를 회복, 발전시킴으로써 시민 사회로의 참여를 이끌어 낼 수 있게 된다. 소그룹 운동은 이런 점에서 세속화된 사회에서 사사화의 길을 걷기를 거부하고 공공 종교로서의 기능을 회복하게 할 잠재력을 지니고 있다. 이런 점에서 교회 안의 소그룹 운동은 세속화에 대한 교회의 저항 운동으로 이해될 수 있다. 다시 말해서 세속 문화가 교회 안으로까지 밀려 들어와 교회 운영이 기업 운영을 닮아가는 현실에서 이를 거부하고 교회 본연의 모습을 되찾기 위한 대안으로 소그룹을 통한 공동체 회복을 주장하는 것이다.

그러나 이 소그룹도 세속화로부터 완전히 자유로울 수는 없다. 우스노우는 소그룹 운동이 세속화를 거부하기보다는 세속화에 적응하고 있다고 말한다. 여기서 우스노우는 세속성을 사람들이 영적으로 되는 것을 막는 힘으로 생각하거나 저급한 세속 문화가 교회 안으로 침투했다는 것으로 보지 않는다. 그는 세속성을 "안전하고 길들여진 형태의 성스러움을 조장하는 지향성"으로 생각하는 것이 더 적절하다고 말한다.[223] 이러한 관점에서 신성한 존재는 사람들에게 순종을 요구하고 너무나 강력하거나 신비로워서 사람들이 이해할 수 없거나

---

223) Robert Wuthnow, *Sharing The Journey: Support Groups and America's New Quest for Community*(New York: Free Press, 1996), 7쪽. 이 책은 우스노우가 다른 연구자들과 함께 6개월 이상 미국 전역의 소그룹의 사례를 선정하여 설문 조사와 면접 조사를 실시한 결과로 낸 저서로 미국의 소그룹 운동에 대한 개관과, 소그룹을 통해 본 미국인의 종교성에 대하여 정리한 것이다. 같은 연구에 대한 또 하나의 결과물인 Robert Wuthnow 엮음, *"I Come Away Stronger": How Small Groups Are Shaping American Religion*(Michigan: William B. Eerdmans Publishing Company, 1994)은 각각의 연구자들이 민속학 연구의 결과에 초점을 맞춰 설문 조사 결과를 요약한 것을 우스노우가 엮어서 만든 책이다.

사람들에게 봉사의 삶을 요구하는 존재라기보다는 애완동물처럼 자신의 만족을 위한 존재이다. 곧 영성이 세속 사회의 요구에 조응함으로써 영성이 길들여지고 있다는 것이다. 이런 면에서 우스노우는 소그룹 운동이 일련의 문화 재조정 과정의 최신 형태라고 말한다.[224) 교단의 구조는 상당히 약화되었고 성직자는 교인 수에 대해 다른 집회들과 경쟁해야 하는 더 큰 압력을 받는 상태에서, 경쟁의 기초는 교리나 규정의 구분으로부터 실용성 있는 호소로 의미 있게 바뀌었다. 이러한 상황에서 소그룹들은 더 많은 다양성을 제공하고 전보다 종교를 선택하는 데 더 큰 자유를 인정한다. 소그룹은 변화 자체에 도전하고 이전에 비해 쉽게 만들고 없앨 수 있는 '모듈(modular) 공동체'를 만들면서 신앙을 더 유동성 있게 만들고 있다.

3) 세속화와 복음주의 운동

앞에서 논의한 보수 성향의 개신교는 흔히 '복음주의'라는 말로 표현된다. 개신교 복음주의는 한국에서뿐만 아니라 미국에서도 개신교인의 대다수를 포함하고 있고 자신들의 세력의 결집을 통해 대통령 선거에 영향을 미칠 정도로 그 영향력이 상당한 수준에 있다. 때로 근본주의와 혼동되기도 하지만 복음주의자들은 스스로를 근본주의자들과 구분하면서 자신들의 정체성을 규정짓는다. 이러한 복음주의 운동이 세속화와 어떠한 관련이 있는지 살펴보도록 하겠다.

복음주의란 근본주의자와 현대주의자 사이의 논쟁의 와중에서 발전된 독특한 신학 집단으로서, 오늘날까지 지속되면서 기독교 신앙의 본질이라고 여겨지는 것을 고수하고 있다.[225) 곧 경건주의와 개혁 유

---

224) 우스노우는 첫 번째 문화 재조정은 국교가 폐지된 것이고, 두 번째 문화 재조정은 종교의 자유가 보장된 상태에서 신앙이 더욱 민주적으로 되었고 더욱 철저하게 미국식으로 된 것이라고 말하고 있다.

산의 결합을 반영하는 연대로서 18, 19세기 미국의 대각성 운동 이후에 생겨난 보수 신앙 운동 경향을 가리키는 말이다. 사회학의 관점으로 말하자면, 그것은 광범위한 복음주의 문화권 안에 있는 다양한 하위문화들의 복합 요소로 구성되어 있다고 할 수 있다. 곧 신앙에 대한 공통 개념에 의해서는 서로 연결되어 있지만, 그 강조점에서는 양상이 다른 하위 문화체들의 혼합체로 보인다.[226] 그들은 역사에 공통으로 참여하고 있다는 점에서는 일치하고 있으나, 지역 특성 또는 특정한 사회 계층 뿐만 아니라 그들의 현재 형태를 결정짓게 한 특수한 논쟁 등에 의해서 다양성을 띈다.

한국의 복음주의 역시 외국의 경우와 마찬가지로, 다양한 하위 분파를 갖고 있다. 때로는 개혁주의와 혼동되기도 하고, 심지어는 근본주의와 구분 없이 사용되기도 한다. 그러나 앞에서 살펴본 바와 같이 복음주의는 근본주의와 분명한 차이를 갖고 있다. 한국의 복음주의는 한국 교회가 토착화 신학과 근본주의 신학의 양극단을 체험한 후에 이를 극복하고 자신들의 정체성을 발견하려는 노력으로 나타났다. 이러한 한국의 복음주의에 대하여 한 신학자는 보수 전통주의와 진보 전통주의의 사이에 자리를 매긴다.[227] 이들은 한국의 보수주의가 1950년대 이후 지나치게 분리주의, 반지성주의, 폐쇄주의로 흐르

---

225) 알리스트 맥그라스, 「복음주의와 기독교의 미래」(신 상길/정 성욱 옮김)(서울: 한국장로교 출판사, 1997), 31쪽.

226) 웨버는 14개의 복음주의 하위문화를 정리하고 있다. 그것은 근본주의 복음주의, 세대주의 복음주의, 보수주의 복음주의, 무교파 복음주의, 개혁파 복음주의, 재세례파 복음주의, 웨슬리파 복음주의, 성결파 복음주의, 오순절파 복음주의, 성령 은사파 복음주의, 흑인 복음주의, 진보 복음주의, 급진 복음주의, 전통 복음주의이다. 윗글, 38-39쪽. 그러나 웨버는 다른 책에서 특히 세 가지 신학 전통을 강조한다. 첫째로 초대 교회가 영향을 준 신학의 특징은 통합성과 역동성을 갖는 경건한 통찰력이다. 둘째로 재세례파의 생활 방식과 사회에 대한 관심이 복음주의에 영향을 미쳤다. 셋째로 기독교인의 신앙을 삶의 모든 영역에 대해 적용하려는 개혁주의의 영향이다. 로버트 웨버, 「기독교 사회 운동: 그 본질과 한계」(서울: 라브리, 1990), 106-108쪽.

227) 김명룡, "한국신학의 현황과 과제," 「신앙과 신학」, 제3집(1988년), 106-107쪽.

는 것에 반발하여 신학의 보수주의를 계승하면서도 기독교인의 사회 문화에 대한 책임을 수행하려는 공동체 형성을 추구한 것이다.[228] 복음주의 운동이 한국 교회 전반으로 확대된 데는 1970년대 이후 복음주의 지도자들과 복음주의 정신에 기초한 교회들의 등장이 큰 몫을 했다. 70년대 대학생 선교 단체에서 활동했던 상당수의 학생 지도자 출신의 교회 지도자들이 세운 이 교회들은 복음주의라는 자의식을 가지고 있었다.

이러한 복음주의 역시 세속화에 대한 대응으로 등장한 종교 운동으로 이해될 수 있다. 복음주의는 세속화된 현대 사회에서 자기 정체성을 확보하고 현대인에 대한 설득력 구조를 구성하려는 운동이라는 것이다.[229] 복음주의는 현대화의 흐름 속에서 기독교 전통이 희석되는 것에 맞서서 이를 극복하고 기독교 정신을 유지하고 기독교 전통을 새롭게 하고 활성화시킴으로써 사회에 영향력을 행사하고자 한다.[230] 그러나 복음주의는 근본주의와는 구별될 필요가 있다. 1940년대에 미국에서 등장하기 시작한 복음주의는 애초부터 근본주의의 분리주의 성향을 거부하고 종교개혁 주류의 입장으로 되돌아가려고 하였기 때문이다.

근본주의는 자신을 현대 세속화된 세계 및 다른 기독교인들로부터 스스로를 구분하는 독특한 방식의 생활과 믿음을 가진 집단이다. 근본주의는 그 어느 신앙 집단보다도 성서의 영감설과 무오설을 강조하고 전천년왕국설을 신봉한다는 점에서 다른 보수 신앙 집단과 구분된다. 그리고 교리와 신조의 차원을 넘어서서 현대 문명에 대한 하나의 대항 체계로서 현대인과 현대 사회에 지대한 영향력을 미치

228) 박용규, "한국 복음주의의 태동," 「신학지남」, 256호(1998년 가을), 292쪽.
229) James Davison Hunter, "Conservative Protestantism," Phillip E. Hammond(엮음), *The Sacred in a Secular Age*(Berkeley and Los Angeles: University of California Press, 1985), 159-160쪽.
230) 알리스트 맥그라스, 윗글, 14쪽과 27쪽.

는 세력 혹은 운동으로 인식된다. 이러한 근본주의는 현대주의 또는 세속주의의 증대에 대한 반응 곧 이러한 세속화된 사회로부터 자신들은 다르다는 점을 부각시킴으로써 나타난 것이다. 따라서 오늘날 근본주의는 현대성이 멀리 떨어져 있는 곳보다는 전통이 현대성과 만나는 곳에서 가장 흔히 발견되고 있다. 곧 전통의 정통주의가 현대성에 대하여 자체를 방어해야 하는 곳에서만 근본주의는 생겨난다. 그렇다면 근본주의자는 현대성이 증대되는 모서리에서 발견될 가능성이 많다.[231)]

현대성에 대한 근본주의자들의 저항은 문화에 대한 분리의 태도를 가져 왔으나 복음주의는 문화의 중심부에 위치하였으며 복음을 통해 문화를 변혁하기 위해 그 문화의 참여에 헌신했다. 분리주의 전략은 특정한 일련의 역사 상황에 대응하는 과정에서 나타난 것일 뿐, 근본주의의 본질이 되는 필수 요소는 아니었다. 복음주의는 근본주의와 현대주의의 약점을 극복하면서 하나의 독특한 대안으로 등장했는데, 이들은 종교개혁 주류의 입장을 회복하면서 특히 세상을 긍정하고 문화를 포용하는 입장을 가지고 있었다.[232)] 또한 복음주의자들은 근본주의가 지나치게 내세지향성과 반지성성을 갖고 있어서 교육받은 대중들 사이에 흥미를 끌지 못했다고 비판하며 영혼의 구원뿐 아니라 문화 변혁에 대해서도 강조하였다.[233)] 이러한 복음주의 사상은 사실 근대에 들어와서 새롭게 등장한 것은 아니다. 원래 개신교의 의미 체계가 이러한 내용을 담고 있었으나 근본주의에 의해 희석되었

---

231) Nancy Tatom Ammerman, *Bible Believers: Fundamentalists in the Modern World*(New Brunswick: Rutgers University Press, 1987), 3쪽과 8쪽.

232) 알리스트 맥그라스, 윗글, 39쪽.

233) 이와 관련하여 박영신은 개신교 윤리 자체가 초월성의 인식 위에 터하고 있음으로 해서 현존 질서의 정당성에 도전할 수 있는 힘을 가지고 있으며, 현실 세계에서의 실천과 참여의 지향성을 의무화한다고 말하고 있다. 박영신, "현대 사회의 구조화와 실존적 참여," 「현대 사회의 구조와 이론」(서울: 일지사, 1978), 278-279쪽.

던 것이 복음주의의 등장으로 새롭게 부각된 것으로 보는 것이 옳을 것이다.

초기에 개신교를 수용한 한국 근대 지식인들의 신앙양태는 근본주의보다는 근대성을 적극 수용하는 근대주의와 친화성을 갖기 쉬웠다. 초기 개신교 지식인들이 몸에 지닌 유교적 합리주의는 신학적 근대주의의 합리적 에토스와 결합되기 쉬웠기 때문이다. 당시 지식인들의 지상과제였던 문명개화는 유교적 경세론과 신학적 근대주의가 만날 수 있는 기반을 제공하였다. 그러나 근본주의적인 미국 선교사들이 교회의 헤게모니를 장악하게 되고 그들의 주도하에 신학 교육을 받은 목회자들이 배출되어 교회를 지도하여 감에 따라 근대주의 성향을 지닌 개신교 지식인들은 주변부로 밀려나기 시작하였다. 이에 따라 한국 개신교의 신념 체계는 근본주의의 특성을 드러내게 된다. 이러한 점에서 일제 강점기의 신사참배 거부운동은 정치투쟁이라기보다는 철저한 정교분리 신앙에 근거한 신앙수호투쟁으로 이해된다.

그러나 한국 개신교의 입장을 서양과 같은 '근대성의 위기' 에 대한 반응으로 보기는 어렵다. 오히려 '근대성의 성공' 에 대한 반응으로 보는 것이 옳을 것이다. 앞에서 살펴보았던 것처럼, 한국 개신교의 성장은 근대성에 대해서는 엄격한 거부와 분리의 태도가 아니라 적극적인 수용을 통해 이루어졌기 때문이다. 정치에 대해서는 보수적인 태도를 견지하면서도 경제에 대해서는 적극적인 수용의 입장을 표방했던 것이다.[234]

한편, 최근에 주목받고 있는 한국의 복음주의 교회들은 교회 구성원들에게 사회에 대한 책임의 중요성을 인식시켜 주었다는 점에서 근본주의와는 구별되고 있다.[235] 한국의 복음주의 교회 지도자들은 미국의 복음주의자들과 같이 전통의 신앙을 그대로 받아들이고 보수

234) 이진구, "한국사회와 종교 : 한국개신교에 나타난 ' 근대성 ': ' 근대주의 ' 와 ' 근본주의 '를 중심으로,"「한국종교연구회회보」, 5권(1994), 20쪽.
235) 박용규, 윗글, 300-301쪽.

신학의 입장을 가지고 있으면서도 급변하는 사회 속에서 현재의 변화를 파악해서 사회에 대한 역할을 담당하고자 한다. 그러기 위해 성서의 원리뿐만 아니라 문화의 원리를 찾으려고 했다. 그래서 한국의 복음주의 운동가들은 기성 교회가 지나치게 탈정치화하고 보수화되는 것에 거부감을 느끼면서 기독교에 대한 사회 책임을 강조하기 시작하였다.

그러나 이들의 사회 참여는 주로 사회 구조적 문제에 대한 비판이나 이의 개선을 위한 노력보다는 주로 사회봉사나 구제 활동에 치중되어 있다는 점에서 제한적이다. 또한 정치 성향상 보수적인 노선을 견지함으로써 사회 개혁보다는 기득권 유지를 우선시한다는 지적을 받기도 한다. 종교 활동에 있어서도, 스스로는 근본주의와의 차이를 강조하면서도 일부 부류에서는 근본주의 사고에서 벗어나지 못한 모습을 나타내기도 한다. 곧 다원주의 사회에 대한 인식 부재로 자기 종교에 대한 우월감을 앞세운 패권주의 성향의 종교 활동을 펼치기도 한다. 그리하여 국내에서는 이른바 '성시화(聖市化)' 운동을 전개하기도 하고, 해외에서는 '세계 복음화'를 목표로 호전적인 선교 활동을 하며 다른 종교를 인정하지 않고 배척하는 모습을 표출하기도 한다. 이러한 활동들 역시 세속화 시대에 자신들의 설득력 구조를 강화하려는 시도로 이해될 수 있지만, 실제로 집단 밖의 사람들과의 소통에서는 한계를 가지고 있는 것으로 보인다.

5. 나가는 말

이 글에서는 근대화와 관련하여 세속화에 대한 이론과 이 개념을 둘러싼 논쟁들, 그리고 세속화와 관련된 한국 개신교의 상황에 대하여 살펴보았다. 계몽주의 이래, 철학자와 사회과학자들은 종교가 사회적인 가치를 만들어낸다는 것에 대해 더 이상 동의하지 않고 종교의 사회적인 중요성이 감소하고 있다고 주장한다. 또한 현대성이 심화될수록 종교는 더욱 설득력을 잃어가는 것으로 보인다. 포스트모던 시대로 대변되는 현대 사회는 종교와 같이 절대 가치를 주장하는 담론을 해체해야 한다고 주장하며 상대화된 가치 또는 다원적인 가치의 중요성을 강조한다. 그러나 최근의 인구주택 총조사 결과에서도 나왔듯이, 한국의 종교 인구는 줄어드는 것이 아니라 늘어나고 있다. 현대 사회에서도 종교적 욕구는 결코 감소하지 않는 것이다.

문제는 겉으로 드러나는 종교 인구가 중요한 것이 아니라는 것이다. 현대와 같은 다원화된 사회에서 자신이 속한 종교 공동체의 우월함을 일방으로 주장하는 것도 의미가 없다. 그보다는 자신들이 선택한 종교의 정체성을 가지고 종교가 가르치는 바대로 의미 있게 살아가는 것이 중요한 것이다. 그러나 이 정체성은 다른 종교인들을 배격하는 정체성이 아니라 저마다 가지고 있는 종교와 종교 신념을 서로 존중하면서 우리 사회에 기여할 수 있는 정체성이어야 할 것이다. 종교의 생명력은 현실에 대한 '초월성'에 있다. 현실 세계에 동화되어 세속 가치에 매몰되어 버린다면, 종교의 본질인 초월의 이상은 아무런 의미를 가질 수 없기 때문이다. 창조적 긴장 관계라야 종교는 초월의 기준을 가지고 현 사회에도 기여할 수 있게 되는 것이다.

이와 관련하여 중요한 문제는 '현대 사회에서 사사화된 종교를 어떻게 다시 공공성의 영역으로 끌어오느냐' 하는 것이다. 현대 사회에서 종교에 대하여 기대하는 것은 사회에서 무시되고 있는 도덕의 차원을 다시 공공 영역으로 들여옴으로써 사회 구성원들이 개인 및 집단 이기주의로부터 벗어나 다른 사람들에 대한 책임과 의무를 갖도록 하는 데 기여하는 것이다. 특히, 최근에 시민 사회에 대한 관심이 커지고 있는데, 시민 사회는 법과 정치의 강제력에 의해서가 아니라 결사의 자유가 적용되는 자원의 영역이고, 이윤과 이기심보다는 헌신에 의해 동기 부여되는 삶의 영역들과 관련된다는 것을 감안할 때, 공공 영역에서 사람들 사이에 사회 교섭을 증가시키고 도덕에 대한 헌신에 동기 부여할 수 있는 집합의 가치들을 형성하는 것은 매우 중요한 일이다. 종교가 이러한 시민 사회의 힘에 기여할 수 있는 사회 자본을 형성한다면 세속화 과정에서 사사로운 영역으로 물러난 종교가 다시 공공성을 회복하게 되는 것이다.

■ 도움 받은 글

김명룡. 1988. "한국신학의 현황과 과제." 「신앙과 신학」. 제3집.
김병서. 1981. "한국 교회 상황의 사회학적 이해," 「신학사상」. 겨울.
김선도. 1973. "예기치 못했던 기적." 「기독교사상」 7월.
김성건. 1991. "세속화에 관한 사회학적 연구." 「종교와 이데올로기」. 서울: 민영사.
나일선. 1990. "한국교회 성장의 비결들." 「목회와 신학」. 2월호.
맥그라스, 알리스트. 1997. 「복음주의와 기독교의 미래」. 신 상길/정 성욱 옮김. 서울: 한국장로교 출판사.
박영신. 1978. "현대 사회의 구조화와 실존적 참여." 「현대 사회의 구조와 이론」. 서울: 일지사.
박영신 · 정재영. 2006. 「현대한국사회와 기독교」. 서울: 한들.
박용규. 1998. "한국 복음주의의 태동." 「신학지남」. 256호.
버거, 피터. 1982. 「종교와 사회」. 이 양구 옮김. 서울: 종로서적.
송재룡. 2005. "종교 세속화론의 한계: 탈세속화 테제의 등장과 관련하여." 「사회와이론」. 제7집.
슐러, 로버트. 1976. 「성공적인 목회의 비결」. 조 문경 옮김. 서울: 보이스사.
웨버, 로버트. 1990. 「기독교 사회 운동: 그 본질과 한계」. 서울: 라브리.
이원규. 1992. 「한국 교회의 사회학적 이해」. 서울: 성서연구사.
이진구. 1994. "한국사회와 종교 : 한국개신교에 나타난 ' 근대성 ': ' 근대주의 ' 와 ' 근본주의 '를 중심으로." 「한국종교연구회회보」. 5권.
조성돈 · 정재영 엮음, 2007. 「그들은 왜 가톨릭 교회로 갔을까?」. 서울: 예영.
조흥윤. 1987. "신흥종교." 윤 이흠 외. 「한국인의 종교」. 서울: 정음사.
탁명환. 1975., 「세칭 구원파의 정체」. 서울: 신흥종교문제연구소.
한국갤럽코리아. 1998. 「한국인의 종교와 종교의식」. 서울: 한국갤럽코리아.
한국갤럽코리아. 2004. 「한국인의 종교와 종교의식」. 서울: 한국갤럽코리아.
한완상. 1986. "교회의 양적 급성장에 대한 사회학적 고찰." 크리스챤 아카데미(엮음). 「한국교회 성령운동의 현상과 구조」. 서울: 대화출판사.

Chaves, Mark. 1994. "Secularization as declining religious authority." Social Forces. 72권 3호.

Ammerman, Nancy Tatom. 1987. Bible Believers: Fundamentalists in the Modern World. New Brunswick: Rutgers University Press.

Bruce, Steve. 1993. "Religion and Rational Choice: A Critique of Economic Explanations of Religious Behavior." Sociology of Religion. 54권 2호.

Casanova, Jose. 1994. Public Religions in the Modern World. Chicago: The University of Chicago Press.

Demerath, N. J. III and Rhys H. Williams. 1992. "Secularization in a Community Context: Tensions of Religion and Politics in a New England City." Journal for the Scientific Study of Religion. 31권 2호.

Finke, Roger and Rodney Stark. 1988. "Religious Economies and Sacred Canopies: Religious Mobilization in American Cities, 1960." American Sociological Review. 53권.

Hadden, Jeffrey K. 1997. "Toward Desacralizing Secularization Theory." Social Forces. 65권 3호.

Herberg, Will. 1983. Protestant-Catholic-Jew: on Essay in American Religious Sociology. Chicago: University of Chicago Press.

Kelley, Dean. 1978. "Comment: Why Conservative Churches are Still Growing." Journal for the Scientific Study of Religion. 17권 2호.

Kelley, Dean. 1972. Why the Conservative Churches are Growing. New York: Harper & Row.

Bibby, Reginald. 1978. "Why Conservative Churches Really are Growing: Kelley Revisited." Journal for the Scientific Study of Religion. 17권 2호.

Lechner, Frank J. 1991. "The Case Against Secularization: A Rebuttal." Social Forces. 69권 4호.

MacIntyre, Alasdair. 1967. Secularization and Moral Change. London: Oxford University Press.

Stark, Rodney and William Sims Bainbridge. 1985. The Future of Religion: Secularization, revival and cult formation. Berkeley: University of California Press.

Stark, Rodney. 1985. "Church and Sect." Phillip E. Hammond(엮음). The Sacred in a Secular Age. Berkeley: University of California Press.

Wallis, Roy and Steve Bruce. 1992. "Secularization: The Orthodox Model." Steve Bruce(엮음). Religion and Modernization: Sociologists and Historians Debate the Secularization Thesis. Oxford: Clarendon Press.

Wilson, Bryan R. 1966. Religion in Secular Society. London: C. A. Watts & Co.

Wilson, Bryan R. 1982. Religion in Sociological Perspective. Oxford: Oxford University Press.

Yamane, David. 1997. "Secularization on Trial: In Defense of a Neosecularization Paradigm." Journal for the Scientific Study of Religion. 36권 1호.

Young, Lawrence A. 1997. "Introduction." Rational Choice Theory and Religion: Summary and Assessment. New York: Routledge.

제12장 세속화와 교회의 공공성

1. 들어가는 말

최근 우리 사회에서 개신교가 주목의 대상이 되고 있다. 아프가니스탄 피랍 사태 이후 그 어떤 때와도 비교할 수 없을 만큼 많은 사람들의 이목이 개신교에 집중되었다.[236] 그러나 대부분의 일들이 개신교의 긍정적인 면보다는 부정적인 면이 부각되어 관심의 초점이 된 것은 매우 불행한 일이다. 이렇게 개신교가 부정적으로 비쳐진 까닭은 최근에 논란이 되었던 일련의 일들에서 볼 때 개신교의 모습이 우리 사회의 책임 있는 일원이라기보다는 오로지 자신들의 이익만을 추구하는 하나의 이익집단으로 여겨졌기 때문이다.

물론 이와 관련해서는 일부 오해도 있고, 개신교 쪽에서 보다 적극적으로 해명하지 못한 데서 오는 이해의 부족도 있을 것이다. 그러나 어떤 이유에서든 우리 사회에서 개신교의 이미지가 부정적으로 각인되고 있다면, 개신교에 대한 공신력은 약화될 수밖에 없다. 2005년 인구주택 총조사 결과 개신교 인구가 감소한 것에 대해 많은 우려가 있었지만, 보다 큰 문제는 수의 감소가 아니라 우리 사회의 구성원으로서의 개신교가 다른 구성원으로부터 신뢰를 잃고 있다는 점이다.

이러한 개신교의 공신력 약화는 교회의 활동이 공공성을 상실한 데

---

236) 아프가니스탄 피랍 사태 때는 필자도 자문위원으로 대책위원회에 참여하였는데, 가까이에서 지켜본 결과로 볼 때 당시에 부정적으로 알려졌던 대부분의 내용들이 사실과는 다르다는 점을 여기에 적어둔다.

에 기인한다. 한국 교회가 우리 사회에서 일어나고 있는 공공의 문제에 대해 관심을 갖고 책임 있는 역할을 감당하기보다는 교세 확장과 교회 건물 건축, 교권 유지 등 세상과는 벽을 쌓고 자기들만의 왕국을 건설하는 데에만 급급하고 있다는 것이다. 전래 초기 한국 개신교는 사회 부조리를 혁파하고 새로운 가치 질서를 제시하는 선구자의 역할을 감당했지만, 오늘날의 개신교는 자신들의 이해관계에 따라 움직일 뿐, 공공의 선이나 선한 사회를 이루고자 하는 노력은 거의 찾아보기 힘든 실정이다.

이 글은 이러한 문제의식에 터하여 교회 공공성 회복을 모색하기 위한 시도를 한다. 이를 위해, 교회 공동체에서 공공성의 의미에 대하여 살펴보고, 종교사회학의 중심 주제인 세속화와 관련하여 교회 공공성의 위상 변화에 대하여 논의한 후에 요즘 사회과학계에서 논의되고 있는 시민사회와 관련하여 한국교회의 공공성 회복을 위한 구체적인 방안에 대하여 논의하고자 한다.

2. 교회 공동체의 공공성

흔히 교회에 대하여 '공동체' 라는 말을 사용한다. 그러나 구체적으로 어떤 의미의 공동체를 뜻하는지는 분명하지 않다. 대개 공동체라는 말 그대로 '공통의 몸' 을 가진 '하나의 지체' 라는 뜻으로 말한다. 교회 구성원들을 한 가족으로 표현하듯이 가족과 같은 존재로 여기는 것이다. 실제로 한국 사람들은 가장 이상적인 공동체 모형을 가족이라고 생각하기도 한다. 그래서 친근하고 화목한 분위기를 "가족적인 분위기" 라고 표현한다. 그러나 이러한 이해는 공동체 개념의 아주 작은 면밖에 보여주지 못한다. 또한 우리 사회의 가족이 그리 바람직한 모델이 된다고 보기도 어렵다. 교회를 신앙공동체라고 말하기도

하지만, 큰 범주에서 같은 기독교 신앙일 뿐 교단과 교파 또는 진보, 보수 노선을 따라 첨예한 갈등을 드러내고 있는 실정이다.

따라서 사회의 흐름 속에 묻힌 오늘날 교회들의 모습은 성서에 나타난 초대 교회 시대에 기독교인들이 경험하였던 교회의 공동체 요소를 상실하고 있다는 지적이 보편화되고 있다.[237] 오늘날의 한국 교회는 근대화의 물결을 타고서 폭발력을 가진 성장을 이룬 반면에 교회의 대형화 추세에 따른 내부 빈곤감이 이전에 비해 증폭되고 있다. 교회의 생활이 질보다는 수와 양에 치중하여 교인 수 확장, 건물 확대, 재정 확대에 치중을 하면서, 한국 교회들은 공동체로서의 교회관과 자기 정체성을 유지하지 못함으로써 교회의 공동체성이 점점 희박해지는 실정에 이르게 된 것이다. 이것은 목적과 수단이 전도되어 교회가 본연의 역할을 하지 못함으로써, 자체 집단 안에 있는 사람들에게조차 스스로의 권위를 인정받지 못하고 또한 영향력을 행사하지도 못하게 되었다는 것을 의미한다.

그렇다면 교회는 어떠한 공동체가 되어야 하는가? 현대의 공동체 이론가들은 공동체를 물리 차원의 조건과 관계없이 사회 공간에서 이루어지는 인간관계의 망으로 인식한다. 이러한 관점에 따라서 공동체 개념은 상호 신뢰를 바탕으로 공동의 의식과 공동의 생활양식을 통해 결속감이 증대된 사회 집단으로 이해되어야 한다. 이러한 공동체는 특히 서로에 대한 책임과 의무를 다하는 도덕 집단을 뜻한다. 일찍이 뒤르케임(Emile Durkheim)은, 교회라고 부르는 것은 공통된 이념들을 가지고 공동의 의식들을 수행하는 하나의 종교 공동체를 뜻한다고 말하였다. 교회는 성직자들의 집단이 아니라 단일한 믿음을 가지고 모든 믿는 이들에 의하여 구성되는 '도덕 공동체'인 것이다.[238]

---

237) 하워드 스나이더, 「새포도주는 새부대에: 기계 문명 시대에 있어서 교회의 구조는?」(이강천 옮김)(서울: 생명의말씀사, 1981), 78쪽.

238) 에밀 뒤르케임, 「종교 생활의 원초적 형태」(서울: 민영사, 1992), 576-578쪽.

이러한 뜻에서 공동체는 단순히 특정 공간에 개인들이 모여 있다는 뜻이 아니라 구성원들이 사회성으로 서로 의존하고 토론과 의사 결정에 함께 참여하는 집단이다. 또한 집단의 목적을 위해 개인이 희생되는 것이 아니라 한 사람, 한 사람이 주체가 되어, 선한 것으로 공유되는 '실천' 을 함께 하는 사람들로 이루어진 집단을 가리킨다.[239] 이러한 공동체는 공동체 밖에 있는 사람들에 대하여 문을 닫고 자신들의 이익만을 챙기는 이기주의 공동체가 아니라 서로에 대한 책임과 의무를 공동체 밖으로 표출할 수 있는 실천도덕의 공동체인 것이다.

공동체가 외부와는 단절된 채, 안으로의 결속에만 집중한다면, 일종의 동류 집단이라고 할 수 있는 공동체는 '끼리끼리' 의 집단으로 전락하고 변질될 것이다. 곧 공공성과는 아무 관계가 없이 공동체는 게토화 될 수도 있는 것이다. 많은 연구자들은 영성이 봉사 및 지원 활동으로 연결되지 않는다면 영성이 우리 사회의 도전 속에서 살아남을 수 있을지 의심스럽다고 한다. 영성이 개인 의 사사로운 공간 속으로 깊이 은거할 것을 우려하는 것이다. 종교사회학자인 로버트 우스노우는 이러한 영성은 진정한 영성이 아니라고 말한다. 확실히 한 사람의 신앙은 개인의 것이고, 신념의 문제이고, 그 사람의 기본 인생관의 일부이지만, 신앙이 개인의 것이고 사사로운 것이라고 말할 때 우리는 믿음이 지닌 공공의 차원을 무시하게 되는 것이다.[240]

따라서 교회 공동체 안에서 훈련된 기독교인이라면 교회 밖에서도 일반인들과는 다른 도덕성 곧 더 엄격한 도덕 기준에 따라 일반인들의 삶의 양식과는 구별된 삶을 살아야 한다. 뿐만 아니라 사회를 하나님의 영광이 드러나야 할 삶의 무대로 여기며 자신의 신앙을 공공 영역에서 실천할 수 있어야 한다. 자기 자신의 이익을 구하거나 자기 가족

---

239) 박영신, "역사적 대화: 벨라의 탈사회학적 관심 세계," 「사회학 이론과 현실 인식」(서울: 민영사, 1992), 408쪽.

240) Robert Wuthnow, *Producing the Sacred*(Urbana and Chicago: University of Illinois Press, 1994), 36-38쪽.

의 이익을 구하는 것이 아니고 자신과 가족의 울타리를 넘어서 공공의 문제에 관심을 갖고 토론하며 참여할 수 있어야 한다. 참다운 그리스도인은 참 이웃, 참 시민으로 살아가는 사람이다. 교회가 이러한 기독시민을 길러낼 수 있을 때에라야 교회는 현대 사회에 기여할 수 있는 조직이라고 할 수 있을 것이다.

3. 세속화 시대와 교회 공공성

1) 세속화와 교회 공공성의 쇠퇴

교회의 공공성은 자신들의 의지와는 상관없이 사회 수준에서 표출되기 어려운 구조적 상황에 처해 있다. 이러한 교회 공공성의 약화는 종교의 세속화와 맞물려 일어난 현상으로 이해된다. 사회학자들은 종교와 관련하여 근대 이후에 세계에서 일어나고 있는 거대하고 근본적인 변화를 세속화라는 말로 표현하고 있다. 그러나 우리 사회에서 세속화에 대한 이해는 여전히 모호하게 남아 있으며 세속화에 대한 논쟁 또한 매우 다양하다. 특히 기독교계에서는 좁은 의미로 '교회의 세속화' 곧 교회가 세속의 가치에 매몰되어 교회 자체가 병들고 심지어는 부패했다고까지 표현되는 하나의 병리 현상으로 이해되는 경우가 많다. 그러나 이것은 세속화 개념의 한쪽 면만 보는 데서 오는 오해라고 할 수 있다.[241]

241) 이렇게 세속화에 대한 이해가 다양한 것은 세속화라는 낱말이 워낙 다중의 의미를 가지고 있기 때문이기도 하다. 중세에는 교역자가 교구를 책임지게 되는 과정을 설명하는 말에서 교황과 황제의 분리로 교권으로부터 정치적 주권자에게 책임을 넘겨주는 것을 의미하는 말로 확장되었다. 그리고 19세기 중엽부터 세속화는 정치·법률 영역에서 문화·철학 영역으로 확대되어 매우 광범위하게 쓰이기 시작했다. 김 성건, "세속화에 관한 사회학적 연구,"「종교와 이데올로기」(서울: 민영사, 1991), 12-14쪽.

종교사회학의 관점에서 세속화는 “종교가 신앙과 의식 그리고 인간의 일상생활에 대한 영향이라는 측면에서 쇠퇴하고 있는가” 의 문제와 관련된다. 현대 종교사회학에서 처음으로 세속화를 중심 논제로 제시한 윌슨은 세속화를 “종교적 사고, 의식 및 기구들이 사회적 의미와 중요성을 잃게 되는 과정” 으로 정의하면서 종교의 쇠퇴를 주장했다.[242] 이러한 세속화 과정의 마지막은 무종교 사회가 될 것을 암시한다. 베버의 영향을 받아 세속화에 대하여 체계적으로 폭넓게 사회학적인 분석을 시도한 피터 버거는 베버의 ‘세계의 탈주술화’ 개념을 적용하여 프로테스탄티즘과 세속화의 관계를 설명하고 있다.[243] 버거는 세속화를 “사회 및 문화의 어떤 영역이 종교의 제도와 상징체계의 지배로부터 벗어나는 과정” [244]이라고 정의한다. 버거는 그의 긴 논의를 통하여 세속화가 세계사 속에서 보편적으로 나타나는 현상임을 주장했다.[245]

버거에 의하면 세속화는 종교 다원주의적 상황을 낳는데, 종교 다원주의란 다양한 세계관이 공존하는 문화 상황을 뜻한다.[246] 현대 사회에서의 개인들은 다원적인 세계, 서로 경쟁하고 가끔은 서로 모순되는 설득력의 구조들 사이를 오가며 살고 있으며, 이들 각각의 설득력 구조는 그의 다른 설득력 구조들과 어쩔 수 없이 공존해 있다는 사실

242) Bryan R. Wilson, *Religion in Sociological Perspective*(Oxford: Oxford University Press, 1982), 148쪽.

243) 이에 대하여는 피터 버거, 「종교와 사회」(이양구 옮김)(서울: 종로서적, 1982), 5장을 볼 것.

244) 윗글, 125쪽과 피터 버거, 「이단의 시대」(서광선 옮김)(서울: 문학과 지성사, 1981), 35쪽.

245) 피터버거, 윗글(1982), 125쪽.

246) 종교 다원주의라고 하는 개념은 크게 두 가지 뜻으로 사용될 수 있다. 첫째는 주로 종교사회학에서 다뤄지는 가치중립의 개념으로 이것은 버거의 개념과 일치한다. 둘째는 주로 신학에서 다뤄지는 가치판단의 개념으로 이것은 모든 종교인이 관심 갖는 궁극적 실재의 성격 자체가 다원적이라는 곧 여러 가지 근원을 갖고 있다는 것을 의미한다. 이에 대하여는 박종천, “종교 다원주의와 신학의 탈서구화,” 한국 기독교학회(엮음), 「종교 다원주의와 신학적 과제」(서울: 대한기독교서회, 1990)를 볼 것.

때문에 그 영향력이 약화된다는 것이다.247) 결과적으로 다원주의 상황에서는 그 어떤 견해도 사람들에게 절대적인 것으로 받아들여지지 않는다. 경쟁적인 세계관들이 상대화되고 독점적이던 종교적 전통이 탈독점화되는 상황이라고 말할 수 있다. 특히 종교 다원주의 상황에서 서로 다른 종교 집단들은 모두 국가에 의해서 공인됨과 아울러 서로 배타적인 종교 집단들이 공존하는 가운데 자유로운 경쟁을 할 수밖에 없는 상황을 맞는다.248)

다원주의 상황이 만들어낸 결과 중의 하나는 종교의 사사화(私事化, privatization) 곧 과거에 공공 영역에서 중요성을 가졌던 종교가 이제는 개인의 사적인 영역으로 물러나는 상황이다. 버거는 현대 사회에서 종교는 일상적인 사회생활의 사적인 영역에 위치해 있으며, 현대 종교의 본질적인 특징의 하나는 개인주의화라고 말한다. 이것은 사적인 영역으로 물러난 종교가 개인이나 핵가족의 "선택"이나 "선호"의 문제가 되었으며 결과적으로 공통적이고 구속력 있는 성격을 사실상 박탈당해 버렸다는 것을 의미한다. 이러한 사적인 종교성은, 종교를 받아들이는 개개인들에게 아무리 실재적이라 할지라도, 종교의 전통적인 과업 곧 모든 사람들에게 구속력을 행사하여 모든 사회생활에 궁극적 의미를 부여하고 그럼으로써 공통된 세계를 구성해야 한다는 과업을 더 이상 수행할 수 없다는 것을 의미한다.249)

버거의 입장과 유사하지만 그보다 훨씬 광범위하게 종교 문제를 다룬 루크만 역시 사사화에 대하여 깊이 있는 분석을 내놓았다. 루크만은 종교 제도의 전문화가 다른 제도 영역들의 전문화와 더불어 종교를

247) 피터 버거, 윗글(1981), 76쪽. 이러한 버거의 생각은 베버로부터 물려받은 것으로 보인다. 베버는 변신론과 관련하여 비슷한 주장을 한 바가 있다. 이에 대하여는 Max Weber, "The Social Psychology of the World Religions," Max Weber, *From Max Weber: Essays in Sociology*(H. H. Gerth/C. Wright Mills 엮고 옮김)(New York: Oxford University Press, 1958), 271-275쪽을 볼 것.

248) 피터 버거, 윗글(1982), 153쪽.

249) 윗글, 151-152쪽.

점차 객관성이 없는 사사로운 실체로 변형시키는 발전이 시작되었다고 본다. 그리하여 공공의 영역에서 종교는 '보이지 않는' 존재가 되어 버린 것이다.[250] 우스노우는, 이러한 상황은 종교 단체들이 개인 신앙의 순전히 사적인 측면에 대한 강조를 강화한 것과 많은 관계가 있다고 말한다. 이미 1960년대부터 드러나기 시작한 미국 교회의 문제는 교회 지도자들이 신앙을 시민의 참여에 연결시키기보다는 사람들이 행복하게 느끼고 현대의 생활에 정서적으로 적응하는 데 관심을 가지면서 신앙을 일종의 치료 요법으로 여기는 경향이었다는 것이다.[251]

2) 탈세속화와 공공 교회의 등장

근대 이후 국교 폐지로 교회의 영향력이 감소하고 교회 출석 빈도, 성직자 수가 감소하여 세속화는 일면 사실로 보이기도 한다. 그러나 세속화의 관점에서 보는 종교에 대한 부정적 견해와 달리, 서구 사회에서 실제로 일어나고 있는 것은 세속적 이념들이 종교적 이념들을 대치하고 있는 것이 아니라, 단지 급속한 사회 변동의 시대 속에서 종교의 성격이 변형되고 있다고 주장하는 학자들도 있다. 피터 버거조차 최근에 세속화에 대한 자신의 입장을 재고하는 글을 발표한 바 있다.[252] 또한 현대 사회에서 종교의 사회적 중요성이 약화되고 신앙의 개인주의화가 중요한 특징으로 자리 잡았지만, 모든 사회 종교 현상이 사사화로 귀결되는 것은 아니다.

---

250) 토마스 루크만, 보이지 않는 종교 (이 원규 옮김)(서울: 기독교문사, 1982), 123쪽과 238쪽.

251) Robert Wuthnow, *Christianity and Civil Society: The Contemporary Debate*(Pennsylvania: Trinity Press International, 1996), 45쪽.

252) 이에 대하여는 Peter L. Berger, "The Desecularization of the World: A Global Overview," Peter L. Berger 엮음, *The Desecularization of the World: Resurgent Religion and World Politics*(Grand Rapids: Wm. B. Eerdmans Publishing Company, 1999)를 볼 것. 이 책은 「세속화냐 탈세속화냐」라는 제목으로 우리말로 옮겨졌다.

이른바 '탈세속화'를 주장하는 일련의 학자들은 세속화론의 단선적 명제가 가지는 한계와 문제를 제기한다. 탈세속화 테제는 근대화와 세속화를 동류 현상이라고 여겼던 모던적 개념에 대항해 세속화 현상과 더불어 반세속화 현상 또는 재신성화 현상이 일어나는 것에 주목한다.[253] 새로운 세속화론자에 속하는 카사노바는 세속화에 대한 현대 이론에서 공격할 수 없는 핵심은 "분화 논제와 종교적 제도와 규범으로부터 세속적인 영역의 해방"이라고 주장하고, 종교는 근대화 과정에서 사라질 운명에 있다는 생각을 거부한다.

카사노바의 공헌은 현대 사회에서 종교의 사사화에 대한 그의 주장이다. 카사노바의 핵심 요지는 "근대성의 구조를 규정하는 구조적 흐름인 제도적 분화와 달리, 종교의 사사화는 역사적인 선택 문제, 확실히 '선호된 선택'이지만 그럼에도 불구하고 단지 선택일 뿐"이라는 주장이다. 그는 최근 몇 년 동안 많은 국가들에서 사사화라는 역사적 선택을 거부하는 "공공 종교"의 등장을 목격했으며, "우리는 현대 세계에서 종교의 '탈사사화'를 목격하고 있다."고 말한다. 또한 현대 사회의 두 주요 체계인 국가와 시장의 전통적인 생활 세계로의 침투의 증가와 함께 종교의 탈사사화는 식민화로부터 생활 세계를 방어하고 외재적인 전통 도덕규범과 관계없이 자체의 내재적인 기능주의적인 규범에 따라서 기능 하려는 국가와 시장의 주장에 문제를 제기하고 경쟁하기 위해 필수적이라고 주장한다.[254]

이것은 바로 종교의 공공성과 관련되는 것으로 뒤르케임으로부터 파아슨스와 벨라를 거쳐 내려오는 종교 사회학의 주요 주제이다. 일찍이 뒤르케임이 종교의 근원을 사회라고 본 것과 같이, 한 사람의 종교 신념은 전부 개인의 것이고 사사로운 것이라고 할 수 없는 것이다. 영성

253) 송재룡, "종교 세속화론의 한계: 탈세속화 테제의 등장과 관련하여," 「사회와 이론」, 제7집(2005년 11월), 136쪽.

254) Jose Casanova, *Public Religions in the Modern World*(Chicago: The University of Chicago Press, 1994).

은 개인 수준에서 머무는 것이 아니라 공동체와 사회 수준에서 발현되는 것이기 때문이다. 특히 벨라는 이러한 개인주의 종교의 출현과 확산에 대해 우려하면서 시민 종교를 강조한다. 시민 종교는 시민 개인이 사사롭게 가지고 있는 종교 신앙과는 다르며 시민들의 심성 속에 존재하는 궁극의 의미와 자체 인식의 내용에 관련되어 있다. 그러면서도 시민 종교는 정치 종교와 같이 국가가 행사하는 종교 차원의 역할을 넘어설 수 있는 초월 가능성을 자체 속에 담고 있다.[255)]

우스노우는 '공공' 이라는 말에 대해 다음과 같이 정리하고 있다. 공공이라는 말은 첫째로, 개방 또는 접근 가능성을 의미한다. 종교의 맥락에서 어떤 것이 공공성을 갖고 있다고 말하는 것은 그것이 개인의 주관 의식 속에 묻혀 있기보다는 열려진 공간에 나와 있다는 것을 의미한다. 공공이라는 말의 두 번째 의미는 공존하는 것이다. 만일 어떤 것이 사람들이나 집합성과 관련이 된다면, 그것은 또한 개방되어 있고 접근 가능한 것이다. 공공이라는 말은 셋째로, 우리가 어린이에게는 기대하지 않는 성인의 책임감을 의미한다. 이런 의미에서 공공 종교를 말하는 것은 개인들이 사사로운 영성으로 빠져나가지 않고, 사회의 선을 위해 책임감을 갖는 것이 필요하다는 것과, 그들의 집합 가치에 대한 성스럽고 초월의 모든 것에 대해 공공 영역 자체가 개인들 사이에 책임감이라는 의미를 강화해야만 한다는 것을 제안하는 것이다.[256)]

'공공 교회'라는 말을 처음으로 사용한 마틴 마티는, 교회가 기독교 전통으로부터 공공의 이익을 명료화하고 이 공익에 대한 관심을 지향하는 공익 우선의 신앙에 공헌할 수 있다는 점을 강조하였다. 그의 논의는 한편으로 개인과 정부 사이, 다른 한편으로는 개인과 대중 사

---

255) 박영신, "잊혀진 이야기: 시민 사회와 시민 종교," 「현상과인식」, 24권 1/2호 (2000년 봄/여름), 81-82쪽. 시민 종교에 대한 벨라의 글로 Robert N. Bellah, "Civil Religion in America," Daedalus, 1967년 겨울호, 또는 Robert N. Bellah, *Beyond Belief*(New York: Harper & Row, 1970), 9장.

256) Robert Wuthnow, 윗글(1994), 8-11쪽.

이를 중재하는 제도 없이는 민주주의가 제 역할을 할 수 없다고 염려했던 토크빌의 정신 안에서 교회의 역할을 분석하고 있다.[257] 교회가 세속화된 사회에서 종교 권위를 회복하려면 공동체를 통해 교회 구성원들의 정체성을 확립하고 공공의 참여에 대한 의식을 형성해야 할 것이다. 종교의 공공성은 종교가 시민 사회에 기여할 수 있는 일종의 사회 자본이 되기도 한다. 종교 모임은 다른 시민 조직에 참여하는데 필요한 대인 기술을 얻고, 직업, 후원 집단, 공공 행사에 절대 필요한 정보가 의존하는 연결망을 발전시키면서 사람들이 서로 교섭하고 신뢰하는 것을 배우는 장소가 되기 때문이다.[258]

3) 시민사회에서 교회 공공성의 회복

우스노우는 종교가 완전히 사사화되어서 사람들이 더 이상 누구를 신뢰할 수 있는지 확신하지 못할 때, 교회 공동체 안에서의 사회 교섭을 통해 돌파구를 마련할 수 있다고 주장한다. 곧 공동체주의 운동의 지지자들과 자원 결사체의 지도자들이 했던 것처럼 사회 교섭을 더 많이 증진시키는 것이다. 그에 따르면, 사람들이 이 공동체 환경에서 서로 교섭할 때 대인 신뢰를 발전시킬 수 있다는 것이다. 이러한 신뢰감은 사람들에게 그들의 관점에서 절대로 혼자가 아니라는 확신을 심어주며, 시민 사회에 참여할 수 있게 되는 것이다. 공동체의 일원인 기독교인들은 다른 기독교인들이 신뢰받을 수 있다고 확신 있게 대답할 수 있는 것이며 교회는 이런 식으로 기독교인들이 시민으로서 종사하게 되도록 북돋는다는 것이다.[259]

---

257) Martin E. Marty, *The Public Church*(New York: Crossroad, 1981).

258) 푸트남은 시민의 참여가 사회 자본의 주축 형태라고 인식하고 종교의 중요성을 시민 사회에 기여할 수 있는 사회 자본으로 생각했다. 그러나 푸트남은 그 가능성에 대해서는 비관의 눈으로 바라보았다. 이에 대하여는 Robert D. Putnam, *Bowling Alone: The Collapse and Revival of American Community*(New York: Simon & Schuster: 2000), 4장을 볼 것.

이런 점에서 우스노우는 공동체보다는 시민사회가 더 바람직한 개념이라고 말한다. 왜냐하면 공동체는 법률을 포함하여 정부의 역할에 아무런 관심도 기울이지 않는데 비하여, 시민 사회는 오직 정부와의 관계에서만이 의미를 갖는 그런 관계적 구성물 가운데 하나이기 때문이다. 공동체는 또한 그것이 대변하고 있다고 생각되는 특징들—책임, 상호 교섭, 상호성, 공동 정신 등—을 자주 결여하고 있기 때문에 문제가 되기도 한다. 보기를 들어, 공동체의 이상이 실제로 서로를 알고 규칙적으로 상호 교섭을 하는 거주자들 사이의 감정적 유대를 포함하는 것이라면, 이웃이란 공동체의 이상과는 거리가 멀다. 이와는 반대로 보통 시민 사회는 이웃, 자발 결사체 등등을 포함하는 것으로 이해된다.[260]

이러한 시민사회에 대하여 더 살펴보도록 하자. 시민사회에 대한 다양한 개념이 있지만, 우리가 시민 사회에 주목하는 것은 시민 사회가 규범적으로 선하며, 사회적 삶 가운데 보존할 가치가 있는 바람직한 차원으로 널리 받아들여지기 때문이다.[261] 도덕 가치, 개인의 통합성, 그리고 시민의 책임 등은 보통 선한 사회를 위한 조건의 일부로 받아들여지는 반면, 법률이란 사람들의 행동을 끌어내기 위한 무딘 수단에 불과하다. 또 다른 이유로서, 시민 사회는 항상 정부와 개인 사이에 위치해 있으면서, 정부의 강압으로부터 개인 자유의 존엄성을 보호해 줄 뿐만 아니라, 개인들을 서로 서로 묶어주어 국가와 효과적으로 협력할 수 있도록 한다는 점을 들 수 있다.[262]

---

259) Robert Wuthnow, 윗글, 46쪽.

260) 윗글, 8쪽.

261) 시민 사회의 다양한 개념에 대하여는 이승훈, "시민 사회 사상의 역사와 딜레마," 굿미션네트워크 엮음, 「시민사회 속의 기독교회」(서울: 예영, 2008)를 볼 것.

262) Ernest Gellner, *Conditions of Liberty: Civil Society and Its Rival*(London: Penguin, 1994)에는 시민 사회의 규범적 가치에 대한 것들이 많이 포함되어 있다.

이와 같이 시민 사회는 국가와 시장으로부터 억압이나 통제받지 않고 개인의 권리를 보호해 준다. 시민사회는 법과 정치의 강제력에 의해서가 아니라 결사의 자유가 적용되는 자원의 영역이고, 이윤과 이기심보다는 헌신에 의해 동기 부여되는 삶의 영역들과 관련된다. 이러한 시민 사회 영역을 공공의 영역으로 이해할 수 있는데, 공공 영역은 사회 구성원들이 기존하는 삶의 망을 조정하고 재조정하는 참여의 마당을 가리킨다. 이 마당은 그 나름의 가치와 규범을 가지고 있으며 그 나름의 정당성에 터하고 있다. 시민사회는 그 사회에 어울리는 상징과 가치를 제도화하고 있는 참여의 마당을 확보하고 있음을 말하며, 시민은 곧 이 마당에 참여하는 주체를 뜻하는 것이다.[263)]

이러한 시민사회는 가치와 규범이 근간을 이루고 있으므로 시민사회에서 교회는 중대한 과제를 안게 된다. 토크빌이 이미 한 세기 전에 미국 사회에 대하여 지적한 바와 같이, 자발 결사체가 시민 사회의 중요한 일부이며, 따라서 다른 종교 조직들과 함께, 교회 역시 시민 사회의 특징을 지니고 있는 것이다. 최근 사회과학계에서 새로운 관점에서 교회를 주목하고 있는 것도 바로 이러한 이유이다. 이른바 '제3섹터' 로 불리는 비영리·비정부 영역이 국가와 시장에 대한 대안의 패러다임으로 주목을 받고 있는데, 국가의 통제로부터 자유롭고 시장 경제 체제로부터 벗어나 있는 교회는 당연히 제3섹터이자 시민 사회 영역에 속한다고 볼 수 있다.

실제로 교회는 시민 조직에 참여하는 데 필요한 인간관계를 형성하고 공공 활동에 필요한 정보를 교환하는 연결망을 발전시키기에 매우 적합한 장소이다. 교회 안에 형성되어 있는 다양한 소그룹 활동을 통해서 사회 교섭을 증진시키고 절대로 혼자가 아니라는 신뢰를 발전시킴으로써 시민 사회에 기여하게 될 것이다. 교회는 교인들이 그리스도

---

263) 박영신, "'공공의 공간' 형성과 확장: 한말 조선 사회와 그 이후,"「사회이론」, 2004년 봄/여름호, 8쪽.

의 충실한 제자가 될 뿐만 아니라 이 사회의 건실한 시민이 될 수 있도록 가르치고 격려해야 한다. 이것이 현대 시민사회에서 교회의 역할이다.

4. 한국 교회의 공공성 회복을 위한 실천

1) 공공성을 향한 인식의 전환

여기에서는 한국 교회가 공공성을 회복하기 위한 구체적인 방안을 모색해 보고자 한다. 한국 교회가 공공성을 회복하기 위해서는 이상에서 살펴본 공공 교회로서의 역할을 담당할 수 있어야 한다. 이를 위해서는 교회를 구성하고 있는 기독교인 한 사람, 한 사람이 기독교 시민으로서의 삶을 실천하며 살아야 하고, 또한 하나의 조직으로서의 교회 역시 공공의 공간으로서의 역할을 수행하여야 한다.

한국에서 선교 초기에는, 개종하는 사람이 늘어나면서 기독교인들이 함께 모여 기도하고 찬송을 부르고 성경을 공부하며 설교를 들었던 동네 가옥의 사랑방이 교회의 역할을 하였다. 초기에 여자 선교사들은 안방에서, 남자 선교사는 사랑방에 들러 각각의 공간에서 대화의 문을 열기 시작하였으나 이후에 안방이라는 사사로운 공간에 갇혀 공공의 자리로부터 고립되어 있던 여성들도 교회의 공공 공간으로 들어오게 되었다. 교회에서는 남녀와 신분의 차별이 없이 공동으로 참여하는 토론회가 활성화되었으며 자원 조직으로서의 교회가 전국 곳곳에 세워지면서 공공의 공간으로서 수평의 의사소통을 수행하는 시민들의 공간이 되었다. 그리하여 교회에 속한 교인은 공공의 공간에 참여하는 자를 뜻하였고, 초월의 가치에 자신을 이어 기존하는 관행을 허물어뜨릴 수 있는 새로운 삶에 헌신하겠다며 공중 앞에서 선서하고 그것을 실천할

수 있는 사람이 당시의 기독교인이었다.[264)]

그러나 오늘날 한국의 기독교인들은 이와 같은 기독교 시민으로서의 직분을 실천하지 못하고 있다. 신앙과 삶은 철저하게 분리되어 자신의 신앙이 삶의 영역에서 기독교 정신에 따라 실천되어야 한다는 사실을 인식하지 못하고 있다. 사회생활을 하는 공간은 그 자체의 논리와 기제에 따라 작동하고 있으며, 여기에 기독교 신앙은 비집고 들어갈 여지가 없다. 기독교 신앙은 식사 전에 기도를 한다든지, 술 담배를 금한다든지 하는 개인의 사사로운 경건 생활의 영역에서만 영향력을 발휘할 뿐이다. 그리하여 기독교 정치인은 조찬기도회는 열심히 하지만 정치판은 정치 논리대로 돌아가는 것이라고 생각할 뿐 기독교 정신을 어떻게 실현해야 할지에 대해서는 생각하지 못한다. 기독교 경제인은 아침 경건의 시간은 갖지만, 자본의 논리에 짓눌려 여느 기업인과 마찬가지로 노동자를 착취하고 세금을 탈루하기도 한다.

교회는 교회대로 교인들이 예배에 잘 참석하고 헌금을 잘 하기만 하면 이른바 '독실한 기독교인' 이라고 여긴다. 개개의 기독교인들이 자신의 삶의 영역에서 어떻게 하나님의 주권을 인정하고 하나님의 영광을 드러내야 하는지에 대해서는 도움을 주지 못하고 있다. 이러한 상황에서 교회의 공공성 회복을 위해서는 먼저 의식의 전환이 선행되어야 한다. 이제까지 한국의 개신교는 교회와 사회의 관계에 대해서 지나치게 이원론식 사고방식을 견지해 왔다. 곧 교회 안에서의 생활에 일차의 중요성을 부여하고 일상생활의 영역에 대해서는 중요성을 인정하지 않아, "죄악이 가득하고 썩어 없어질 세상" 으로 치부해 온 것이 사실이다.

이러한 이원론식 사고는 기독교인으로서의 사회생활에 올바른 의미를 부여하지 못하여 기독교인들을 분리주의자 또는 배타주의자로 만들어 버린다. 그러나 하나님께서 우리에게 허락한 이 사회는 비록 죄악

264) 박 영신, 윗글(2004), 21-26쪽.

이 넘쳐난다고 해도 포기하고 방치되어야 할 곳이 아니라, 똑같이 하나님의 영광이 구현되어야 할 공간이다. 하나님은 교회뿐만 아니라 이 세상 만물의 주님이시기 때문이다. 따라서 교회 안에서의 삶에만 높은 가치를 부여할 것이 아니라 교회 안에서 요구되는 엄격한 윤리 기준을 모든 기독교인들의 사회생활에도 확대하여 적용해야만 한다. 교회에서는 세속 사회의 모든 활동에 대하여 기독교의 가치를 부여하고 기독교인들이 따라야 하는 윤리적인 지침을 마련해 줄 수 있어야 한다.

이를 위해서 강단에서 전해지는 목회자의 설교도 공공성을 지닌 설교가 되어야 한다. 현대사회에서 종교의 사사화 경향은 설교의 주제를 개인의 안위와 행복, 마음의 평안에 대한 내용으로 축소시키고 있다. 이에 따라 우리 사회에서 종교 활동은 사회활동의 근거가 되기보다는 자신의 입신출세나 개인의 영달을 추구하는 수단이 되어버렸다. 교회의 공공성을 회복하기 위해서는 개인의 사사로운 영역에 속하는 주제들보다도 사회 공공의 영역에 속하는 주제들에 대한 관심을 가질 필요가 있다. 그리고 교회 구성원들에게 정치나 경제 또는 사회 다른 분야에 대한 공공의 문제들에 대하여 기독교 관점에서 접근하는 설교가 제시되어야 한다.[265]

그리고 교회 내부 활동만 아니라 교회 밖 활동도 교회에서 중요하게 여길 수 있어야 한다. 평신도는 자신의 삶의 자리에서 기독교인으로서의 역할에 충실할 필요가 있다. '작은 목자' 라는 개념은 평신도를 동역자로 인정한다는 점에서 높이 평가할만하나 자칫 평신도에게 교회 안에서의 활동이 중요하고 사회에서의 활동은 중요하지 않은 것처럼 오해를 줄 수도 있다. 물론 교회 안에서의 활동이 중요하지 않다고 말하는 것은 아니다. 필요에 따라 그리고 은사에 따라 각각의 영역에서 소명의식을 가지고 최선을 다하는 태도가 필요한 것이다. 이렇게

265) 이에 대하여는 정재영, "세속화 시대에 설교의 의미," 박영신·정재영, 「현대 한국 사회와 기독교」(서울: 한들, 2006)을 볼 것.

교회 안팎에서 맡은 바 역할과 책임을 다함으로써 균형 있고 온전한 기독교인의 삶을 살게 되는 것이다.

2) 공공성 회복을 위한 교회의 사회 참여

교회가 공공성을 회복하기 위해서는 바람직한 사회 참여가 이루어져야 한다. 교회는 사회에 터하여 존재하며 사회와 소통하고 사회에 기여해야 한다. 한국 교회는 오랫동안 정교 분리의 원칙을 내세우며 정치에 대한 입장 표명을 유보해 왔다. 그러나 참여정부 이후 교회는 그동안의 침묵을 깨고 정치성 높은 발언을 하기 시작했다. 이것을 바람직한 참여로 볼 수 있을까? 교회의 현실 참여는 공공성이 담보되어야 한다. 이것은 교회뿐만 아니라 모든 집단에 대해서도 마찬가지이다. 어떤 사회 운동이나 사회에 대한 의사표현도 단순히 자기 집단의 이익을 위한 것이라면 다른 사회 구성원들의 공감을 얻을 수 없다.

지난 총선 때 다시 등장한 기독교 정당은 설립 당시부터 이러한 한계를 안고 있었다. 정당은 사전적 의미로 일정한 정치 이상의 실현을 위해 정치권력의 참여를 목적으로 하는 정치 단체를 가리킨다. 그리고 정당은 이익단체나 당파와는 달리, 국민 전체의 이익을 도모해야 한다. 종교 정당이라고 하더라도 자신의 종교 인구 확대나 자신들의 이익을 위해서가 아니라 종교적인 가치를 실현하여 더 나은 사회를 이루기 위해 노력해야 하는 것이다. 자신들의 이익을 확장하려고 하는 것은 정당이 아니라 이익단체의 목적이다. 우리 사회와 같은 다종교 사회에서 각각의 종교가 자신들의 이익을 위해 정당을 설립하여 영향력을 행사하려고 한다면, 정치판은 자신들의 종교를 위한 종교집단 이기주의의 대결장이 될 것이다. 정당은 소수 집단이 아니라 국민을 품을 수 있도록 훨씬 더 넓은 공익성을 추구해야 한다.

교회가 공익성을 견지하며 사회활동에 참여한다고 할 때, 최근 시민

사회에서 활발하게 논의되고 있는 마을 만들기에 주목할 필요가 있다. 이전에는 주로 지역사회개발운동으로 지역사회 주민들의 자주적인 참여와 주도적 노력으로 지역사회의 경제적, 정치적, 사회적 조건의 향상을 추구해왔다. '참여'를 통해 진정한 민주주의를 실현하기 위한 방편으로 공동체주의 운동 활성화가 필요해지면서, 지역 사회 구성원들의 '참여'와 다양한 기관과의 '연대'를 강조하는 것이다. 그러나 최근에는 단순히 경제 발전이나 개발을 지향하는 것이 아니라 한 걸음 더 나아가, 지역 공동체 형성(community building)에 관심을 모으고 있다. 개인주의 사회가 경쟁을 앞세운 약육강식과 적자생존이 원리가 지배한다면, 공동체 운동은 배려와 관심으로 더불어 사는 공동체를 추구한다. 마을 만들기는 바로 이러한 취지에서 지역 사회를 재구조화하기 위한 시도로 이해된다.

마을 만들기 운동은 일종의 주민자치운동으로 여기서 '마을'이란 시민 전체가 공유하는 것임을 자각할 수 있고 공동으로 이용하며 활용할 수 있는 장을 총칭한다. 그리고 '마을 만들기'란 그 공동의 장을 시민이 공동으로 만들어내는 작업을 말한다. 이러한 마을 만들기는 '눈에 보이는 마을 만들기'와 '눈에 보이지 않는 마을 만들기'의 두 가지 측면이 있는데, '눈에 보이는 마을'이란 말 그대로 물질로 구성되어 눈으로 관찰할 수 있는 마을을 뜻하는 것이며, '눈에 보이지 않는 마을'이란 눈에 보이지 않는 사람들의 활동으로 형성되는 마을을 뜻하는 것이다. 따라서 '마을 만들기'는 '사람 만들기'를 포함하는데, 곧 시민의식을 가지고 참여하는 사람이 되도록 의식을 개혁하는 것을 가리키는 것이다.[266)]

이러한 마을 만들기 운동에 교회가 참여하는 것은 매우 의미가 크다. 시민의식은 기독교 정신과도 통하는 것이며, 특히 눈에 보이지 않

266) 보다 구체적인 내용에 대해서는 정재영, "시민사회 참여를 통한 교회 공공성의 회복," 굿미션네트워크 엮음, 윗글을 볼 것.

는 사람들의 의식을 형성하는데 기독교의 가치를 지향할 수 있도록 협력할 수 있기 때문이다. 교회는 지역사회를 재조직하는 일에 당위성을 지닐 뿐만 아니라 실제로 그 기능을 할 수 있는 잠재력도 지니고 있다. 뿐만 아니라 기존의 기독교 사회운동들이 대개 교계 지도자 중심의 운동이었던 데 반해, 지역 공동체 운동은 일반 기독교 대중이 참여할 수 있는 풀뿌리 운동이라는 점에서 그 의의가 크다고 하겠다.

교회는 일차적으로 예배공동체의 성격을 지니고 있지만, 그와 동시에 사회 속에 존재하는 시민공동체이기도 하다. 하나의 의례행위로서 예배에 참여하는 것으로 그칠 것이 아니라 실천 윤리의 행동 지향성이 삶의 무대인 사회생활에서 표출되어 나타나야 한다. 특히 한국 교회는 개교회 내부 결속력은 강하지만, 다른 교회와의 협력이나 지역사회에서의 연계 활동은 부족하므로 이에 대한 노력이 더욱 절실한 상황이다.[267] 교회가 지니고 있는 물질과 제도 자원이 지역사회를 위해 효과있게 활용될 뿐만 아니라 교회 구성원들이 지역사회 구성원으로서의 정체성을 가지고 적극적으로 참여해야 한다. 그리고 뜻을 같이 하는 다른 교회나 시민 단체들과 협력해야 한다. 그렇게 될 때, 시민공동체가 활성화되고 지역사회가 기독교의 가치를 지향하게 될 뿐만 아니라 교회의 공신력도 회복하게 될 것이다.

5. 한국 교회의 공공성 회복을 위하여

한국 교회는 시련의 시기를 겪고 있다. 사회로부터 받는 비난의 원인 중에 하나는 그동안 한국 교회가 사회와 소통하려 하기보다는 일방적으로 진리를 선포하고, 상대방을 단순히 전도 대상자로 여기는 태도

---

267) 푸트남은 자신의 책에서 교회의 내부 결속력을 bonding social capital로 연합 활동을 bridging social capital로 표현하였다.

에서 기인한다. 절대 진리를 수호하는 입장에서는 전도의 대상자와 타협하기 어려우며 도덕적 우월감으로 상대를 낮잡아보기 쉽다. 이렇게 자신의 집단 안에 매몰된 사람은 더 넓은 사회의 지평을 바라보지 못한다. 그리하여 한국의 기독교인들은 교회 생활에 열심일수록 사회에 대한 의식수준은 더 떨어지는 기현상을 보이고 있다. 우리가 살고 있는 사회는 다원화된 사회이다. 다원화된 사회에서 상대를 인정하지 않고 존중하지 않는 태도는 한 사회 안에서 공존하기를 거부하는 것이다.

피터 버거의 표현대로, 다원화된 현대 사회에서는 '설득력의 구조' 가 다양하게 변하였다. 국가 종교가 유지되었던 전통 사회와 달리 대부분의 사회에서 국교가 폐지되고 종교의 자유가 보장되면서 종교나 신념에 따라 '설득력의 구조' 가 달라지게 된 것이다. 이렇게 서로 다른 '설득력의 구조' 를 가진 사람들은 다른 사람들을 설득하기 위해 자신의 논리를 보편적인 언어로 표현하여 다른 사람들에게도 '이치에 맞는 것' 이 되도록 할 수 있어야 한다. 기독교인들은 비기독교인들과 자유롭게 대화하며 자신들의 논리를 펼치고 토론을 통하여 상대방을 설득할 수 있어야 한다. 이것이 다원화된 현대 사회에서 다른 사람들에게 기독교의 진리를 전하는 바람직한 방법이다.

또한 교회가 우리 사회의 책임 있는 구성원이 되기 위해서는 사회 공공의 문제에 관심을 갖고 이의 해결을 위한 노력에 동참하여야 한다. 이를 위해서는 먼저 교회 스스로 공공의 공간이 되어야 한다. 교회의 제도화 및 관료제화와 함께 효율을 강조하며 무시해왔던 의사소통의 구조를 회복시켜야 한다. 진정한 공동체는 모든 구성원들이 의사결정에 함께 참여할 수 있어야하고 속도는 더디더라도 공동의 의식을 바탕으로 공감대를 형성하여 주요한 사안들을 결정해 나갈 수 있어야 한다. 또한 특정 집단의 이익이 아니라 전체 사회의 이익과 공동의 선을 추구하는 방향으로 의사 결정이 이루어져야 한다.

이러한 공동체 의식은 닫힌 공동체가 아니라 지역 사회를 향해 열린 공동체여야 한다. 그리고 지역 사회에서 공동체를 세우기 위하여 노력할 때에는 교회 중심의 사고를 지양하고 교회 역시 지역사회 구성원의 하나로서 동등하게 참여하여야 한다. 이를 위하여 지역에 있는 여러 교회가 연계하고 필요에 따라 지역 사회의 시민 단체와도 연계할 필요가 있다. 그리고 지나치게 가시적인 성과를 기대하기보다 그것이 세상에 '보냄 받은 교회'로서의 본질적인 사명이라는 인식으로 묵묵히 노력하는 태도가 필요하다.[268] 그럴 때에 한국 교회는 우리 사회의 어엿한 구성원으로서의 책무를 다하게 되고 사회로부터의 공신력도 회복하게 될 것이다.

268) 이것은 missional church의 개념에서 따온 것이다. missional church 운동은 선교학자인 레슬리 뉴비긴에게 영감을 얻어 시작된 것으로 '보냄 받은 교회'로서의 사명을 받은 교회 본질을 회복하고자 하는 운동이다. 이에 대하여는 Alan J. Roxburgh, "The Missional Church," *Theology Matters,* 10권 4호(2004년 9/10월)를 볼 것.

■ 도움 받은 글

굿미션네트워크 엮음. 2008.「시민사회 속의 기독교회」. 서울: 예영.

김성건. 1991. "세속화에 관한 사회학적 연구,"「종교와 이데올로기」. 서울: 민영사.

노치준. 1995.「한국의 교회조직」. 서울: 민영사.

뒤르케임, 에밀. 1992.「종교 생활의 원초적 형태」. 서울: 민영사.

루크만, 토마스. 1982.「보이지 않는 종교」. 이원규 옮김. 서울: 기독교문사.

버거, 피터. 1981.「이단의 시대」. 서광선 옮김. 서울: 문학과 지성사.

버거, 피터. 1982.「종교와 사회」. 이 양구 옮김. 서울: 종로서적.

스나이더, 하워드. 1981.「새포도주는 새부대에: 기계 문명 시대에 있어서 교회의 구조는?」. 이강천 옮김. 서울: 생명의말씀사.

박영신. 1992. "역사적 대화: 벨라의 탈사회학적 관심 세계,"「사회학 이론과 현실 인식」. 서울: 민영사.

박영신. 2000. "잊혀진 이야기: 시민사회와 시민종교,"「현상과인식」. 24권 1/2호.

박영신. 2004. " '공공의 공간' 형성과 확장: 한말 조선 사회와 그 이후,"「사회이론」. 봄/여름호.

박종천. 1990. "종교 다원주의와 신학의 탈서구화," 한국 기독교학회(엮음).「종교 다원주의와 신학적 과제」. 서울: 대한기독교서회.

송재룡. 2005. "종교 세속화론의 한계: 탈세속화 테제의 등장과 관련하여,"「사회와 이론」. 제7집. 11월.

정재영. 2006. "세속화 시대에 설교의 의미," 박영신 · 정재영,「현대 한국 사회와 기독교」. 서울: 한들.

푸트남, 로버트. 2000.「사회적 자본과 민주주의」. 안청시 외 옮김. 서울: 박영사.

Bellah, Robert N. 1967. "Civil Religion in America," Daedalus,겨울호.

Bellah, Robert N. 1970. *Beyond Belief.* New York: Harper & Row.

Berger, Peter L. 1999. "The Desecularization of the World: A Global Overview," Peter L. Berger 엮음, *The Desecularization of the World: Resurgent Religion and World Politics.* Grand Rapids: Wm. B. Eerdmans Publishing Company.

Casanova, Jose. 1994. *Public Religions in the Modern World.* Chicago: The University of Chicago Press.

Gellner, Ernest. 1994. *Conditions of Liberty: Civil Society and Its Rival.* London: Penguin.

Marty, Martin E. 1981. *The Public Church.* New York: Crossroad.

Putnam, Robert D. 2000. *Bowling Alone: The Collapse and Revival of American Community.* New York: Simon & Schuster.

Roxburgh, Alan J. 2004 "The Missional Church," *Theology Matters,* 10권 4호.

Weber, Max. 1958. "The Social Psychology of the World Religions," Max Weber, *From Max Weber: Essays in Sociology.* H. H. Gerth/C. Wright Mills 엮고 옮김. New York: Oxford University Press.

Wilson, Bryan R. 1982. *Religion in Sociological Perspective.* Oxford: Oxford University Press.

Wuthnow, Robert. 1994. *Producing the Sacred.* Urbana and Chicago: University of Illinois Press.

Wuthnow, Robert. 1996. *Christianity and Civil Society: The Contemporary Debate.* Pennsylvania: Trinity Press International.

제13장 한국 교회의 공공성을 위한 실천 방안

1. 들어가는 말

최근 우리 사회에서 공공성이 중요한 화두로 떠올랐다. 시민사회는 다양한 가치와 신념이 공존하는 공간이지만, 개인과 집단의 이기주의에 매몰되지 않고 사사로운 이해관계를 넘어 공공성을 확보하는 것이 시민 사회와 공공 영역과 관련된 주요 이슈가 되어 왔다. 그리고 이러한 관점에서 교회를 제조명하기 시작하였다. 토크빌이 이미 한 세기 전에 미국 사회에 대하여 지적한 바와 같이, 자발 결사체가 시민 사회의 중요한 일부이며, 따라서 다른 종교 조직들과 함께, 교회 역시 시민 사회의 특징을 지니고 있기 때문이다.

이러한 측면에서 교회가 시민 사회에서 공공의 역할을 할 수 있는지에 대하여 진지한 논의가 전개되어 왔다. 공공신학에 대한 논의가 활발하게 진행되기 시작한 것도 이러한 연유에서라고 볼 수 있다. 〈바른교회아카데미〉에서는 2008년에 두 번에 걸친 연구위원 세미나의 주제를 "한국 교회의 공적 책임"으로 잡고 10여 명의 연구위원들이 연구를 하여 논문을 발표하였다. 그리고 이와 함께 교회 헌금에 대한 연구와 교회와 민주주의에 대한 연구 프로젝트를 진행하였는데, 이 역시 한국 교회의 공적 책임이라는 주제의 연장선상에서 이루어진 것으로 이해된다.

이제 이 연구 성과들을 토대로 한국 교회가 공적인 책임을 수행하기 위한 구체적인 실천 방안들을 논의할 때가 되었다고 본다. 두 번의 연구위원 세미나에서 이를 위한 이론적인 근거가 마련되었으나 아직까지는 이렇다 할 구체적인 실천 방안이 제시되지는 않았기 때문이다. 이 글에서는 한국 교회가 실천할 수 있는 구체적인 방안들에 대하여 논의하고자 한다. 이를 통해서 한국 교회가 공공성을 확보하고 우리 사회에 대해서 공적인 책임을 수행할 수 있는 기회가 마련되기를 기대한다.

2. 교회의 공적 책임을 위한 신학 근거

한국 교회의 공적 책임을 위한 신학 근거를 제시하고 있는 핵심 논문으로는 이형기 교수의 "교회의 공적 책임을 위한 신학적인 당위성" 이라는 논문을 들 수 있다.[269] 그는 이 논문에서, 한국교회는 세상에 대한 적대관계, 영혼과 몸의 이분법, 개인구원과 영혼구원, 개 교회주의와 교회 성장주의, 그리고 영생과 하나님 나라의 사유화로 인하여 하나님의 드넓은 작업장인 이 세상에서의 교회의 공적책임 수행에는 너무나도 미흡하였다고 지적하고, 중세 신학과 루터와 칼뱅, 17세기 개신교정통주의, 그리고 18-19세기 신학이 대체로 교회와 세상의 이분법적 패러다임을 추구하였으나, 20세기에 접어들어, 본회퍼, 칼 바르트, 그리고 몰트만의 신학에서 이와 같은 이분법적인 패러다임이 극복되었음을 주장하였다. 특히 본회퍼와 바르트의 화해론에서, 그리고 몰트만의 "삼위일체 하나님의 선교" 에서, 이들 현대 신학자들의 신학은 교회의 공적책임의 영역을 크게 확장시키는 데에 기여하였다고 평가한다.

---

269) 이형기, "교회의 공적 책임을 위한 신학적인 당위성," 바른교회아카데미, 「제5회 바른교회아카데미 연구위원 세미나 자료집」(2008년 7월 7일).

그는 에큐메니칼 운동에 나타난 "하나님의 선교"와 내러티브 신학에 나타난 "하나님의 선교"에 대하여, 전자에서는 삼위일체 하나님의 파송의 신학이 정치, 경제, 사회, 문화와 같은 '역사' 차원뿐만 아니라 창조세계 보전까지도 교회의 공적 책임의 장으로 보고 있는 것을 확인하였고, 후자에서는 하나님의 선교가 창조와 재창조 사이에서 실현되고 있다고 하는 사실을 알 수 있었다. 그리고 에큐메니칼 운동에 있어서든 내러티브 신학에 있어서든 " 구속사적-종말론적 전망"을 지니고 있다고 하는 사실을 지적하며, 이와 같은 하나님의 선교 신학에서 교회의 공적책임의 자리와 사명(선교)이 드러난다고 보았다.

그는 생명을 통전적인 개념, 곧 총체적 "관계망" 혹은 "직물"로 보고, 앞에서 논한 "하나님의 선교"(missio trinitatis)가 하나님 나라를 역사와 창조세계 속에서 실현해 가고, 교회는 이 하나님의 선교에 응답하여 이 땅 위에 하나님 나라를 구현해야 한다고 하는 것을 주장하면서, 하나님의 나라와 교회의 관계를 논하였다. 말하자면 교회가 하나님의 선교에 동참하여 교회의 공적 책임을 수행함으로써 역사와 창조세계 속에서 하나님 나라를 구현해야 한다고 하는 것인데, 여기에서 교회의 정체성이 중요하다고 하는 것을 지적한 것이다.

마지막으로 교회의 공적 책임의 신학적인 당위성에 이어서 "공적인 신학"의 목적과 기능을 제시하였다. 그는 몰트만의 입장을 선호하면서, 내러티브 신학 역시 교회의 공적 책임을 위해서 섬길 수 있다고 하는 가능성을 내다보았다. 반면에 교회를 교회되게 하면 자연적으로 교회가 관계하고 있는 공적인 영역이 변혁될 수 있다고 하는 입장에 대하여 교회가 자체 내에 머물러서는 안 되고, 하나님의 선교에 동참해야 한다고 하는 사실을 제시하였다.

다음으로, 김명용 교수는 "교회와 국가의 관계에 대한 신학적 해석"이라는 논문에서, 교회와 국가의 분리가 교회의 과제를 영혼의 영역으로 축소시킴으로써 교회가 게토화 되는 문제를 낳았다며, 교회는 세상의 공적인 영역에서 후퇴해서 사적인 영역이 되고 세계의 역사와 정치와는 무관한 영혼의 세계를 위한 기관이 될 위험에 처해 있다고 말한다. 그리고 교회가 공적인 책임을 다하기 위해서는 아래로부터의 하나님의 민주주의라는 정치적 과제를 실천해야 한다고 주장한다.[270)]

그는 신정정치의 큰 문제점은 교황이나 신의 대리자의 권위가 절대적이라는 데 있다고 지적하면서, 교회가 정치, 경제, 사회, 문화 등 모든 분야에 관한 완벽한 지식을 갖고 있지 못할 뿐만 아니라 교단과 교파 그리고 개 교회마다 입장에 차이가 있을 수 있으므로, 바른 실천을 위해 연구와 토론을 해야 한다고 주장하였다. 특히, 하나님의 민주주의는 하나님의 뜻을 아래로부터 찾아가는 정신이라고 하면서 강압과 강제가 아니라 대화와 토론과 설득을 통해 하나님의 민주주의를 구현해야 한다고 역설하였다.

그는 모든 교회가 적극적으로 정치에 참여해야 한다고 주장한다. 교회의 선한 기여가 없으면 세상의 민주주의는 이내 세속적 민주주의로 변질될 가능성이 높기 때문이다. 교회가 교회적인 일(전도, 심방, 예배 등)에만 관심을 갖는 것은 하나님 나라 건설을 위해 교회가 해야 할 매우 중요한 일들을 유기하는 것이므로 교회 스스로 하나님 나라의 가치와 정신, 제도와 구조 등을 만드는 요람이 되어야 한다는 것이다. 그리고 교회 밖에도 많은 선한 사람들이 있고, 선한 기구들이 있고, 선한 사상들이 있으므로, 교회는 자신들이 생각하는 바른 길을 다른 교회가 생각하는 바른 길과 대화해야 할 뿐만 아니라 교회 밖에 있는 많은 선한 사람들이나 선한 기구들이나 선한 사상과도 대화해야 한다고 말한다.

또한 최형근 교수는 “한국교회 갱신을 위한 공적복음의 회복: 역사적, 신학적, 문화적 고찰 “이라는 논문에서, 기독교가 복음의 공적 특

---

270) 김명용, “교회와 국가의 관계에 대한 신학적 해석,” 바른교회아카데미, 「제6회 바른교회아카데미 연구위원 세미나 자료집」(2009년 2월 2일).

징을 상실하고 사적인 영역으로 좌천되어 하나님 나라의 가치들을 드러내지 못하고 대사회적인 공신력을 상실한 한국교회의 현상태에 대한 역사문화적인 뿌리들을 고찰하고, 한국교회의 갱신과 개혁을 위한 실마리를 제시하였다.[271)]

그는 초대 교회의 삶에서 복음은 공적 진리였으나, 교회의 콘스탄틴화가 되면서 구원이 개인화, 교회화 되었으며, 종교개혁의 동인 가운데 하나는 중세 가톨릭 신학의 이원론을 극복하고 하나님의 말씀의 권위 아래 신앙과 삶의 통전성을 극복하려는 것이었으나, 종교개혁에서 시작된 개인주의는 계몽주의 모더니즘이 강조하는 인간의 자율성과 독립성과 혼합되면서 기독교 신앙을 일종의 "자아운동"(self movement)으로 변질시켜 놓았다고 지적한다.

그는 오늘날 한국교회는 문화에 대한 해석을 제공하는 역할을 감당하는데 실패하였다고 주장하면서, 기독교가 사적 영역(신앙, 교회, 가정)에 갇혀 공적 영역(경제, 정치, 직장)에서 복음을 증언하는 일을 중단한 시대에 살고 있다고 말한다. 성/속 이원론의 관점에서, 교회와 관련된 일들은 이 세상에서 이루어지는 공적인 일들보다 더 가치 있게 여겨지고 있다는 것이다.

그는 오늘날 한국교회가 처한 문화적 상황에 대한 사명을 직시하지 못하게 막는 요소는 개인주의와 세속적 신념의 타당성 구조라고 본다. 개인주의는 교회의 공동체적, 사회적, 문화적 차원을 보지 못하도록 가로막고, 세속적인 신념은 복음과 상반되는 신념들에 의해 형성된 문화를 형성한다. 따라서 교회와 그리스도인들이 "해석학," 즉 살아있는 복음의 해석으로서 예수 그리스도의 이야기를 살아나가는 것이 오늘날 한국교회가 회복해야할 과제이며 사명이다.

마지막으로, 장신근 교수는 "공공신학의 이론적 지형과 한국적 적

---

271) 최형근, "한국교회 갱신을 위한 공적복음의 회복: 역사적, 신학적, 문화적 고찰," 바른교회아카데미, 「제5회 바른교회아카데미 연구위원 세미나 자료집」 (2008년 7월 7일).

용" 이라는 논문에서, 성서와 신학의 역사를 통하여 공공신학의 전통을 추적하고, 오늘의 공공신학에 직접적인 영향을 끼친 20세기 전반의 신학자들과 신학사상을 신학의 공적 기능이라는 관점에서 논의하였다. 이러한 과정을 통하여 공공신학에 대한 다양한 정의를 직간접적으로 고찰하고, 이를 기초로 오늘의 한국교회와 한국사회, 그리고 지구적 시민사회의 연관성 속에서 공공신학의 역할과 과제를 제시한다.[272)]

그는 공공신학의 관점에서 오늘의 한국교회는 사회와 공적 영역 또는 공적인 삶에 대하여 무관심하고 종교적인 실천에만 전념하는 사적인 공동체의 모습에서 벗어나야 한다고 말하며, 이를 위하여 교회 내에서의 봉사 뿐 아니라 교회 밖의 사회와 공적인 영역을 향한 봉사가 균형을 이루어 나갈 수 있도록 다양한 노력을 기울여야 한다고 주장한다. 그리고 공교회로서 사회와 적극적으로 소통하는 방법을 개발해야 한다고 주장한다. 그리하여 공공신학은 한국사회의 공적 영역 또는 공적 삶의 형성과 변형에서 중요한 가치와 관점과 지침을 제시해 주는 역할을 해 나가야 한다는 것이다.

또한 공공신학은 기독교인들이 경제, 문화, 통일, 인권, 교육과 같은 한국사회의 다양한 공적 사안에 대한 담론에 성서적이고, 기독교적인 가치를 가지고 참여하게 함으로써 이러한 담론을 더욱 풍성하고 창조적인 과정으로 만들어 나가야 한다고 한다. 그리고 이러한 노력은 한국 사회 안에서만 아니라 공적 사안에 대한 지역적 담론을 전 지구적 차원에서 바라보고 지구적 시민사회와의 연대를 통하여 지역 지구적(glocal) 차원에서 해결을 모색해 나갈 수 있도록 하는 과제를 수행해야 한다는 점을 강조한다.

이러한 신학적 논의에 따르면, 결국 교회는 사사로운 공동체가 아니라 공공성을 지닌 공동체가 되어야 하며, 우리 사회의 다양한 공공의

---

272) 장신근, "공공신학의 이론적 지형과 한국적 적용," 바른교회아카데미, 「제6회 바른교회아카데미 연구위원 세미나 자료집」(2009년 2월 2일).

문제에 대해 관심을 가지고 보다 적극적으로 토론에 참여할 뿐만 아니라 문제의 해결에도 최선의 노력을 기울여야 하는 공적인 책임을 지고 있다고 볼 수 있다. 그리고 이러한 노력을 함에서 교회가 독단적으로나 주도적으로 하기보다는 다른 사회 기관이나 단체와 협력을 하여 대화와 토론을 통해 가능한 대안을 찾아가야 하는 것으로 정리할 수 있겠다. 다음에서는 이러한 신학적 근거에 따라 한국 교회가 공공성을 확보하고 공적인 책임을 수행하기 위한 실천 방안에 대하여 논의해 보고자 한다.

3. 교회 내부 공공성의 확보

위에서 살펴본 신학 근거에 터하여 한국 교회가 공적인 책임을 수행하기 위해서는 먼저 한국 교회 스스로 공공성을 확보해야만 하는 논리적인 과제를 안고 있다. 교회 스스로 공공성을 견지하지 않은 채, 한국 사회에 대하여 공적인 책임을 수행한다는 것은 자칫 '내 눈 안에 있는 들보는 보지 못하면서 상대방 눈 안에 있는 티끌을 지적하는 꼴' 이 될 수도 있기 때문이다.

그러나 이것은 논리상의 순서일 뿐, 시간상의 순서는 아닌 것으로 이해해야 한다. 한국 교회 안에 있는 문제들을 완전히 해결하는 것은 사실상 불가능에 가까운 것이고, 이를 해결한 후에야 사회에 대한 책임을 수행할 수 있다고 한다면 그것은 결국 시도될 수 없을 것이기 때문이다. 따라서 사회에 대한 책임을 수행하기 이전에 교회 안에 있는 문제를 해결하기 위하여 더 많은 노력을 해야 할 것이고, 공적인 역할을 수행할 때에도 도덕적인 우월감이 아니라 똑같이 우리 사회의 구성원 중 하나로서 담담히 노력하는 자세가 필요할 것이다.

1) 의사소통 구조의 개선

교회가 내부 공공성을 확보하기 위하여 노력해야 할 첫 번째는 의사소통 구조를 개선하는 것이다. 앞장에서도 언급한 대로, 전래 초기 한국 교회에서는 남녀와 신분의 차별이 없이 공동으로 참여하는 토론회가 활성화되었으며 자원 조직으로서의 교회가 전국 곳곳에 세워지면서 공공의 공간으로서 수평의 의사소통을 수행하는 시민들의 공간이 되었다.[273] 그리하여 한국 역사에서 교회는 민주적인 조직을 선도하는 역할을 담당하였으나 현재의 한국 교회 안에서 이러한 특성을 찾아보기는 매우 어렵다.

오늘날의 교회는 점차 제도화되고 관료제화됨에 따라 효율을 강조하게 되고 토론보다는 신속한 일 처리를 중시하게 되었다. '말이 많은 것' 은 효율을 떨어뜨리고 덕스럽지도 않은 것으로 여겨져 왔다. 여기서 우리는 교회의 성격에 대하여 생각해보아야 한다. 교회가 기업과 같은 영리 조직에서 하는 것과 같이 신속성이나 효율성을 우선으로 고려해야 하는 조직인가 하는 것이다. 흔히 얘기되듯이 교회는 공동체이고 공동체성이 우선되어야 한다. 교회에서는 소수에 의한 일방 결정이 아니라 함께 고민하고 씨름하면서 공감대를 형성할 때까지 이해하고 조정하는 과정이 중요하다.

최형근 교수는 앞의 논문에서 "교회가 취해야 할 성서적인 관점은, 교회가 제도나 조직이라기보다는 은사 중심의 유기체라는 것이다. 교회가 제도로서 기능하는 것은 사실이지만, 제도가 심화되고 고착화 되면 교회의 본질적인 기능이 퇴색되어 제도화되고 화석화되는 경향을 보인다." 고 지적한 바 있다. 또한 〈바른교회아카데미〉가 주최한 "교회정치와 민주주의 세미나" 에서 이정숙 교수 역시 교회 직분의 서열

273) 박영신, "'공공의 공간' 형성과 확장: 한말 조선 사회와 그 이후," 「사회이론」, 2004년 봄/여름호,, 21-26쪽.

화는 직분을 상하주종의 관계로 이해하게 하는 문제점을 갖게 되어, 서열화되고 권력화된 교회 직분 이해가 장로선거 과열 현상이나 부정 행위를 가져오는 결과를 낳는다고 지적하였다.[274]

이러한 폐단을 극복하고 교회 본래의 공동체성을 확보하여 교회를 공공의 공간으로 만드는 것은, 교회를 관료제와 같은 피라미드식의 상명하달의 조직보다는 책임을 분담하는 위원회와 같은 소모임들의 수평적인 의사소통의 관계망으로 이루어지게 하는 것이다. 대부분의 교회에는 당회나 기획위원회 외에 예배, 교육, 선교, 친교, 사회봉사 등을 담당하는 위원회를 두고 있다. 그러나 많은 경우 이 위원회는 유명무실하게 운영되거나 고작해야 당회나 기획위원회 또는 교회협의회와 같은 상위 기관에서 지시한 것을 교인들에게 하달하는 역할을 하는 수준에 머물러 있다. 교회를 공공의 공간으로 회복하기 위해서는 필요에 따라 다양한 위원회를 두고 이 위원회가 실무를 담당하고 의사 결정을 할 수 있도록 권한을 위임할 필요가 있다.

유형에 따라서 위원회 중심 교회와 소그룹 중심의 교회 그리고 위원회와 소그룹 혼합형이 있을 수 있다.[275] 그러나 어느 경우든지 평신도 중심의 소모임을 활성화하고 평신도 스스로 토론을 통해 자율적으로 결정할 수 있도록 하는 것이 중요하다. 여기서 담임 목회자의 역할은 전체적인 방향을 설정해주고, 교회의 비전이나 목표에 어긋나지 않도록 안내하는 것이다. 평신도 위원회의 결정이 신학적으로 문제가 되거나 전체 교회 공동체에 해가 되는 일이 아니라면 될 수 있는 대로 그 결정을 존중하고 따르는 것이 바람직하다. 그리고 교인의 위원회 배정도 목회자나 당회에서 일방적으로 결정하기보다, 은사 발견 세미나나 성격 유형 테스트 등을 통해 각 교인들의 관심과 적성을 고려하

---

274) 이정숙, "칼빈의 교회정치에 나타난 민주적 요소와 한국장로교회," 바른교회아카데미, 「교회와 민주주의 세미나 자료집」(2009. 2. 27), 26쪽.

275) 교회의 다양한 조직 구조 형태에 대하여는, 배종석·양혁승·류지성, 「건강한 교회, 이렇게 세운다」(서울: IVP, 2008), 158-176쪽을 볼 것.

여 배정하는 것이 좋다.

그리고 일의 진행에서는 성과 중심보다는 교인들의 참여와 협력의 과정을 중시하고 이를 통해 교회의 비전을 공유할 수 있도록 이루어져야 한다. 교회가 제도화되고 규모가 커짐에 따라 일 자체에 매이게 되고 일의 결과에 대해서만 판단하는 경우가 많아지고 있으나, 교회의 공동체성을 생각한다면 보다 중요한 것은 일을 통해서 공동체성이 발전되고 있는지 여부이다. 일 자체에 대해서는 다소 더디고 실수가 있더라도 실수를 통해서 배우고 협력할 수 있게 된다면 그것이 교회가 추구하는 공동체에 더 부합하는 모습일 것이다.

그러나 일에 대한 평가는 필요하다. 그것은 잘잘못을 가려서 상벌을 주기 위한 것이 아니라, 평가를 통해 구성원들의 은사 및 역량을 파악하고 그것을 토대로 구성원들의 자기 개발 노력을 지원하고 촉진시키기 위한 것이다.[276] 매해 세우는 교회의 비전과 목표도 지나치게 거창하고 추상적으로 세우기보다는 구체적이고 실현가능한 내용으로 구성하여 연말에 평가를 실시하는 것이 좋다. 평가의 기준이나 방법 역시 교회 구성원들이 함께 참여하여 정해야 함은 물론이다. 일부 교회들이 시행하고 있는 목회자 재신임 제도나 장로 임기제도 이러한 취지로 이해할 수 있을 것이다. 이러한 제도를 모든 교회가 획일적으로 도입할 필요는 없으나 교회 구성원들이 이러한 제도의 장단점에 대하여 충분히 토의를 거친 후에 교회 규약이나 정관을 만들어 시행하는 것은 교회가 보다 공공성을 지닌 공동체가 되는 데 도움이 될 것이다.

2) 재정 구조의 개선

교회가 공공의 공간이 되기 위해서는 교회의 재정 또한 공공성을 띄어야 한다. 〈바른교회아카데미〉에서는 교회 헌금에 대한 연구 세미

---

276) 윗글, 191쪽.

나를 통해 헌금에 대한 바른 이해와 바람직한 헌금 사용에 대하여 교계의 관심을 불러일으켰다. 이 세미나에서 헌금에 대한 개신교인의 의식조사를 실시하고 "헌금에 대한 종교사회학적 이해" 라는 논문을 발표한 필자는 다음과 같은 주장을 한 바 있다.[277]

우리나라에서는 종교단체에 대해 자선단체와 같은 수준의 조세 감면이나 비과세 혜택을 주고 있다. 그것은 종교단체는 영리를 목적으로 하는 것이 아니라 자선단체와 같이 사회의 공익에 기여하고 있다고 전제하기 때문이다. 그러나 최근에 목회자와 교회에 대해 비과세하는 것에 대해 문제를 제기하는 사람들은 교회가 사회의 공익을 위해서 일하기보다는 자기 자신들만을 위해서 일하기 때문에 영리 단체나 다를 바 없다고 주장하는 것이다. 이러한 관점에서 본다면 교회나 목회자가 세금을 낼 것이냐 말 것이냐 하는 것은 표피의 문제이다. 설령 특정 교회나 목회자가 세금을 낸다고 하더라도, 그것으로 사회에 대한 교회의 책임을 다했다고 할 수는 없기 때문이다. 문제의 핵심은 교회의 활동이 공공성을 띄고 있으며 사회에 대한 책임을 다하고 있느냐 하는 것이다.[278]

앞서 헌금에 대한 조사에서는 헌금이 어디에 우선적으로 사용되어야 한다고 생각하는지 묻는 질문에, 가장 많은 26.0%가 "사회봉사 및 구제" 라고 응답하였고, 한미준의 조사 결과에서는 사회봉사와 구제에 대한 교인들의 인식이 보다 강해지고 있는 추세로 나타났다. 또한 한국기독교사회복지협의회의 조사에서는 이상적인 구제 및 사회봉사비는 교회 전체 예산의 10~20% 정도 집행돼야 한다는 응답이 38.3%로 가장 많았다. 20~30% 정도로 집행해야 한다는 응답도 33.6%에 달했고, 30% 이상을 희망하는 교회는 24.5%로 나타났다.[279] 이 조사 결과에 따르면, 조사에 응한 목회자들의 90% 이상이 교회 재정의 최소한 10% 이상은

277) 자세한 내용은 이 책의 9장을 볼 것.
278) 김정남, 「종교법인의 세무와 교회재정관리」(서울: 영문, 2004), 182쪽.
279) 윗글, 816쪽.

사회봉사비로 써야 한다고 생각하는 것이다.

노치준 교수는 성인 성도 300명 이상이 되는 어느 정도 안정된 교회라면 관리비, 운영비를 합하여 20%를 넘지 않도록 하며, 순수한 선교비 15% 이상, 교육비 15% 이상, 사회 봉사비 10% 이상, 범교회적인 협조 기금 5% 이상의 원칙을 세우고 나머지를 가지고 각 교회의 형편에 따라 사용할 필요가 있다고 제안한 바 있다.[280] 현재 각 교회에서 사회봉사비가 차지하는 비중은 전체 재정의 5%에도 미치지 못하는 현실을 감안하면, 재정 자립 상태의 교회들의 경우 20% 이상의 예산을 선교 및 사회봉사비로 사용하도록 원칙을 정할 필요가 있다.

또한 김승호 교수는 이 세미나에서, 교회의 재정 지출의 공공성을 위해서는 교회 구성원들이 토의하여 재정 관련 정관을 만들어 재정의 사용을 투명하게 관리하고, 유급 사역자들의 사례비에 대한 합리적인 체계를 만들 필요가 있다고 지적하였다. 그리고 한걸음 더 나아가 생태환경, 통일, 평화, 인권, 생명의료윤리, 소비자 운동, 문화, 교육, 경제 등 우리 사회의 공적 영역에서 기독교적 가치를 회복하는데 초점을 맞춘 교회사역과 이에 대한 재정지출이 필요하다고 주장하였다. 이러한 교회의 공적 책임을 감당하기 위한 재정지출 패턴은 그 자체로 개인의 변화 및 사회변혁에 보다 긍정적으로 기여할 수 있기 때문이다.[281]

4. 사회에 대한 공적인 책임

1) 교회 공간의 공적인 활용

280) 노치준, 「한국의 교회조직」(서울: 민영사, 1995), 273쪽.
281) 이에 대하여는 김승호, “한국 교회와 헌금: 목회적 차원,” 바른교회아카데미, 「교회 헌금 세미나 자료집」(2009. 10. 24)을 볼 것.

교회가 우리 사회에 대한 공적인 책임을 다하기 위해서는 먼저 교회 공간이 공적으로 활용될 필요가 있다. 교회 건물은 주일과 집회가 있는 특정 시간을 제외하고는 사용되지 않는 경우가 많으므로 사용되지 않는 시간에는 지역사회에 개방하는 것이 좋다. 교회는 건물 자체가 아니라 믿는 이들의 모임을 뜻하는 것이므로 건물 자체를 지나치게 신성시할 필요는 없을 것이다. 따라서 예배를 드리거나 특별한 의식을 행할 때 외에는 지역 주민들을 위한 용도로 사용될 수 있다. 이를 위하여, 가능하다면 교회 건축을 할 때부터 교회 건물을 복합 공간으로 이해하고 다양한 용도로 활용할 수 있도록 하고, 가능한 대로 친환경적인 설계를 하면 좋을 것이다.[282)]

내부 공간은 예배 외에도 결혼식이나 강의 및 세미나 또는 반상회와 같은 주민회의 등을 위해 무료나 저렴한 비용으로 빌려줄 수도 있고, 주차 공간도 집회나 행사로 필요한 경우 외에는 지역 주민을 위해 개방하는 것이 좋은 방법이다. 그리고 교회 담장을 없애서 누구라도 쉽게 교회에 접근할 수 있도록 하고, 교회 마당을 인근 주민들의 휴식 공간으로 활용하면 친환경적인 교회가 되고 이웃과의 거리를 좁힐 수 있게 될 것이다. 도시 교회에 비해 비교적 공간의 여유가 있는 시골 지역의 교회는 교회 건물을 마을 회관이나 지역 주민들의 사랑방 역할을 할 수 있도록 하여 지역 주민들과의 소통의 장으로 활용하는 것이 바람직하다.

그리고 여건이 된다면, 교회에서 지역 주민들을 위한 다양한 프로그램을 운영하는 것도 좋다. 지역의 필요에 따라, 공부방이나 주민(또는 어린이) 도서관, 문화 교실, 주민 카페 등을 운영할 수 있고, 1년에 한

282) 이와 관련하여, 김명희·김명환, "지역사회 복지를 위한 교회 건축물의 복합공간 계획에 관한 연구," 「한국생활환경학회지」, 11권 4호(2004년)과 같은 논문과, 손석일, "교회의 친환경적인 운영을 위한 제안," 기윤실, 「교회의 사회적 책임 포럼 2.0 자료집: 지구적 교회, 지역 환경을 생각한다」(2009년 5월 8일)를 참고할 것.

두 차례 음악회를 개최하여 주민들의 참여를 유도할 수도 있다. 수준 높은 전문 음악인을 초청하여 음악회를 열 수도 있지만, 이보다는 지역 주민들이 직접 참가하는 노래 자랑 대회를 여는 것이 더 좋은 방법이다. 과거 초등학교 운동회가 마을 잔치가 되었듯이, 이러한 기회를 통해서 지역주민들이 교회와 함께 마을 잔치를 한다면 교회가 이웃과의 관계를 더욱 돈독하게 할 수 있을 것이다. 그러나 교회에서 백화점식으로 모든 것을 운영하기 보다는 지역에서 가장 필요로 하는 한두 가지 프로그램을 운영하고, 기존에 운영되고 있는 시설이나 기관과 협력하며 교인들이 이곳에 참여하도록 하는 것이 바람직하다.

그러나 한국 교회의 대부분을 차지하는 소형 교회의 경우, 대부분 재정 상황이 열악하여 사회봉사나 지역 활동을 위해 예산을 사용하거나 공간을 활용하기가 쉽지 않은 형편이다. 이렇게 재정 자립이 어려운 가장 큰 이유 중의 하나는 소형 교회일수록 임대료 등 건물 유지비에 드는 비용이 전체 재정에서 차지하는 비중이 크기 때문이다. 가계에서 소득이 낮은 가구일수록 엥겔지수가 높은 것처럼,[283] 아무리 작은 교회라도 건물이 있어야 하고 기본적으로 건물을 유지하는 비용은 일정 수준 이상이기 때문에 작은 교회일수록 건물 유지비가 상대적으로 더 크게 부담이 되는 것이다.

이 문제를 해결하기는 쉽지 않으나, 최근 몇몇 교회들이 교회 건물을 소유하지 않고 학교 강당 등을 빌려서 주일에만 예배 처소로 사용함으로써 건물 유지비를 획기적으로 줄이는 사례가 늘고 있다. 학교 강당을 이용하려면 교인 수가 수백 명은 되어야 하지만, 작은 교회라도 방법이 없는 것은 아니다. 관공서나 복지관, 사회단체 시설 등 작은 교회들이 활용할 수 있는 공간은 주변에서 어렵지 않게 찾을 수 있다. 이러한 시설을 효과적으로 이용하면 건물 유지비를 줄임으로써 교회가 본래 목적으로 하는 일에 더 많은 예산을 사용할 수 있게 될

283) 가계 지출에서 생활비 중에서 차지하는 음식비의 비율을 나타내는 지표.

것이다.

이러한 방식을 도입한다면, 대부분의 교회 건물이 주일과 주말 외에는 거의 활용되지 않지 않음에도 일주일의 며칠 사용을 위해 일정 규모 이상의 시설을 유지하는 데서 오는 비대칭적인 건물 활용의 문제를 해결할 수 있다. 뿐만 아니라 주일만을 위해 필요 이상의 넓은 주차장을 확보하는 데서 오는 예산의 낭비도 막을 수 있어, 에너지 효율적인 친환경 교회 공간을 만들 수 있을 것이다.

2) 기독 시민으로서의 사회 참여

다음으로, 교회가 우리 사회에 대한 공적인 책임을 다하기 위해서는 교회 구성원인 기독교인들의 자발적이고 자율적인 사회 활동이 이루어져야 한다. 기존의 한국교회의 대사회 활동은 교회 안에 있는 일반 구성원들의 활동이라기보다는 주로 목회자를 비롯한 교회 지도자들과 명망가들을 중심으로 한 활동이었던 것이 사실이다. 시민 사회는 시민의 참여를 바탕으로 하는 사회이고, 풀뿌리로부터의 실제적인 참여가 있어야만 진정한 의미에서 시민들이 주인이 되고 주체가 되는 사회라고 할 수 있다. 따라서 한국교회가 교회 울타리 안에 머물지 않고, 울타리 밖의 사회와 소통하며 참다운 시민 사회의 구성원으로서의 역할을 다할 수 있기 위해서는 교회 안에 조용히 머물러 있거나 기껏해야 교회 안에서의 활동에 몰두하고 있는 대다수의 한국교회 구성원들이 한국 사회에서 의미 있는 참여자가 될 수 있도록 동기 부여하는 것이 매우 중요하다.

많은 교회 지도자들은 교인들을 충분히 교육시킨 후에야 사회에 내보낼 수 있다고 생각한다. 이것은 논리적으로는 일면 타당한 점이 있으나 충분한 교육이라고 하는 것이 정확한 수준을 정하기 어려울뿐더러, 평신도들은 일상의 삶의 자리가 교회가 아닌 교회 밖 사회이므로 이들이 일상생활에서 어떻게 성서의 원리에 따라 기독교 정신을 실천하며 살아야 하는지에 대하여 훈련되어야 한다. 모든 일에 대하여 기독교인인 것을 드러내놓고 행동할 필요는 없으나 필요한 경우에는 기독교인으로서 바른 판단과 결정을 할 수 있도록 안내 받아야 한다.

기독교인들은 사회 각 영역에서 기독교인다운 삶을 살아야하고, 기독교 시민의식을 갖고 적극 참여할 수 있도록 독려되어야 한다. 사회생활에서 양심 있는 시민이 되도록, 사회를 개선하기 위한 프로그램을 세우고 운영하기 위해 적극적으로 참여하도록, 정치 문제들에 대해 잘 알뿐만 아니라 자신의 양심에 따라 지지하거나 반대하도록 격려할 필요가 있다. 이를 위해 반상회나 지역사회 회의나 학교 회의 시의회에 적극적으로 참여하 하도록 하고, 시민으로서 그들이 관심 갖는 시민단체, 사회 운동 단체에 책임감을 갖고 참여하도록 권장되어야 한다. 그리고 필요에 따라 기독교인 결사체를 구성하여 활동을 전개할 수도 있다.[284)]

교회 안에 있는 다양한 소모임들 역시 교회 내부 활동만이 아니라 교회 외부 활동에도 적극 참여할 수 있도록 동기부여가 되고 안내되어야 한다. 소그룹의 사회 활동 방법으로는 자체적으로 헌금이나 회비를 걷어 도움이 필요한 미자립 교회나 선교사 또는 사회 복지 기관 등을 후원하는 것이 가장 손쉬운 방법이다. 이때 후원하고자 하는 교회나 기관에 대하여 소그룹 참여자들이 직접 자료를 탐색하거나 기관을 방문하여 자료를 얻는다면 훨씬 더 깊은 관심을 유발하게 될 것이다.

다음으로는 형편이 되는 대로 봉사 기관에서 필요로 하는 일에 직접 참여해서 돕는 것이다. 직접 참여한 경험은 참여자들의 의식에 상

284) 바른교회아카데미가 주최한 <교회와 민주주의 세미나>에서 이국운 교수는 사제 중심의 종교조직인 좁은 의미의 교회에 대비되는 크리스천 결사체를 통해서 민주주의 운동을 전개할 필요가 있다고 주장한 바 있다. 이에 대하여는 이국운, "민주주의와 교회정치: 한국 상황에서 양자의 상호연계 가능성," 바른교회아카데미, 「교회와 민주주의 세미나 자료집」(2009. 2. 27), 71-72쪽.

당한 변화를 가져오고, 특히 소그룹 구성원들의 '공동 참여'는 구성원들 사이에 신뢰 형성과 공동체 의식을 강화해 주는 효과도 기대할 수 있다. 그 다음 과정은 보다 적극적으로 교회가 속한 지역에 도움을 필요로 하는 사람들이나 기관들을 찾아 그들의 필요를 파악하여 지속적으로 도움을 주는 것이다.

이렇게 소그룹을 통해 다양한 지역사회 활동을 전개하고 있는 사례를 하나 소개하고자 한다. 전남 완도에 있는 성광교회는 41명으로 첫 예배를 시작한 이후에 평신도 사역이 자리를 잡고 정상궤도에 올라서면서 98년에 출석교인 2백 명을 넘었고, 1년 만인 99년에 3백 명, 2002년에 4백 명을 돌파하여 현재 6백 여명이 출석하고 있다. 어린이를 포함한 등록 교인으로 계산하면 읍내 인구 2만 명 중 15%에 해당하는 3천명이 이 교회의 교인이다. 이 교회의 특징은, 사역 소그룹이 35개 분야 530개 위원회로 구성되어 있으며 모든 교인들이 하나 이상의 위원회에 참여하고 있다는 것이다.[285]

위원회의 활동은, 처음에는 교회가 나서서 주민들의 애경사를 챙기는 일로 시작하였고, 풍기 문란한 학생들을 바로 잡아 주는 역할, 불우이웃 돕기, 길거리 청소, 문패 달아주기 등의 활동으로 이어져 현재는 아동사역, 청소년사역, 노인사역, 다문화 가족 사역, 중년 남성 사역, 주부 사역, 외국인 사역, 가정 사역, 지역 봉사 사역, 스포츠 동호인 사역, 취미 사역 등 다양한 분야에서 활동이 전개되고 있다.

위원회 구성 과정은, 우선 위원회의 목적이 주어지면 이를 놓고 기도하면서 현실적으로 필요한 위원회인지 확인한 후 관련된 도서를 구입 읽어야하며 인터넷을 통해 관련 자료를 확보하는 단계를 거친다. 그리고 이미 다른 곳에서 진행하고 있는 유사한 것이 있으면 견학을 하거나 전문가를 초청해서 강의를 듣기도 하며, 최종적으로 만들어진

---

285) 이 교회에 대한 자세한 이야기는 정재영·조성돈, 「더불어사는 지역공동체 세우기」(서울: 예영, 2010)의 8장을 볼 것.

사역 계획서를 놓고 담임목사와 해당 분야의 담당자들이 한자리에 모여 검토하여 결정한다. 목회자의 역할은 전체적인 방향을 제시하는 것이며, 대부분 구체적인 활동 내용은 평신도들이 스스로 토론을 통해 자율적으로 결정해 나간다.

이 교회의 소그룹 활동은 이중 구조로 되어 있다. 전통적인 구역 조직을 유지하면서 일반적인 소그룹 활동은 구역을 통해 이루어지고, 위원회는 철저하게 사역 중심 소그룹으로 운영되고 있는 것이다. 이것은 장점이 될 수도 있지만, 단점이 될 수도 있다. 교인들이 소그룹 활동에 지나치게 많은 시간을 할애해야 할 수도 있기 때문이다. 특히 교인들이 보다 복잡하고 다양한 직업에 종사하고 있는 도시 교회의 경우 이 모델을 그대로 따르기에는 많은 무리가 따를 수도 있다. 중요한 것은 교회의 여건과 형편, 그리고 교인들의 특성에 따라 그에 적합한 사회 활동 모델을 창의적으로 만들어가는 것이다.

그러나 이 모델을 지나치게 목회자나 교회 지도자가 만들어주려고 애를 쓸 필요는 없다. 일단, 소그룹이 교회 내부 활동 뿐만 아니라 외부 활동에도 열려 있다는 것을 주지시키고, 각 소그룹에 따라 다양한 활동 방안을 마련하게 하면 오히려 보다 더 풍성한 사례들이 만들어질 수 있기 때문이다. 중요한 것은 교회 지도자들이 소그룹을 교회 내부 활동에 제한하지 않고 보다 다양한 사회 활동의 기회를 가질 수 있도록 동기 부여하고 독려하는 것이다. 이렇게 위로부터의(top-down) 방법이 아닌 아래로부터의(bottom-up) 방법을 통하여 한국 교회 안에서 소그룹을 통한 다양한 사회 활동 모델이 개발될 수 있을 것이다.[286)]

교인들의 외부 활동을 독려하는 방법 중의 하나는 교회에서 직분을

286) 이것은 캐나다에 위치한 앨럴론의 부회장과 앨럴론 미셔널 리더십 네트워크(AMLN)의 총책임자를 맡고 있는 앨런 록스버그의 주장이기도 하다. 이에 대하여는 앨런 록스버그, “서구 교회에서의 미셔널 정황,” 한국기독교목회자협의회, 「한목협 제11회 전국수련회 자료집: 하나님의 사명을 수행하는 교회와 리더십」, 2009. 6. 15. 39쪽을 볼 것.

부여할 때 중요한 기준의 하나로 사회 활동의 경험을 고려하는 것이다. 흔히 교회 봉사 여부는 중요한 기준으로 고려하고 있으나 사회 활동에 대해서는 그만큼의 중요성을 인식하지 못하고 있는 경우가 많다. 교회 건물이 없이 예배 처소를 빌려서 예배를 드리는 한 소형 교회는 교인들의 사회 활동을 독려하기 위해 하나 이상의 사회봉사에 참여하고 있는 교인에 한하여 집사 직분을 부여하기 시작한 이후, 교인들이 사회봉사도 기독교인들의 중요한 의무라는 것을 인식하고 있다고 한다. 기독교인들의 적극적인 사회 활동을 위해 고려해볼만한 방법이라고 여겨진다.

3) 지역 공동체 운동[287)]

(1) 참여 방법

교회 역시 교회가 터하고 있는 지역 사회에서 지방자치단체, 시민단체, 기업, 주민 등과 더불어 지역사회의 주요한 구성원이다. 교회는 그 지역사회의 정치, 경제, 사회 문제와 직접적인 관련을 가진 개인들로 이루어진 것이며, 이 사람들을 위하여 세워진 기관이다. 그러므로 교회는 그 지역사회의 문제와 직접적으로 연결되어 있다. 교회 실존의 근거가 바로 지역사회인 것이다. 따라서 교회와 지역사회를 분리해서 생각한다는 것은 불가능하다. 따라서 교회는 지역사회 안에서 일어나는 사회문제를 진지하게 다루고 그것을 해결하려는 노력을 해야 할 의무를 가지고 있다.

한국 교회는 이미 다양한 방법으로 지역사회에 관심을 가져왔고 또한 사역을 실천해 왔다. 이러한 활동들은 대개 사회사업, 사회봉사, 사회복지라는 개념으로 대별될 수 있다. 이러한 활동들이 매우 의미 있

287) 지역 공동체 운동에 대해서는 정재영·조성돈, 「더불어사는 지역공동체 세우기」(서울: 예영, 2010)를 볼 것.

고 우리 삶의 조건을 개선하는 데 일정한 기여를 해왔다는 것은 사실이다. 그러나 이러한 활동들은 많은 경우 복음전도의 수단으로 여겨져 온 것 또한 사실이다. 복음전도의 접촉점을 마련하고자 이러한 방법을 활용한 것이다. 또한, 도덕적 우월감 위에서 시혜를 베푸는 식으로 이루어지기도 하였다. 인격적인 관계를 형성하기보다는 시혜자와 수혜자라는 비대칭적 관계에서 수혜자를 대상화해온 것이다.

그러나 공동체라는 관점에서는 특정인이 우월한 위치를 점하지 않고, 주종의 관계를 이루지 않는다. 모든 공동체 구성원들이 동등한 자격으로 함께 참여하는 것이다. 교회 역시도 다양한 지역사회 구성원 중 하나라는 생각으로 다른 구성원들을 존중하며 인격적인 관계를 형성하는 것이 무엇보다도 중요하다. 이러한 인식론적 입장에서만이 다원화된 현대 사회에서 복음을 설득력 있게 제시할 수 있을 것이다.

지역사회 활동을 효과 있게 하기 위해서는 먼저 교회 구성원들의 지역사회활동에 대한 인식과 참여의향을 조사하여 지역사회활동을 전담할 수 있는 전략팀을 구성할 필요가 있다. 이를 위해서 교회 소그룹을 TF팀으로 활용하는 것이 좋은 방법이 될 것이다.[288] 교회 전체가 지역 사회 활동을 하기는 어려우나 각종 소그룹들이 지역사회 활동에 참여하게 되면 보다 더 자발성이 있고, 적극적인 참여가 가능하게 되어 훨씬 더 많은 효과를 나타낼 수 있다. 이 소그룹 TF팀을 중심으로 지역사회를 조사하고 직접 실천 주제를 작성하도록 하는 것이 권장된다. 그리고 교회 재정의 일정 부분(대략 10% 정도)을 지역사회 활동비로 정하고 소그룹을 지원대상자와 연결시켜 이들의 필요를 도울 수 있는 책임봉사제를 실시하는 것도 중요한 원칙이 될 것이다.

이를 위해서는 지역의 다른 교회들이나 사회 기관들과의 연대를 해야 할 필요가 있다. 특히, 시민 사회에 참여하는 교회는 시민 사회를

---

288) 이에 대하여는 김경동, 「급변하는 시대의 시민사회와 자원봉사: 철학과 과제」 (서울: 아르케, 2007), 12장을 볼 것.

대표하는 행위자인 NGO에 참여하거나 협력하는 것이 좋은 방법이 될 것이다. 교회가 참여하는 NGO를 기독교 NGO에 제한할 필요는 없다. 기독교 간판을 걸고 있는가가 중요한 것이 아니라 기독교 정신을 구현하고 있는가가 중요하다. 비록 기독교인들이 모여서 만든 NGO가 아니라고 하더라도 특정 NGO가 추구하는 것이 기독교 정신과 통하는 것이라면 필요에 따라 얼마든지 파트너십을 갖고 연계 활동을 할 수 있다고 본다.

NGO 및 시민단체는 시민운동을 전문으로 하는 단체이므로 인력이나 지식, 정보, 경험 등의 측면에서 많은 자원을 지니고 있으며 지역자치 단체 역시 지역 사회에 관한 다양하고 정확한 정보와 풍부한 인적 및 기반 시설을 보유하고 있다. 교회 단독으로 확보하기 어려운 여러 가지 정보와 기술을 이들로부터 제공받을 수 있다. 적극적으로 지역 사회 단체들과 지속적이고 유기적인 관계를 맺을 필요가 있다.

일산의 한 중형 교회에서는 교인들의 NGO 활동을 독려하기 위해 'NGO의 날' 을 정해 교회와 연대하기를 원하는 NGO가 주일 오후에 교회를 방문하여 'NGO 설명회 '를 갖고 직접 회원을 유치하기도 하고 후원금을 모금하기도 한다고 한다. 그리고 교회에서는 NGO에 참여하여 활동하는 교인들을 통해서 NGO 활동의 보고를 받고 필요한 경우 재정적인 후원이나 협력 활동을 벌이기도 한다고 한다. 교회와 NGO가 협력하는 좋은 모델이 될 것으로 보인다.

그러나 교회의 지역 사회 참여는 단순한 구제 및 봉사 차원이 아니라 사회 구조의 개혁을 지향해야 한다. 지역자치센터에 참여하여 예산 심의 등과 같은 주요 의사결정과정에 관여하거나 행정기관 및 관공서와 파트너십을 갖고 지역 사회를 위한 활동을 체계를 갖추어 지속해서 할 필요가 있다. 시민 사회의 역할은 자원봉사 차원만이 아니라 국가와 행정기구 또는 시장에 대한 비판 활동을 포함하기 때문이다.

(2) 사례

교회가 참여할 수 있는 지역 공동체 운동으로는 마을 만들기와 같은 지역 운동에 교회가 관심을 갖고 참여하는 것이다. 지역주민들이 시민의식을 가지고 참여하는 사람이 되도록 의식을 개혁하며 지역의 공동 의제에 참여하여 황폐화되어가는 지역 마을을 시민 공동으로 공동체적인 공간을 만드는 데 교회가 함께 참여하는 것이다. 시민의식은 기독교 정신과도 통하는 것이며, 특히 눈에 보이지 않는 사람들의 의식을 형성하는데 기독교의 가치를 지향할 수 있도록 협력한다는 것은 매우 의미 있는 작업이다. 이것이 최근 CHE 선교회를 중심으로 관심을 갖고 전개하고 있는 지역사회 선교이기도 하다.[289)]

인구가 줄고 있는 농어촌 시골 지역의 교회에서는 지역 활동에의 참여가 매우 현실적인 문제이기도 하다. 갈수록 인구가 줄고 그나마 기존 인구의 대부분이 고령층임을 감안하면, 지역이 활성화되지 않을 경우 20~30년 후에는 지역 자체가 사라져버릴 수도 있는 상황이기 때문이다. 따라서 현실적으로 시골 지역의 목회자들은 자의반 타의반으로 도시 교회와의 자매 관계를 맺고 지역 산물이나 특산품을 판매하기 위한 판로 개척에 나서고 있다. 이런 상황에서 영농조합(법인)을 만들어 단순히 경제적인 이익을 위해서가 아니라 지역 공동체 형성을 위해 협력 활동을 한다면 바람직한 공적인 역할의 사례가 될 수 있을 것이다.

또한 최근에 주목받기 시작한 '착한 소비'와 같은 윤리적 소비 운동에 교회가 동참하는 것도 지역 공동체 운동의 하나로 볼 수 있다. 착한 소비는 값싸고 좋은 물건이면 산다는 기존의 '합리적' 소비 개념에서 '좋은 기업이, 좋은 뜻으로, 정당한 대가를 주고 만든' 상품

---

289) 지역사회 선교와 관련하여, 테드 해거드·잭 헤이포드, 「지역을 바꾸는 교회」(예수전도단 옮김)(서울: 예수전도단, 2002), 밥 모피트·칼라 테쉬, 「예수님이 시장이라면: 지역사회 선교전략」(민요섭 옮김)(서울: 서로사랑, 2008) 등을 참고할 것.

을 사겠다는 '윤리적 소비'를 일컫는 말이다. 소비자들이 자신의 신조와 정치적 의식에 따라 상품을 선택함으로써 기업의 생산 활동에 영향을 미치겠다는 매우 적극적인 행동인 것이다. 최근 국내에서 주목받는 '공정 무역'도 윤리적 소비의 한 측면으로 볼 수 있다.

공정무역은 이미 영국은 물론 미국과 캐나다 및 심지어는 일본까지도 적극적으로 참여하고 있다. 소비행위를 어떻게 하느냐에 따라 제3세계 가난한 사람들을 경제적으로 도울 수 있다는 인식에서 출발하는 공정무역은, 실제로 그들에게 보다 좋은 무역조건을 제공하고 그들의 권리를 보장해줌으로써 지속가능한 발전에 기여하고 있다. 특히 공정무역 운동이 아동의 인권 보호, 환경 보호, 양성평등 등 기독교의 가치들과 일치하는 측면이 커 서구에서도 교회들이 중심이 되어 운동을 전개하고 있는 상황이다. 영국에는 무려 4,000개의 공정무역 교회가 있다고 한다.[290] 이러한 윤리적 소비 운동은 외국에 나가지 않고서도 세계 시민사회에 기여할 수 있는 전지구적 차원의 운동이라고 할 수 있다.

그러나 가능하다면, 이러한 관심이 소비 측면에서만이 아니라 생산 측면에서도 이루어질 수 있도록 노력할 필요가 있다. 그 중의 하나로 생각할 수 있는 것이 사회적 기업이다. 사회적 기업이란 시장에서 창의적인 방법으로 수익을 창출하되, 수익의 일부 또는 전부를 다른 이들의 필요를 채우고 나눔을 위해 사용하는 기업을 말한다. 일종의 '착한 기업'인 셈이다. 판매 수익금으로 장애인이나 독거노인, 외국인 근로자, 노숙인 등 불우이웃을 돕고 북한과 아프리카 주민들을 돕기도 한다. 일거리를 창출해 함께 일하는 사회를 만드는 것도 주된 사역이다.

'사랑의 줄잇기 가게'는 한국교계의 사회적 기업 중의 하나이다.[291]

---

290) '공정무역 교회'로 지위를 부여받기 위해서는 다섯 가지 조건을 만족시켜야 한다. △주요한 구성 대표, 위원 구성 △교회에서 결의 △제품사용 △교회에서 판매 △예배 등에서 적극 홍보. 2008년 9월 6일 서울 명동 청어람에서 열린 '대안경제 아카데미-예스이노베이션'에서 있었던 박창순 한국공정무역연합 대표의 강의 내용 중. 「뉴스파워」 2008년 9월 9일.

291) '사랑의 줄잇기 가게'는 자원봉사자들이 중고물품들을 깔끔하게 손질하여 싼

이 가게는 새 옷을 싸게 구입해 80% 이상 저렴한 가격에 판매한다. 의류회사들이 스톡세일(stock sale · 일명 땡처리)을 하는 이월상품이기에 가능하다. 또한 높은뜻숭의교회의 열매나눔재단은 탈북자들에게 일자리를 제공하고 있다. 경기도 파주에 최근 설립한 박스제조 공장에는 탈북자 50여명이 한국 기술진 10여명과 함께 일하고 있다. 탈북자들은 직업교육과 함께 사회적응훈련, 신앙훈련을 받을 수 있다.

이러한 사회적 기업 활동은 거대 자본을 소유한 대형 교회에서만 할 수 있는 일이 아니다. '행복한 나눔 가게' 나 '아름다운 가게' 와 같은 것을 유치하여 지역 생활 운동에 참여하는 것은 작은 교회라도 충분히 할 수 있는 좋은 방법이다.[292] 강원도 동해시에 작은 상가 건물을 가지고 있는 한 소형 교회는 전임 목회자가 진 빚으로 교회를 유지하기도 힘들었으나, '행복한 나눔 가게' 를 유치하여 지역 주민들과 자연스럽게 소통하며 교회를 알리게 되어 이제는 점차 재정적으로도 안정이 되어가고 교인들 사이에서도 교회에 대한 비전을 공유하게 되는 계기가 되었다고 한다. 이후에 교회는 건물의 한 층을 어린이 도서관 겸 공부방으로 꾸며 낙후된 여건에 있는 어린이들을 위해 사용하기로 하였다.

또한 목회자 스스로 사회적 기업 활동을 하고 있는 한 소형 교회의 경우, 목회자가 직접 커피 학교를 수료하여 커피 로스팅 방법을 터득한 후에 교인들과 함께 커피숍을 열어 운영하고 있다. 커피숍에서 사용하

값에 판매하고 수익금은 전액 공공복지에 사용한다는 100년 역사의 영국 채리티 샵의 운영 방식과 정신을 이어 한국에 접목한 가게이다. '사랑의 줄잇기 가게' 홈페이지(http://www.lovingline.org/)에서 인용.

292) 기아대책에서 운영하는 일종의 자선가게라고 할 수 있는 <행복한 나눔>은 지역의 자원을 통해 운영되는데, 교회와 단체는 사용하지 않는 공간을 기부하여 매장을 열고, 각 지역 기관과 주민들의 자원봉사와 물품 기부로 운영된다. 각 지역 매장의 수익금의 50%는 지역의 필요를 리서치하여 진행되는 지역 복지 사업을 위해 사용되며, 50%는 기아대책의 해외 사업장을 통해 전세계 빈곤 퇴치를 위해 사용된다. 또한 지역 매장에서는 지역 내의 취약 계층(특별히, 여성)을 고용하여 지역의 고용 창출에도 기여하고 있다. 행복한 나눔 홈페이지(http://www.giversmart.or.kr)에서 인용.

는 모든 커피 원두를 공정무역을 통해 들여온 유기농 커피만을 사용하여 착한 소비 운동에도 기여하고 있을 뿐만 아니라 수익의 일부를 사회 환원 하여 사회적 기업으로서의 특징을 가지고 있다. 또한, 커피숍에 반상회를 유치하기도 하고 성탄절 행사를 커피숍에서 지역 주민과 함께 갖는 등 지역 공동체 운동에도 힘쓰고 있다.

이러한 다양한 지역 공동체 운동은 앞에서도 말한 바와 같이, 교회 스스로 지역사회의 한 구성원으로서 지역사회에 대한 책임을 다하고 산업화로 인해 피폐해진 도시와 농촌에 새로운 활력을 불어넣고 있다는 점에서 매우 의미 있는 활동이다. 교회의 형편과 사정에 따라 교회가 실천할 수 있는 방안을 마련하여 교회 구성원들의 참여를 유도할 필요가 있다. 이러한 운동들은 최근 들어 전개되기 시작한 것으로 어느 정도의 시행착오를 감수할 준비도 되어 있어야 한다. 그러나 교회가 처한 여건에 따라 다양한 방법과 전략을 만들어 시도를 하는 중에 바람직한 모델이 계발될 것으로 기대한다.

5. 나가는 말

이제까지 한국 교회가 공공성을 실천하여 우리 사회에 대한 공적인 책임을 수행할 수 있는 방안들에 대하여 살펴보았다. 사실, 교회에 대하여 공공성을 말하고 신학에 대하여 공공신학을 운운하는 것 자체가 모순일 수도 있다. 왜냐하면 교회는 본래 공공성을 지니고 있고, 신학은 원래 공적이기 때문이다. 그러나 요즘 교회의 공공성이나 공적인 신학이라는 표현을 굳이 써가며 이런저런 논의를 전개하는 것은 교회와 신학이 시류에 휘말려 본래의 의미를 잃어가고 있기 때문일 것이다.

특히 한국 교회는 우리 사회로부터 호감도 잃고 신뢰도도 떨어지고 있는 실정이다. 교회의 존재 이유가 세인들의 평가에 있는 것은 아니므로 교회가 마땅히 해야 할 일을 하고 있다면 이것이 문제될 필요는 없다. 그러나 현재 한국 교회에 대해서 그렇게 자신할 수 있는 사람은 거의 없을 것이다. 종교사회학자들은 최근 한국 천주교의 양적인 급성장 원인이 그동안 천주교회가 노력해온 우리 사회에 대한 공적인 역할의 수행에 있다고 말한다. 천주교가 양적인 성장을 위해 개신교만큼 애쓰지 않았음에도 그렇게 성장한 데 반해, 개신교는 복음 전도에 심혈을 기울임에도 오히려 감소하고 있다는 사실은 시사하는 바가 매우 크다.

현재 한국의 교회들은 대부분 교회가 속한 지역에서조차 환영받고 있지 못하다. 그리고 더 이상 지역 교회라고 말하기도 어려운 형편이다. 교인들도 대부분 다른 지역에서 오고 있을 뿐 아니라, 교회 역시 지역에 대한 관심이나 책임을 다하지 못하고 있기 때문이다. 교회는 스스로 공동체라고 하지만, 외부와는 단절된 채 안으로의 결속에만 집중한다면, 교회는 더욱 더 게토화 되고 '끼리끼리'의 집단으로 전락하고 말 것이다. 이러한 폐쇄적인 종교성의 추구는 설사 그들만의 공동체가 존재한다고 하더라도 다원화된 현대 사회의 지평에서 어떠한 기여도 할 수 없을 것이다.

이제 교회는 지역에서부터 다시 출발해야 한다. 지역에 대한 관심을 갖고 지역에 대한 공적인 역할을 수행해야 한다. 그것은 지역 주민들에게 호감을 사기 위해서가 아니라, "하나님을 사랑하고 이웃을 사랑하라"는 하나님의 뜻을 실천하기 위함이다. 교회는 교회가 속한 지역에 복음을 선포하고 하나님의 정의에 어긋나는 이 땅의 질서를 바로잡기 위해 노력해야 한다. 그리고 고통에 처한 이웃들에게 선한 사마리아 사람의 마음으로 다가가서 그들을 도와야 한다. 그렇게 하여 좁은 교회의 울타리를 넘어 더 넓은 공동체를 이루어야 한다. 그것이 이 땅에 교회가 존재하는 이유이다.

■ 도움 받은 글

김경동. 2007. 급변하는 시대의 시민사회와 자원봉사: 철학과 과제」 서울: 아르케.
김명용. 2009. "교회와 국가의 관계에 대한 신학적 해석," 바른교회아카데미, 「제6회 바른교회아카데미 연구위원 세미나 자료집」. 2월 2일.
김명희 · 김명환. 2004. "지역사회 복지를 위한 교회 건축물의 복합공간 계획에 관한 연구," 「한국생활환경학회지」. 11권 4호.
김승호. 2009. "한국 교회와 헌금: 목회적 차원," 바른교회아카데미, 「교회 헌금 세미나 자료집」. 10. 24.
김정남. 2004. 「종교법인의 세무와 교회재정관리」. 서울: 영문.
노치준. 1995.「한국의 교회조직」. 서울: 민영사.
박영신. 2004. " '공공의 공간' 형성과 확장: 한말 조선 사회와 그 이후," 「사회이론」. 봄/여름호.
밥 모피트 · 칼라 테쉬. 2008. 「예수님이 시장이라면: 지역사회 선교전략」. 민요섭 옮김. 서울: 서로사랑.
배종석 · 양혁승 · 류지성. 2008. 「건강한 교회, 이렇게 세운다」. 서울: IVP.
손석일. 2009. "교회의 친환경적인 운영을 위한 제안," 기윤실, 「교회의 사회적 책임 포럼 2.0 자료집: 지구적 교회, 지역 환경을 생각한다」. 5. 8.
앨런 록스버그. 2009. "서구 교회에서의 미셔널 정황," 한국기독교목회자협의회, 「한목협 제11회 전국수련회 자료집: 하나님의 사명을 수행하는 교회와 리더십」. 6. 15.
이국운. 2009. "민주주의와 교회정치: 한국 상황에서 양자의 상호연계 가능성," 바른교회아카데미, 「교회와 민주주의 세미나 자료집」. 2. 27.
이정숙. 2009. "칼빈의 교회정치에 나타난 민주적 요소와 한국장로교회," 바른교회아카데미, 「교회와 민주주의 세미나 자료집」. 2. 2.
이형기. 2008. "교회의 공적 책임을 위한 신학적인 당위성," 바른교회아카데미, 「제5회 바른교회아카데미 연구위원 세미나 자료집」. 7. 7.
장신근. 2009. "공공신학의 이론적 지형과 한국적 적용," 바른교회아카데미, 「제6회 바른교회아카데미 연구위원 세미나 자료집」. 2. 2.
정재영 · 조성돈. 2010. 「더불어사는 지역공동체 세우기」. 서울: 예영.
최형근. 2008. "한국교회 갱신을 위한 공적복음의 회복: 역사적, 신학적, 문화적 고찰," 바른교회아카데미, 「제5회 바른교회아카데미 연구위원 세미나 자료집」. 7. 7.
테드 해거드 · 잭 헤이포드. 2002. 「지역을 바꾸는 교회」. 예수전도단 옮김. 서울: 예수전도단.
'행복한 나눔' 홈페이지(http://www.giversmart.or.kr)
'사랑의 줄잇기 가게' 홈페이지(http://www.lovingline.org/)

■ 저자소개 **정 재 영**

연세대 사회학 박사
실천신학대학원대학교 종교사회학 교수
한국인문사회과학회 총무이사
한국종교사회학회 재무이사
바른교회아카데미 연구위원
한국소그룹목회연구원 전문위원
크리스채너티 투데이 한국판 전문위원
목회사회학연구소 부소장